应用文写作教程

主　编　王桂清　卢翠莲　王冬艳

副主编　王翠荣　陶　萍　綦开云　张志杰
　　　　梁丽丹　宣　英　赵伟东

科学出版社

北　京

内 容 简 介

全书分上编和下编。上编系统地阐述了应用文的写作理论以及日常生活和工作中使用频率较高、应用范围较广的7类40多个文种的写作，并佐以行文规范、写法典型、内容新颖、时代感强的例文及评析。下编以消化写作理论为指导思想，提升写作能力和水平为终极目标，按思考题、病文修改、材料作文、例文评析等分类方式，汇编了各类常用文种写作的训练材料。本书的上、下编构成了写作理论与写作实践二者之间相辅相成、缺一不可的辩证统一关系。另外，本书在部分章节将相关内容以二维码形式呈现，丰富了教材的内容。

本书适用于高等院校应用文写作课程教学，也适合社会各行各业相关人员学习应用文写作参阅。

图书在版编目（CIP）数据

应用文写作教程 / 王桂清，卢翠莲，王冬艳主编. —北京：科学出版社，2019.7

ISBN 978-7-03-061929-7

Ⅰ. ①应… Ⅱ. ①王… ②卢… ③王… Ⅲ. ①汉语-应用文-写作-教材 Ⅳ. ①H152.3

中国版本图书馆 CIP 数据核字（2019）第149292号

责任编辑：胡云志 滕 云 / 责任校对：孙婷婷

责任印制：张 伟 / 封面设计：华路天然工作室

科学出版社 出版

北京东黄城根北街16号

邮政编码：100717

http://www.sciencep.com

北京九州迅驰传媒文化有限公司 印刷

科学出版社发行 各地新华书店经销

*

2019年7月第 一 版 开本：787×1092 1/16

2023年2月第十次印刷 印张：19

字数：490 000

定价：49.80 元

前　言

应用文是人类在长期的社会实践活动中形成的一种文体，是人们传递信息、处理事务、交流感情的工具。伴随着社会的飞速发展，人们在工作和生活中交往越来越频繁，应用文的实用功能尤为凸显，使用范围越来越广泛，应用频率越来越高。为适应新形势发展的需要，满足教学、文秘人员及高等院校对应用文写作理论知识的需求，笔者编写了这本《应用文写作教程》。本书主要有以下特点。

一、编写体例合理，编写方法科学

本书分上、下两编。上编阐述写作理论，下编是写作训练材料，体现出本书用写作理论指导写作实践的编写宗旨。写作理论的阐述力求科学、准确、简洁，操作性强，并佐以不同类型的例文及评析。写作训练材料内容丰富，类型多样，与写作理论相对应，通过有针对性的训练，有效保证读者对写作理论的消化、理解，避免纸上谈兵式的空洞说教。这种宏观与微观相结合、理论阐述与写作实践相统一的特点，体现了本书整体框架设计的合理性。

本书的编写方法科学。无论从整体上对写作理论的阐述还是对文种写作理论的说明，力求从思维模式、思维规律上探寻写作规律，这一点抓住了写作的根本问题。

为丰富本书内容，对与本书相关的内容采取二维码的形式呈现，拓展了本书内容。

二、内容新颖，有一定的学术价值

编者本着求实、创新原则，吸收了近几年来应用文写作领域的最新研究成果，注意总结新经验，研究新问题。同时与应用文写作领域新文种的调整、修订保持同步，公文内容按照修订的《党政机关公文处理工作条例》来编排。对应用文的写作理论做了比较系统的阐述，对近年来学术界争论的问题做了一些有益的探索，并力求表述科学、准确，有一定的学术参考价值。为了提高读者申论科目的写作水平，本书也把此内容编入其中。

三、例文种类齐全、典型、新颖，写作材料丰富，有指导价值

本书所选例文，力求覆盖同一文种的不同类型，既可使读者从不同角度透彻地把握各种类型的写法，又可为读者阅读、仿写提供便利。本书例文主要来源于报刊、政府文件，部分转引自公开出版的各类应用文写作教材或专著。这些例文比较典型，在同一类型文章中写法具有代表性。同时较为新颖，所选例文均是近几年公开发表的，内容新、观点新、材料新、写法新、语言新，具有强烈的时代气息，不仅可供读者写作参考之需及教学之用，还可使读者了解我国近几年来的政治、经济形势。除此之外，编者还在每篇例文后加一简短评析，对读者阅读例文起到了提示和导引的作用。

本书的写作材料内容丰富，类型多样，有针对性地训练和提升写作能力，对提高应用文

的写作水平有一定的指导作用。

本书的编者都是多年从事应用文写作教学和研究工作的教师，均具有丰富的教学经验，并为编写本书积累和搜集了充足的资料，这是本书得以高质量完成的重要保障。

本书的编写体例、原则、章目安排由王桂清提出，由全体编写人员共同探讨确定。全书由王桂清、卢翠莲统稿，由王桂清、卢翠莲、王冬艳、王翠荣修改定稿。本书各章节编写人员的分工如下：王桂清编写第一章，第二章，第四章第三、四、五、六、七节，第九章第一、二、三节；王冬艳编写第三章，第十章第一节；綦开云编写第四章第一、二节，第十一章第一节；陶萍编写第五章，第八章；卢翠莲编写第六章，第七章；赵伟东编写第九章第四节，第十一章第四、五节；张志杰编写第十章第二、六节；宣英编写第十章第三、七、八节；梁丽丹编写第十章第四、五节；王翠荣编写第十一章第二、三节。

在编写本书时，编者参考了不少同类的文献，吸收了与本书内容相关的成果，限于篇幅，不能一一注明，仅借本书出版之机，向文献编著者致以诚挚的谢意！

由于编者水平有限，本书难免有疏漏之处，恳请广大读者予以批评、指正。

编　者

2019 年 1 月

目　录

上　编

下　　编

上　编

第一章　应用文写作概述

第一节　应用文的含义和分类

一、应用文的含义

应用文写作是写作学的一个重要分支。它以交流实用信息为目的，与以交流情感为目的的文学作品有着鲜明的区别。应用文写作的发展历史悠久，可以追溯到殷商时代的甲骨卜辞，历经数千年的发展演变，已日趋完善，逐渐形成了比较固定的文章体式。这类文体的总称就叫应用文。概括起来，应用文是党政机关、企事业单位、社会团体和个人在工作、生产、学习和生活中经常使用的，用以处理公私事务的、具有惯用格式的文体。

二、应用文的分类

目前，关于应用文的分类尚无统一标准，各种教材、专著及研究文章因分类方法不同，其类别也五花八门。根据各种应用文体在实际工作中的功用，可将其划分为以下七类。

（一）公文

公文在本书中是指中国共产党机关和国家行政机关公文，即中共中央办公厅和国务院办公厅在 2012 年 4 月 16 日发布的、自 2012 年 7 月 1 日起施行的《党政机关公文处理工作条例》中所规定的 15 个文种：决议、决定、命令（令）、公报、公告、通告、意见、通知、通报、报告、请示、批复、议案、函、纪要。

这类文书是党政机关做好管理工作的重要工具，具有一定的法律效力，行文有统一规定。

（二）事务文书

事务文书是与党政机关公文相对而言的，其作用是处理各种日常工作事务。这类文书种类很多，包括书信、启事、会议讲话稿、致辞、计划、总结、调查报告、简报等。

这类应用文用途广泛，常用于沟通信息、交流经验、制订计划等。行文灵活，富有针对性，反映信息迅速及时。

（三）法规和规章

法规和规章是机关、团体、企事业单位根据法律及有关政策，在自已权限范围内制定的具有法律强制力和行政约束力的规范性文书的总称，主要包括条例、规定、办法、细则、章程、制度、规则、守则等。这类文书具有法规性和约束力。

（四）调研决策文书

调研决策文书是指通过各种途径的调查研究，揭示经济规律，总结经验和教训，找出工作中存在的问题，为制定决策提供依据的文书。它包括市场调查报告、市场预测报告、经济活动分析报告等。

这类文书讲事实、重分析，从事实中揭示本质、找出规律，写法上以叙事为主，就事论理，语言简洁，概括力强。

（五）信息宣传文书

信息宣传文书指在工作中起宣传、推广作用的各种文书。它包括消息、广告、招标书、投标书等。

这类文书内容真实，讲究时效，语言灵活，具有宣传性和鼓动性。

（六）契据诉讼文书

契据诉讼文书是指在经济活动中，用来订立契约、规范人们的经济行为、解决经济活动中的各种纠纷、协调人们之间的行为和关系的文书。它包括条据、合同、起诉状、上诉状、申诉状、答辩状等。

这类文书文本形式较固定，以党和国家的有关法规、政策为依据，具有协商性、约束性等特点。

（七）科研学术类文书

科研学术类文书是指对客观事物的内在本质和运动规律进行理论研究的文章总称，它们是展示科技学术成果的载体，包括开题报告、学术论文等。

这类文书内容真实、新颖，具有一定的实用价值和学术价值，论点正确，论据充实，论证严密，有较强的指导性。

第二节　应用文的特点

应用文写作是一种兼具专业性和实用性的写作，它具有自身的写作特点。了解应用文的特点，对我们认识其性质和规律，掌握其内容和方法，具有十分重要的意义。

一、鲜明的政策性

政策性是指应用文写作必须以党和国家颁布的法律法规、方针、政策、指令作为行文的准则和依据。应用文写作是因工作与生活中的实际需求而产生的，又直接受到实践活动的制约，党和国家的法律法规、方针政策又是一切活动的依据，贯穿于整个实践活动的始终。所以应用文写作是传达、贯彻党和国家的方针、政策的工具。有时，应用文本身就是党和国家政策的体现。实践证明，应用文写作如果背离党和国家的方针、政策，背离了市场经济发展的规律，就会犯方向性的错误，必将给我们的工作带来难以弥补的损失。

二、功能的实用性

实用是一切应用文的共性，也是应用文的价值取向。实用性是指所有的应用文写作都是以“实用”为目的，直接服务于工作的各个环节。实用性是应用文区别于其他欣赏性的文艺类文体的一个鲜明的特点，也是衡量应用文优劣的一条重要标准。王充的“为世用者，百篇无害；不为用者，一章无补”；王安石的“以适用为本”，正是以能否被“用”作为衡量实用性文章高下的标准。实用性是由应用文直接服务于实际工作这一写作目的决定的。

三、明确的目的性

目的性是指每篇应用文写作必须明确“为什么”而写。这是由应用文的实用性决定的。一篇文章或是为解决社会生活中的各种问题，或是回答人们关心的话题，或是为总结经验、吸取教训，或是为了交流信息、互相协作。总之，不管什么内容的应用文，都必须有明确的写作目的，只有这样才能做到有的放矢，体现出应用文的实用价值。

四、材料的真实性

真实是一切应用文的共同特点，也是应用文的生命。真实性是指应用文所反映的内容必须从实际出发，实事求是地反映客观事物的真实面貌，准确无误地传递信息。也就是说，所用的事实要真实可靠，不能虚构编造；所得出的结论是在广泛收集材料、深入调查的基础上分析得出的，不能主观臆测，弄虚作假；所使用的数字必须反复核实，确凿无误。总之，不能以想象、传闻、估计、推测的材料进行应用文的写作。

五、成文的时效性

时效性是指应用文的写作必须不失时机地搜集、编制、传递、应用各种信息，以便提高工作效率。尤其在处理一些紧急事务和面对一些突发性情况时，更要争分夺秒，快速成文，及时捕捉有价值的信息，对各种社会现象做出科学的预测和正确的决策，提出切实可行的措施、方案，否则就会延误工作，造成损失。

六、明显的规范性

所谓规范性是指应用文的文体格式、结构方式呈现一种模式化的特征，有独特的语体风格。文体格式的形成有两个方面的原因：一是约定俗成，如书信；二是由政府统一规定，如公文、司法文书的格式，是由国家或地区最高法律机关、权威部门以法律、条例、办法、规定等形式制定的，任何人无权更改，也必须遵照执行。结构方式是指作者在组织材料时形成的一种布局方式。由于应用文写作需要一种务实的思维方式，其结构方式就具有模式化的特征。如总结的结构方式一般是“总分总”的形式；问题式调查报告表现为“提出问题—分析问题—解决问题”的三段式思维模式。独特的语体风格是指语言表达使用书面语体，语言精准、平实、简洁，经常使用惯用词语。应用文的这一特点，既可以节省拟稿和阅读的时间，加快办理速度，提高工作效率，也有利于人们对文体的学习和掌握，为计算机处理文件带来极大的便利。

第三节　提高应用文写作能力的途径

学好应用文写作，提高应用文的写作技能，应从理论水平、政策水平、生活阅历、知识积累、辞章修养、写作技巧等方面的综合素质上下功夫，切实加强写作训练，将写作理论知识转化为写作实践能力，才能收到成效。

一、明确目的，端正态度

明确的学习目的和端正的学习态度，是写好应用文的必要前提。

学习应用文写作，首先要在思想上重视，充分认识到它的重要性和必要性。学习应用文写作，是做好实际工作的需要，是各单位、各部门提高工作效率的需要，也是提高自身素质的需要。有了明确的学习目的，才能改变仅从兴趣出发的学习态度，才能学得主动、积极、有成效。其次要注意避免或纠正两种片面认识。一种是认为应用文简单枯燥，没啥可学，不过是公式加例文而已；一种是认为应用文文体繁多，难以掌握。这两种态度都不利于学好本门课程。“没啥可学”是“门外”之言，通过几次写作实践，就会改变这种片面认识。应用文虽文体繁多，格式各异，但仍有规律可循，只要有信心，肯下功夫，其规律是不难掌握的。

二、学习政策，熟悉业务

掌握党和国家的方针、政策、法规和熟悉具体业务，是从事应用文写作的首要条件。

应用文的内容普遍具有很强的政策性和专业性，因此，应用文的撰写者必须具备一定的理论水平和政策水平。为此，必须加强理论学习，熟悉党和国家的现行法令、法规、方针、政策，只有这样，才能写出观点正确、指导性强的应用文来。应用文的各种文体都是直接服务于工作的，所反映的内容无不与实际工作有关，只有掌握专业理论知识和具体业务，写出的文章才能主旨鲜明、内容充实，切合工作实际。

三、掌握写作理论，加强语文基本功的训练

掌握各种文体的写作理论、具备扎实的语文功底是写好应用文的两大关键。

俗话说：无规矩，难成方圆。写作的规矩就是写作理论。写作理论是前人写作经验的科学总结，它揭示了写作的一般规律，引导人们掌握写作方法、技巧。应用文的写作理论除了包括一切文章构成的基本要素——主旨、材料、结构、语言等，还包括每种文体的性质、特点、作用、格式、要求、写作方法和技巧等。掌握了这些写作理论和写作技巧，就能高屋建瓴，纵览全局，驾驭一切文体的写作。应用文规范性的特点能有效帮助我们快速构思，理清思路，迅速成文。因此在学习过程中，一要抓住各种文体共性的特点，掌握一般的写作规律；二要注意进行文体异同的比较，以期收到触类旁通、举一反三的效果；三要结合实际工作进行反复的实践，方能运用自如。

具备扎实的语文基本功，能使应用文的写作取得事半功倍的成效。因此，要掌握语法、修辞、逻辑等方面的知识，使语句通顺、明白。同时注意积累词汇，以便选择恰当的词语，准确地表达思想。另外，也要注意文字书写的规范无误和标点符号的正确使用。

四、多读多写多改，反复实践

提高应用文的写作能力，还要多读。多读有关应用文写作的理论书籍，有意识地选读一些范文，以资借鉴。多写，是提高写作能力的必由途径。人们常说：写作不怕底子浅，勤学苦练能过关。写作能力是“写”出来的。所以，在学习的过程中，必须在一定的写作理论、写作知识的指导下，进行反复实践，将写作理论、写作知识转化为写作能力。反复修改、加工润色是写作的最后完善阶段，也是提高写作能力的重要环节。修改可从内容和形式两方面入手，反复推敲、提炼，使文章的内容更准确、结构更严谨、语言更精练，使读者易于接受、乐于接受。修改既有助于文章质量的提高，也有助于作者写作能力的提高。

第二章　应用文的写作理论

第一节　主　　旨

一、主旨的含义

应用文的主旨是指撰写者在传达政策、发布指令、周知事项、汇报工作、总结经验、交流情况时，通过全文表现出来的基本精神或基本观点。

主旨即文章的中心，在不同文体中冠之以不同的名称。文学作品中称之为主题，议论文中称之为论点，应用文中称之为主旨。

文学作品的主题来源于社会生活、社会实践，通过对作品中的人物、事件、环境的刻画描写，生动地、艺术地体现出来。

论点是作者对议论的问题所持的见解、主张和表示的态度，通过逻辑推理和论证过程，综合归纳出来。

主旨是撰写者通过对问题、情况、事实等的分析与综合、归纳与概括直接形成的。

主题、论点、主旨三者的内涵基本一致，但由于文体及功用的不同，它们的表现形态、特征及确立的方式仍有很大区别。在写作中须仔细体会，准确把握，掌握不同文体中文章中心的各自特征及写作要求。

二、主旨的特征

（一）直露性

文章主旨的表现有隐晦和显豁之分。文艺作品一般来说是比较隐晦的。正如恩格斯在《致玛·哈克纳斯》中所说："作者的观点愈隐蔽，对于艺术作品就愈加好些。"文学作品的主题之所以有这样的特征，主要有两方面的原因：从作者的角度看，作者在进行文学创作时，不直接说明自己的思想、感情倾向，而是把它们寓于人物的刻画、情节的描写中；从读者的角度看，欣赏文学作品的过程也是一个艺术再创造的过程，这为读者提供了一个想象的空间，所以读者头脑中的那个艺术形象与作者本意的艺术形象之间有了一定的差异，正所谓"一千个读者就有一千个哈姆雷特"。而拟写应用文却无须用曲笔，应用文直接服务于实际生活和工作，因此它的主旨必须十分显豁。作者赞成什么，拥护什么，否定什么，都要旗帜鲜明地表现出来，切忌使读者产生理解与文章表意上的差异，主旨要直露，要避免模糊不清、因人解意，要让读者不折不扣地把握文章的意思。

（二）针对性

应用文的实用性特征决定其主旨必须有针对性。从提炼主旨的角度看，应用文主旨提炼的视点只能放在某一时间、某一地点的某一方面的现实生活中，它受时间、空间的严格限制，而不能把视点放在没有约束的时空里。应用文主旨的提炼不是自由的，而是有针对性的。从阅读对象来看，每篇应用文都有明确的受文对象，因此，就要做到有的放矢，针对受文对象的实际情况提出明确的意见、要求、办法、措施和主张，不应该抛开受文对象的实际情况旁征博引、泛泛而谈。

三、主旨的作用

主旨是应用文写作的出发点和核心，具有举足轻重的作用。

从思想内容上说，主旨是一篇文章的灵魂。首先，它是衡量一篇应用文高下、优劣的主要依据，是决定一篇文章价值的首要因素。任何一篇文章都是通过对客观生活的反映来表达作者的意图和主张的，而其质量高低、影响好坏、社会价值大小，首先决定于主旨。主旨是写作目的和基本精神在文章中的反映。其次，主旨又是一条总的思想线索，对内容起着内在的联系作用，文中的依据、目的、意见、内容、办法、见解等，关系如何、内在的逻辑怎样，要受主旨的支配。

从主旨和文章其他诸要素的关系上看，主旨是一篇文章的统帅。无论是材料的取舍、结构的安排、语言的运用、表达方式的选择，以至标题的拟写等，都要根据主旨的需要来确定。通过主旨，把材料、结构、语言等要素组成有机整体。离开了主旨，文章各要素就会失去依托，成为无所依附的无用之材。

四、主旨的确立原则和写作要求

（一）主旨的确立原则

主旨是文章的灵魂和统帅，所以主旨的准确与否，决定着文章写作的成败，为此我们必须坚持以下原则来确立主旨。

1. 客观性原则

应用文是因处理各种实际工作的需要而产生的。主旨的确立必须依据客观实际，尊重客观规律。首先要完全尊重客观事实，正确、全面地反映事物的本质，实事求是地对事物的客观性、联系性、变化性进行系统、完整的分析，从中找到对客观事物的正确判断和处理问题的观点、意见、办法；其次必须符合客观实际的需要，从工作的实际出发，接受客观实践的检验，使主观符合客观，思想符合实际，只有这样，才有助于指导或推动各项工作顺利进行。

2. 政策性原则

党和政府颁布的法规，制定的方针、政策，既是从实际工作中总结出来的，又要指导实际工作，保证各项工作顺利进行，同时它也集中体现了人民的根本利益。主旨的确立绝不能有悖于法律、法规和方针、政策。因此，应用文的作者必须努力学习各种方针、政策，增强法律意识，摸准吃透，以便确立一个正确的主旨。

3. 针对性原则

文章所确立的观点，必须针对所提出的问题，或是针对工作实际的需要，或是针对群众普遍关心的、迫切需要解决的问题。总之，应用文的主旨必须做到有的放矢。为此，必须明确写作目的，有针对性地提炼文章的中心，只有这样，应用文的实用价值才能实现。

4. 群体性原则

应用文往往代表着一个部门组织的意图。因此，其主旨常常是领导者在了解社会生活之后形成的一种思想。这种思想要向下传达，所以，应用文的主旨常常体现领导者的意图、见解、观点和各项决策，受领导者统一思想、统一意志和种种会议决议、重大决定所制约。除此之外，应用文的主旨还要受约稿单位、约稿人及受文对象的制约。因此，确立主旨时，必须综合考虑这些因素。

当然，撰写者并不是领导者意志的传声筒，应在领会各方面意图的基础上，变被动为主动。掌握政策，熟悉业务，洞悉方方面面的情况，这样确立的主旨才能最大限度地符合工作实际的需要。

（二）主旨的写作要求

1. 正确

应用文写作的本质属性决定了其主旨必须正确。一个正确的主旨，是正确思想的集中反映，有利于指导工作，推动工作发展。反之，则会使党和国家的方针政策得不到正确的贯彻、执行，给工作带来严重的损失。一个正确的主旨表现在三个方面：①必须切实可行，符合实际情况。这是由应用文的实用性所决定的。②符合党和国家的法规、方针、政策。③符合本地区、本单位、本部门的领导意图。这一点与第二点并不矛盾。从宏观上讲，领导意图与党和国家的法规、方针、政策是一致的；从微观上讲，领导意图是党和国家的法规、方针、政策的具体化，这种具体化是大原则与本单位具体情况的结合。

2. 鲜明

主旨鲜明是指文章要直接表达作者的写作意图。作者赞成什么，反对什么，宣扬什么，谋求什么，追求什么，必须明白确切地表达出来，不能模棱两可，含糊其辞。主旨不鲜明，就会削弱文章的效力，影响工作，甚至使人产生误解。主旨不鲜明，往往是对实际工作不了解、认识模糊、思路不清、逻辑混乱，以及对应用文写作特点缺乏了解等原因造成的。

为使主旨表现鲜明，在主旨的表现形式上，我们常常采用撮要这种形式。撮要，即概括、摘取全篇或全段的主旨、要点或结论放在标题、开头一段或每段头一句。撮要这种形式，是应用文写作的套路之一，也是在长期的写作实践中形成的一个优良传统。运用撮要这种形式，一定要学会拟写段旨句，具体要求是：①准确概括本段内容；②句式要尽量一致；③语言精练，少用定语、状语等修饰语；④多用陈述句，且动宾句式居多。

3. 单一

主旨单一，就是要求一文一事。要求无论篇幅长短只有一个中心统摄全文。“一文一事”是唐宋以来公文写作的传统制度，一直沿袭至今。主旨单一，一文一事，可使重点突出，题旨显豁，防止行文关系混乱，加速文件运转，提高工作效率，有利于信息的传播和问题的解决。做到主旨单一，在动笔之前，首先确立好主旨；其次围绕主旨安排材料；最后表述时详略得当，重点突出。在应用文写作中，切忌出现多主题、多中心现象。

4. 深刻

深刻指文章的主旨要有思想深度，要反映和揭示蕴藏在事物内部的本质意义。无论写什么文章，都不能停留在对事物表面现象的罗列上，而要反映事物的本质。这就要求作者必须有敏锐的洞察力，善于发现问题，并根据写作目的和受文对象的要求，挖掘出深刻的思想。为使主旨深刻，首先要多思多想，去芜杂，出智慧，出精语；其次要运用创造性思维，拓展思维空间，向纵深挖掘。

5. 周密

应用文主旨的表达要周密、严谨。一方面，在反映客观事物规律的过程中，主旨不能有漏洞，不能以偏概全，前后矛盾；另一方面，表现主旨的词语要准确、周密、严谨，避免语意不明。但有时视情况用些模糊语言，能把主旨表达得周密而不致陷于被动。

第二节　材　　料

一、材料的含义

材料是构建文章的基石。写任何文章，都离不开材料。所谓材料，一种是指为了某一写作目的而搜集、积累的一系列事实、现象或理论根据，这些材料称为原始材料或依凭材料，它们作为形成条例、办法、规定、措施、意见或提炼主旨、观点等的基础，并不直接写入文章之中。另一种是指作者为表达主旨、说明观点而写进文章的一系列情况、背景、依据、措施、事例、数据、理论等，这些材料被称为摄入材料。所以，总括起来，应用文的材料是指撰写者为了某一写作目的而搜集、摄取的有关情况、事实、根据、引语、数据、理论等。

二、材料的特征

（一）真实性

应用文内容的真实，是缘于材料的真实、准确。因此，在应用文写作中，所采集的人和事以及数据等应真实、准确，是客观存在的，不允许有丝毫杜撰或拼凑。即便是细枝末节，也不能合理想象。对理论政策、情报资料等间接材料也要反复核对，以免误抄、误传。

（二）定向性

搜集材料时尽可能多地搜集，但这种搜集不是漫无边际的，而是呈现一种定向性。这是由应用文写作的针对性所决定的。任何一篇应用文都有其明确的写作目的，受写作目的的制约，因此材料的搜集就被限定在一定的范围之内。应用文的材料行业性、专业性强，而相通性弱。作者平时积累的一般材料，只能作为文化储备而影响写作活动，而一旦进入文章写作时，就须围绕写作目的做定向调查，而不像文学作品那样杂取种种人，合成一个人。

（三）完整性

文学写作者只需把握瞬息万变的生活本质，以便选择引发作者“神思”的“触动点”。因此，它虽然需要大量的感性材料，但不一定要攫取完整的事实全貌。而应用文的写作材料要求全面地反映事实，要求作者了解事实的全部真相，点面结合，既见整体，又见局部，既有现实材料，也有历史材料。否则，材料不完整，文章主旨势必空泛或偏颇。

三、材料的类型

从文章写作的角度，对材料进行综合分类，划定其归属，反映出材料的不同性质、特点，以便于记录、储存、整理和选用。根据不同的标准，应用文的材料大致可分为以下六种类型。

（一）从材料的作用分，有依凭材料和摄入材料

材料在一篇文章中起到提炼主旨和表现主旨的作用，而那些供提炼主旨的材料就是依凭材料，在文章写作中用来表现主旨的材料就是摄入材料。前者数量大，是文章写作中的基础材料。后者少而精，是为支撑观点服务的。二者之间的关系恰好反映了文章写作的两个环节。

（二）从材料的特点分，有事实材料和理论材料

事实材料是指客观存在的具体事物、情况或是书籍报刊中记载的具体事实，如各种活动、事件、情况、统计数字等。理论材料指来源于实践或在实践中验证了的观念，包括理论、政策、法规、原理、定理、定义、格言、谚语等。

（三）从材料的来源分，有直接材料和间接材料

直接材料又称第一手材料，指撰写者通过直接观察、实验、实地调查等途径获得的材料。这类材料最切实、最具体、最生动、最可信，也最有说服力。间接材料是指作者通过阅读文件、书籍、报刊以及听取他人谈话获得的各种材料，即“第二手材料”。这些材料有助于撰写者增长见识，扩大视野，弥补第一手材料的不足。

（四）从时间角度分，有历史材料和现实材料

距离写文章时间较远、反映事物过去情况发生、变化的材料，就是历史材料。距离写作时间较近、反映事物现状和结果的材料就是现实材料。为了深刻认识某种事物，就必须把现实材料和历史材料结合起来，以便了解事物的全过程，通过对比分析，找到解决问题的办法。

（五）从材料的性质分，有正面材料和反面材料

正面材料指积极、先进，具有经验性，可供表扬、褒奖的材料。反面材料一般是负面的人物、事件，可供批评和惩处犯有典型错误的人和单位的材料。当然，所谓正面和反面并非一成不变，有时由于情况的变化或个人看法的不同，正面可以变成反面，反面也可以变成正面。

（六）从材料的范围分，有个别材料和综合材料

个别材料又称点的材料或典型的材料。它是反映具体事实的单个材料，但它不是孤立地反映个别情况，而是反映事物一般本质的材料。综合材料也即面的材料，是把一些同类的个别材料加以集中、归纳，从而反映事物整体概况的材料。综合材料反映事物的广度，个别材料反映事物的深度。两种材料结合在一起，能增强问题解决的力度。

以上对材料的分类，只是一般的或传统的分类。实际上，材料的分类是一项比较复杂、困难的工作，依据不同的标准，从不同的角度，可以对材料进行各种不同的分类。

四、材料工作的环节

材料工作大致可分四个环节。

（一）搜集材料

搜集材料是全部写作工作的起点。依据写作目的，搜集材料要尽可能地多。

1. 搜集材料的类型和途径

应用文的材料虽然专门性强，相通性小，不同文种对材料有不同要求，但一般情况下，主要包含三类材料：一是事实材料；二是理论政策材料，包括政策、法令、规章、制度以及关于某一问题的学术观点等；三是情报资料，包括各种报表、记录、简报、文摘、索引、兄弟单位的往来信函等。以上三种材料往往通过以下途径来获取。

（1）进行有目的、有计划的实地调查，掌握第一手材料。调查是获得第一手材料的最好方法，对应用文写作来说尤为重要。在调查时，一定要做好重点调查，获取丰富生动的典型材料，切忌贪多滥问。当然对于面上的全局情况也需要了解，但不必花费太多的时间和精力，因为只有典型才能说明问题的本质，反映问题的深度。在调查中，主要搜取最近点，以便更新鲜、更生动地反映现实。对于历史材料，一般只是作背景材料来使用，只作一般了解即可。在调查过程中，恰当使用一些调查方法，如实地调查、蹲点调查、开调查会、问卷调查等，可收到事半功倍的效果。

（2）在工作实践中观察、体验，逐步积累。社会现象纷纭复杂，对种种现象的认识，必须通过观察体验来获取。所谓观察，是借助人的感受，全面、深入地认识客观事物的知觉过程，其中市场调查、市场预测等更以现场观察作为搜集材料的重要手段。所谓体验，就是通过实践直接感受进而认识客观事物及其环境的过程。体验比观察更带有感情色彩，它是观察的进一步深化，即由表层印象向心灵感知内化，把见闻转化为内在情思和理念。实际上，体验不只是作家的事情，应用文的作者也需要它，如撰写论文、调查报告、广告等，也常常以自身的生活体验来丰富、补充和印证已经掌握的大量文字材料和新得出的结论。

（3）阅读文件资料和报刊书籍，掌握第二手材料。文件资料包括政府和上级主管部门下达的指令、批文等有关文件，单位的档案、记录、信息、简报、原始凭证、会计材料、统计材料、统计报表、计划、总结以及其他公文文件和兄弟单位的往来信函等。除此之外，还可以通过阅读各种报刊、书籍，以及研究机关和高等院校的科研成果、实验报告和学术论文等途径搜集材料。间接材料在应用文的写作上占的比重很大，须靠长期积累。

2. 积累材料的方法

（1）摘录式。即把所见到的某一观点、某一实例、某项数据的材料摘录在卡片上，并注明出处。摘录时应该务求与原文保持一致，以便使用时不致曲解原文。

（2）索引式。将所需资料的名称、作者、出处、期号，分类编成索引，需要时可按索引查找资料原件。

（3）心得式。在读书看报时若有所得，包括所感、所疑应随手记下，连同当时的积极思考，一并制成心得卡片。写作时的一些观点和看法，往往是从这些日常积累中得来的。

（4）提纲式。对篇幅较长的材料，可采取高度概括的办法，集录其主要观点、看法，制成提要式卡片。不抄录全文，但不遗漏要点。

（5）剪辑式。在阅读时，把所见到的同一专题的材料剪贴在一起。

（6）日记式。把在工作实践中所见、所思、所做如日记一般一一记录下来，或者把调研中所见的情况、所发现的问题记录下来，这些材料将为日后写作奠定基础。

（二）整理材料

整理材料是材料工作的第二个环节，主要是对材料进行验证和梳理，为研究材料、提炼中心服务。整理材料主要做以下几方面工作。

1. 辨真伪

在调查活动中，虽已尽量用冷静客观的态度去把握客体，但它毕竟是主体的行为活动。调查对象的选择、调查方法的运用，都或多或少地受调查者个性因素的影响，况且有时调查者和作者并非同一人。因此，作者在撰写前必须辨别材料的真伪，反复核对，既不轻信别人，也不轻信自己。对写作时引用的经典著作、科学论著、教科书等书籍的理论材料也要反复检查，多方参验，以辨其真伪，对失实的地方要做考证，不能以讹传讹。

2. 核查缺漏

应用文所需材料不仅要求真实，而且要求完整。其处理材料的方式不同于文学写作。它不能“杂取种种人，合成一个人”，也不能把主体的经验、意象、感受串联在一起，形成一个复合的“形象”。应用文写作只能尊重事实本身，并从事实的全貌中把握它的本质。因此，必须通过对材料进行验证发现缺漏，并及时补充材料，以免材料不完整。

3. 梳理材料

对材料进行辨真伪、查缺漏之后，还需对材料进一步梳理。梳理材料实际上是对材料进行分类整理，建立材料之间的联系。一般说来，对材料所做的整理，既要依据材料的性质，又要考虑到文体模式，主要方法有以下几种。

（1）阶段法。任何事物，尤其是动态事物，都是有若干发展阶段的，因而阶段性强的、有一定时间跨度的材料，一般以阶段来梳理。阶段梳理，简便易行，整理后的材料清晰有序，有利于材料的组织。

（2）方面法。即把材料按照一个问题的几个方面，或者按一个中心的几个问题来分类。这种方法一般用于分析型、论证型的实用文章。

（3）内质法。这是以材料的内在属性来梳理材料的方法。内质分类能见出材料的本质属性，为归纳出文章的观点做准备。

对材料的整理，实际上是对材料的初步研究，也是构思前的一次把关。

（三）分析研究材料

对材料的整理和分类只是材料工作的初始阶段，还必须对材料作进一步的分析研究，以便形成文章的主旨。常用的分析研究材料的方法有以下几种。

1. 分析与综合

分析是把事物的整体分解为各个属性、部分、方面，从而分别加以研究和认识，并揭示其在整体中的性质和作用的一种方法。综合是把整体事物的各个属性、部分、方面联系起来加以研究，以形成对事物的整体认识的一种方法。

分析的目的是认识事物的各个部分，而综合的目的是认识事物的整体，所以二者之间是部分和整体的关系，二者交互使用。没有分析，对事物的认识会是朦胧的、模糊不清的；没有综合，人的认识就会是孤立、零散的或片面的。先从材料的分析中形成理性认识，再通过对材料的综合，发现材料的联系，由此产生烛照材料的总观点。

值得注意的是，采用分析的方法，切不可停留在表面现象上，而应从表象中找出一般规律性的认识。综合也不是简单的整合、汇拢，而是以分析的终点为出发点，向着更高层次进发，形成新的理论概括，发现事物的总体性特点和本质，对事物的规律性作深刻的整体性揭示。因此，综合不是前一过程的简单重复，而是一种创造性的思维活动。

2. 归纳和演绎

归纳和演绎属于推理范畴，也是研究材料常用的两种方法。归纳，是指从对个别事物的认识中推出对同类事物的一般性结论的方法。演绎，是从一般性的结论中推出个别结论的方法。

在应用文写作中运用最多的是归纳法。它不仅使人们的认识由个别扩展到一般，而且使人们从"知其然"深入到"知其所以然"。我们在调查研究中得到的是大量感性材料，要从中找出事物的本质和规律，就离不开归纳，这是从许多个别事物中抽出共同属性的过程。

演绎是根据一般的原理、原则、定理等研究特殊或个别事物的一种思维方法。

许多公文主旨就是由演绎的方法来确立的。"一般的原理、原则、定理"就是行文的目的、依据，如上级的文件精神、政策规定、领导的指示等，一些指挥性公文和知照性公文往往用演绎法来确立主旨。

归纳和演绎是辩证统一的思维方法，它们既有区别，又相互联系，并且互为补充。一般来说，演绎以归纳为基础，没有归纳，就不能产生一般性认识，演绎便无从进行；归纳以演绎为前导，没有演绎，就不能深刻、全面地认识和掌握个别和特殊，归纳便失去目的和意义。因此，二者必须交互为用，才能克服各自的缺陷，确保文章主旨的正确。

从认识论观点看，归纳和演绎反映了人们认识的两个不同阶段的特点。人们认识事物总是从个别开始的，由个别到一般，再由一般到个别，如此反复，推动着认识的发展。

3. 抽象和具体

抽象，一是指从许多事物中舍弃个别的、非本质的东西，抽取共同的、本质的属性的思维方法；二是指运用抽象方法所获得的对事物的理性认识。具体，一是指事物本身能被人感知的形态，即感性具体；二是指具体化的思维方法，即把通过抽象获得的理性认识应用到具体事物，形成理性具体。

由具体到抽象，再由抽象到具体，是人们认识的两个阶段。一般来说，应用文主旨的提炼主要是在由抽象到具体的阶段中完成的。因为在由具体到抽象的阶段中，撰写者已由事物的现象深入到本质，获得了理性认识，但更为重要的是要用这种理性认识去指导实践活动，这就必须用具体化的方法，把这种理性认识应用到具体事物。这时的具体，就不再是人的感官能够直接感知的，而是建立在理性基础上的各方面的统一体，是高级的、理性的具体认识。

以上几种研究材料的方法是提炼主旨不可缺少的思维方法，它们往往是综合运用的。

（四）材料的选择

经过对材料的分析研究，确立了文章的主旨，那么要选择哪些材料来表现文章的主旨呢？一般来说，选材应遵循以下原则。

1. 围绕主旨选材

朱光潜先生在《谈文学》中的《选择与安排》一文中就选材问题有过精辟的论述："每篇文章必有一个主旨，你须把着重点完全摆在这主旨上，在这上面鞭辟入里，烘染尽致，使你所写的事理情态成一个世界，突出于其他一切世界之上，像浮雕突出于石面一样。"①主旨能有这种气象，关键在于围绕主旨选材。也就是说，凡是与主旨有关的，能说明主旨的材料就选而留用；和主旨无关的，不能说明主旨、突出主旨的，即使材料再生动，再富表现力，也要坚决舍弃。

2. 要选择典型材料

典型材料，就是那些能深刻揭示事物的本质，具有广泛代表性和强大说服力的材料。一个数据、一个情况、一个班组的先进事迹都可作为典型材料。它能通过个别代表一般，通过个性表现共性。应用文大量使用典型材料，一是为了揭示事物的本质，反映客观事物发展的规律；二是为了做到"言约事丰"。

3. 要选择新颖的材料

新颖的材料指那些贴近生活、具有时代感和足以反映当代现实的新思想、新事物、新情况。在实际工作中，每天都会不断出现新事物、新问题、新情况，撰写者就应富有时代感，把握时代的脉搏，从工作实际中选择那些最近发生的、反映时代特色的、具有新鲜感的材料，总结新经验，提出新见解，得出新结论。应用文的生命力在于能够反映和回答当前生活中急需解决的问题。材料新颖也包括从历史文献中选取富有生命力的、具有新价值的材料。一旦从新的角度加以展现，则会给人以新奇振奋之感。

4. 要选择反映事物全貌的材料

材料的选择要注意反映事物的全貌。应用文要全面地反映现实生活，材料的选择就应当具体、完整。所以，在选择材料时，就要注意点面结合、正反结合、历史和现实的关照等。

---

① 朱光潜. 谈文学. 上海：华东师范大学出版社，2018.

第三节　结　　构

一、结构的含义

结构是指文章内容的组织方式和文章的内部构造。其具体作用就是根据主旨的需求，合理地安排材料，使主旨和材料有机结合，成为完整严密的有机体。文章的结构如同建筑的图纸，是施工的蓝图，而工程质量的好坏首先取决于蓝图的好坏。因此，在动笔之前，一定要安排好文章的结构。

二、结构的特点

凡是文章都涉及结构的问题，但应用文的结构有别于文学作品的结构。文学作品的结构讲究变化多端，诸如“欲擒故纵”“故布疑阵”“误会巧合”等，崇尚“文无定法”。但是应用文的结构却讲究模式化，不提倡“文无定法”或标新立异。应用文结构的模式化表现在两个方面：一是篇章结构的定型化，二是结构方式的规范化。应用文结构的这一特征首先与它的实用性是分不开的。应用文是直接传递信息的载体，信息传递要快，要准确无误，就必须有相应的形式。同时，结构是思维的表现形式，结构和思维方式密不可分。应用文要直接解决问题，因此，应用文写作的思维方式是务实的思维方式，是解决问题的思维方式，即从社会实际中来，又到社会实际中去的一种认识世界和改造世界的思维方式，所以，当作者按照客观事物的本来面目把其思维外化时，文章的结构就呈现出一种模式化的特征。

在互联网的时代，伴随着电脑写作的蓬勃发展，对应用文结构模式化的要求越来越高、越来越迫切。结构的模式化是实现应用文全过程电脑写作的重要前提。

明确应用文结构和文学作品结构的差别，对于应用文撰写者至关重要。应用文的撰写者如果不承认这种差别，凭着自己的奇思妙想去安排文章结构，其结果只能是事倍功半。

三、结构方式

文章的结构是由两个方面组成的：一是表现为语言形式的篇章结构，它包括开头、结尾、层次、段落、过渡、照应；二是表现为思维形式的逻辑结构，也叫结构方式。在写作中，人们总是把篇章结构当作结构的全部内容。这是一种误解。刘勰在《文心雕龙·附会》中说：“总文理，统首尾，定与夺，合涯际，弥纶一篇，使杂而不越者也。”①谋篇布局之大端是“总文理”。总，有总括之意，就是对文章的内在情由、内在因果，要有一个本质的、规律性的认识，只有文理清楚了，才能顺利地进行“统首尾，定与夺，合涯际”等环节的工作。如果文理没有搞清楚，篇章段落是决然搞不清楚的。结构的过程是一个思维的过程，是由总体构思逐渐向具体结构演进，始终在反复研磨主旨与材料、材料与材料的关系基础上确立结构方式，然后在结构方式的统领和制约下，确立结构的具体内容。结构方式在先，篇章结构在后。因后文涉及各种应用文体写作的篇章结构，本节只讲结构方式。

① 刘勰. 文心雕龙. 王志彬，译注. 北京：中华书局，2012.

结构方式是指如何将现象、问题和做法，通过文字的表述，解读给读者的一种整体布局的方式。客观事物千差万别，其结构方式也就不同。应用文种类繁多，其结构方式也各具特色。但从认识论的角度来说，任何复杂的事物也都有其本身存在和发展的规律。应用文虽文种繁多、内容丰富，但其思维的模式及表达手段仍然是有限的。应用文结构也显示出这种无限性与有限性相统一的特点，繁多的文种最终可用几种典型模式去描述其结构内部包含的思维规律。归纳起来，应用文的结构方式主要有以下几种。

（一）时序式

时序式是指把材料按照事件发生、发展的时间顺序排列起来。以时间为序安排材料的方法，要求时间线索清晰。无论标明时间或未标明时间，时间的概念必须清楚。常用于内容单纯、叙事性强的文种，如报告、调查报告、消息、通报等。

（二）递进式

这是以逻辑关系为主线的安排材料的方式，一层进一层，步步深入。一般是先进行叙事，然后再进行说理，最后得出结论。其思路是提出问题—分析问题—解决问题的三段式思维模式。这种形式在调查报告类的文体中用得较多。

（三）因果式

这是前因后果或前果后因的结构。遵循因果思路展开，这种结构方式是党政机关公文中使用率居于首位的结构方式。

（四）总分式

总分式结构是演绎法和归纳法两种推理方法的综合运用。所谓“总”，是指文章开头或结尾两部分，或总其内容，或总其观点。所谓“分”，是指文章的主体部分，或分述其内容，并列几个层次；或分论其观点，并列几个小观点。总分式有以下几种情况：按归纳法处理，即先分→后总；按演绎法处理，即先总→后分；把演绎法与归纳法融为一体，即先总→再分→后总。无论以总统分，还是以分归总，都是文章整体布局的方式。

（五）并列式

这种结构方式只有分述，没有总述。依据客观事物的方方面面，把全篇内容分层列举，横向展开，并列铺排，不分主次，各自从不同的角度、方面，共同来阐述文章的主旨。法规、规章类文种以及合同等条文式应用文常采用这种结构方式。使用这种结构方式，必须注意各部分之间并非毫无关联，而是必须在主旨的统率下体现内在的联系，如果只是罗列现象，就会流于形式。

（六）对比式

即文章结构的安排方式是对比关系，或正反，或今昔，在对比中说明问题。对比式的结构方式可以是一个事物不同时期、不同空间的对比，也可以是两个事物在同一时期、同一空间的对比。

上述几种结构方式的区别并不是绝对的，在实际使用中常常互相交叉、互相结合。结构方式必须根据写作目的和内容的需要来确立，使形式很好地为内容服务。

四、安排结构的要求

结构归根结底是思维的问题，其作用就是把主旨和材料统一起来，使文章成为严密的有机体。因此，结构的好坏决定着文章写作的成与败，所以安排好文章的结构就显得十分重要。

（一）确立结构的原则

1. 要正确反映客观事物的发展规律与内在联系

文章是客观事物的反映。尽管客观事物是极其复杂、变化多端的，但实际上仍有其自身的内在联系和固有规律。因此，文章的结构就要反映事物变化的轨迹，表现事物的内在联系。比如，写一份工作总结，就要回顾过去的一段时间做了哪些工作，哪些工作做得好，原因是什么；哪些工作做得不好，教训在哪里；今后还需做哪些工作等。所以在安排总结的结构时，也要沿着这一认识轨迹，若有悖于这一顺序而另立新序，就不能很好地反映客观事物和表达思想。所以，好的文章结构，既能反映客观事物发生、发展、变化和结果，又能反映人们对客观事物认识的思维路线。

2. 要服从于表达主旨的需要

文章结构的根本目的在于更好地表现主旨。主旨是文章的灵魂和统帅，以主旨为纲来组织材料、安排结构，才能使结构合情合理，使文章中心明确。如果离开了表现主旨的需要，那么材料安排的轻重、大小、远近、详略就失去了依据和准绳，全篇内容也就无法统一起来。只有根据主旨的需要来安排结构，主旨才能得到圆满的表达。因此，无论文章的内在格局多么复杂，都应围绕主旨来安排结构，服从并服务于主旨的需要。

3. 结构的安排要适应不同文体的特点和要求

应用文的文体多种多样，因其反映现实的角度、容量、功能、作用及表现形式各具特点，每种文体都有自己的结构方式。所以结构的安排要因文而异，量体裁衣，适应不同文体表达特点的需要。只有这样，才能收到好的效果。即便同一文体，由于内容的侧重点不同，其结构也不尽相同。如全面工作总结和专项的经验总结，其结构方式就有区别。所以，安排结构时，要选择恰当的结构方式以适应不同文体的特点和要求。

（二）确立结构的过程

确立结构一般要经过三个环节：理清思路，精选材料，拟写提纲。

1. 理清思路

思路是写作思维活动的线索和轨迹，体现了写作思维主体对客观事物的认识与表达过程。思路是结构和表达的基础。所谓“理清”，就是能够驾驭材料，正确地反映事物的内在联系和揭示发展规律，能够服从于表现文章主旨的需要。思路和文章的结构密切相关，作者用文字把自己的思路表现出来，就是结构。由此可见，思路是结构的先导，是文章结构的前提；结构是思路的结果和外在形式，是思路在文章中的客观表现。文章结构是否严谨、完整，有赖于主体思路的清晰和通畅。因此，理清思路便成为文章布局的最重要环节。

那么如何理清思路呢？

（1）思维要有序。应用文的布局谋篇，即结构安排，是一个逻辑思维问题，反映到结构上，就要“有物有序”。这个“序”就是要符合对客观事物的一般认识规律。客观事物是复杂的，决定了写作思维主体的思路也必然是曲折复杂的，但这并不是说客观事物的“序”难以把握。恰恰相反，人的认识符合客观事物的“序”，思路就清晰，结构就严密。前文讲到的结构方式就是思维有序化在结构上的反映。因此，要求撰写者在构思时首先要把思维调整到与客观事物内在规律一致的轨道上。如处理一个问题，有一个摆情况、谈问题、提出解决办法和意见的思维过程，这个过程实际上就是把客观事物实际存在的部分、阶段性、矛盾侧面、思维步骤，按照一定的标准，分成若干既相对独立又相互联系的部分，做到这些这篇文章就大体做到了条理清楚、层次分明。

（2）思路要连贯。著名美学家朱光潜先生在《谈文学》中的《选择与安排》中讲到文章要层次清楚时说：“文章起头最难，因为起头是选定出发点，以后层出不穷的意思都由这出发点顺次生发出来，如幼芽生发出根干枝叶。文章有生发，才能成为完整的有机体。所谓‘生发’，就是上文意思生发下文意思。上文有所生发，下文才有所承接。”[①]其所讲的“生发”，实际上就是思路连贯性的问题。思路连贯，即思维不要出现空白和断档，也不能有悬念和跳跃。以开头为出发点，顺次生发出下文的意思。在结构方式的表现上，要给读者留下明显的阶梯感，如因为什么原因出现什么问题，将导致什么样的后果，该采取什么样的解决办法等。思路必须一环套一环，或纵向推进，或横向铺排，或纵横交叉，每一环都不能打破。如果其中哪个环节出现了问题，文章的结构就会松散、不严密。

（3）思路要周密。周密就是使思维符合辩证法，就是在构思和表达的时候要从各方面考虑思路各步骤之间的关系，考虑思路所反映的思想有无偏差、漏洞，是否顾此失彼、自相矛盾，是否会引起疑问和误解。

（4）思路要符合不同文体模式的要求。结构的特征是它的模式化。模式来自长期的写作实践，是客观需要和写作经验的结晶。每一文体的模式之所以能形成和稳定下来，在于它符合作者的思维规律，在于它适应这一文体的需要和特点。因此，理清思路时，依照这种模式进行思维，既能使思路连贯、有序，也使思路精密，不会发生遗漏、残缺的问题，也不会有违约定俗成的文种结构规范。

2. 精选材料

思路清晰了，文章的结构就可以确立下来。结构有如人的骨骼，需要丰满的血肉即材料来填充，这就涉及选材的问题。此内容在“材料”一节已阐述，故此不再赘述。

3. 拟写提纲

拟写提纲就是用文字把思路固定下来，以此作为写作时遵循的依据。提纲有“粗”和“细”之分，可根据个人习惯和文章的性质、篇幅而定。一般需六个步骤。

（1）拟标题。一般情况下，标题要提前拟好，但有时标题也可以等文稿完成后再定。

（2）以判断句式概括出全文中心。标题可以不拟，但文章主旨必须明确概括出来。文章标题可以变化，而主旨一旦确立下来，就不能更改。

---

① 朱光潜. 谈文学. 上海：华东师范大学出版社，2018.

（3）考虑全文从几个方面、按什么顺序来阐述基本观点，把大的层次确定下来，构筑全文的框架。

（4）逐个考虑基本的段落，写出段旨。

（5）把准备好的材料按照构思的顺序标上序码，排好顺序。

（6）全面检查提纲，做必要的增、删、调、补。

第四节　语　　言

当文章写作进入行文阶段时，把成熟的构思外化为文章的时候，关键就在于语言的表达能力。列宁说：“语言是人类最重要的交际工具。”①语言是人类进行思维活动，进而表达、交流思维成果的工具，是直接反映思想的物质形式。因此，文章写得好与坏，能否把思想准确地表达出来，就要看作者驾驭语言的能力。如果语言运用得不好，即使有再好的见解、主张和办法，别人也无法了解，问题也无法解决。所以，要学好应用文写作，就必须努力学好语言，研究语言的运用，努力提高语言的表达能力。尤其应用文是一种独具规律的文字载体，其语言有自己的风格特色，应该认真学习、研究，掌握其语言运用的规律和要求。一篇应用文写得好与坏，在一定程度上就看语言工具运用得如何。认为应用文只要掌握格式而无须加强语言修养的观念是片面的、错误的。

一、应用文对语言的基本要求

（一）明确

明确，就是明白确切。选择最恰切、准确的词语如实地反映客观事物的本来面目，贴切地表达作者的思想感情，做到“意能称物”“文能逮意”。为使语言明确，须从以下几方面入手。

（1）用词要准确。汉语词汇丰富，每个词都有它独特的个性、丰富的含义。因此在使用某个词时，一定要弄清它的内涵和外延，以便恰当地选用。对词义不完全了解，就会出现滥用、误用的情况，从而导致语言不准确，表意不清楚。

（2）认真辨析词意。汉语中，有许多意义相同或相近的同义词、近义词，尽管它们的意义很相近，但在应用文的语言环境中，却是不能互相替代的，只有一个词语能准确表达某种思想或事物。因此，必须对它们仔细辨析，认真挑选，选择最恰当的词语表达情意。

（3）对事物的判断要合乎逻辑，遣词造句合乎语法规范。

（4）正确使用模糊语言。模糊语言是指那些外延不确定，内涵无定指，在表义上具有弹性的词语。模糊语言大都用来表述事物的轻重、程度、大小、范围等，恰当地使用，既能使语言明确，又符合客观实际情况。

（5）不用那些冷僻难懂和模棱两可、易生歧义的词语。在句式的选择上，多用基本成分齐备的完整句，一般不用省略句和倒装句。

（6）注意避免写错别字，正确使用标点符号。

① 列宁. 列宁全集·第2卷. 2版. 北京：人民出版社，1984.

（二）质朴

质朴，就是平易朴实，通俗易懂。应用文的写作目的在知照、说服而不在感染，因而在表述方法上以叙述、议论、说明为主，这就决定了应用文语言的质朴性。为使语言质朴、平实，需做好以下工作。

（1）要有诚实的写作态度，不说大话、空话、套话，做到“有实事求是之意，无哗众取宠之心”。

（2）用确切的词语直陈其意，不绕弯子，不兜圈子，不层层修饰，更不追求形式的奇巧和华丽的辞藻。

（3）表达方式上，一般不用描写和抒情，也不用夸张、拟人等文学趣味浓厚的修辞手法。

（4）句子的选择上，一般不用省略句和倒装句，而使用能使语意表述明确、平实的陈述句和祈使句。忌用半文半白的语言和欧化句式。

当然，应用文的语言要求质朴，但并不反对语言的生动与活泼，而应在平实的前提下力求生动与活泼。为此，可有选择地使用一些比喻，使抽象的语言变得形象，使读者易于理解、接受。除此之外，在调查报告、总结等类型的文体中，还可使用人民群众喜闻乐见的口头语，增强语言的生动性与活泼性，使语言在平易朴实中显露出新颖别致的特色。

（三）简洁

所谓简洁，就是用简要精练、干净利落的语言表达最大容量的内容，以少胜多，“文约事丰”。应用文语言的简洁，是为了更迅速、更有效地传递信息、处理业务、解决问题。

做到语言简洁，需注意以下几方面。

（1）对客观事物要有清晰的认识，抓住关键，把话说到点子上。语言的简明，归根结底，是思维的缜密和明晰。唐代史学家刘知几说：“盖作者言虽简略，理皆要害，故能疏而不遗，俭而无阙。”[①]也就是说，只有抓住事物、事理的要害，对事物有清楚深刻的认识，说理恰当，措辞精确，语言才会简明有力。

（2）围绕中心选词造句。应用文的主旨单一、集中，所以一篇文章只能表达一个主旨，一段文字只能表达一个段旨，一句话只能表达一个完整的意思。段旨要紧扣主旨，句意要紧扣段旨，环环相扣，不塞进任何与主旨、段旨无关的内容，力戒浮文，杜绝套话、空话，不搞穿靴戴帽。

（3）尽量使用单句，少用复句。无论单句或复句，尽量多用短句，少用长句。

（4）掌握并学会运用应用文的惯用词语。惯用词语多属文言词语，能流传至今且还“活”在人们的口头中，可谓是古汉语中的精华。恰当地使用这些词语，可使应用文的语言精练，又能增强文章的表现力。

（5）恰当使用简缩词和数字语言。现代汉语中许多词语的简缩形式已约定俗成，众所公认，适当使用简缩词，可使行文简洁精练。但简缩词不可滥用，使用时要注意两点：一是使用规范化的、为社会所公认的；二是简缩词有多种含义时，应在第一次出现时注明。

数字语言在应用文写作中使用频率特别高，具有文字不可替代的作用，恰当使用数字语言，可使行文简洁明快、鲜明集中。

① 刘知几. 史通. 白云，译注. 北京：中华书局，2014.

（四）庄重

庄重，就是端庄、郑重。这是处理公务应有的严肃持重的态度在应用文语言中的体现。为使语言庄重，应做到以下两点。

（1）使用典雅规范的书面语。在应用文写作中，一般不用或少用方言词语和土俗词语，而使用典雅规范的书面语。尤其在公文和事务文书类的各种文体中，非常重视使用雅语和敬语，如“颁布”“届时”“歉难”“承蒙”“谢意”等。

（2）恰当选用惯用词语。这些惯用词语，不仅使应用文言简意明，而且能使语言庄重得体。

二、应用文的习惯用语、模糊语言和数字语言

大量使用习惯用语、模糊语言和数字语言，是应用文语言运用的鲜明特征。

应用文写作常用词语汇释

（一）习惯用语

习惯用语是应用文写作中特有的语言现象，是在长期的写作实践中形成并在相对固定的语境中使用的词语。习惯用语包括三类：程式性词语、专业词语和介词结构。

1. 程式性词语

在长期的写作实践中，应用文逐渐形成了适应工作、学习、生活需要的规范格式，作为表述这种规范格式的语言便自然形成了一些专门的词语，即程式性词语。程式性词语反映工作中的行文关系和工作程序，它们各有不同的功用，主要有以下几种。

（1）称谓用语。我、本、你、该，包括三种人称，如“我公司”“本厂”“你店”“该校”等，这四个称谓用语，使用上不含等级色彩，上下级均可使用。

（2）引叙用语。引叙来文时的用语，包括“前接”“顷接”“近接”“悉”“收悉”“电阅”“阅悉”等。

（3）经办用语。说明工作处理过程的已然时态，表明处理时间和经过情况，包括“经”“业经”“兹经”“均经”“并经”“后经”“未经”等。

（4）期请用语。希望对方给予回答或请求办理、执行等，包括“希”“请”“拟请”“请查收”“请审核”“即请查照”“希即遵照”等。

（5）征询用语。用于征求、询问意见时的用语，包括“当否”“可否”“能否”“是否可行”“是否同意”等。

（6）期复用语。请求对方予以答复时使用的，包括“请批示”“请指示”“请核示”“请复”等。期复用语常与征询用语结合使用。

（7）表态用语。用于表示对经办事情的态度，包括“同意”“照办”“可行”“不可”“不同意”等。

（8）结尾用语。结尾用语一般包括“特此通知（通报、函复、函达、函告、证明等）”“为要”“为盼”“为感”“为荷”“是荷”等，“为要”之后的词语，使用上含有等级、感情色彩，应注意区别。

2. 专业词语

在应用文写作中，常常根据实际表达的需要使用一定数量的专业词语，用以说明工作的

情况和问题，以实现并强化文章实用功能所需的语体感。在使用过程中，需注意两个方面的问题：一是根据内容的需要，恰当合理地使用，不说外行话，真正体现出专业特色。二是专业词语使用要适度，应照顾更多非专业的读者对象，凡可用可不用的专业词语，尽量不用。

3. 介词结构

为使内容表述得周密、严谨，在应用文写作中，大量使用介词结构。这是应用文特有的一种语言现象。应用文尤其是公文写作，在阐释方针、政策，提出问题、分析问题、解决问题、发表意见时，常常要说明依据、状态、方式、目的、原因、时间、范围等，因此要大量使用介词结构。常用的有以下几种。

（1）表示目的、原因的，如为、为了、由于、鉴于等。

（2）表示对象、范围的，如对、对于、关于、将、除了等。

（3）表示根据、方式的，如据、根据、依据、遵照、通过、在、随着等。

（二）模糊语言

应用文的语言要准确，但并不排除使用模糊语言。大千世界万事万物既相互联系又相互区别，它们之间的界限是相对的，而模糊却是绝对的。客观世界的模糊性决定了记载和表现它的物质外壳——模糊语言的产生和存在。在应用文写作中，经常使用模糊语言，这是由实际工作的多变性和复杂性所决定的。应用文都有一定的传播范围，由于各地区、各部门的情况不同，在表述上就须留有一定余地，在用语和措辞上要有弹性，以便使各地区、各部门能按照文件的精神和原则，结合本地区和本部门的实际情况，灵活地处理各种实际问题。所以，应用文的语言是准确性与模糊性的高度统一。应用文常见的模糊语言有以下几种。

1. 模糊时间词语

如“近年来”“最近一个时期”“在一个不太长的时期内”“过去的几十年”等。在无须或无法或不宜指明具体确切的时间时，适当运用这些词语，恰恰是准确表达的需要。

2. 模糊数量词语

如“一些地区”“某些单位”“部分干部职工”“少数单位和部门”“诸多因素”“存在不少问题”等。这些表示不确定数量的模糊语言，同样可以表示对事物的定性定量分析，另外还有委婉的色彩，这又牵涉到工作方法和策略问题。

3. 模糊形容词

如“基本上是成功的”“质量是比较好的”“取得了一定成绩”“情节严重”“损失惨重”等。在工作中，对不少具体情况的判断不可能像统计数字那样精确，所以有时在表达某些事物的程度、性质、状态时，必须使用上述的模糊形容词，这样反倒切合实际，因而也是准确的表达。

值得注意的是，模糊语言也不能随意滥用，否则就可能造成模糊认识，给学习和工作带来损失。处理好语言的准确性与模糊性的关系，才能更准确地表达作者的写作意图。

（三）数字语言

在应用文写作中，是无数不成文的。数字可以用来传递商品供需、市场价格等商业信息，可以用来反映经济现象、成本和发展趋势，可以作为学术论文、调查报告的论据和事实，可用以标示数量界限、建立经济模型，或对经济现象进行对比、评价等。因此，在应用文写作中，数字语言的使用是十分广泛的。

在应用文写作中，数字具有直观、精巧、概括的特点。用数字通报情况、分析问题或阐明观点，其作用往往胜于文字语言。但应用文写作又不是数字的堆砌，所以在使用上要注意以下几点。

1. 数字要真实、准确

应用文使用数字要实事求是，不得任意夸大或缩小，只有真实、准确，才具备可信性、可行性和可操作性。哪怕是一个数据的不真实，也可能会给实际工作带来严重的损失。

2. 数字要科学、规范

出版物上数字用法

一是表述要科学、规范。恰当使用量词和模态词来表达数量的增减变化情况。首先注意“基数”“增加数”“和数”“减少数”“差数”的准确表述。凡是增加或减少等词语后面跟有“到”“至”“为”字的，是说明“基数”加上“增加数”的“和数”或“基数”减去“减少数”的“差数”；凡是“增加”或“减少”等词后面跟有“了”字的，则不包括“基数”。其次要注意数字的可比性和比较结果的实际意义，注意相对数、绝对数、平均数的综合应用。二是书写要科学、规范。《出版物上数字用法》（GB/T 15835—2011）对数字的用法作了明确的规定，因此，要严格按照此规定来使用。

3. 数字要适量、得体

数字的使用要与文字结合起来，不要堆砌数字。既要发挥数字在应用文写作中的作用，又要防止滥用数字。

第五节　应用文的表达与修改

一、应用文的表达

表达，或称表达方式、表现手法，是指作者在确立主旨，选好材料，考虑好结构后，把思想内容用一定的方式方法告诉给读者。表达是写作实践中形成的具有规律性的方法和技巧，是文章写作中必须运用的手段。

文章的表达方式，具体有叙述、描写、抒情、议论和说明等五种。在文章中，这五种表达方式经常是互相联系、互相补充的，但在不同的文体中，运用时又各有侧重。一般来说，记叙、抒情性文章以叙述、描写、抒情为主；议论、说明性文章以议论、说明为主；应用性文章以议论、说明、叙述为主。但应用文中的议论、说明、叙述又与一般文章中的议论、说明、叙述不完全相同，而具有自身的特点。现分述如下。

（一）应用文中的议论

议论就是讲道理，是作者通过事实材料和逻辑推理来阐明自己的观点，表明自己的立场和态度。应用文写作中议论这一表达方式的运用与议论文不同，它通常是简括性的，没有过多的抽象议论和逻辑推理，即在记述某人某事的基础上，画龙点睛地予以评价；或是在摆出某一现象后，精当地阐明其内在实质或意义；或是在叙述工作中存在的问题之后，简要地予以分析，并提出办法和意见。议论的笔调多是论断式、评判式和总结式的，强调说理性、逻辑性和通俗性。应用文中的这种议论方式，可称为“立论说明式”。

1. 应用文议论的特点

（1）就事论事，不空泛说理。应用文中一般不做空泛的议论，而就事论事，往往针对特定的事实、事件、情形，自然地阐明作者对事物的看法，论说的观点都能在事实部分找到可靠而确凿的证据。

（2）客观评说，观点直露。议论在应用文中是一种科学的论说，它客观冷静，尽可能不带主观色彩，结论是在充分而客观的材料上引出的。对需阐明的观点或进行评论的事情，往往直接加以议论，一语道破。

（3）议论一般不单独使用。在应用文写作中，很少单一使用议论这一表达方式，它往往和说明、叙述结合在一起使用，更多的是和叙述在一起。这一特点是由应用文的实用功能所决定的。应用文要做到言之有据，持之有理，令人信服，从而产生强大的说服力和感召力。空泛的说理是达不到写作目的的。

2. 应用文常用的议论方式

（1）引据论说。引用政策条文、法律条文和科学理论来议论的一种方法。常用“根据……我们认为……”的句式进行。

（2）事实论说。即在列举事实的基础上归纳出观点的议论方式。常用“从上述材料中可见……”“以上事实表明……”等句式。

（3）推理论说。用逻辑的方法陈述见解，即用已知的事实、事理，推出结论或预测前景。这种议论方式常在法律文书写作中使用。

（二）应用文中的说明

说明，就是用言简意明的文字解说事物、阐明事理。说明在应用文写作中运用十分广泛。有时，我们需要说明某个观点和主张，有时又需要说明某个事物或现象，有时要说明的是一份材料和一件商品，有时要说明的是某种方法和过程。

说明和叙述是有区别的。说明侧重于记写客观事物的静态，叙述则侧重于记写事物的动态。

1. 应用文说明的特点

（1）要正确把握说明对象。对说明对象把握得不准，就不可能对它解说得科学、准确、客观。为此，一要明确说明什么问题；二要对说明的问题仔细观察、分析和研究，对它真正认识、了解，才能解说得正确、恰当。

（2）要科学、客观地解说事物，阐明事理。在应用文写作中，常常要用说明方法来说明事物的性质、特点和范围。无论说明什么问题，都必须科学、合理、准确。除此之外，还要客观、公正地说明事物，不掺进作者个人主观的情感和倾向。这是应用文实用性的特征在表达方式上的反映。

（3）除在法规性的文件中完全采用说明方式，一般来讲，说明要和叙述、议论综合起来使用。在使用过程中，要注意三者的区别。

（4）正确使用各种说明方法。

2. 应用文常用的说明方法

（1）定义说明。用下定义来说明事物的一种科学而严谨的说明方法。它用简明扼要的语言揭示事物的本质特点（内涵），又为被说明的事物划定一个范围和界限（外延）。定义说明的关键是定义下得准，概括定义的内涵和外延须恰如其分。

（2）举例说明。用个别的或典型的事例来说明特定对象。所举事例要与说明对象有某种联系，如相似性、相异性、相关性等。

（3）分类说明。在说明一些较复杂的对象时，可采用分类方法加以说明。分类说明实际上是逻辑方法，在运用时要注意合乎逻辑。

（4）比较说明。既可类比，也可对比；既可将某一对象与另一对象进行比较，也可对同一对象的不同发展阶段进行比较。运用这种方法要注意的是，用来比较的对象相互间必须有可比性。

（5）比喻说明。用比喻的方式说明某些较抽象或读者较生疏的对象。运用比喻说明有个前提，即比喻的对象与被比喻对象之间必须具有某种相似性，可以是功能的相似、环境条件的相似等。

（6）资料说明。这种方法主要是指引用与对象有关的文献资料来说明对象。引用文献资料，特别是引用资料原文，一般应注明资料来源，以备读者查阅。

（7）数字说明。这是应用文写作中运用最多的说明方法。它是运用数字对事物的属性和特点进行解说的说明方法，其目的是增强说明的精确性和可信度。在运用数据时要准确无误。

（8）图表说明。用表格、图形来说明工作中的现象、情况和作者的观点、理论。它比其他说明方法更直观、形象。

（三）应用文中的叙述

叙述，就是把人物经历或事物的发展变化过程表述出来。

应用文的许多文体都少不了叙述。有的文体本身就以叙述事实、反映情况为宗旨，如简报；有的以所叙述的事实作为立论依据，如论文等；有的依据所叙述的事实作出决策或预测，如调查报告、决定、批复等；有的以所叙述的事实作为签订协议的依据，或以所叙述的事实作为凭证，如合同、法律文书等。这些叙述尽管作用不同，但它们有着一些共同的特点和要求。

1. 清晰的叙述线索

叙述的方式包括顺叙、倒叙、插叙、平叙等，应用文写作最常用的叙述方式是顺叙，即严格按照时间的顺序和事物发生、发展、结局的自然序列以及解剖问题的逻辑来进行，形成井井有条的叙述程序。除了文学性较强的新闻类部分文种外，一般不采用倒叙和插叙。顺叙这种方式既符合事物本身发展的内在逻辑，也符合人们认识问题的思维规律；既便于组织材料，顺理成章地揭示事物的性质和规律，又能使人一目了然。

2. 直接的笔法

应用文中的叙述与文学的叙述不同。文学的叙述可融情、理于一体，有时与描写合用，分不清是描写还是叙述，给读者创造一种具体、可感的欣赏情境。应用文的叙述却不求曲折、生动、富于感染力。它要求用平实的笔法，尽量客观、直接地叙述事实，以求能把人和事交代清楚。

3. 叙述要概括

应用文中的叙述有别于记叙文中的叙述。记叙文中的叙述要求详尽、具体，精雕细刻。而应用文的叙述是为说明问题、探索事物或问题的因果关系及内在联系，因此需要对事物做综合概括，用简明概括的叙述，把事物、问题的实质或总体特征，准确全面地交代清楚，从而使人得到全面、完整的深刻印象。但是概括也并非易事，既要对事物了如指掌，又要有高度的概括力。

4. 叙述和议论要结合

在应用文写作中，对人和事的叙述不是目的，目的在于揭示事物的本质或意图。因此，叙述往往要和议论相结合。叙述为议论提供依据，议论则必须以客观事实为前提，二者相辅相成。可以先叙述后议论，也可先议论后叙述。

二、应用文写作的修改

文章的修改，一般是指初稿完成后的修改，属写作过程的最后一个阶段。文章之所以要修改，因为客观事物是复杂的，人们对客观事物的认识也不是一蹴而就的，而是一个不断深化的过程，反映到文章上，就会出现思想失之偏颇或思虑不周之处。除此之外，构思的内容借助语言表达出来，从理论上讲可以是同一的，但实际操作起来，由于作者认识水平和语言驾驭能力的限制，两者之间总是有很大差距。尤其是初稿，出现不尽如人意之处是在所难免的。因此，就需要推敲和修改。俗话说：“好文章是改出来的。”无数作家修改文章的事例已足以证明这一点。因此，要重视文章修改这一环节。

（一）修改的范围

一篇文章，主要从以下几方面进行修改：观点的订正、材料的增删、结构的调整、语言的锤炼、标点符号的检查等。

1. 观点的订正

主旨是文章的灵魂和统帅，修改文章要先修改主旨。首先要看主旨是否正确。前文讲过，一个正确的主旨表现在三个方面，要从这三个方面去检查主旨是否符合要求。其次看主旨是否鲜明，坚决避免那些牵强附会、节外生枝、含糊不清、模棱两可、自相矛盾的说法。最后，检查篇旨与段旨是否协调统一，段旨是否能以“众星捧月”之势支撑主旨。如果把这些内容修改好了，其他方面的修改也就有了依据。

2. 材料的增删

使用材料的原则是适当适量、充分必要。修改时就要坚持这一原则，力求做到观点和材料的统一。如果材料单薄就要适当增加，材料繁杂就要适当删减，如果材料不典型或不能说明观点，就要删除或更改。

3. 结构的调整

结构是全文的骨架，主要解决材料的安排问题。调整结构，从写作目的出发，由整体到局部渐次展开。先看整体布局是否合理，然后调整结构的具体内容。如层次是否清楚，段落是否完整，层次和层次之间、段落和段落之间衔接是否紧密，文章的内容是否前后关照呼应等。如果结构有零乱、残缺、松散、失衡等问题，可通过拆分、合并、换位、增减等方法调整和改组，以优化结构。结构的重大调整往往会引起思路的改变、材料的增减甚至功能的变化，因此，必须始终服从和服务于特定的写作目的。

4. 语言的锤炼

语言的修改主要从语体、语法、词汇、文字、修辞等几方面入手。语体风格同特定文体有关，也同读者阅读特定文体所养成的心理习惯有关，应尽量适应。语法和字词方面的修改主要是将重复累赘、可有可无的字词句尽量删去，使表达更简洁通顺，并且将词不达意、晦涩拗口的词句改得准确明白、通俗流畅。修辞方面主要将枯燥乏味的词句改得清新鲜活，富于表现力。

5. 标点符号的检查

对于文章来讲，标点符号不是可有可无的，不同的标点符号表达不同的意思。标点符号的错用会改变文章的内容。因此，在使用标点符号时一定要慎重，必须遵循《标点符号用法》（GB/T 15834—2011）的规定，正确使用标点符号。

文章修改还包括修改文面、图表、数字以及核对引文、调整更换表达方式等。总之，作者要善于发现并修改文章中的各种问题。

（二）修改的方式

修改文章的方式因人而异，常见的有以下几种。

1. 边读边改

修改文章时，一边读一边改，放声朗读有助于发现问题。这是凭借语感来修改文章。它对检查缺字和语病很有效果，语句啰唆、语句不通畅都能及时发现。

2. 边抄边改

有时草稿的文面涂抹得很乱，难以在上面修改，这时可以一边抄写誊清，一边修改。看一段，改一段，抄一段，直至全文改完、抄完。

3. 冷却处理

初稿写完之后，放置一段时间再拿出来修改，这样可以避免大脑的思维一时难以跳出原来的框子，而很难发现初稿中的问题。过段时间，拿出初稿来看，就比较容易发现当初没有发现的问题。

4. 求教他人

文章初稿完成后，可请写作上的名家或经验丰富的人给予指教；或请同行或懂行者一齐讨论，集思广益，作为修改的意见。

（三）正确使用修改符号

文章的修改需要用一定的符号来表示。中华人民共和国专业标准《校对符号及其用法》（GB/T 14706—93）明确规定了校对符号的种类和用法，对于文章的修改，应严格按照此标准来执行，不能自行创造一种无人能懂的符号。

第三章　公　　文

第一节　公 文 概 述

一、公文的特点及作用

（一）公文的含义

“公文”这一概念在本书中指中国共产党机关和国家行政机关公文，即中共中央办公厅和国务院办公厅在 2012 年 4 月 16 日发布的，自 2012 年 7 月 1 日起施行的《党政机关公文处理工作条例》中所规定的 15 个文种。

党政机关公文处理工作条例

该条例明确指出：“党政机关公文是党政机关实施领导、履行职能、处理公务的具有特定效力和规范体式的文书，是传达贯彻党和国家方针政策，公布法规和规章，指导、布置和商洽工作，请示和答复问题，报告、通报和交流情况等的重要工具。”

这一定义对公文的内涵、性质、适用范围和功用都做了简明、规范、科学的界定。准确理解这一定义，对学习公文有十分重要的指导作用。

（二）公文的特点

公文的特点是其区别于其他文体的本质属性，揭示和概括公文的特点，可以更准确地把握公文，更有效地运用这一工具。公文有以下几方面特点。

1. 法定的权威性

公文的法定权威性是由其制文机关的法定权威性所决定的。公文的制文机关是各级党政机关，他们是依法成立的并具有法定的管理权限。这些机关在自己职权范围内所进行的管理，本身就是一种法定的管理活动。公文正是这种法定管理活动的重要工具，将法定管理者的思想、意志传递出去，从而变成具体的施政行为，直接服务于国家政务活动。国家的法律法规、方针政策，以及各项管理措施，都是由公文参与完成的，并由公文传递出去，代表发文机关行使职权，实施领导和指挥。上级单位制发的公文，代表上级机关的意志和意见。下级机关必须严格遵照执行，不得违反，否则就要负法律和行政责任。

2. 法定的作者、读者

公文的作者并不是普通意义上的文章作者，而是指公文的制发机关或代表制发机关的领导人。公文的作者是法定的，因为其具有法定的管理职权和范围。除此之外，其他的机构和个人是无权制发公文的。以领导人名义发布的公文，其作者也是指发文机关，而不是个人，因为领导人的职务也是按照一定法规选举或任命的，代表法定机关行使法定的职权。

除了法定的作者外，公文的读者也是法定的，除需要周知的公文外，多数公文的阅读也是由法定读者来承担的。公文的阅读往往是有限定范围的，规定哪一级的法定读者才有权阅读，而其他读者则无权阅读。公文格式中设定的“密级”及“附注”中有关阅读范围的说明，就是在一定程度上对法定读者阅读权限的规定。

3. 特定的程式化

作为党政机关管理的工具，公文具有不同于一般文章的特定的程式化特点。程是指程序，式是指格式。

公文在长期使用过程中逐渐形成了比较固定的程式，《党政机关公文处理工作条例》又对这一程式加以明确规范，从公文的发文、收文归档、管理到行文规则、文种类别、格式都做了具体规定，公文适用范围内的一切单位和个人都必须严格遵守，不得违反。

公文的特定程式化是公文长期写作经验的结晶，同时也是公文权威性在形式上的体现。掌握和遵循这些规范性的程式，不仅便于写作和阅读，更有利于使用公文这一工具，有效处理和解决实际工作中的问题。

4. 严格的时效性

公文是针对具体情况、实际问题而制发的，公文的制发、传递、执行都具有严格的时间限定。因此，各级党政机关在管理过程中发现情况和问题，在确有必要行文的前提下应及时做出决策，迅速制发公文上达或下发，以保证各项工作有序地进行。同时对受文机关来说，也应及时办理所收公文，切实履行职责，以免延误问题的解决，贻误时机，使公文无法发挥其应有的作用。

（三）公文的作用

1. 领导指导作用

具有领导和指导作用的公文，多指下行文。公文的领导作用主要体现在上级机关向下级机关制发的，带有法规性、指示性的一类文件中，要求下级机关必须执行，但更多的公文则是布置工作任务，安排事项，对某项工作提出具体要求。这类公文也要求下级机关执行，但执行时可根据本地区、本系统的实际情况办理。有的上级机关在发布公文时就明确指出“可以参照执行”，这样的公文具有指导作用。

2. 法规准绳作用

党政领导机关制发的公文，不少是带有法规效力的，对下级有着法规的制约作用，如命令、决定等。同时多数公文，特别是下行文，对从事公务活动的部门、个人也有一定的限定作用，要求其必须据此作为公务活动的准绳，做出行动抉择，而不得超越这一范围。

3. 联系知照作用

公文可以沟通上下级的联系，使上情下达，下情上传。上级机关一般利用公文把法律、法规、方针、政策传达下去，下级机关用公文把工作中的问题、情况反映上来。上传下达，及时解决问题，推动工作。同时，公文还在不相隶属的机关之间起着沟通协调、商洽交流、联系传递的知照作用。

4. 宣传教育作用

公文的制发，其目的是使党和国家的法规、方针、政策顺利地贯彻执行。为了保证这一目的的实现，就要宣传教育群众，统一认识，统一行动，公文正体现了这一作用。一些下行文在对重要工作做出安排的同时，也阐明政策或理论的依据，对目前的形势作出分析，提供开展工作的具体指导思想，从而有力地起到宣传教育作用。而这种宣传教育作用又有一定的约束力，影响更大，作用更明显。

5. 依据凭证作用

上级机关在制发公文时，要以下级机关所反映的情况为依据；而下级机关在处理具体事宜、安排工作时，又要遵循上级机关的指示精神；不相隶属的机关之间也要依据往来的公文洽谈工作、沟通情况和解决问题。公文起着重要的依据作用。同时，作为反映各级党政机关在各个时期公务活动情况的文件记录，公文又有积累史料的凭证作用，在现实效用完成后，对今后的工作仍然有凭证作用。

二、公文的种类和分类

（一）公文的种类

《党政机关公文处理工作条例》第八条规定，我国党政机关公文种类为 15 种。

（1）决议。适用于会议讨论通过的重大决策事项。

（2）决定。适用于对重要事项作出决策和部署、奖惩有关单位和人员、变更或者撤销下级机关不适当的决定事项。

（3）命令（令）。适用于公布行政法规和规章、宣布施行重大强制性措施、批准授予和晋升衔级、嘉奖有关单位和人员。

（4）公报。适用于公布重要决定或者重大事项。

（5）公告。适用于向国内外宣布重要事项或者法定事项。

（6）通告。适用于在一定范围内公布应当遵守或者周知的事项。

（7）意见。适用于对重要问题提出见解和处理办法。

（8）通知。适用于发布、传达要求下级机关执行和有关单位周知或者执行的事项，批转、转发公文。

（9）通报。适用于表彰先进、批评错误、传达重要精神和告知重要情况。

（10）报告。适用于向上级机关汇报工作、反映情况，回复上级机关的询问。

（11）请示。适用于向上级机关请求指示、批准。

（12）批复。适用于答复下级机关请示事项。

（13）议案。适用于各级人民政府按照法律程序向同级人民代表大会或者人民代表大会常务委员会提请审议事项。

（14）函。适用于不相隶属机关之间商洽工作、询问和答复问题、请求批准和答复审批事项。

（15）纪要。适用于记载会议主要情况和议定事项。

（二）公文的分类

公文种类的划分，其主要目的是正确使用文种。为保证这一目的的实现，不仅要考虑文种的性质、作用，还要注意行文的方向。《党政机关公文处理工作条例》已从适用范围入手，将公文分为 15 种。因此，这里只从行文方向对公文进行分类，将其分为上行文、平行文和下行文。

行文方向是由行文关系决定的。行文关系是机关之间的工作关系，而机关各自的组织归属和职权范围又决定着机关之间的工作关系。这种关系有四种类型：一是同一组织系统中上、下级之间，属领导与被领导的隶属关系；二是同一组织系统中上级主管业务部门与下级主管业务部门之间，属业务指导与被指导关系；三是同一组织系统中同级机关之间，属平行关系；四是非同一系统的任何机关之间，属不相隶属关系。

在这种关系中，居领导、指导地位的上级机关可以向被领导、被指导的下级机关发送下行文；被领导、被指导的下级机关向上级领导、指导机关报送上行文；具有平行关系或不相隶属关系的机关之间可以传递平行文。

下行文的主要作用是传达贯彻党和国家方针政策，指导、布置工作，通报情况，答复问题，如命令、决定、通知、通报等。

上行文的主要作用是汇报工作，请示问题，如报告、请示等。

平行文的主要作用是商洽工作，交流情况，如函等。

党政机关公文格式

三、公文的格式

《党政机关公文处理工作条例》规定，公文格式一般由份号、密级和保密期限、紧急程度、发文机关标志、发文字号、签发人、标题、主送机关、正文、附件说明、发文机关署名、成文日期、印章、附注、附件、抄送机关、印发机关和印发日期、页码等组成。

公文格式各要素划分为版头、主体、版记三部分。公文首页红色分隔线以上的部分称为版头；公文首页红色分隔线（不含）以下、公文末页首条分隔线（不含）以上的部分称为主体；公文末页首条分隔线以下、末条分隔线以上的部分称为版记。

公文有文件式公文格式（包括上行文和下行文）和特定公文格式（包括信函式公文格式、命令式公文格式和纪要格式）。从格式组成部分看，文件式公文与特定公文是相同的，但表现形式有所不同（可参阅本节后图 3-1～图 3-10）。这里只以文件式公文为说明对象，将公文格式各组成部分分述如下。

（一）份号

份号就是份数序号，是一份文件在该种公文总印数中的顺序编号，用阿拉伯数码表示。设立份号的目的是更好地管理密级较高的公文，涉密公文应当标注份号。

份号一般用 6 位阿拉伯数字表示，顶格编排在版心左上角第一行。

（二）密级和保密期限

密级是对公文保密程度的要求。按国家有关规定，需保密的公文分绝密、机密、秘密三个等级。

密级顶格编排在版心左上角第二行，如需同时标注保密期限，在密级后加一实心五星，后标保密期限。

（三）紧急程度

紧急程度是对公文送达和办理时限的要求。紧急程度分为特急、加急。电报分为特提、特急、加急和平急。紧急程度顶格编排在版心左上角；如需同时标注份号、密级和保密期限、紧急程度，按照份号、密级和保密期限、紧急程度的顺序自上而下分行排列。

（四）发文机关标志

由发文机关全称或者规范化简称加“文件”二字组成，也可以使用发文机关全称或者规范化简称。发文机关标志居中排布，颜色为红色，以醒目、美观、庄重为原则。

联合行文时，如需同时标注联署发文机关名称，一般应当将主办机关名称排列在前；如有“文件”二字，应当置于发文机关名称右侧，以联署发文机关名称为准，上下居中排布。

（五）发文字号

由发文机关代字、年份、发文顺序号组成。如“国办发〔2018〕11 号”，其中“国办”为国务院办公厅的代字，“〔2018〕”是公文发布的年份，“11 号”为该份文件在 2018 年国务院办公厅发布公文总数中的顺序。联合行文时，使用主办机关的发文字号。发文字号中的机关代字，应使用规范化简称，如黑龙江省人民政府，其机关代字为“黑政”。代字一般不能自行设定，应由上级机关统一编定，并保持相对稳定。机关代字后，常用“发”字，如命令、决定、通知、通报等，有时也用“函”等字样。“函”字主要用于批复、函等公文，如《国务院关于同意设立“中国农民丰收节”的批复》的发文字号为“国函〔2018〕80 号”，《国务院办公厅关于天津东丽经济开发区升级为国家级经济技术开发区的复函》的发文字号为“国办函〔2014〕27 号”。发文字号中年份一律采用全称，用阿拉伯数码标注，并用六角括号括起。序号前不加“第”字，也不编虚位，如“2”不编作“002”。发文字号编排在发文机关标志下空两行位置，居中排布。上行文的发文字号居左空一字编排。（请参阅本节后文件式公文图 3-2，图 3-4）

（六）签发人

签发人是指公文发出机关领导人的签名。《党政机关公文处理工作条例》第九条第六款规定：“上行文应当标注签发人姓名。”可见，上行文是必须有此项标识的，如请示、报告等，而下行文、平行文则不用。

（七）标题

公文标题是对公文内容的概括与提炼，直接反映公文内容的概要，读者通过阅读标题，可以初步了解公文内容。

公文标题由发文机关名称、事由和文种组成。例如，《国务院办公厅关于进一步做好消防工作坚决遏制重特大火灾事故的通知》《国务院办公厅关于福建省人民政府违反规定征收基础设施建设附加费的通报》。

公文标题一般位于红色分隔线下空两行位置，分一行或多行居中排布。回行时，要做到词意完整，排列对称，长短适宜，间距恰当，标题排列应当使用梯形或菱形。

（八）主送机关

主送机关是指公文的主要受理机关，即负责办理公文或执行公文内容的机关。主送机关应当使用机关全称、规范化简称或者同类型机关统称。

主送机关编排于标题下空一行位置，居左顶格，回行时仍顶格，最后一个机关名称后标全角冒号。如主送机关名称过多导致公文首页不能显示正文时，应当将主送机关名称移至版记。

（九）正文

正文是公文的核心部分，具体叙述要表达的思想内容。由于内容不同、文种不同，正文在写法上也不尽相同，但是在长期的写作实践中，公文正文形成了相对固定的结构形式，用以负载不同的内容，最为常见的结构形式为三段式，即由开头、主体、结尾三部分组成。

开头简明扼要地说明制发公文的依据。依据是确立内容的前提，依据可以是理论的，可以是实际的工作需求，也可以是法令、来文等。

主体把要传达贯彻的法规规章、施行的行政措施、请示和答复的问题、指导布置和商洽的工作、报告的情况、交流的经验做明确的阐述。可以根据公文具体需要，指出政策规定或者提出新的政策；提出针对某种情况或某种问题的具体做法要求，对工作的质量、数量、时限、规模做出规定，并就保证预定任务完成、目标实现，从多方面提出有效的解决办法等。

结尾部分，有以下几种形式。

1. 提出号召或希望

在部署重要工作，安排重大行动或是嘉奖、表彰等性质的公文中常用这种结尾。

2. 提出执行要求

上级机关向下级机关布置工作，一般采用向执行机关提出执行要求这种结尾形式。

3. 使用公文结尾惯用语

公文在长期的使用中已形成了能表示各种意义的、形式比较固定的结尾用语。使用这些结尾惯用语，可以收到简洁、准确的效果，具体用法一般需根据行文方向、文种来确定。如请示的结尾惯用语是“以上请示，请批复”，报告的结尾惯用语是“以上报告，请审阅”，函用“特此函达”，批复用“此复”等。

有的公文正文只有开头和主体两部分，这种情况一是在主体部分已将结尾中的执行要求、希望等说清楚了，不需再另设结尾；二是有的根本就不需要有结尾，如一些知照性的公文，有的公文的正文只有一部分，这种公文多数正文内容单一、集中，全文篇幅短小，有的甚至只有一段话或一句话，因此不需要分开头、主体、结尾。

公文正文的写作直接影响着其所承担各项工作的质量和效果。因此，应做到一文一事，主旨单一，内容准确，逻辑严密，结构清晰，层次分明。

（十）附件说明

公文附件的顺序号和名称。在正文下空一行、左空二字编排“附件”二字，后标全角冒号和附件名称。如有多个附件，使用阿拉伯数字标注附件顺序号（如图 3-9，“附件：1. ×××××”）；附件名称后不加标点符号。

（十一）发文机关署名

署发文机关全称或者规范化简称。

（十二）成文日期

成文日期即公文生效的标识。成文日期直接关系到公文的时效。署会议通过或者发文机关负责人签发的日期。联合行文时，署最后签发机关负责人签发的日期。用阿拉伯数字将年、月、日标全，年份应标全称，月、日不编虚位（即“1”不编为“01”）。

（十三）印章

印章是发文机关对公文生效负责的凭证。公文中有发文机关署名的，应当加盖发文机关印章，并与署名机关相符。有特定发文机关标志的普发性公文和电报可以不加盖印章。

当公文排版后所剩空白处不能容下印章或签发人签名章、成文日期时，可以采取调整行距、字距的措施解决。

（十四）附注

公文印发传达范围等需要说明的事项。公文如有附注，居左空两字加圆括号编排在成文日期下一行。

（十五）附件

公文正文的说明、补充或者参考资料。附件应当另面编排，并在版记之前，与公文正文一起装订。“附件”二字及附件顺序号顶格编排在版心左上角第一行。如附件与正文不能一起装订，应当在附件左上角第一行顶格编排公文的发文字号并在其后标注“附件”二字及附件顺序号，如图 3-10。

（十六）抄送机关

抄送机关指除主送机关外需要执行或者知晓公文内容的其他机关，应当使用机关全称、规范化简称或者同类型机关统称。

抄送机关在印发机关和印发日期之上一行、左右各空一字编排。标注抄送机关时，应防止漏抄漏送，以免造成工作的被动，无法得到相关机关的协调配合；又要避免滥抄滥送，给不相关机关增加负担，影响工作效率。

（十七）印发机关和印发日期

指公文的送印机关和送印日期。

（十八）页码

一般用 4 号半角宋体阿拉伯数字，编排在公文版心下边缘之下，数字左右各放一条一字线。单页码居右空一字，双页码居左空一字。公文的版记页前有空白页的，空白页和版记页均不编排页码。公文的附件与正文一起装订时，页码应当连续编排。

四、公文撰写应遵循的几点要求

（一）依法行文

依法行文是指公文的制发应在法律法规的规范内。法律是社会的普遍原则，具有至高无上的绝对权威，其不仅针对一般社会成员，也包括对党政机关管理行为的制约和规范。依法行政是依法治国的重要基础。为此就要在公文制发中做到依法行文，把好公文内容关，使公文内容同国家的法律、法规步调一致。同时，也要使公文的制作程序符合国家的法律、法规。

这就要求公文的写作者要熟悉国家有关的法律、法规，准确理解作为法律、法规具体化的政策，把握公文的制作程序，从而保证公文依法行文的有效实施，推进我国依法治国的进程。

（二）受命写作

受命写作是指公文的写作者要根据领导机关或代表领导机关的领导人的意图进行写作。这种写作有“代言”的色彩，写作者虽然是个人，但不表达个人见解，是集体汇集成文，也不表现每个人的个性特征。写作者必须在思维的流向、思想的深度、认识的广度、理解的高度等方面，努力与被代言者靠近，体现被代言者的思想、观点、意图。

这种受命写作的特殊性，对写作者的综合素质提出极高的要求。公文的写作者必须努力提高自己的思想认识水平、法律法规理解水平、专业知识水平，增强领悟力、语言表达能力。只有这样，才能准确传达出领导机关的意图。

（三）制作规范

公文不仅有法定的规范格式，而且在长期写作实践中形成了规范的写作体式。这种体式一经形成，就具有相对的稳定性，这就要求公文的写作者，必须遵守《党政机关公文处理工作条例》中的规定，遵循文种规范的写作体式，培养自己根据特定情况、行文具体意图恰当选择文种及规范地表达公文内容的能力。

（四）语言庄重

公文“是传达贯彻党和国家方针政策，公布法规和规章，指导、布置和商洽工作，请示和答复问题，报告、通报和交流情况等的重要工具”，这一点决定了公文的语言必须庄重。它是党政机关应有的严正立场和严肃持重的态度在公文中的体现，体现着公务活动的严肃性。

公文语言的庄重，要求写作者必须以实用为目的，以客观、准确为原则，使语言表意准确，恰如其分。如下行文的严肃、郑重，上行文的谦和恭敬，平行文的以礼相待、友好协商。公文语言应郑重其事，符合公务活动的特定需要，成为指导工作、统一思想、交流情况、规范行为的重要手段。公文版式具体如图 3-1～图 3-10 所示。

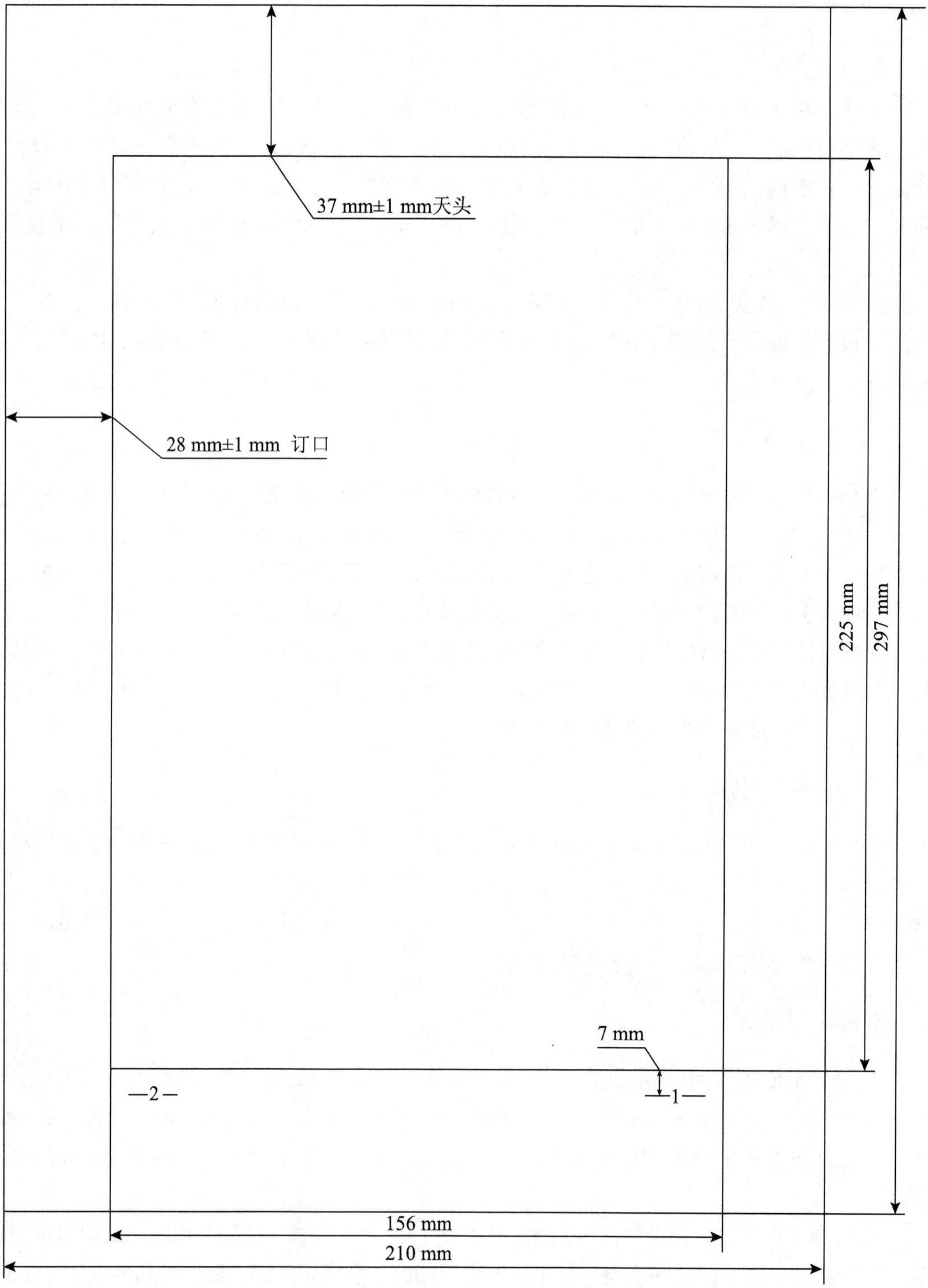

图 3-1 A4 型公文用纸页边及版心尺寸

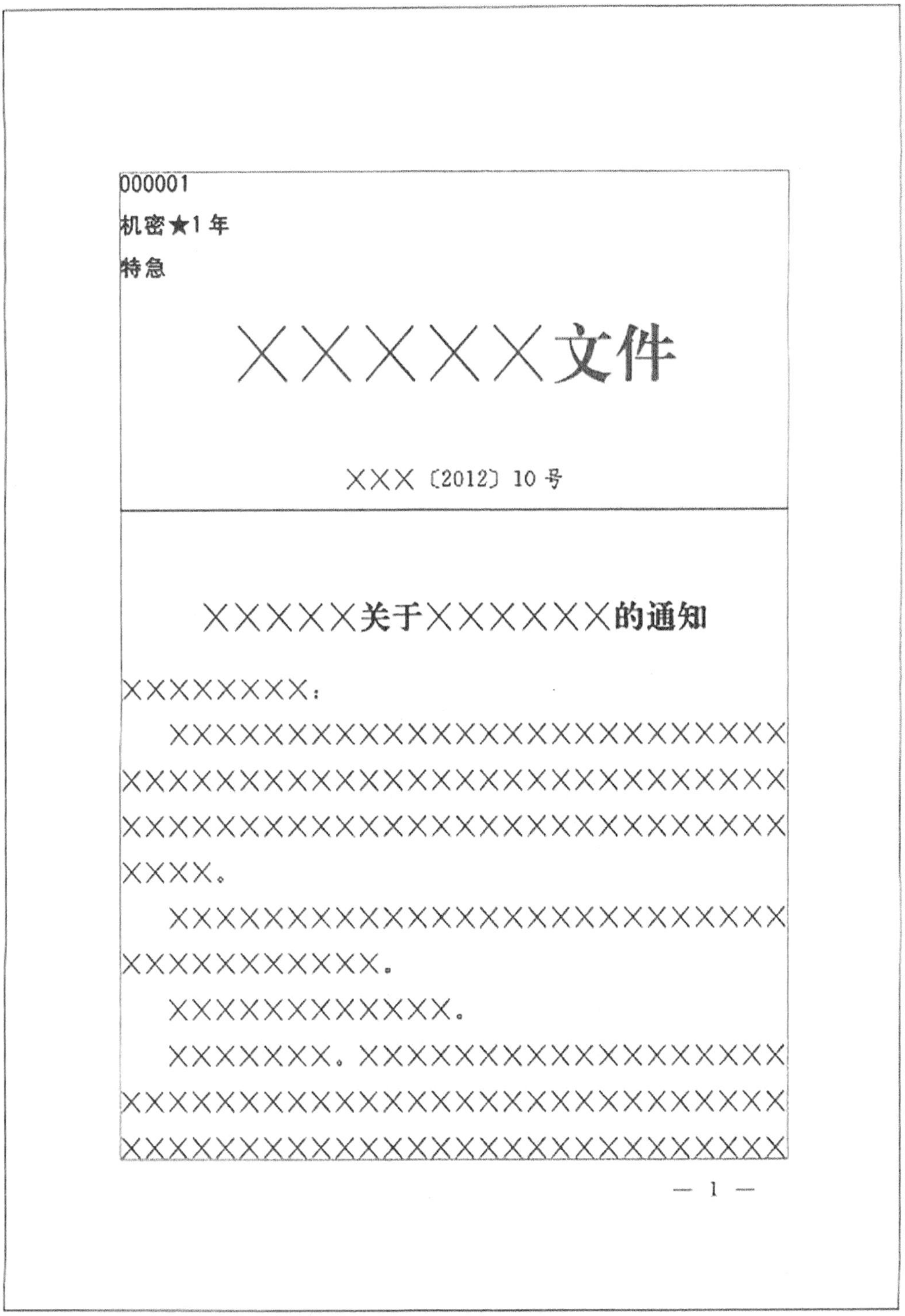

000001

机密★1年

特急

××××××文件

×××〔2012〕10号

×××××关于××××××的通知

×××××××××：

××××××××××××××××××××××××××
××××××××××××××××××××××××××××
××××××××××××××××××××××××××××
××××。

××××××××××××××××××××××××××
×××××××××××。

×××××××××××××。

×××××××。××××××××××××××××××
××××××××××××××××××××××××××××
××××××××××××××××××××××××××××

— 1 —

图 3-2　公文首页版式

注：版心实线框仅为示意，在印制公文时并不印出

000001

机密★1 年

特急

××××××
×　×　× **文件**
××××××

×××〔2012〕10 号

××××××关于×××××××的通知

××××××××：

××××××××××××××××××××××××××。

×××。

×××××××××××××××××××××××××××

— 1 —

图 3-3　联合行文公文首页版式 1

注：版心实线框仅为示意，在印制公文时并不印出

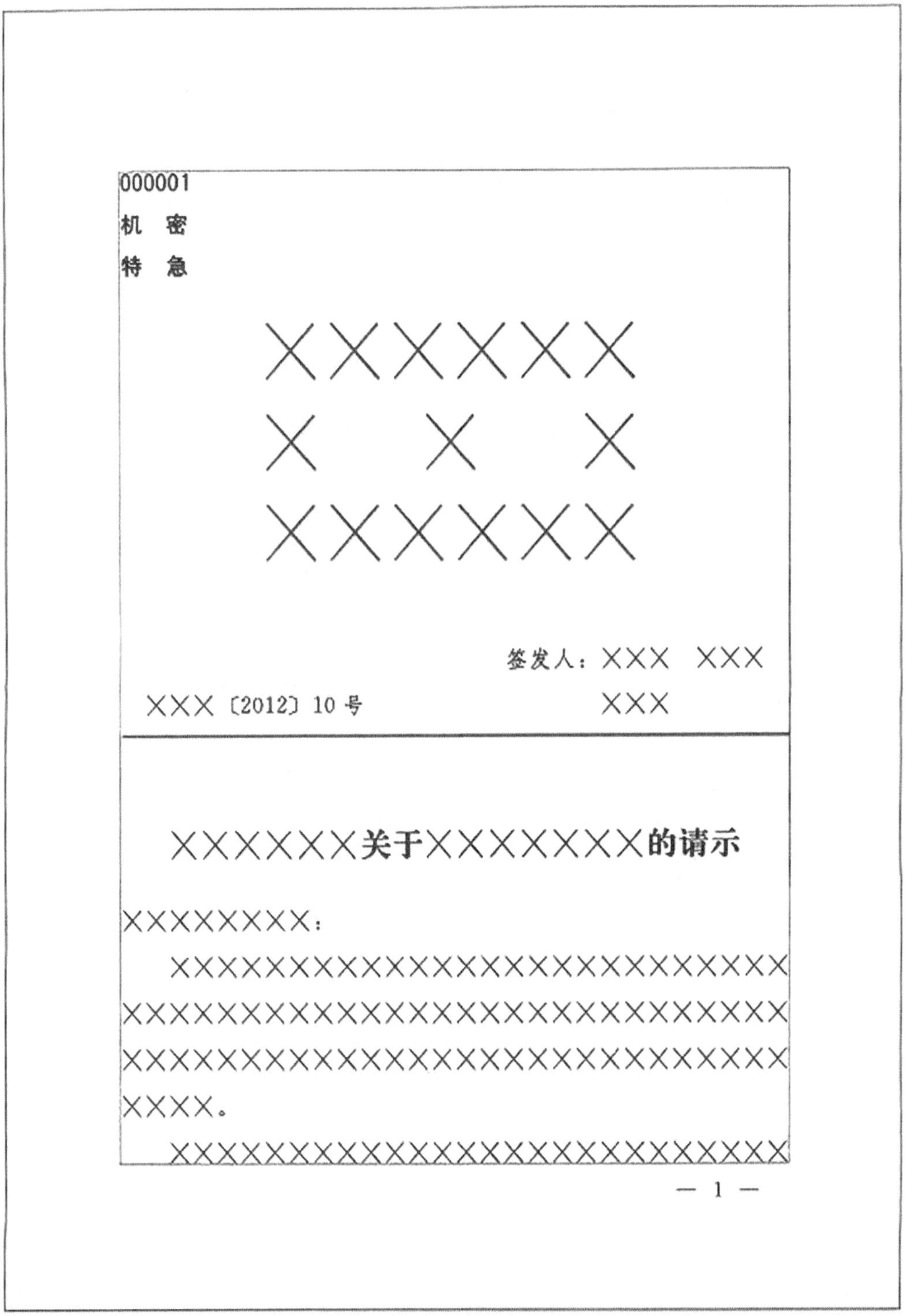
000001

机 密

特 急

××××××

× × ×

××××××

签发人：××× ×××

×××〔2012〕10 号 ×××

××××××关于×××××××的请示

××××××××：

　　××。

　　××××××××××××××××××××××××××××

— 1 —

图 3-4　联合行文公文首页版式 2

注：版心实线框仅为示意，在印制公文时并不印出

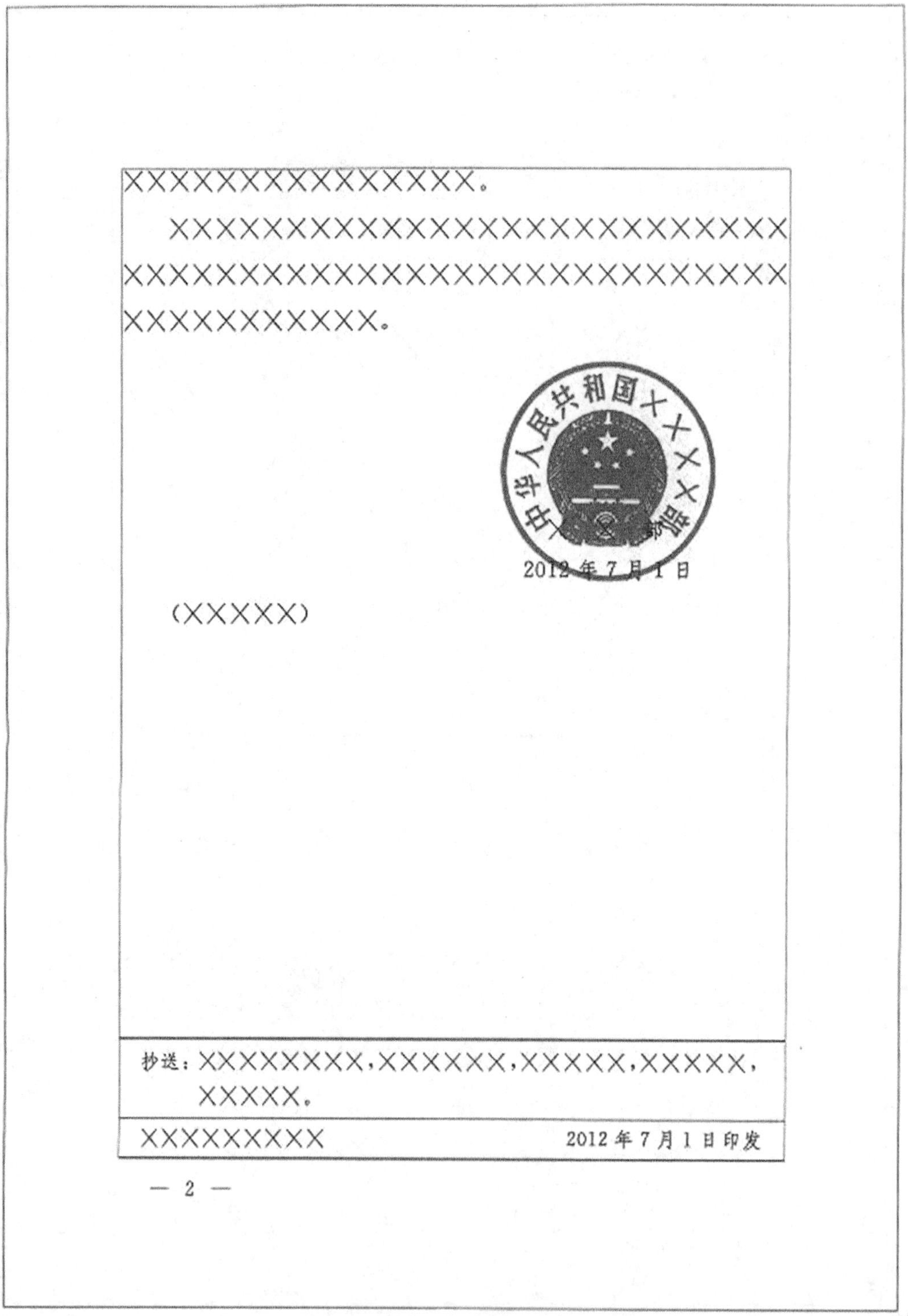

××××××××××××××××。

　　××。

2012年7月1日

（×××××）

抄送：×××××××××，××××××，×××××，×××××，×××××。

×××××××××　　2012年7月1日印发

— 2 —

图 3-5　公文末页版式 1

注：版心实线框仅为示意，在印制公文时并不印出

图3-6　公文末页版式2

注：版心实线框仅为示意，在印制公文时并不印出

×××××××××××××××。

　　××。

2012年7月1日

（×××××）

抄送：××××××××，××××××，×××××，×××××，×××××。

×××××××××　　2012年7月1日印发

— 2 —

图 3-7　联合行文公文末页版式 1

注：版心实线框仅为示意，在印制公文时并不印出

××××××××××××××。

　　××。

（×××××）

抄送：××××××××，××××××，×××××，×××××，×××××。

×××××××××　　2012年7月1日印发

— 2 —

图 3-8　联合行文公文末页版式 2

注：版心实线框仅为示意，在印制公文时并不印出

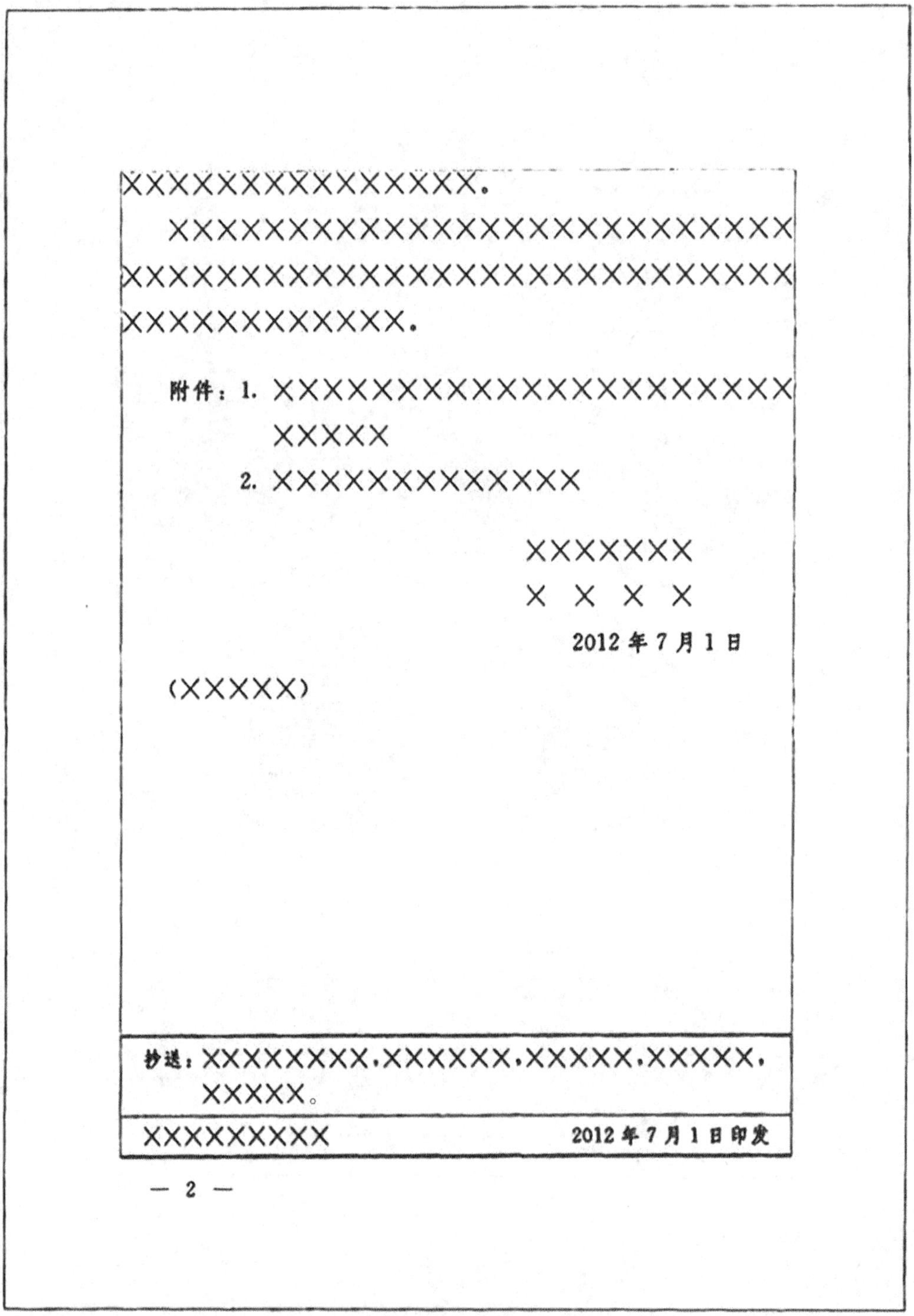

XXXXXXXXXXXXXXX。

XXXXXXXXXXXXXXXXXXXXXXXXXXXXXXXXXXXXXXXXXXXXXXXXXXXXXXXXXXXXXXXX。

附件：1. XXXXXXXXXXXXXXXXXXXXXXXXXXX

2. XXXXXXXXXXXXXX

XXXXXXX

X X X X

2012年7月1日

（XXXXX）

抄送：XXXXXXXX，XXXXXX，XXXXX，XXXXX，XXXXX。

XXXXXXXXX　　2012年7月1日印发

— 2 —

图3-9　附件说明页版式

注：版心实线框仅为示意，在印制公文时并不印出

附件 2

XXXXXXXXXXXXXX

XXXXXXXXXXXXXXXXXXXXXXXXXX
XXXXXXXXXXXXXXXXXXXXXXXXXXXX
XXX。

XXXXXXXXXXXXXXXXXXXXXXXXXX
XXXXXXXXXXXXXXXXXXXXXXXXXXXX
XXXXXXXXXXXXXXXXXXXXXXXXXXXX
XXXXXXXXXXXXXXXXXXXXXXXXXXXX
XXXXXXXXXXXXXXXXXXXXXXXXXXXX
XXXXXXXXXXXXXXX。

抄送：XXXXXXXX，XXXXXX，XXXXX，XXXXX，
　　XXXXX。

XXXXXXXXX　　2012 年 7 月 1 日印发

— 2 —

图 3-10　带附件公文末页版式

注：版心实线框仅为示意，在印制公文时并不印出

第二节 决定 意见

一、决定

（一）决定及特点

1. 决定的适用范围

据《党政机关公文处理工作条例》规定，决定适用于对重要事项做出决策和部署、奖惩有关单位和人员、变更或者撤销下级机关不适当的决定事项。

2. 决定的特点

（1）权威性。决定的制文机关虽然没有命令（令）那么严格的限制，但它是制文机关在自己的职权范围内，对重要事项或重大行动做出安排时使用的文种，对相关的下级机关具有很强的权威性，体现的是一种行政约束力。

（2）广泛性。适用于任何党政机关，而不受级别限定。任何机关对其所属下级机构就重要事项或重大行动做出安排，均可使用决定，是一种适用范围比较广泛的下行文。

（3）严肃性。决定是对重大行动做出安排，对重要的事项做出处理，其内容所涉及的是有较大影响的全局性问题，而布置日常工作、处理一般事项则不用决定。决定的级别规格低于命令，但高于通知和通报。

（二）决定的分类

根据决定的适用范围，可将其分为指示性决定、知照性决定和变更性决定。

指示性决定，是对重要工作、重大事项进行部署安排，要求下级有关单位、有关人员遵照执行。这类决定是就某项具体工作，阐述有关方针及上级的要求意图，从而统一认识、统一行动，如《全国人民代表大会常务委员会关于加强经济工作监督的决定》。

知照性决定，是对重大事项做出决断并予以发布，如奖惩有关人员、机构设置、人员安排等。这类决定重在告知，使有关单位、有关人员知晓上级对重大事项所做出的安排、处理，如《××省财政厅关于表彰全省先进会计工作者的决定》。

变更性决定，用于变更或者撤销下级机关不适当的决定事项。如下级机关做出的与国家法律法规和党的路线方针政策相抵触的事项，脱离实际情况、不实事求是的事项，不适应新的发展需要的事项，群众尚不能普遍认可的超前的决定事项等，如《北京市人民政府关于修改<北京市人民政府关于禁止车辆运输泄漏遗撒的规定>的决定》。

（三）决定的写作

1. 标题

决定的标题一般要求由发文机关、事由和文种三部分组成，如《中共中央国务院关于反腐败斗争近期抓好几项工作的决定》《中共中央国务院关于加强技术创新，发展高科技，实现产业化的决定》，极少数决定的标题可以省略发文机关名称。

2. 日期

以行政公文程序下发的决定，其日期的标注与一般公文相同，但公开发布的决定，日期可以放在标题下面，用括号括起；会议通过的决定，还要注明会议名称、通过的时间，会议通过的日期与发布日期不一致时，也需要在括号内注明。

3. 正文

由于决定的分类不同，正文的写法也不同，下面分别介绍各类决定正文的写作。

1）指示性决定的正文

指示性决定的正文一般由开头、主体和结尾三部分组成。

开头。阐明制发决定的依据、目的。这部分应简要明确，既让受文机关、受文对象明确决定制发的必要性，又不空洞说教。

主体。这是对某一重要工作或重大事项做出的安排、提出的要求、制定的措施，是下级机关需遵守执行的具体事项。这部分内容要明确具体地阐述方针、政策、措施、办法，以便于下级机关理解执行。对一些重要的事项，在阐明要求、规定的同时，也可对决定的事项做简要的分析，以提高相关对象对决定的认识。

结尾。提出贯彻执行决定的要求或对决定内容作补充说明，有的决定无此项内容，在主体后即全文终了。这部分可根据需要灵活安排。

2）知照性决定的正文

知照性决定包括奖惩决定、人事安排、公布重要事项等决定。这里将知照性决定分两类加以介绍。

第一类，奖惩决定的正文。

奖惩决定用于对先进典型进行表彰，对违法违纪人员进行处分。这类决定的正文一般由三部分组成：开头、主体和结尾。

开头。对奖励、处分对象的先进事迹或错误事实做概述式介绍，并加以分析、评价。对奖励对象的事迹可挖掘其意义、作用；对处分对象的错误事实要指出其性质、危害。这部分内容一般应简明概括，评价准确，定性适当，既不人为拔高奖励对象取得的成绩，也不夸大处分对象的错误事实。

主体。说明对奖励对象的表彰决定或对处分对象的处分决定。

结尾。提出希望和号召。这部分内容一般只存在于表彰决定中，处分决定通常没有这部分内容。

第二类，人事安排、公布重要事项决定的正文。

这些知照性决定的正文一般内容单一，篇幅短小，往往不分条目，而是篇段合一。

如依法定程序任免人员，只需开门见山，直陈决定事项。

如发布重大事项，其正文也可采用三项式或两项式，即开头概述制发决定的缘由；主体说明决定事项；结尾可根据实际需要，或提出执行要求，或省略。

3）变更性决定的正文

这类决定的正文一般由开头、主体和结尾三部分组成。

开头。开门见山交代变更或撤销下级的决定事项，以提高行文的针对性，并适当说明变更或撤销的原因、依据或背景，做到以理服人。

主体。写清楚决定事项，即上级机关做出的决定，便于下级准确地理解。

结尾。提出执行决定的要求或施行日期，做出相关的必要说明，以便于下级遵照执行。

二、意见

（一）意见及特点

1. 意见的适用范围

据《党政机关公文处理工作条例》规定，意见适用于对重要问题提出见解和处理办法。

2. 意见的特点

（1）行文灵活。从意见的适用范围看，意见既可以作为上行文，向上级领导机关提出对有关问题的见解或建议；也可以作为下行文，向下级机关提出工作要求、阐明工作的原则和方法；还可以作为平行文，提出意见供对方参考。从行文方式看，意见既可以独立行文，又可以与别的文种搭配行文，十分灵活。

（2）内容多样。意见作为下行文时，上级机关可对有关工作进行指导，其内容就是下级机关工作的依据；意见作为上行文时，下级机关对工作中的问题提出看法、建议，其内容又是上级机关进行决策的依据和参考。因此，意见的内容既有指导性，又有建议性。

由于意见的上述特点，其成为制作灵活、运用范围广、使用频率高的公文之一。

（二）意见的分类

根据《党政机关公文处理工作条例》对意见的界定，将其分为建议性意见和指示性意见。

1. 建议性意见

建议性意见是向上级机关提出对有关工作的看法和建议。

2. 指示性意见

指示性意见是上级机关对下级机关的工作提出要求，做出指导、安排。

这类意见对下级机关的工作有一定的规范作用和约束力。在内容表达上比较注重原则性与灵活性的结合，以及规定性与变通性的结合，以便更好地指导下级机关的工作。

（三）意见的写作

1. 标题

建议性意见的标题一般由事由和文种组成，如《关于继续做好公路养路费等交通费征收工作的意见》《关于培育中小企业社会化服务体系若干问题的意见》。

指示性意见的标题一般由发文机关、事由和文种组成，如《国家发展改革委关于创新和完善促进绿色发展价格机制的意见》《国务院关于进一步促进中小企业发展的若干意见》。

2. 主送机关

建议性意见，主送机关一般为一个，应将主送机关明确注明。执行范围比较明确、针对性较强的指示性意见，也应写明主送机关；而涉及范围大、影响面广的指示性意见则可省略主送机关。

3. 正文

意见的正文一般由前言、主体和结尾用语三部分组成。

（1）前言。一般简要说明制发意见的目的，阐明依据，介绍背景，交代原因，撮要说明意见的中心或指导思想。这部分内容的侧重点及表述的详略程度，应根据意见内容的实际需要而定。

（2）主体。这是意见的核心部分，要针对不同情况，或阐明工作的基本原则，或提出具体明确要求等。

指示性意见应侧重表述的原则性，并可根据意见的内容适度做理论阐述，使下级机关不仅知其然，而且知其所以然，从而保证其指导作用的充分发挥。

建议性意见应侧重内容的具体可行，切合实际工作的需要，便于实施，从而有利于得到上级的认同和采纳。

有的意见是对一定时期内某项工作的安排与打算。意见中不仅有目标，还有措施办法及步骤要求。这种意见的写作与计划基本一致，可参阅“计划”一节。当然，这类意见毕竟是粗线条的，内容相对概括，因此写作时应注意表述的原则性和政策性。

（3）结尾用语。指示性意见常用“以上意见，请结合实际情况贯彻执行”，建议性意见常用“以上意见供领导决策参考”“以上意见供参考”等，也可省略。

（四）意见写作注意事项

1. 注重质量

上行的意见，应注重所提建议对上级机关实际工作的参考价值，下行的意见，应注重意见对实际工作的指导作用，使意见无论是上行，还是下发，都切实发挥其应有的效用。

2. 语言得体

意见作为既可上行，又可下行，还可平行的公文文种，行文方向灵活，因此在语言表达上要适度、得体。指示性意见的语言宜严肃、平和，建议性意见的语言宜谦恭、明确。

第三节　公告　通告

一、公告、通告及其异同比较

（一）公告、通告的适用范围

据《党政机关公文处理工作条例》规定，公告适用于向国内外宣布重要事项或者法定事项；通告适用于在一定范围内公布应当遵守或者周知的事项。

（二）公告、通告的异同

公告、通告这两个文种，有许多相似之处，具体表现如下。

1. 无主送机关

公告、通告的行文对象，既有国内的，又有国外的，十分广泛，二者均是行文机关向社会公开发布的公文。因此，公告、通告均无主送机关。

2. 表达方式以说明为主

公告、通告旨在告知，将其所涉及的事项告诉公众。因此，在表达上，二者均以说明这种表达方式为主。

3. 可借助媒体发布

公告、通告均可在报刊上刊登，在广播中播出，在电视中出现，利用多种媒体将公告、通告的事项发布给公众。

但作为两种不同的公文，公告和通告又有许多不同之处，具体表现如下。

1. 制文机关级别不同

公告的制文机关为高级别的权力机关，如全国人民代表大会及其常务委员会以及各省（自治区、直辖市）人民代表大会及其常务委员会等；国务院及各部门根据授权也可使用公告。一般基层机关不能制作这种公文。

通告的制文机关则不受级别限制，一般机关都可以根据自己的职权范围，向有关对象发布“通告”的相关事宜，使用范围十分广泛。

2. 行文对象范围不同

公告除向国内发布外，还可由国家领导机关授权给新华社向全世界发布，行文对象非常广泛。

通告只在国内使用，行文对象是与通告内容有关的国内人士，行文对象有一定的区域性。

3. 涉及的内容性质不同

公告所涉及的内容为重要的事项或法定的事项。所谓“重要事项”是指对国内甚至国外都有重大影响的事情，如中央政府领导人的变更、国家重大活动等。所谓“法定事项”是指按照法律程序批准的，需国内外有关单位或人员遵守的事项，如公布全国人民代表大会审议通过的法律等。

通告发布的内容是“应当遵守或周知的事项”，是社会各有关方面的事务性、业务性问题。有不少通告就是由职能部门或业务单位发布的，如供电局关于某个时段在某个区域停电的通告等。

了解公告、通告的异同，有助于把握这两种文种各自的特点，恰当选用文种，避免造成公告、通告的混用。

二、公告

（一）公告的分类

按《党政机关公文处理工作条例》对公告的界定，可将公告分为规定性公告、告知性公告。

1. 规定性公告

即以“公告”来宣布法定事项。我国的各级人民代表大会和人民代表大会常务委员会是立法机构，许多法律法规须经人民代表大会或人民代表大会常务委员会审议通过后才能生效。有些重要的法律法规就是人民代表大会或人民代表大会常务委员会用公告的形式予以公布的。这类公告具有很强的约束力，所公布的事项需国内外有关单位和人员遵守执行。

2. 告知性公告

即发布需国内外周知的事项或在国内外有重大影响的事项，其重点在于告知，对告知对象没有执行遵守等要求。

（二）公告的写作

1. 标题

公告的标题主要有两种形式：一是由发文机关和文种组成，如《中华人民共和国全国人民代表大会公告》《黑龙江省第×届人民代表大会常务委员会公告》等；二是由发文机关、事由和文种三部分组成，如《中国人民银行关于进一步改革外汇管理体制的公告》。

2. 发文字号

公告的发文字号使用的是顺序号，即该公告在制文机关所发公告中的顺序编号，如“第6号”“第16号”等。有的公告则将此项内容省略。

3. 正文

公告的正文一般由开头、主体、结尾三部分组成。

（1）开头。简明扼要地说明发布公告的目的、依据或原因。

（2）主体。说明公告的具体内容，即事项。如做出的具体规定、提出的明确要求等。这部分内容表达应明确，文字简洁，条理清晰，语气庄重，以利于相关单位及个人知晓与执行。内容较多的公告，可将事项逐条列出，一一说明。

（3）结尾。公告一般多用惯用语作结，如“现予公布施行”“特此公告”等。需要与否，可视公告具体情况而定。

有的公告内容单一，篇幅短小，正文即可篇段合一，将有关事项直接、简明地予以公布。

（三）公告写作注意事项

1. 严格区分公告、通告，防止文种滥用

公告的制文机关有严格限定，基层机关不能制作公告。但目前在各种媒体上，经常可以见到各种各样的公告，内容涉及拆迁、公司公布报表等诸多方面，制文机关从企业到机关遍及社会各行业部门。目前这种向特定对象发布相关事项的“公告”被很多人误认作行政公文公告，造成行政公文公告的庄重性和严肃性降低。因此，必须准确把握公告制文机关的级别限制这一要求，同时对公告的内容加以严格审核，确保公告的内容为法定和重要的事项。

2. 注重语言表达，使之符合文种需求

公告是以公开发布的形式向国内外公布重要或法定事项，涉及对象广泛，影响范围大。因此，公告在语言上应注重表意清晰、准确，易于理解。同时，符合文种宣布重要事项或法定事项这一需求，表达上要严肃而庄重。

三、通告

（一）通告的分类

根据《党政机关公文处理工作条例》对通告的界定，可将其分为规定性通告、知照性通告。

1. 规定性通告

规定性通告是向社会有关方面公布应当遵守的事项时使用的。这种通告有一定的制约性，是具有相应职权的机关依法向相关对象公布的规定，如《关于严厉打击卷烟走私整顿卷烟市场的通告》《黑龙江省人民政府关于在全省范围启用新的行政执法证件和行政执法监督检查证件的通告》。

2. 知照性通告

知照性通告是指向社会有关方面公布需周知事项的通告。同告知性公告一样，其作用主要是让相关方面知道、了解，并不提出具有约束性的执行要求，如《××局迁址通告》。

（二）通告的写作

1. 标题

通告的标题可以由发文机关名称、事由和文种组成，如《××市税务局关于个体工商户必须依法纳税的通告》《××市政府关于整顿露天市场的通告》。

在此基础上，通告的标题可有省略形式。

（1）省略发文机关，标题由事由、文种组成，如《关于严厉打击卷烟走私整顿卷烟市场的通告》。

（2）省略事由，标题由发文机关和文种构成，如《哈尔滨市电信局通告》。

（3）省略发文机关、事由，标题只有文种，即以“通告”二字为题。

一般级别比较高的机关制发的通告，标题多采用完整式，或至少由发文机关和事由中一项加文种组成的标题形式，而一般基层单位则多采用以文种为题发布通告这一形式。

2. 正文

通告的正文一般由开头、主体、结尾组成。

（1）开头。首先要阐明制发通告的原因、目的、依据。如果所通告的事项十分简单，可省略此部分内容，直陈所需通告的事项。确需说明此项内容也应力求简明扼要，只需让通告对象明白发布通告的原因、通告发布要达到怎样的目的，以及制发通告的法律法规、政策依据即可。常用“特通告如下”过渡到主体。

（2）主体。这部分要写明需要社会有关方面遵守或周知的事项，它是通告的具体内容。可针对所要通告的事项，提出要求，做出规定，制定措施，提供办法，也可只说明告知事项，这需根据通告的具体内容而定。

主体部分一般多采用分条列项的方式来写，内容应明确具体，可操作性强，便于下级机关理解及执行。语言表达上，规定性的通告宜严肃、果断；告知性的通告则应平和、稳重。

（3）结尾。可对通告的内容加以强调，也可以针对通告事项提出希望与要求。既可以把这部分作为事项的一部分，也可以单独成段进行表述，还可以省略此项内容，主体结束即全文终了。

通告在结尾处，也常用惯用的结尾用语作结，如“特此通告”等，也可不用。

（三）通告写作注意事项

（1）要紧紧围绕通告的中心来表达，观点鲜明，事项具体，使阅读者容易理解，以便达到遵照执行的目的。

（2）语言要通俗明确，既庄重严肃，又浅显易懂，这也是通告行文对象大众化的特点对其语言表述上的要求。

第四节　通　　知

一、通知及特点

（一）通知的适用范围

据《党政机关公文处理工作条例》规定，通知适用于发布、传达要求下级机关执行和有关单位周知或者执行的事项，批转、转发公文。

（二）通知的特点

1. 适用范围广泛

通知对制文机关没有任何限定，上至国家权力机关，下至基层单位均可使用，适用范围十分广泛，是公文中使用频率极高的文种。

2. 具有双重作用

上级机关可以用“通知”对某项工作加以指导，阐明工作的原则，提出具体的要求，这种通知具有明确的指令性。同时，通知还可以用来传达具体的事宜，使相关单位及对象了解有关情况，具有知照性。一个文种，双重作用，十分灵活。

二、通知的分类

根据《党政机关公文处理工作条例》对通知的界定，将其分为发布性通知、指示性通知、知照性通知和批转、转发性通知。

1. 发布性通知

向下级机关印发有关的文件材料，包括条例、规定、办法、实施细则等法规和规章及其他重要文件时使用的。

2. 指示性通知

指示性通知是对下级机关某项工作作出安排，并要求下级机关执行时所使用的。

3. 知照性通知

知照性通知主要用于告知事项、传递信息，如有关机构的设置与变更、人事任免事宜、印章启用与废除、召开会议等。

4. 批转、转发性通知

批转性通知是对下级机关公文进行发布；转发性通知是对上级机关和不相隶属机关公文予以发布。

三、通知的写作

（一）标题

通知常见的标题为三项式，即由发文机关、事由和文种组成。如《国务院办公厅关于加强政府网站域名管理的通知》《黑龙江省人民政府关于做好我省农村社会养老保险与城乡居民基本养老保险制度衔接有关工作的通知》。通知标题在文种前可加“紧急”“临时”“补充”等字样，以示对所发通知内容的强调或说明，如《教育部办公厅关于严禁商业广告、商业活动进入中小学校和幼儿园的紧急通知》。批转、转发性通知的标题由发文机关、批转（转发）的文件名称和文种组成，如《国务院批转发展改革委等部门关于深化收入分配制度改革若干意见的通知》《国务院办公厅转发证监会等部门关于依法打击和防控资本市场内幕交易意见的通知》。这种标题的拟写应避免出现批转、转发机关后“关于”与批转、转发文件中“关于”的重复，如《×××省办公厅关于转发×××关于加强镇办企业管理意见的通知》。这种情况即可将前一个“关于”省略，同时去掉被批转、转发文件标题文种前的“的”。

有时一份文件会被多个机关转发，这样就会使通知的标题冗长、拗口，如《×××市政府转发××省政府关于国务院批转国家土地管理局关于加强农村宅基地工作报告的通知的通知》。这种情况可省略中间转发环节而直接转发最上级机关的原件，这样上例标题即可简化为《××市政府转发国务院批转国家土地管理局关于加强农村宅基地工作报告的通知》。

（二）正文

通知的种类不同，涉及的内容不同，正文的写作也不尽相同。

1. 指示性通知的正文

一般包括三部分：开头、主体和结尾。

（1）开头。可按照实际需要说明发布通知的目的、依据，或阐述工作的作用、意义，或指出存在的问题。这部分内容一般不宜过长，但要表述得清楚明白，以期引起下级机关的重视，增强贯彻执行通知的责任感。在开头与主体之间，指示性通知常用“现就有关问题通知如下”“现就有关事项通知如下”等过渡。

（2）主体。具体说明要求下级机关贯彻执行的事项。政策性较强的指示性通知，可侧重阐明有关的指导原则、方针；安排性较强的指示性通知，则应偏重于说明具体的工作任务、措施、办法、要求。总之，应使下级机关明确解决什么问题，为什么要解决，按什么要求去做，以便依照通知真正解决问题。

（3）结尾。对下级机关执行该通知进一步提出要求。提出的要求要紧扣该通知核心内容，或从加强领导方面要求，或提醒注意事项，或指出违反规定的处理原则等方面，强化下级机关贯彻执行该通知的意识，以保证该通知得到有效贯彻与执行。

这部分内容既可以与主体一同表述，也可以在主体结束后另起一段说明，具体表述方式可视通知的内容需要而定。

2. 知照性通知的正文

这类通知的正文一般比较简单，其中以会议通知最为常用。

会议通知的正文一般包括会议召开的依据和目的、会议名称、会议议题、起止时间、与会人员、报到时间和地点、参加会议的准备工作和注意事项、接站方式等。这些内容并不是每份会议通知都必须具备的，顺序也不是绝对固定的，但其中的与会人员、会议名称、会议议题、时限、地点、主办单位及要求等几方面内容是必须具备的。同时，作为公文的通知，还必须遵守公文的规范性要求。

任免通知是用于各机关任免和聘用干部时使用的。任免通知的正文只需写明任免依据和任免事项。任免依据是做出任免决定的法定机关，或做出任免的会议，或批准任免事宜的文件及任免的时间（有的任免通知中省略）；任免事项中，任免人员为多人时，任免人员按职务高低依次说明。有任有免时，任在前，免在后。

其他知照性通知，如机构增设、启用新印章等，只需在开头简要说明制发通知的目的，然后把需要受文机关知道的事项简明交代即可。

3. 批转、转发性通知的正文

批转、转发性通知的正文一般由批转、转发的内容和批转、转发的要求两部分组成。

批转、转发的内容。批转性通知在这部分要写明批转机关名称和态度，如“同意”“原则同意”；写明被批转公文的发文机关名称和标题，标题用书名号括起；提出简明的执行要求。其惯用写法是“×××（批转机关名称）同意（原则同意）××××（被批转文件所属机关名称）《……》（批转的文件名称），现转发给你们，请认真贯彻执行”。

转发性通知则不写转发机关名称和态度，只写被转发公文的机关名称和标题，标题用书名号括起；提出转发机关简明的执行要求。其惯用写法是“现将××××（被转发文件所属机关名称）《……》（转发的文件名称）转发给你们，请遵照执行”。

批转、转发的要求。有一些批转、转发性通知针对内容和实际工作的需要，提出贯彻执行批转、转发文件的具体措施、要求，或提出一些补充意见，强化批转、转发文件的意义。这部分内容应抓住要点，简明扼要。

四、通知写作注意事项

1. 内容表达明确

制发通知的目的在于让有关部门执行或知晓。因此，无论是提出贯彻要求，还是告知相关事项，都应将内容表达得明确、具体，这样才有助于通知作用的有效发挥。

2. 语言表达得当

通知具有指示、知照双重作用，在语言表达上应注意与这种特点相适应。指示性和批转、转发性通知应突出其指令性和权威性；知照性通知应注重协调性与尊重性，使语言表达得当，符合通知内容的实际需要。

例文 1

国务院办公厅关于进一步加强控辍保学提高义务教育巩固水平的通知

国办发〔2017〕72 号

各省、自治区、直辖市人民政府，国务院各部委、各直属机构：

义务教育是国家统一实施的所有适龄儿童少年必须接受的教育，是教育工作的重中之重，是国家必须予以保障的基础性、公益性事业。党中央、国务院高度重视义务教育工作，在促进教育公平、保障适龄儿童平等接受义务教育方面作出了重要部署，特别是近年来建立了城乡统一、重在农村的义务教育经费保障机制，实现了城乡免费义务教育，义务教育覆盖面、入学率、巩固率持续提高。但受办学条件、地理环境、家庭经济状况和思想观念等多种因素影响，我国一些地区特别是老少边穷岛地区仍不同程度存在失学辍学现象，初中学生辍学、流动和留守儿童失学辍学问题仍然较为突出，这直接关系到国家和民族的未来。

为深入贯彻《国家中长期教育改革和发展规划纲要（2010—2020 年）》、《国家教育事业发展“十三五”规划》（国发〔2017〕4 号）有关精神，落实《国务院关于统筹推进县域内城乡义务教育一体化改革发展的若干意见》（国发〔2016〕40 号）部署，切实解决义务教育学生失学辍学问题，确保实现到 2020 年全国九年义务教育巩固率达到 95%的目标，经国务院同意，现就进一步加强控辍保学、提高义务教育巩固水平有关工作通知如下：

一、坚持依法控辍，建立健全控辍保学工作机制

1. 履行政府控辍保学法定职责。政府的职责在于补短板、控底线。各地要认真履行义务教育控辍保学法定职责，严格落实义务教育法、未成年人保护法等法律法规，保障适龄儿童少年接受义务教育的权利。省级人民政府要全面负责区域内义务教育控辍保学工作，完善政策措施，健全控辍保学目标责任制，突出重点地区，加强分类指导，督促各县（市、区）做好义务教育各项工作，实现控辍保学目标。县级人民政府要履行控辍保学主体责任，组织和督促适龄儿童少年入学，帮助他们解决接受义务教育的困难，采取措施防止辍学。配合各级人民代表大会及其常务委员会加强对义务教育控辍保学工作的监督及执法检查。

2. 完善行政督促复学机制。（略）

3. 建立义务教育入学联控联保工作机制。（略）

二、提高质量控辍，避免因学习困难或厌学而辍学

4. 提升农村学校教育质量。（略）

5. 因地制宜促进农村初中普职教育融合。（略）

6. 建立健全学习困难学生帮扶制度。（略）

三、落实扶贫控辍，避免因贫失学辍学

7. 精准确定教育扶贫对象。（略）

8. 全面落实教育扶贫和资助政策。（略）

四、强化保障控辍，避免因上学远上学难而辍学

9. 统筹城乡义务教育学校规划布局。（略）

10. 改善乡村学校办学条件。（略）

11. 建立控辍保学动态监测机制。（略）

五、加强组织领导，狠抓工作落实

12. 强化组织实施。（略）

13. 加大宣传力度。（略）

国务院办公厅（印章）

2017 年 7 月 28 日

（引自中国政府网）

【评析】

这是一份指示性通知。

标题采用发文机关名称、事项和文种俱全的完全式标题，庄重严肃，符合指示性通知下行文标题的拟写要求。标题中不仅指出该项工作的内容“控辍保学提高义务教育巩固水平”，也表明了对该项工作持之以恒的鲜明态度和决心，即“进一步加强”，表述清晰准确。

开头先高度概括近年来义务教育工作的总体情况及取得的成绩，并给予充分的肯定。接着指出当前义务教育由于诸多因素的影响而面临的严峻形势和存在的问题，进一步强调解决义务教育学生失学辍学问题的重要性，表明做好此项工作的目的及主要目标，为下文提出具体的工作要求奠定基础。

主体就该项工作目标的实现从五个方面入手，从思想认识、目标措施到组织领导都一一做出规定。首先提出“坚持依法控辍，建立健全控辍保学工作机制”，明确各级政府职责，建立目标责任制，同时要求建立和完善行政督促复学机制和联控联保工作机制，对此项工作的贯彻实施提供保障，体现了指示性通知安排部署工作，并要求下级机关执行的权威性与严肃性。

第二、三、四方面则侧重从做法上指导下级机关， 针对学生辍学的不同原因，明确工作措施，加强分类指导，因地因人施策，做到“三避免”：一是避免因学习困难或厌学而辍学；二是避免因贫失学辍学；三是避免因上学远上学难而辍学。各项措施具体且可操作性强，便于下级机关执行。

第五方面从组织领导和保障监管的角度出发，落实责任，加强监督，广泛宣传。要求具体，有力地保证了该项工作的贯彻落实。该通知内容完整，结构清晰，语言准确，行文规范。

例文 2

国务院批转发展改革委等部门关于深化收入分配制度改革若干意见的通知

国发〔2013〕6号

各省、自治区、直辖市人民政府，国务院各部委、各直属机构：

国务院同意发展改革委、财政部、人力资源社会保障部《关于深化收入分配制度改革的若干意见》，现转发给你们，请认真贯彻执行。

收入分配制度是经济社会发展中一项带有根本性、基础性的制度安排，是社会主义市场经济体制的重要基石。改革开放以来，我国收入分配制度改革不断推进，与基本国情、发展阶段相适应的收入分配制度基本建立。同时，收入分配领域仍存在一些亟待解决的突出问题，城乡区域发展差距和居民收入分配差距依然较大，收入分配秩序不规范，隐性收入、非法收入问题比较突出，部分群众生活比较困难。当前，我国已经进入全面建成小康社会的决定性阶段，按照党的十八大提出的千方百计增加居民收入的战略部署，要继续深化收入分配制度改革，优化收入分配结构，调动各方面积极性，促进经济发展方式转变，维护社会公平正义与和谐稳定，实现发展成果由人民共享，为全面建成小康社会奠定扎实基础。

我国仍处于并将长期处于社会主义初级阶段，当前收入分配领域出现的问题是发展中的矛盾、前进中的问题，必须通过促进发展、深化改革来逐步加以解决。解决这些问题，也是城乡居民在收入普遍增加、生活不断改善过程中的新要求新期待。

同时也应该看到，深化收入分配制度改革，是一项十分艰巨复杂的系统工程，不可能一蹴而就，必须从我国基本国情和发展阶段出发，立足当前、着眼长远，克难攻坚、有序推进。

深化收入分配制度改革，要坚持共同发展、共享成果。倡导勤劳致富、支持创业创新、保护合法经营，在不断创造社会财富、增强综合国力的同时，普遍提高人民富裕程度。坚持注重效率、维护公平。初次分配和再分配都要兼顾效率和公平，初次分配要注重效率，创造机会公平的竞争环境，维护劳动收入的主体地位；再分配要更加注重公平，提高公共资源配置效率，缩小收入差距。坚持市场调节、政府调控。充分发挥市场机制在要素配置和价格形成中的基础性作用，更好地发挥政府对收入分配的调控作用，规范收入分配秩序，增加低收入者收入，调节过高收入。坚持积极而为、量力而行。妥善处理好改革发展稳定的关系，着力解决人民群众反映突出的矛盾和问题，突出增量改革，带动存量调整。

各地区、各部门要深入学习和全面贯彻落实党的十八大精神，充分认识深化收入分配制度改革的重大意义，将其列入重要议事日程，建立统筹协调机制，把落实收入分配政策、增加城乡居民收入、缩小收入分配差距、规范收入分配秩序作为重要任务。各有关部门要围绕重点任务，明确工作责任，抓紧研究出台配套方案和实施细则，及时跟踪评估政策实施效果。各地区要结合本地实际，制定具体措施，确保改革各项任务落到实处。要坚持正确的舆论导向，引导社会预期，回应群众关切，凝聚各方共识，形成改革合力，为深化收入分配制度改革营造良好的社会环境。

国务院（印章）
2013 年 2 月 3 日
（引自中国政府网）

【评析】

这是一份批转性通知。

首先说明批转机关名称并表明态度“同意”，交代被批转文件所属机关名称“发展改革委、财政部、人力资源社会保障部”（这是几家单位联合上报给国务院的文件），被批转的文件名称是《关于深化收入分配制度改革的若干意见》，提出简明的执行要求。

因所批转的文件内容关系到千家万户，影响面广，涉及范围大，因此批转机关针对被批转的文件，进一步强调深化收入分配制度改革工作的重要性和紧迫性，指出其长期性和艰巨性的特点，在改革过程中应坚持的原则和注意处理好各方面的关系，表明发文机关的决心，这就更加凸显被批转文件的意义，显示了被批转文件的价值。最后就贯彻落实提出进一步的执行要求，以期引起下级机关的重视，增强贯彻落实该通知精神的责任感。

例文 3

省教育厅转发教育部、公安部关于组织开展“做自己的首席安全官——平安校园行”主题宣传活动的通知

各市（行署）教育局，省农垦总局、森工总局教育局，厅直属相关单位：

现将教育部基础教育司、公安部治安管理局《关于组织开展“做自己的首席安全官——平安校园行”主题宣传活动的通知》（教基司函〔2018〕9号）转发给你们，请各地、各单位结合实际抓好贯彻落实。

一要切实加强组织领导。（略）

二要突出主题完善机制。（略）

三要着力做好宣传工作。（略）

四要积极加强协作推进。（略）

黑龙江省教育厅（印章）

2018年3月26日

（引自黑龙江省政府信息公开网）

【评析】

这是一份转发性通知。

这份通知是黑龙江省教育厅对教育部、公安部的文件进行发布，因此用转发这一形式。该通知写作规范，转发内容中先说明被转发文件的名称，提出简明的执行要求。同时被转发的文件中所涉及的内容对该省的安全教育工作有着极其重要的意义，因此转发机关从四个方面提出进一步的要求，强调了贯彻执行转发文件的重要性，提出了该省开展此项工作的具体要求，从而体现了转发机关对被转发文件的重视，对文件精神的理解，更有助于提高下级机关对转发文件的认识，增强贯彻执行的力度。

例文4

关于召开全省城市供热工作推进视频会议的通知

各市（地）供热主管部门，省农垦、森工总局住建局：

为落实省委省政府对全省城市供热工作要求，加快推进全省城市供热“冬病夏治”百日专项行动，保障今冬明春全省城市供热平稳安全运行，我厅决定召开全省城市供热工作推进视频会议。现将有关事项通知如下：

一、会议时间

2018年8月2日（周四）下午14：00，会期半天。

二、会议地点

主会场设在省住建厅五楼视频会议室（哈尔滨市南岗区东大直街308号）；13个市（地）、省森工总局在当地设分会场。

三、参会人员

（一）主会场：省住建厅领导；哈尔滨市及所辖县（市）供热主管部门主要领导、分管领导、具体负责同志，大型集中供热企业主要负责同志；省农垦总局住建局主要领导、分管领导、具体负责同志，大型集中供热企业主要负责同志。

（二）分会场：各市（地）、县（市）供热主管部门主要领导、分管领导、具体负责同志，大型集中供热企业主要负责同志；省森工总局住建局主要领导、分管领导、具体负责同志，大型集中供热企业主要负责同志。

四、会议内容

（一）省工信委介绍今冬明春供热期煤炭供应形势；

（二）省住建厅宣读《全省城市供热“冬病夏治”百日专项行动方案》；

（三）省住建厅党组成员、副厅长赵景海同志讲话。

五、有关事项

（一）请各市（地）供热主管部门组织所辖县（市）参会，并汇总所辖县（市）参会人员名单，于 8 月 1 日 17 时前将参会人员回执报送我厅城市建设处。

（二）请参加会议人员提前 10 分钟进场，会议期间请关闭手机或调至静音状态，保持会场秩序，请勿随意走动。

视频会议联系人：顾文涛　陈　雷

联系电话：0451-53633357，53677145（传真）

电子邮箱：zjtcjcgr@163.com

省住房和城乡建设厅（印章）

2018 年 7 月 31 日

（引自黑龙江省政府信息公开网）

【评析】

这是一份会议通知。

正文部分首先简要说明召开会议的缘由和目的，主办单位及时间，用“现将有关事项通知如下”开启下文内容，简洁清晰。

主体部分分条列项写，就会议的议题、与会人员、时间、地点、联系人及其他相关事项一一做了说明，安排得条清理晰，表达得明确具体。

第五节　通　　报

一、通报及特点

（一）通报的适用范围

《党政机关公文处理工作条例》规定，通报适用于表彰先进、批评错误、传达重要精神和告知重要情况。

（二）通报的特点

1. 教育性

通报的内容注重教育性。它通过告知有关单位和人员正反方面的典型材料，使人们受到教育，提高认识，鼓励大家以先进典型为榜样，以反面典型为警戒，从而知道应该做什么、不应该做什么，或是让人们了解有关问题、事故的情况，教育人们防微杜渐。

2. 典型性

通报的内容有很强的典型性，它只选择能对下级机关产生明显告诫作用、能引起较大反响的典型事例作为通报内容。树立典型，弘扬正气；吸取教训，引以为戒。通报正是通过这种教育性，发挥着其对基层群众的引导作用。

二、通报的分类

根据《党政机关公文处理工作条例》对通报的界定，将其分为表扬性通报、批评性通报和情况通报。

（1）表扬性通报。适用于表彰先进单位的先进经验和典型人物的先进事迹。

（2）批评性通报。适用于批评犯有错误的典型单位和典型的人。

（3）情况通报。适用于传达重要精神和告知重要情况。

三、通报的写作

（一）标题

通报标题常见的形式是由发文机关、事由和文种组成，有时可省略发文机关。有的表扬性通报可在标题中标明“表彰”字样。

（二）正文

1. 表扬性、批评性通报正文的写作

表扬性通报和批评性通报虽然内容迥异，但其正文结构基本相同，因此，将二者一并介绍。

表扬性、批评性通报的正文一般由通报事实、评价与分析、奖惩决定、号召与要求等部分组成。

概述通报事实。通报事实是构成表扬性、批评性通报的基础。通报事实的叙述应选用最典型、最具有代表性的材料，重点突出，高度概括，简明扼要，使读者读后能把握事件的概貌，为下文对事实进行分析、做出处理决定奠定基础。

评价与分析。这是在概述事实的基础上，对事实进行分析，揭示其意义及经验教训，使读者透过现象，把握本质。表扬性通报，不要因宣传的需要而夸大其词，人为拔高。批评性通报，特别是一些比较重大或复杂的事件，可对其性质、产生的原因、造成的严重后果等方面进行分析。深刻、准确地揭示出其实质，引导读者充分认识事件的严重性、处理的必要性，从而警诫相关部门和人员，避免再犯此类错误。这部分内容应实事求是，评价应准确，分析要中肯。

奖惩决定。这是制发表扬性、批评性通报的落脚点。发文机关要对所通报的事件做出肯定或否定的决定；表扬性通报要写出表彰、奖励的具体方式；批评性通报要拿出惩处的具体办法。奖惩决定应明确具体。

号召与要求。在做出奖惩决定后，可根据通报内容的实际需要提出号召与要求。表扬性通报可向有关单位和个人发出向表彰对象学习的号召，批评性通报可向有关单位和个人提出引以为戒的要求。

2. 情况通报正文的写作

这类通报通常承担三方面的功用。

工作情况通报。通报正在进行的某项工作，使下级机关了解全局范围内目前工作的总体情况和基本状态，以便结合自身情况对本部门工作做出及时调整，与上级精神要求保持步调一致。

问题事故通报。通报工作中突发的事件或意外事故，提醒相关单位及时对症检查，查找疏漏，有则改之，无则加勉。

传达精神通报。通报上级的指示精神，指导下级机关学习、领会，贯彻、执行相关要求，保证上级机关的意图得到有效施行。

1）工作情况通报的写作

这类通报的正文通常包括开头、主体和结尾。

开头。概述所通报的工作及总体完成情况。

主体。取得的成绩。汇总通报的该项工作取得的成绩和做法，突出重点，分条列项加以表述；指出存在的问题，找出工作中的不足和亟待解决的问题，分析原因。

结尾。提出要求。针对存在的问题，对下级机关提出解决问题的要求、改进工作的意见，使下级机关明确如何去做，从而保证该项工作更有序地进行。

2）问题事故通报的写作

这类通报通常是由三部分组成：

开头。概述问题或事故。通报问题的可将问题归纳，逐条表述；如果通报的是突发事故或重要事件，还应将事故、事件发生的时间、地点、过程以及结果等交代清楚。通报的特点是必须用事实来体现其教育性，因此，事例的叙述是必不可少的，但应注意详略得当，取舍适度。

主体。分析问题或事故的原因。在概述的基础上，还应对所通报的情况进行分析。由事入理，以事明理，就事说理，明确表明作者的观点、态度、主张，使下级机关通过这些问题或事故产生的原因，明确应注意的问题、吸取的教训及应采取的工作态度等，给人以启迪或警醒。

结尾。提出意见或要求。针对通报情况，提出相关的意见或要求。意见或要求多时，可分条开列。

3）传达精神通报

通常包括如下几部分。

开头。概述精神来源，即所传达的文件的出处，可说明签发文件的单位名称、下发文件的会议名称、文件的下发日期等。

主体。概述贯彻的精神内容，即所传达文件的核心内容，内容多的可分条列项表述。

结尾。概述意见要求。针对所传达的文件的主旨，结合本单位、本部门的实际情况提出贯彻执行的具体意见、要求，以保证文件精神得到有效的贯彻与执行。

以上介绍的是常见的通报正文写作。在实际工作中，有的制文机关将通报中的事实概述部分以“附件”形式处理。在通报正文中只说明通报缘由、事件分析、处理决定、意见或要求等。这种形式一般对通报事实的说明都比较详细。

四、通报写作注意事项

1. 注意文种区别

在公文中，除命令外，决定也可用于“奖惩”，并且决定与通报均可以在各级行政机关中使用，因此应注意区分二者的“奖惩”性质。决定中所涉及的事项比通报重要，表彰性决定一般用于授予某种奖励或荣誉称号，表扬性通报一般用于表扬有典型意义的好人好事。处分决定一般用于撤职或留党察看等惩处事宜，批评性通报一般用于警告、记过或以通报方式进行批评的处罚。二者奖惩性质是不同的。

2. 材料典型，事实准确，通报及时

通报的内容要典型，要选取具有普遍意义的典型材料予以通报，才能起到推动工作的作用；通报的材料必须准确真实，对材料的分析也要实事求是，不能超越材料做人为的加工处理；发现情况要及时通报，充分发挥通报的教育引导作用。

例文 1

国务院办公厅关于对 2016 年落实
有关重大政策措施真抓实干成效明显地方予以表扬激励的通报
国办发〔2017〕34 号

各省、自治区、直辖市人民政府，国务院各部委、各直属机构：

为充分发挥中央和地方两个积极性，进一步健全正向激励机制，鼓励地方因地制宜、大胆探索，竞相推动科学发展，根据《国务院办公厅关于对真抓实干成效明显地方加大激励支持力度的通知》（国办发〔2016〕82 号），经国务院同意，对 2016 年落实推进供给侧结构性改革、适度扩大总需求、促进创新驱动发展、保障和改善民生等有关重大政策措施真抓实干、取得明显成效的 26 个省（区、市）、90 个市（地、州、盟）、127 个县（市、区）予以通报表扬，并采取相应措施予以激励支持。希望受到表扬激励的地方珍惜荣誉，发扬成绩，再接再厉，作出新的更大贡献。

2017 年是实施“十三五”规划的重要一年，是供给侧结构性改革的深化之年。各地区、各部门要更加紧密地团结在以习近平同志为核心的党中央周围，认真贯彻落实党中央、国务院决策部署，坚持稳中求进工作总基调，牢固树立和贯彻落实新发展理念，适应把握引领经济发展新常态，敢于担当、主动作为，勇于创新、狠抓落实，扎实做好稳增长、促改革、调结构、惠民生、防风险各项工作，促进经济平稳健康发展和社会和谐稳定，以优异成绩迎接党的十九大胜利召开。

附件：2016 年落实有关重大政策措施真抓实干成效明显的地方名单及激励措施

国务院办公厅（印章）
2017 年 4 月 24 日
（引自中国政府网）

【评析】

这是一份表扬性通报。

通报表彰的对象是2016年落实有关重大政策措施真抓实干成效明显的地方，是一个群体。通报首先开门见山，阐明发布通报的目的和依据，在此基础上做出通报表彰的具体决定，说明表彰的方式，态度鲜明，充分肯定他们在推进供给侧结构性改革、适度扩大总需求、促进创新驱动发展等方面发挥的重要作用及做出的突出贡献。最后向被表彰对象提出希望，以点带面，向各地区、各部门发出学习表彰对象的号召，促进工作的进一步开展和深入。

行文十分规范，体现了通报树立典型、教育性强的特点。

例文 2

国务院安委会关于山东省青岛市“11·22”中石化东黄输油管道泄漏爆炸特别重大事故的通报

安委〔2014〕1号

各省、自治区、直辖市人民政府，新疆生产建设兵团，各中央企业：

2013年11月22日10时25分，位于山东省青岛经济技术开发区的中国石油化工股份有限公司管道储运分公司东黄输油管道泄漏原油进入市政排水暗渠，在形成密闭空间的暗渠内油气积聚遇火花发生爆炸，造成62人死亡、136人受伤，直接经济损失75 172万元。

事故发生后，党中央、国务院高度重视，习近平总书记、李克强总理等中央领导同志作出重要批示指示。国务院批准成立事故调查组，查明了事故原因。事故的直接原因是：输油管道与排水暗渠交汇处管道腐蚀减薄、管道破裂、原油泄漏，流入排水暗渠及反冲到路面。原油泄漏后，现场处置人员采用液压破碎锤在暗渠盖板上打孔破碎，产生撞击火花，引发暗渠内油气爆炸。间接原因是：中国石油化工集团公司及下属企业安全生产主体责任不落实，责任体系不健全，部门职责不清、责任不明；安全生产大检查和隐患排查整治不深入、不细致、不彻底，未能及时消除重大安全隐患；事故应急救援不力，现场应急处置措施不当，盲目动用非防爆设备进行作业，严重违规违章。山东省、青岛市、青岛经济技术开发区及相关部门履行职责不力，对管道保护的监督检查不彻底、有盲区，督促企业整治管道安全隐患不力；事故发生地段规划建设混乱，管道与排水暗渠交叉工程设计不合理；对事故风险研判失误，未及时提升应急预案响应级别，未及时采取警戒和封路措施，未及时通知和疏散群众。

经调查认定，该事故是一起生产安全责任事故。目前，已对涉嫌重大责任事故罪、玩忽职守罪的15人移交司法机关。对48人给予党纪、政纪处分，其中，政府公职人员24人（省部级1人，厅局级7人，县处级13人，科级3人），包括山东省油气管道保护主管部门相关责任人，青岛市人民政府、青岛经济技术开发区管委会及其管道保护、市政规划、城市建设、安全监管等部门相关责任人；企业人员24人，涉及中国石油化工集团公司董事长、总经理、副总经理等。

为认真贯彻落实中央领导同志关于安全生产工作的重要批示指示和全国安全生产电视电话会议精神，深刻吸取事故教训，举一反三，严密防范类似事故再次发生，现提出以下工作要求：

一、坚持科学发展安全发展，进一步强化红线意识

地方各级人民政府要深刻吸取山东省青岛市“11·22”中石化东黄输油管道泄漏爆炸特别重大事故的沉痛教训，牢固树立科学发展、安全发展理念，牢记“发展决不能以牺牲人的生命为代价”，不断强化红线意识。要把安全生产纳入经济社会

发展总体规划，建立健全“党政同责、一岗双责、齐抓共管”的安全生产责任体系，坚持管行业必须管安全、管业务必须管安全、管生产经营必须管安全的原则，把安全责任落实到领导、部门和岗位，谁踩红线谁就要承担后果和责任。在发展地方经济、加快城乡建设、推进企业改革发展的过程中，要始终坚持安全生产的高标准、严要求，各级各类开发区招商引资、上项目不能降低安全环保等标准，不能不按相关审批程序搞特事特办，不能违规“一路绿灯”。政府规划、企业生产与安全发生矛盾时，必须服从安全需要；所有工程设计必须满足安全规定和条件。要坚决纠正单纯以经济增长速度评定政绩的倾向，科学合理设定安全生产指标体系，加大安全生产指标考核权重，实行安全生产和重特大事故“一票否决”。要依法依规，加强对中央企业安全生产的属地监管。

二、深入开展隐患排查治理，推动企业落实主体责任

（略）

三、加大政府监督管理力度，保障油气管道安全运行

（略）

四、科学规划合理调整布局，提升城市安全保障能力

（略）

五、强化油气管道应急管理，全面提高应急处置水平

（略）

请及时将本通报精神传达至地方各级人民政府及各易燃易爆品输送管道企业，并督促认真贯彻落实。

国务院安委会（印章）
2014 年 1 月 22 日
（引自中国政府网）

【评析】

这是一份批评性通报。

开头首先高度概括这起重大事故的基本情况。用具体数据说明人员伤亡和财产损失情况，表达不枝不蔓，叙述既完整，又简洁概括。由此可见，对通报事实的叙述，必须抓住重点，把握最主要的事实，才能做到既抓住问题的关键所在，又不以偏概全，为下文的事件评析和处理决定提供有力的事实依据。

其次，紧承事件概述，分析了事故发生的直接原因和造成这起严重事故的深层原因，是违规违章、安全意识不强。

再次，在事件性质认定的基础上，通报顺理成章地提出处理意见。对相关责任者进行处罚。责任划定清晰，处罚有力。

最后，发文机关向所有的受文机关提出要求，每一项要求都针对通报事件中暴露出的问题落笔，有针对性地提示相关机关，强化该通报的警示作用，做到举一反三，避免类似事件的发生。

例文 3

国务院办公厅关于全国互联网政务服务平台检查情况的通报

国办函〔2017〕115 号

各省、自治区、直辖市人民政府，国务院各部委、各直属机构：

为摸清全国互联网政务服务平台现状，推动提升政务服务质量和实效，切实便利企业群众办事创业，经国务院同意，国务院办公厅近期对全国互联网政务服务平台进行了检查。现将有关情况通报如下：

一、基本情况

本次对 31 个省（区、市）及新疆生产建设兵团的互联网政务服务平台进行了检查，共随机抽查平台 201 个，其中省级平台 30 个、地市级平台 42 个、区县级平台 129 个。除核查各平台功能是否可用外，还抽查了企业设立登记、教师资格认定、排污许可证核发等与企业群众生产生活密切相关的高频服务事项，共计 865 个。

截至 2017 年 8 月底，已有 29 个省（区、市）及新疆生产建设兵团建成一体化互联网政务服务平台，其中 16 个平台实现了省、市、县三级全覆盖。平台功能方面，北京、天津、上海、浙江、山东、广东、海南等地区平台搜索、注册、咨询等功能有效可用的比例在 80%以上；服务事项方面，江苏、浙江、山东、广东、贵州、宁夏等地区平台 80%以上的服务事项规范性、实用性、准确性较好。此外，浙江提出“最多跑一次”、江苏提出“不见面审批”等，对互联网政务服务平台服务实效提出了更高要求。

二、主要问题

各地区互联网政务服务平台加快建设的同时，在信息共享、平台功能、服务信息等方面也出现了一些问题，影响了平台作用的发挥，有的平台甚至办不成事。

（一）办事入口不统一。（略）

（二）政务信息不共享。（略）

（三）事项上网不同步。（略）

（四）平台功能不完善。（略）

（五）服务信息不准确。（略）

三、下一步工作要求

各地区、各部门要按照《国务院关于加快推进“互联网+政务服务”工作的指导意见》（国发〔2016〕55 号）要求，针对目前互联网政务服务平台存在的问题，认真清理整改，不断加强平台建设，提高服务能力，切实让企业群众办事更方便、更快捷。

（一）进一步完善平台功能。（略）

（二）准确细致公开办事服务信息。（略）

（三）开展全面自查整改。（略）

附件：全国互联网政务服务平台检查指标

国务院办公厅（印章）

2017 年 10 月 6 日

（引自中国政府网）

【评析】

这是一份工作情况通报。

国务院办公厅在全国互联网政务服务平台工作进行到一定阶段，对该项工作进行检查汇总，并将情况下发给相关的下级机关，从而使下级机关了解和把握工作的进程，树立全局观念，放眼整体。

通报开头简要说明工作的目的、依据，“现将有关情况通报如下”过渡句引起下文。

主体部分首先介绍基本情况，说明检查的范围和方式，从整体上就该项工作已取得的成绩给予肯定。其次指出在平台建设过程中出现的问题，对发现的问题采取分条列项的方式一一列举，具体数据的运用和其导致后果的说明使问题更加具体明确，叙述条理清晰，避免流于空泛，也为下一步工作要求的提出奠定基础。

最后在阐明存在问题和工作依据的基础上，提出下一步工作要求。因为这项工作涉及面广，情况复杂，如何使材料表述有序至关重要，该通报围绕文章的主旨选材，紧紧扣住“加强互联网政务服务，提升服务质量”这一中心汇总材料，把成绩、问题及今后工作安排表达得十分清晰且富有条理，使下级机关既看到该项工作已取得的成绩，增强工作信心；又表明了工作中的不足，知晓继续做好该项工作的要求。该通报使下级机关了解把握工作的总体动态，与上级机关保持步调的协调一致，以便在今后更好地做好此项工作。

例文 4

国务院安委会办公室关于近期机动车肇事导致群死群伤事故情况的通报

安委办〔2017〕14 号

各省、自治区、直辖市及新疆生产建设兵团安全生产委员会：

近期，全国接连发生 3 起机动车肇事导致群死群伤的恶性事故，给人民群众生命财产造成严重损失，分别是：

4 月 3 日 17 时 20 分许，湖南省郴州市雄大西南园林建设有限公司一辆号牌为湘 LFJ866 的轻型货车（准乘 2 人、核载 1.495 吨），拉载着在郴州市苏仙区王仙岭景区内进行绿化的工人返回住处（实际乘载 33 人，其中驾驶室内超员乘坐 3 人、货厢内违法乘坐 30 人），当车辆沿王仙岭景区内部道路行驶至一处急弯陡坡路段时，失控坠至道路外侧下方的沥青路面，共造成 12 人死亡、21 人受伤。

4 月 10 日 21 时许，广西必应物流有限公司一辆号牌为桂 N69587（桂 NA022 挂）的重型半挂货车（核载 40 吨、实载 29 吨），行驶至南宁市绕城高速公路 26 千米 500 米处时，与道路中心护栏剐碰约 60 米后，失控冲过中央隔离带驶入对向车道，与对向两辆正常行驶的货车发生碰撞。剐撞过程中，桂 N69587（桂 NA022 挂）号重型半挂货车上一节满载的集装箱甩落于原行车道内，后方一辆号牌为桂 KYC857 的小型客车（核载 7 人、实载 7 人）与集装箱发生碰撞并翻滚，共造成 10 人死亡、1 人受伤。

4 月 17 日 9 时 30 分，贵州省贵阳市开阳县黔顺汽车客货运输有限公司一辆号牌为贵 A55321 号的中型客车（核载 19 人、实载 23 人），由开阳县运兴客运站发车，沿省道 S305 线前往贵州省黔南州瓮安县。当车辆行驶至省道 S305 线 342 千米 47 米开阳县花梨镇境内洛旺河大桥时，因违法超车、操作不当导致车辆失控刮擦道路右侧路缘石，随后冲向左侧并撞断路侧水泥护栏，坠落桥下垂直落差 9.7 米的斜坡，翻滚落入洛旺河中，共造成 17 人死亡、6 人受伤。

上述事故的发生，影响恶劣，后果严重，暴露出货车货箱载人、客车超员、超速和站外揽客等非法违规行为仍较为突出，部分驾驶人安全意识较差和应急处置能力较低，部分运输企业安全主体责任落实不到位，农村地区道路安全防护设施不足，高速公路道路交通安全监管存在薄弱环节。为深刻汲取事故教训，举一反三，有效防范和坚决遏制群死群伤道路交通事故的发生，现提出以下要求：

一、进一步强化做好道路交通安全工作的责任感和紧迫感。各地区、各有关部门和单位要清醒地认识到当前全国道路交通安全基础依然较为薄弱，重特大事故多发的现状没有根本扭转，道路交通安全形势依然十分严峻。加之近期天气渐暖，施工作业增加、出游人数增多，工程作业车、旅游包车、班线客车等交通出行量将有较大幅度增长，道路交通安全管理面临的任务艰巨。特别是今年党的十九大即将召开，对做好全国道路交通安全工作提出了更高要求。为此，各地区要严格按照《中共中央国务院关于推进安全生产领域改革发展的意见》（以下简称《意见》）要求，坚守发展决不能以牺牲安全为代价的红线，进一步强化责任意识和风险意识，全面落实“党政同责、一岗双责、齐抓共管、失职追责”安全生产责任制，切实加强道路交通安全工作的组织领导。要迅速组织有关职能部门针对当前面临的严峻形势和存在的突出问题专题研究部署本地区道路交通安全工作，全面落实防范遏制重特大事故的各项保障措施。

二、突出重点加强道路交通安全源头监管力度。（略）

三、全面深入排查整治道路交通安全隐患。（略）

四、切实强化道路交通执法管控。（略）

五、从严从紧做好事故查处工作。（略）

国务院安委会办公室（印章）

2017 年 4 月 24 日

（引自中国政府网）

【评析】

这是一份问题事故通报。

这类通报虽有事实概述，但通常这部分常常把几个单位的几起相关事故并列排序，逐一概述。其目的并不是对这些事故的单位和人员进行通报批评，而是要通过这些类似事故的汇总，提示下级机关对照检查，有则改之，无则加勉，真正做到防患于未然，因此这类通报所叙事实是为下文向下级机关提出要求服务的。

这份通报即是如此，开头列举数起近期机动车肇事导致群死群伤的恶性交通事故，损失严重。交代得清晰明了，然后分析造成这些事故的原因。出现事故的单位不止一个，造成伤亡事故的直接原因也会各有不同，有的可能尚在调查中。因此，通报侧重从间接原因入手，透过现象，揭示酿成事故的本质原因，寥寥几笔，切中要害。在此基础上针对当前工作中仍旧可能存在的交通安全问题，提出具体的要求。这是问题事故通报的落脚点。只有这样行文，才能充分体现出事故通报的功用，即重在通过典型事例强化通报的教育引导作用，起到“用事故教训推动事故预防工作”这一特殊作用。文中所提要求，紧扣加强道路交通安全这一主旨，从具体的要求到做法都阐述得十分到位。便于下级机关对症检查，增强责任意识，切实做好安全工作，避免类似事故的发生。

第六节　报　　告

一、报告及分类

（一）报告的适用范围

根据《党政机关公文处理工作条例》规定，报告适用于向上级机关汇报工作、反映情况，回复上级机关的询问。

（二）报告的分类

根据《党政机关公文处理工作条例》对报告的界定，将其分为工作报告、情况报告和答复报告。

1. 工作报告

工作报告是下级机关向上级机关汇报工作情况的报告。

2. 情况报告

情况报告是下级机关向上级机关反映重要情况、重大事故的报告。

3. 答复报告

答复报告是下级机关答复上级机关询问的报告。

二、报告的写作

（一）标题

报告的标题可以由发文机关、事由和文种组成，有时也可省略发文机关，由事由加上文种构成。

（二）正文

1. 工作报告的正文

工作报告是下级机关在某项工作进行到一定阶段，或工作已经完成时向上级机关所进行的汇报。它的正文包括三部分。

（1）前言。工作报告的前言是对报告基本情况的总述，一般简要说明工作依据、时间、内容、完成情况、取得的主要成绩等，或概括报告的中心，给读者一个总的印象。

（2）主体。取得的成绩：包括工作进展或完成情况、进一步说明取得的成绩，简要说明经验。这部分内容主要是对前期工作情况进行汇总、梳理和归纳，对做得好和有成效的工作予以说明，使上级机关知晓下级机关前期所完成的主要工作及状态。

存在的问题：对工作中的不足和存在的问题加以说明，使上级机关既了解下级机关已取得的成绩，又知晓存在的问题，以便及时指导、推进工作。

今后的工作打算：这部分常常是对下一阶段或今后的工作所做的粗线条的计划，重在说明目标，目的是使上级机关知晓下级机关对下一步工作的安排及打算。

（3）结尾惯用语。可根据需要使用报告惯用结尾用语“特此报告”等。

2. 情况报告的正文

情况报告多为下级机关针对工作中出现的严重问题，发生的意外事件或事故向上级机关所做的汇报，以便得到上级机关的及时指导与帮助。因此这类报告通常是三段式的结构，即提出问题，分析成因，为上级机关解决此问题提供意见、建议及办法。

（1）开头。简要说明报告的缘由或高度概括报告的内容，为阅读报告者提供阅读线索。有的报告也可省略此部分内容，直接介绍情况。

情况概述。如果是汇报工作中出现的严重问题，就应紧扣报告主旨，对所反映的问题进行归纳，逐条逐项予以表述，使叙述条理清晰，做到点面结合，详略得当。如果是反映突发事故的，就要用概述的方式对事故发生的时间、地点、人物、结果（损失及伤亡情况、相关部门对事故的救援及现场的处置情况）进行说明。

（2）主体。主体包括情况分析、意见和建议两方面内容。

情况分析。应针对所综合的情况、概述的事实进行客观的分析，实事求是、切中要害。对反映重大事故的报告，除了要说明造成事故的直接原因，还要分析造成事故的间接原因，做到透过现象看本质，真正反映出下级机关对事故所产生的恶劣影响有较深刻的认识，从而举一反三，避免类似事故的重演，体现出作为事故的责任者应有的理性态度。

提出意见和建议。应针对问题、事故出现的原因，提出切实可行的解决问题、处理事故的意见、建议和办法。问题重大，无权或无力解决的，可提出解决问题的初步建议；已经解决的，说明解决的具体办法或处理结果；未来得及处理的，应交代打算；反映重大事故的报告还要说明对相关责任人的处理意见。总之，应使上级机关知晓下级机关所持态度，所采取的相应措施，这是情况报告必不可少的内容。

情况报告的写作要力求内容集中、主旨突出，无论概述情况，还是说明分析或提出意见、建议，都应围绕所报告的情况来写，不枝不蔓。

（3）结尾惯用语。可根据需要使用结尾惯用语“特此报告”等。

3. 答复报告的正文

答复报告是被动行文，有问则答，不问则不报，有很强的针对性。这类报告的正文一般由前言和主体两部分组成。前言说明报告的依据，即为什么报告，从而导入主体。主体答复上级机关所询问的事项，可将所答复的问题分条列项表述，答完即止。

结尾也可根据需要使用惯用结尾用语“特此报告”等。

三、报告写作注意事项

（1）情况要真实，坚持实事求是的原则。

（2）中心明确，围绕中心收集材料，详略得当。

（3）文字精练，语气恰当。

（4）注意报告与请示的区别。在报告中不得夹带请示事项。

例文 1

关于 2017 年度全省法治政府建设工作情况的报告

2017 年，全省各级政府及部门坚持以习近平新时代中国特色社会主义思想为指导，全面深入贯彻落实党的十九大和习近平总书记对我省重要讲话精神，以加快建设法治政府为目标，加强组织领导，将建设法治政府摆在全局工作的重要位置，统筹谋划部署各项工作，认真落实中共中央、国务院印发的《法治政府建设实施纲要（2015—2020 年）》（以下简称《纲要》）和《黑龙江省法治政府建设实施方案（2016—2020 年）》（以下简称《实施方案》）有关要求，较好地完成了本年度法治政府建设各项工作任务。

一、工作成效

（一）依法全面履行政府职能，深入推进“放管服”改革。一是进一步深化行政审批制度改革，持续加大简政放权力度。坚持“多取消、审一次、真备案”原则，2017 年取消下放行政权力 244 项，清理规范行政权力中介服务事项 59 项。向哈尔滨新区放权 23 项，向绥芬河—东宁重点开发开放试验区放权 17 项。二是建立权责清单管理制度，进一步规范权力运行。省政府办公厅印发了《黑龙江省权责清单管理办法》（黑政办发〔2017〕74 号），建立了权责清单动态调整和长效管理机制，实现了清单管理的制度化、规范化。省级行政权力清单调整到 2844 项，市级行政权力清单平均为 3280 项。根据行政权力运行有关依据变化，适时调整行政权力运行流程，并及时向社会公布。三是开展市场准入负面清单和清理无谓证明事项试点，为推广复制积累经验。国家发展改革委、商务部正式批复包括我省在内的 11 个省（市）开展市场准入负面清单制度改革试点总体方案，我省积极推进试点工作。确定哈尔滨市和佳木斯市作为全省清理无谓证明事项试点，对无谓证明事项进行清理规范。四是清理规范行政事业性收费和政府性基金，努力减轻企业负担。取消、停征、合并、转出和降低征收标准行政事业性收费 54 项，取消、降低征收标准政府性基金 4 项，动态管理涉企行政事业性收费目录清单。五是继续推进行业协会商会与行政机关脱钩，规范社会组织管理。按照国家要求，我省启动了第二批行业协会商会与行政机关脱钩试点工作，省级 258 家、市县级 1183 家行业协会商会纳入第二批脱钩试点。六是加强市场监管，规范市场秩序。各级行政机关普遍建立并实施公平竞争审查制度，专项整治阻碍市场公平竞争秩序的违法行为。有关行政执法部门组织开展了安全生产、旅游市场、道路交通安全、成品油市场、农民工工资、红盾护农等专项整治执法行动。七是深化商事制度改革，推进企业注册便利化。认真执行工商登记前置、后置行政审批制度，落实“双告知”要求。在“五证合一”基础上，进一步将涉及 7 个部门的 18 项证照事项纳入我省第一批“多证合一”整合范围，自 2017 年 10 月 1 日起，全省实现企业（含农民专业合作社、个体工商户）“多证合一、一照一码”，大幅缩短企业从筹备开办到进入市场的时间。

（二）进一步提高政府立法和规范性文件质量，依法行政制度体系日臻完善。（略）

（三）落实依法决策机制，推进行政决策科学化、民主化、法治化。（略）

（四）推进严格规范公正文明执法，着力提升行政执法水平。（略）

（五）进一步强化对行政权力的监督，严格规范权力运行。（略）

（六）运用法治思维和法治方式，有效化解社会矛盾纠纷。（略）

（七）加强对政府工作人员的法治教育培训，全面提高依法行政意识和能力。（略）

二、存在的问题

我省在推进依法行政、建设法治政府方面较好地完成了党中央、国务院和省委、省政府的工作部署，但各地各部门在推进依法行政、建设法治政府方面还存在一些问题，与新时代法治政府建设要求还有一定的差距，主要表现为：一是有的领导干部及工作人员法治、制度、规则、信用意识还不强，能力不够。习惯于老思维、老套路、老办法，以行政手段和行政命令代替依法行政；对待法治说起来重要、做起来次要、忙起来不要；方法简单，不按照法律规定的程序进行决策；依法办事能力还不强，运用法治思维和法治方式管理经济社会事务的水平还不高，碰到矛盾就绕、遇见问题就躲，对一些积累时间长、矛盾大的问题不积极想办法，迟迟解决不了；随意许诺招商引资优惠条件，事后又不兑现，缺乏诚信意识、契约精神。二是行政执法行为不严格、不规范、不文明的问题比较突出，甚至执法犯法。在行政执法监管工作中，执法的有效性还不高，执法不严，监管领域存在问题没有得到有效遏制，多头多层执法和重复检查问题仍然存在；不作为、慢作为等懒政、怠政问题比较突出；执法不规范，执法文书不完全符合法律规定，执法程序没有完全履行，告知当事人行政复议或者行政诉讼权利不准确、不完整；执法工作态度冷漠、生硬、简单粗暴；乱用执法权、越权执法、乱作为情况还时有发生；甚至“吃拿卡要”、以罚谋财、违法违纪、突破底线，不给好处不办事，给了好处乱办事。三是法治宣传教育力度还有待于进一步加强，全社会尊法学法守法用法的氛围还未完全形成。有的办事习惯于找熟人、托关系、走门子。认为有了人，不能办的、违法违规的事也能办成，没有人，该办的事也很难办成。信权不信法、信访不信法；有的企业缺乏行业自律意识，不尊法不守法、不讲诚信，甚至拒不履行人民法院判决生效的法律文书。

三、2018 年工作重点

按照党中央、国务院总体部署，距离省级政府 2019 年基本建成法治政府目标只剩不到两年时间，因此，2018 年是关键的一年、攻坚的一年。全省各级政府及部门将以习近平新时代中国特色社会主义思想为指导，深入贯彻落实党的十九大和十九届二中、三中全会精神，紧紧围绕统筹推进“五位一体”总体布局和协调推进“四个全面”战略布局，继续贯彻落实好《纲要》及《实施方案》有关要求，推动法治政府建设工作再上新台阶。将重点做好以下几方面工作。

（一）聚焦法治政府建设突出问题，开展“法治建设年”活动。（略）

（二）进一步提升各级领导干部及政府工作人员法治素养，在全社会营造良好的法治环境。（略）

（三）进一步深化“放管服”改革，转变政府职能。（略）

（四）加强政府立法和规范性文件审查清理工作，为经济社会发展提供法治保障。（略）

（五）完善重大行政决策制度，不断提高决策水平。（略）

（六）坚持严格规范公正文明执法。（略）

（七）做好自我监督和接受外部监督工作，强化对行政权力的制约。（略）

（八）进一步化解社会矛盾纠纷，维护社会和谐稳定。（略）

（九）抓实法治政府建设问题整改和督促检查考核等工作。（略）

省政府法制办公室（印章）

2018年4月23日

（引自黑龙江省政府信息公开网）

【评析】

这是一份工作报告。

报告前言部分高度概括2017年全省各级政府及部门加快法治政府建设的指导思想、依据、目标及取得的主要成效，简明扼要、表述清晰。

主体部分主要由三个方面内容构成：第一部分是对2017年所做工作、取得的成绩及获得的经验的分析，用量化的数字和具体表现彰显成绩的可观，这部分主要着眼于对过去一年工作的总结；第二部分主要是分析在推进依法行政、建设法治政府方面存在的问题，列举出问题的诸多表现，既有面上的概括介绍，也有点上具体情况的说明，问题的分析深刻到位，便于各部门针对上述状况，查摆自身存在的问题，进行整改，也为下一阶段工作任务的提出奠定基础；第三部分按照党中央的整体部署和省政府的目标要求，针对上面查摆出来的问题，着眼于法治政府建设工作的深入推进，提出2018年的工作任务，抓住重点，提升人员素养，转变职能，加强立法和审查等工作任务的提出，既是对第二部分问题内容的承接，也是下一阶段工作的开启，这部分主要着眼于对未来一年工作的规划与安排。

例文2

关于农村中小学教育收费专项检查情况的报告

国家发展计划委员会

（二〇〇〇年十一月二十七日）

根据国务院领导同志的指示，国家计委经商教育部，组织各地开展了农村中小学教育收费的专项检查，并于11月8—9日召开座谈会，听取了部分省（区、市）的汇报。据不完全统计，各地共检查农村中小学近2万所，查出违纪违规收费金额2.6亿元，已纠正处理6836万元，其中退还学生5800万元，收缴财政850万元，罚款186万元。现将有关情况报告如下：

一、农村中小学教育收费存在的主要问题

从检查情况看，农村中小学乱收费主要来自学校、教育行政主管部门和地方政府三个方面。

（一）学校乱收费。

1. 擅自设立收费项目、制定收费标准。检查发现，一些学校违反审批程序和权限规定，自立项目、自定标准收取水电费、实验费、图书配置费、护校费、毕业生考务费、新生报名费、保安费、建校费、维修费、考卷费、建档费、资料费等。检查中，仅湖北省价格主管部门就查出学校自立项目收费达59种。

2. 提高收费标准、扩大范围收费。如江西萍乡市部分县、乡小学向每个学生每学期收取 5—20 元，用于解决民办教师的工资福利问题；贵阳市开阳县部分乡镇学校不论学生是否住校，一律收取洗澡、伙食、住宿等费用；甘肃省平凉地区泾川县太平乡中学、飞云乡初级中学向部分未住宿学生收取住宿费，每个学生每年收取 30 元；武威市武南中心小学自行扩大计算机上机费范围，全校每个学生每学期收取 40 元。

3. 继续收取国家明令取消的收费。（略）

4. 课本、作业本乱加价，价格较高。（略）

5. 强制学生接受有偿服务。（略）

6. 代收费名目繁多，问题突出。（略）

7. 其他乱收费行为。（略）

（二）教育行政主管部门乱收费。

1. 违反规定乱收费。一是向中小学下达课外读物征订任务。如甘肃省皋兰县西岔乡中心小学、石洞乡中堡中小学按教育行政主管部门下达的任务向学生摊派《学生天地》杂志，要求三年级以上学生人手一册，全年 18 元。二是一些基层教育行政主管部门违反规定擅自设立项目收费，如湖北省孝感市三汉镇教育组在课本费上搭车收取公务费，小学课本费按规定每个学生应收 20—90 元，实收 207—245 元，初中每个学生应收 75—125 元，实收 275—280 元，学校按每个学生 55 元的标准向教育组上交公务费。仅此一项，1999 年秋季和 2000 年春季三汉镇教育组共收取公务费 50.5 万元。类似的还有考务费、勤工俭学费、校园建设配套费等。

2. 违反规定强制办理保险。（略）

3. 出台政策，变相为学校乱收费开口子。（略）

4. 垄断经营文教用品。（略）

5. 未认真贯彻执行国家规定的教育收费政策。（略）

（三）地方政府乱收费。

1. 违反规定擅自收取集资、建校费等，偿还因“普九”达标欠下的债务。（略）

2. 教育附加费、提留统筹费收费随读代征屡禁不止。（略）

3. 将学校收取的学杂费、代收费等纳入预算外管理，并收取 10%—30%不等的预算外资金调控费。（略）

二、农村中小学乱收费产生的原因

（一）政策和法制观念淡薄。近几年农民收入增长缓慢。在这种情况下，一些地方、部门和学校没有把治理农村中小学教育乱收费提高到减轻农民负担、维护农村社会稳定的高度来加以认识。有的教育行政主管部门和学校认为，向学生收费只要是取之于学生、用之于学生就是合理的，只要不装自己的腰包就不算违法。有的认为教育资源应进行产业化、市场化配置。这些认识不仅不符合国家有关中小学教育收费政策的规定，也违背了《价格法》、《教育法》和《义务教育法》的有关规定。

（二）教育经费投入不足。（略）

（三）教育系统内部管理不到位。（略）

（四）价格执法部门监督检查难以落到实处。（略）

（五）脱离实际的“达标升级”活动难以禁绝。（略）

三、治理农村中小学乱收费的对策

（一）统一思想、提高认识，把治理中小学乱收费作为一项重要的政治任务来抓。（略）

（二）加大对基础教育的投入。（略）

（三）教育行政主管部门应进一步加强内部管理。（略）

（四）充分发挥价格主管部门的职能作用。（略）

（五）综合治理，加大对政府和部门违规收费行为的处罚力度。（略）

（引自中国政府网）

【评析】

这是一份情况报告。

报告开头简明扼要地交代对农村中小学教育收费进行专项检查的依据及检查的总体情况。检查的总体情况用统计数字反映，既简明，又有说服力。模糊语言的使用，使统计数字更真实、客观。

主体分三部分对农村中小学教育收费存在的主要问题进行说明；对乱收费产生的原因进行分析；提出治理乱收费问题的对策。在说明农村中小学教育收费存在的主要问题时，报告将名目繁多、五花八门的乱收费现象按性质进行归类，从学校、教育行政管理部门及地方政府乱收费三个主要方面来反映情况。每一方面情况都分列若干小问题，一一开列，逐项展开。说明时，先概括普遍存在的问题，再用典型事例印证，既反映出普遍性，又有具体表现，点面结合，深刻地反映出农村中小学教育收费存在的问题。在分析乱收费产生的原因时，报告从两个方面进行归纳，并用段旨形式，高度概括，明确清晰。分析时，以事说理，客观具体，有说服力。在情况说明、问题分析的基础上，报告就乱收费问题的解决，提出了五个方面对策。对策针对乱收费产生的原因进行阐释，在内容安排上与原因分析部分层序一致，前后呼应，逻辑严密，对策考虑周全，切合实际。

该报告内容集中，主旨突出。不论对问题的说明，还是对产生问题的原因进行分析，或提出初步的意见，都围绕所报告的情况来写，条清理晰，不枝不蔓。

例文 3

关于 193 次旅客快车发生重大颠覆事故的报告

×××：

5 月 28 日 16 时 05 分，由济南开往佳木斯的 193 次旅客快车，行驶至沈山线锦州铁路局管辖内的兴隆店车站（距沈阳 43 公里）时，发生重大颠覆事故，造成 3 名旅客死亡，143 名旅客和 4 名列车乘务人员受伤，报废机车 1 台、客车 4 台、货车 1 辆，损坏机车 1 台、客车 5 辆、货车 1 辆和部分线路、道岔等设备，沈山下行正线中断运输近 20 小时，直接经济损失达 170 余万元。

事故发生后，东北铁路办事处和锦州、沈阳铁路局负责同志立即随救援列车赶赴事故现场，组织抢救、抢修工作。当地驻军、地方党政领导同志和部分社员、学生也投入抢救工作。辽宁、沈阳市领导同志及沈阳军区、辽宁省军区有关负责同志先后赶到现场，组织抢救伤员，疏运旅客。我部李克非副部长率安监室和运输、机务、车辆、工务、电务、公安各局负责同志也于当日连夜赶赴现场，指挥抢修工作，调查分析事故原因，慰问伤员，并对省市党政领导和部队表示感谢。在省市领导和驻军的大力支持下，伤员的抢救和治疗工作安排得比较周密，受伤的旅客和列车乘务人员，除少数送入就近的新民县医院抢救外，其余的均由沈阳市和军队、铁路医疗部门派车接到沈阳，及时得到了抢救和治疗。

经调查分析，造成这次事故的直接原因，是锦州铁路局大虎山工务段兴隆店养路工区工人在该处做无缝线路补修作业时，违反劳动规律和操作规程，将起道机立放在钢轨内侧，擅离岗位，到附近的道口看守房去吃冰棍，第 193 次快车通过时，撞上起道机，引起列车脱轨颠覆事故。

这次事故是发生在旅客列车上的一次严重事故，又恰是发生在全国开展的“安全月”活动中，使国家和人民生命财产蒙受了巨大的损失，在政治上造成了极坏的影响，性质是非常严重的，我们心情十分沉痛。这次事故的发生和最近一个时期安全不稳定的状况，从根本原因上看，是我们铁路基础工作薄弱，管理不善，思想政治工作不落实，反映了我们作风不扎实，对安全工作抓得不力，在安全生产中管理不严，职工纪律松懈的问题长期没有得到解决。

为了使全路职工从这起严重事故中吸取教训，我们于 5 月 31 日召开了各铁路局、铁路分局、铁路各工务段负责同志参加的紧急电话会议，通报了这次事故，提出了搞好安全生产的紧急措施。要求铁路各部门、各单位必须把安全工作放在第一位，各级领导干部要树立安全第一的思想，并向全体职工进行安全教育，使每个职工都牢固地树立起对国家、对人民极端负责的概念，认真落实岗位责任制，严格遵守劳动纪律，一丝不苟地执行规章制度和操作规程。要求各单位要针对近年来新工人比例不断增加的情况，加强对新工人的教育和考核工作，各行车和涉及安全生产的主要工种不经考试合格不得单独作业，对各种行车设备要进行一次认真检查，发现问题立即解决；同时，各单位要切实解决职工生活中，应该而且可以解决的具体问题，解除职工的“后顾之忧”；动员广大职工干部迅速行动起来，以这次事故为教训，采取措施，堵塞漏洞，保证行车安全。

我们在 6 月份开展的“人民铁路为人民”活动中，要求把搞好安全生产作为重点，并在今后当作长期的根本任务来抓。要求党、政、工、团各部门要从不同角度抓好安全工作，迅速改变目前安全生产不好的被动局面。

锦州铁路局对这次事故的主要责任者，已按照法律程序提出起诉，追究刑事责任；对与事故有关的分局、工务段领导也作了严肃的、正确的处理。铁道部决定对锦州铁路局局长董庭恒同志和党委书记李克基同志给予行政记过处分。这次事故虽然发生在下边，但我们负有重要的领导责任，为接受教训，教育全铁路职工，恳请国务院给我们以处分。

铁道部（印章）

××××年六月十日

（转引自王振川主编：《中国改革开放新时期年鉴》（1982 年），中国民主法制出版社 2015 年版）

【评析】

这是一份事故报告。

下级机关在工作中遇到意外的、突发的事故，要报告给上级机关，使下情上传，以便得到上级机关的及时帮助与指导。

这份报告开篇即概述事故，交代事故发生的时间、地点、经过及结果。虽用笔简省，但做到了该详处不落只字，该略处不多着一词，详略十分得当。事故造成的损失一概用数字说明，情况一目了然。作为重大事故的报告，该文还对事故的救援及现场的处置情况进行了说明，使事故报告的叙事更完整。

事故原因分析，不仅有造成事故的直接原因，也揭示出间接原因。能做到透过现象看本质，分析客观，认识深刻。

在原因分析的基础上，报告提出改进工作的意见及对事故责任的认定、对责任人的处置。这部分表达十分有序，先陈述作为对事故负有责任的报告机关，在事故发生后采取的及时补救及整改措施，措施既针对事故本身，又不拘于事故。统观全局，综合考量，由点而面，使采取的措施能做到及时而有效。最后交代对责任者的处理方式。毕竟事故已然发生，当务之急是如何补救，避免类似事故再度发生。补救改进措施在先，处罚方式在后，这种表达富有逻辑性。处罚方式也十分明确具体，表现出报告机关对该负的责任不推脱，对该处分的人不手软的一种认真改过的态度。

第七节　请示　批复

一、请示

（一）请示及分类

1. 请示的适用范围

根据《党政机关公文处理工作条例》规定，请示适用于向上级机关请求指示、批准。

2. 请示的分类

根据《党政机关公文处理工作条例》对请示的界定，可将请示分为请求指示的请示和请求批准的请示。

（1）请求指示的请示。这类请示是指下级机关对国家的法律法规、方针政策及上级的指示等有不明确或不同的理解，或者在工作中遇到无章可循的新情况、新问题，以及本单位由于情况特殊，需要对上级的普遍性要求加以变通时所写的请示。

（2）请求批准的请示。这类请示是下级机关准备办理按规定需要上级机关批准的事项，或者既需要上级机关批准又需要上级机关帮助的事项时所写的请示。

（二）报告与请示的异同

报告与请示既有相同之处，又有明显区别，了解二者的异同，有助于更好地把握报告与请示各自的特点，正确使用报告、请示。

1. 报告与请示的相同之处

（1）行文方向一致。报告和请示同属于公文中为数不多的上行文。

（2）标识要求一致。报告和请示都有标注签发人、会签人的要求。

（3）报送要求一致。报告和请示都要求只主送一个机关，如需要同时报送另一个机关或几个机关时，一律用“抄送”形式。

（4）表达方式一致。由于报告和请示的主送机关均是上级机关，因此在内容表达上多为陈述性的。一般要求以摆事实为主，介绍情况、说明问题、提出请求。表达方式以叙述为主。

虽然报告和请示有上述共同点，但作为两种公文，其区别也是很明显的。

2. 报告与请示的不同之处

（1）行文目的不同。报告是为了向上级汇报工作，反映情况，答复上级机关的询问而行文，其目的主要是让主管机关了解情况，及时处理工作中的有关问题；请示是为解决单位自身的某一具体事项，请求上级机关的指示、批准。

（2）性质要求不同。报告主要是为上级机关提供决策信息和依据，不要求上级机关答复；请示明确要求上级机关答复，上级机关也一定给予答复。

（3）行文时限不同。报告可以在工作进行中、工作完成后行文；请示必须在事前行文，待上级机关批复后，请示的事项才可以施行，未经批复的则不能施行。

（4）内容含量不同。报告的内容含量大，在一文一旨的前提下，可以就工作的诸多方面进行陈述；请示则内容单一。

（三）请示的正文

请示的正文一般由请示缘由、请示事项、请示结尾惯用语三部分组成。

1. 请示缘由

请示缘由就是提出请示的理由和依据，主要交代请示的原因、背景、基本情况。这部分内容的写作既要有理有据，实事求是，又要开门见山，简明扼要。

2. 请示事项

请示事项是请求上级指示、批准的具体内容。这部分应写得明确具体。对涉及资金、财务、人员的请示，表述上不能用模糊词语“大概、左右、或许”等；请求拨付的物资，则应将物品的品名、规格、型号、数量等要素交代清楚；请求给予指示的问题，则应清晰表述本单位对所请示问题的认识、理解，对请示事项的处理意见、建议，这样既可供上级机关审批时参考，又有助于上级机关及时批复。请示内容简单的，可采用篇段合一形式；内容复杂的，可分条表述。

3. 请示结尾惯用语

请示结尾惯用语是请示正文的组成部分，应正确使用。常用惯用语有“以上请示，请批复”“以上请示当否，请批复”“以上请示妥否，请批复”等。

（四）请示写作注意事项

1. 严格遵守请示规则

《党政机关公文处理工作条例》规定，下级机关一般不得越级请示；请示应一文一事；主送机关一般只写一个；不得抄送下级机关；一般不得以发文机关名义向上级机关负责人报送等。这些规定，是请示写作和行文时必须严格遵守的。

2. 正确把握请示适用范围

请示只适用于向上级机关请求指示、批准。这个上级机关是请示的主管上级，只有它才有权对请示做出批复。有的单位向没有行政管理权的、行政级别高于本单位的业务主管机关请求审批事项时，也用请示，这就将请示适用范围任意扩大化了。《党政机关公文处理工作条例》中明确界定"不相隶属机关""请求批准"用"函"这一文种。

3. 行文目的明确，内容具体

拟写请示，一定要明确请示目的。如果是本单位职权范围内可以解决的问题，则不必请示。在写作时，还应把请示事项写得明确、具体，便于上级机关把握，及时做出批复。

二、批复

（一）批复及其特点

1. 批复的适用范围

据《党政机关公文处理工作条例》规定，批复适用于答复下级机关请示事项。

2. 批复的特点

（1）行文被动。一般情况下，上级机关为保证国家法律法规、方针政策的贯彻执行，保证各项工作的有序开展，往往通过制发命令、决定、公告、通知等来实现其意图，这些公文的制发是主动的。批复虽然与上述文种一样同属于下行文，但是批复的行文目的是答复下级机关的请示，上级机关只有在收到下级的请示后才制发批复，是被动行文。

（2）意见的权威性。批复的内容是针对请示提出的问题给予的切实、具体的答复。对下级机关来说，请示一经批复，上级同意或不同意的批复内容都具有行政约束力，必须严格按批复的意见执行。

（3）答复的针对性。批复是针对请示内容行文，请示没有涉及的问题，批复就不涉及。请示什么就批复什么，谁请示就向谁批复。批复的内容具有明显的针对性。

（二）批复的写作

1. 标题

批复标题常见的形式有：

（1）三项式。标题由发文机关、事由和文种组成，如《国务院关于长江上游水污染整治规划的批复》《国务院关于编纂中华大词典问题的批复》。

（2）省略、附加式。省略式是指省略发文机关，标题由事由和文种组成，如《关于同意成立韶关市人民对外友好协会的批复》《关于××市地下基岩裂隙水资源收费标准的批复》。

附加式是指增加行文对象，标题由发文机关、事由、行文对象和文种组成，如《国务院关于同意安徽省设立滁州市巢湖市给安徽省人民政府的批复》。这种形式因构成项目多、文字多而较少使用。

有的批复可在标题中表明批复机关的肯定态度，用"关于同意……的批复"形式，但只限于肯定性答复。

2. 正文

批复正文一般由批复引语、批复意见和批复结尾用语三部分组成。

（1）批复引语。这是批复的开头部分，是批复行文的必要用语，用以说明发文机关制发批复的原因或依据。

批复引语常见引用方式为先引请示标题，后引请示发文字号，发文字号用括号括起。如“你们《关于深圳市创建国家可持续发展议程创新示范区的请示》（粤府〔2018〕3 号）收悉”。有时批复引语也可以只引请示的标题或发文字号。

（2）批复意见。这是批复的核心内容，是批复机关对请示事项所做的具体答复。在这部分内容中，制文机关应明确表明态度、意见、要求。“同意”下级机关的请示，即给予肯定答复；“基本同意”或“原则同意”则应对请示内容提出修正、补充意见；不予批准，则应在做出否定性答复后，说明理由，阐明政策依据或事实依据，做必要的解释。

内容简单的批复可采用篇段合一的形式，在批复引语后表明意见、态度即可。内容复杂的批复可将批复意见分条列项进行说明。

（3）结尾用语。批复在结尾处，经常使用惯用语，如“特此批复”“此复”等。有的批复也可省略。

（三）批复写作注意事项

1. 观点明确，态度明朗

批复机关对所批复的问题要有明确的态度，具体的意见，不能含糊其辞、模棱两可，使请示机关无所依从，延误工作。

2. 答复及时，批复集中

对下级机关的请示要及时答复，久拖不复势必影响下级机关工作的开展。同时，坚持一请示一批复的原则，不涉及请示以外的内容，也应注意不漏批请示中的事项。

例文 1

关于要求追加我省自然灾害救济款的请示

国务院：

今年我省自然灾害频繁，损失严重。上半年我省十多个市遭受寒潮、霜冻、龙卷风、冰雹和洪涝灾害；下半年第二、九、十五、十六、十八、二十三号强台风先后在我省五个县（市）登陆，台风伴随暴雨，造成洪涝灾害，损失严重。据统计，全省受灾人口××××人，死亡×××人，伤×××人，倒塌房屋×××间，损坏房屋×××间，受灾粮食作物×××公顷，其中成灾×××公顷，绝收×××公顷，交通、通信设施和工商业等损失也很严重，因灾直接经济损失×××亿元。夏粮减产××××吨，初步估算秋粮减产××××吨。

国务院对我省灾情非常重视，今年已经拨给我省救灾救济款××××万元；十一月五日我省赴京汇报后，国务院初步确定再增拨给×××万元救灾款。我省各级部门正按照国务院领导的指示精神，安排好国家补助的经费，继续部署救灾救济工作。广泛发动群众生产自救。但是由于受灾面积广，人口多，需要救灾救济款数额大，无法全部解决灾区群众的困难。鉴此，除继续发动灾民生产自救和依靠各级地方政府财政支持外，恳请国务院再拨给我省冬令救济款××××万元。

以上请示，请批复。

××省人民政府（印章）

××××年×月×日

（转引自邱小林、杨秀英、冷超群主编：《新应用文写作》，北京理工大学出版社 2011 年版）

【评析】

这是一份请求批准的请示。

请求批准的请示是下级机关在工作中，遇到需要办理，但根据职权范围的规定，又无权无法办理的事项时，请求上级机关给予支持、帮助时所使用的。

这份请示是请求上级机关追加救灾款。既然是“追加”，那么为什么要“追加”的理由充分与否，就是能否获得批复的关键。因此，该请示就将理由分两步逐层推进予以陈述。首先总括“今年我省自然灾害频繁，损失严重”这一情况，然后用事实和数据对这一情况做具体简要的说明。概括与具体的结合，准确客观地反映出受灾的严重性，为请示事项的提出确立了大前提。然后在客观说明灾后已得到救灾款项及开展了自救工作的基础上，进一步强调现实困难“受灾面积广，人口多”照应前面叙述的情况，为提出“追加”再蓄势，使请示事项的提出客观真实，合情合理，有说服力。

请示事项是请求批准的具体内容，明确具体是其写作要求；该份请示不仅说清楚了恳请国务院拨给“救济款××××万元”这一内容，而且说明了这笔救济款是“再拨”，是“冬令救济款”，这样既再次照应了前面叙述的情况，又把请示事项明确化、具体化，便于上级机关及时批复。

例文 2

国务院关于同意设立“中国农民丰收节”的批复

国函〔2018〕80 号

农业农村部：

关于申请设立“中国农民丰收节”的请示收悉。同意自 2018 年起，将每年农历秋分设立为“中国农民丰收节”。具体工作由你部商有关部门组织实施。

国务院（印章）

2018 年 6 月 7 日

（引自中国政府网）

【评析】

这份批复的标题明确表明了发文机关的批复意见。全文篇段合一，首先引述请示的事项内容，用语简洁明了，紧承批复引语，答复请示事项，批复意见明确，态度明朗。

例文 3

国务院关于同意深圳市建设国家可持续发展议程创新示范区的批复

国函〔2018〕32 号

广东省人民政府、科技部：

你们《关于深圳市创建国家可持续发展议程创新示范区的请示》（粤府〔2018〕3 号）收悉。现批复如下：

一、同意深圳市以创新引领超大型城市可持续发展为主题，建设国家可持续发展议程创新示范区。

二、深圳市建设国家可持续发展议程创新示范区，要深入贯彻党的十九大精神，以习近平新时代中国特色社会主义思想为指导，坚持新发展理念，统筹推进“五位一体”总体布局，协调推进“四个全面”战略布局，紧紧围绕联合国 2030 年可持续发展议程和《中国落实 2030 年可持续发展议程国别方案》，按照《中国落实 2030 年可持续发展议程创新示范区建设方案》要求，重点针对资源环境承载力和社会治理支撑力相对不足等问题，集成应用污水处理、废弃物综合利用、生态修复、人工智能等技术，实施资源高效利用、生态环境治理、健康深圳建设和社会治理现代化等工程，统筹各类创新资源，深化体制机制改革，探索适用技术路线和系统解决方案，形成可操作、可复制、可推广的有效模式，对超大型城市可持续发展发挥示范效应，为落实 2030 年可持续发展议程提供实践经验。

三、广东省人民政府要建立健全相关工作协调机制，根据实际情况研究制定专门的支持政策，形成推进合力，支持深圳市全面落实和实施好各项行动和工程，实现国家可持续发展议程创新示范区建设的目标。

四、科技部要会同国家可持续发展实验区部际联席会议各成员单位，结合各自职责，在重大项目安排、政策先行先试、体制机制创新等方面支持深圳市建设国家可持续发展议程创新示范区，及时研究解决建设中的重大问题。

国务院（印章）

2018 年 2 月 13 日

（引自中国政府网）

【评析】

这份批复是国务院对广东省人民政府和科技部报送的《关于深圳市创建国家可持续发展议程创新示范区的请示》的答复。批复引语部分非常规范，先引标题，后引发文字号。然后用过渡语 “现批复如下”过渡到批复意见部分。因除意见部分外，还提出了具体的相关要求，内容较多，因此批复意见采取分条列项的方式表述。意见明确具体，态度明朗。所提要求符合实际，切实可行，既有对深圳市做好工作的原则、指导思想和工作重点的要求，也有对相关部门支持配合的要求。层次清晰，表述准确，便于下级机关据此而行。

第八节 函 纪要

一、函

（一）函及特点

《党政机关公文处理工作条例》规定，函适用于不相隶属机关之间商洽工作、询问和答复问题、请求批准和答复审批事项。

函的适用范围是“不相隶属机关”，其功用可以是“商洽工作”“询问和答复问题”，还可以是“请求批准和答复审批事项”。

从我国的党政机关关系看，“不相隶属机关”有两种情况：一是隶属于共同上级机关的平级机关之间的关系。这种关系主要表现在隶属于同一级人民政府的各下级政府之间及同一级机关的各部门之间。例如隶属中央人民政府的各省、自治区及直辖市之间，以及省政府下属的公安厅、财政厅、科技厅、民政厅之间就是这种平级关系。这是在同一系统内的平级关系，在这一系统中，函是向平级机关行文。二是没有隶属关系的机关与机关之间。在这种关系中，机关与机关之间各自有自己的隶属关系，不在同一系统内，级别也有差别，彼此之间不存在领导与被领导的关系。在这种情况中，函既可以向级别高于自己一方的机关行文，也可以向级别相同或低于自己一方的机关行文，如国务院办公厅可以用函向各省级办公厅行文。

综上所述，函的“不相隶属机关之间”是指在党政机关之间没有法定的领导与被领导关系。在这种关系中行文，为什么还有“请求审批和答复审批事项”这一功用呢？

这是因为制函的机关虽然只服从于各自的上级领导机关或按照各自的专管职能办事，但是在实际工作中，在有关的业务工作方面，有时仍需要得到虽没有行政管理权，但却有业务管理权的机关的批准，也就是在业务工作方面，函的行文机关之间存在着一种“领导”与“被领导”的关系。例如某市中级人民法院经市政府同意重建机关办公大楼，但办公大楼的土地划拨权却归市规划局。因此，某市中级人民法院就需以《关于重建机关办公大楼需划拨土地的函》向某市规划局行文，得到批准后，才可以进行下一步工作。某市规划局对某市中级人民法院《关于重建机关办公大楼需划拨土地的函》进行答复，也应用“函”这一文种。

以上这种情况，在实际工作中，许多机关多用“请示”行文。究其原因，主要是担心所请求审批的事项如果没有有关的业务主管机关批准，事情无法办成。于是不管有无法定隶属关系，为表示尊重，就用请示。虽然请示有请求批准这一功用，但那是向直接上级机关即有法定管理权的机关发出的。因此，在写作中应充分重视《党政机关公文处理工作条例》对“函”的适用范围的界定，避免文种的不恰当使用。

函的内容单一，一事一函，开门见山，落笔入题，言简意明；行文灵活便捷，结构简单，随事而立，不拘一格。这就使“函”成为一种使用频率高、运用范围广的文种。

在公文中，函采用的是“信函式公文格式”，发文机关标识需用全称，但不加“文件”二字，如“黑龙江省政府”“国务院办公厅”。

函的发文字号与一般公文相同，但也可以在发文机关代字后加“函”字，去掉“发”字，如“国办函〔2018〕58 号”，但发文字号需标注在红色间隔线下右侧，顶格标识。秘密等级和紧急程度则标注在红线下左侧，顶格标识。其他各格式组成部分的标识方法均与文件式公文格式标识相同，可参阅公文概述部分。

（二）函的分类与写作

1. 函的分类

按发文的方向，可分为发函和复函。发函是一方为商洽工作、询问事项、提出要求等，主动给其他的不相隶属机关去的函；复函是被动答复相应事项的函。

按内容和发文目的，可分为以下五种。商洽函：多用于商调人员联系参观、邀请讲学等；询问函：多用于询问问题或征询意见；请批函：一般是在某一业务方面向没有行政隶属关系的主管单位所行之文，内容仅限于业务问题；告知函：将需要对方知晓的情况予以说明，一般不需要回复；答复函：答复相关的商洽、询问和请批的事项。

2. 函的写作

1）标题

函的标题由发文事由和文种组成，表现形式为“关于××××的函”，如《关于请求解释×建筑使用×路面是否符合城建规定的函》《关于申请向运动队队歌征集大奖赛获奖者颁发奖金免税的函》等。

如果是复函，可在文种前加“复”字，形成“复函”字样，如《国务院办公厅关于青海西宁经济技术开发区的复函》《关于纸厂小学场地与校舍等归属问题的复函》等。

2）正文

函的正文写法比较灵活，大多随事而立，不同内容的函，写法也有一定的差别，但一般来说，可以从三部分来把握函的正文的写作。

A. 开头

开头主要说明制函的原因、目的或依据。

如果是主动与对方商洽工作的函，就应在函的开头说明发函的原因或目的。这种理由的说明不用过多，简明扼要交代清楚即可。

如果是向有关主管部门请求答复、审核批准的函，应将函的理由讲得充分些，以便引起受函单位的重视，但也应以合情合理、清楚明白为原则，切忌长篇大论。

如果是复函，首先要引用对方来函的标题、发文字号（用括号括起），或者概括来函提出的主要问题，作为复函的依据。复函常用的开头形式有“你单位《关于××××的函》（×府函〔2018〕16 号）收悉”或“你单位关于×××××问题的函收悉”等，并用“现复函如下”之类的过渡句开启主体内容。

B. 主体

主体部分对有关事项进行陈述说明，主要交代所商洽、询问、请批的事项或答复商洽、询问及请批的事项。

如果是主动去函，就要陈述清楚自己的要求，说得具体、实在，让对方明确你方所需对方协办的事项或知晓的信息，以便得到对方积极的配合或答复。

如果是答复对方的来函，就要针对来函中提出的问题，表明自己的态度、意见、要求等。不同意对方意见，或无法满足对方要求，还应写清理由，做必要的解释。

C. 结尾惯用语

函的结尾一般使用惯用的结尾用语，如主动发函，可用“特此函达”“特此函达，即希函复”，如是复函，可用“特此函复”“专此函复”等。

（三）函写作注意事项

1. 目的明确，表述专一

函要把商洽的工作，询问的情况，请批的事项，答复的问题写得具体清楚。一事一函，不旁及其他。

2. 态度谦和，用语得当，措辞得体

函在行文时应注意以礼待人，谦和真诚，切忌居高临下，盛气凌人。语言庄重，措辞得当，切忌使用私人信件中的寒暄客套话，使表达符合公务活动严肃性的要求。

二、纪要

（一）纪要及特点

1. 纪要的适用范围

据《党政机关公文处理工作条例》规定，纪要适用于记载会议主要情况和议定事项。

2. 纪要的特点

（1）一定的约束力。纪要作为会议文件，一经上级领导机关或主管部门批准，即可成为一定范围内指导工作、解决问题、检查贯彻执行会议精神的重要依据，对相关单位有一定的约束力。

（2）摘要性。纪要，顾名思义，就是反映会议的主要之点，“纪”不同于“记”，它有理出头绪和纲要的意思，所谓“理之为纪”（《左传》）。纪要就是围绕会议主旨来整理、提炼、概括会议内容，有很强的摘要性。

（3）纪实性。纪要是在会议记录等有关会议材料整理基础上形成的，必须与会议的实际情况保持一致，而不能有所阐发或者发挥。

（二）纪要的分类

根据《党政机关公文处理工作条例》对纪要的界定，将其分为知照性纪要和决议性纪要。

1. 知照性纪要

知照性纪要是把会议讨论的情况、主要精神提供给相关单位，供相关对象参阅、备考。这种纪要主要是传递信息，一般没有贯彻执行要求。

2. 决议性纪要

决议性纪要是将领导机关召开的，研究某方面或某项工作的会议所形成的研究成果、处理意见传达给下级机关。这种纪要要求相关单位贯彻执行，有一定的约束力。

（三）纪要的写作

1. 标题

纪要的标题常见的有两种，一是单行标题，二是双行标题。

（1）单行标题。一般由会议名称或议题加文种两部分组成。如《××市经济工作会议纪要》《×××市政府召开创建卫生城市会议纪要》《关于××集团收购××公司问题的会议纪要》。

（2）双行标题。这种标题由一正一副两行组成。第一行为正题，概括会议主旨，体现出会议主要精神或议定的事项。第二行为副题，对正题进行补充说明。如《反腐才能倡明——××市反腐工作座谈会纪要》《长抓不懈，坚持到底——××市精神文明工作会议纪要》。

2. 正文

纪要的正文一般由三部分组成：开头、主体和结尾。

1）开头

纪要的开头一般应概述会议基本情况，包括会议召开的依据、目的、会议的主办单位、召开的时间、地点、会议的名称、与会人员等有关会议的背景材料。大型或比较重要的会议在这一部分，还要简要说明会议的作用、意义，概述会议的中心议题、会议解决的主要事项等。如果有重要领导或著名人士与会，也可简单说明。

概述会议基本情况常见的方式有两种。

A. 条目式

将会议的基本情况分条列出，用“会议名称”“会议召开的时间”“会议召开的地点”“会议主持单位（人）”“会议的中心议题”等一一按序标出。有的小型会议采用这种方式。

B. 总述式

将会议的基本情况用几句话或一两段文字加以归纳，综合表述。这种方式广泛应用在各类纪要的写作中。

概述会议基本情况时应简明扼要，不宜过长。有的纪要为突出会议精神和议定事项，可略写概述部分，甚至省略。

前言和主体之间常用“现将主要问题纪要如下”“会议讨论研究了以下几个问题”等过渡。

2）主体

这是纪要的核心部分，要围绕会议的中心议题，充分地展示会议情况，反映会议的成果或会议的要求等。

主体部分写法有三种。

A. 条项式

这种写法是把会议讨论的主要问题和议定的事项，分条列项地写出来，有的还将议题作为小标题分项表述。

这种写法简明扼要，一目了然。小型或内容单一的会议，如办公会议、例会等，会议议题少，讨论意见相对统一集中，一般多采用这种写法。

B. 综合式

这种写法是根据会议的中心议题，把会议材料按性质分类，综合成若干部分，然后按一定的逻辑顺序，把各个部分连接起来，构成纪要的主体。有时一个部分又可分几个层次加以表述。这种写法侧重于横向分析阐述，内容相对全面，问题分析细致，常常包括对目标、任务、政策、措施等的阐述，这种纪要一般需要下级机关全面领会，深入贯彻。

这种写法条理清楚，层次分明，重点突出。大型或议题重要的会议一般多采用这种写法。

C. 摘录式

这种写法是将会上具有典型性、代表性的发言加以整理，按中心议题的要求提炼出内容要点和精神实质，然后按发言顺序或按性质归类写出。

这种写法能使读者更客观、具体地了解发言者的意见和观点，一般座谈会纪要多采用这种写法。

3）结尾

这部分可对与会单位和有关方面提出要求与希望。多数纪要正文随主体部分的完成而结束。

（四）纪要写作注意事项

1. 做好纪要写作的基础工作

纪要是在会议记录、文件、材料整理基础上形成的。因此，在会议召开过程中，要认真、细致地做好会议记录工作；在会议结束后，做好对会议文件及材料的阅读、整理工作；在全面了解、掌握会议情况的基础上，形成纪要。

2. 适度使用纪要的习惯用语

纪要在形式上均以"会议"为第三人称口吻转述会议内容。其主体部分的写作，常用"会议认为""会议提出""与会者一致认为""会议决定""会议要求""会议希望""会议号召"等作为层次段落的开头语。适度使用，有助于更好地进行表述。

例文 1

询　问　函

××市政府采购中心：

我公司于××年×月×日通过参与投标活动成为"××"项目（项目编号：××××）的中标人并在××政府采购网（http://www.××.net）上公示，但迄今为止尚未领取到《中标通知书》。由于工作的需要，请贵单位能否予以答复《中标通知书》的具体下发时间及领取《中标通知书》所需要准备的必要手续。感谢支持！

××有限公司

2017 年 8 月 12 日

函复地址：×××××

电　　话：×××××

传　　真：×××××

联 系 人：××

（引自中国政府采购网）

【评析】

这是一份询问函。

该函开门见山表明发函的原因，即公司通过参与投标活动成为××项目的中标人，但尚未领取到《中标通知书》，并将所需问询的事项一并列出，即《中标通知书》下发的时间及需要的手续。事项清晰明了，言简而意明。后面还附有具体的联系方式，便于对方回复。

例文 2

辽宁省环境保护厅关于商请向黑龙江丰迪环保科技有限公司转移危险废物的函

辽环函〔2017〕290 号

黑龙江省环境保护厅：

我省华能国际电力股份有限公司丹东电厂拟将烟气脱硝过程中产生的 100 吨（120 立方米）废烟气脱硝催化剂（废物代码：HW50，772-007-50），转移至黑龙江丰迪环保科技有限公司处理，转移期限至 2017 年 12 月。

根据《中华人民共和国固体废物污染环境防治法》，现征求贵厅意见，是否同意请函复。

联 系 人：武伟男

联系电话：024-62788708

地　　址：沈阳市东陵区双园路 30 号甲

辽宁省环境保护厅（印章）

2017 年 8 月 24 日

（引自辽宁省环境保护厅网站）

【评析】

这是一份商洽函。

开篇即直陈商洽事项，一句话就将危险废物的数量、名称、转移地点、用途和期限表述清楚，用语准确精简，结尾用语规范得体。

例文 3

关于华能国际电力股份有限公司固体废物跨省转移事宜的复函

辽宁省环境保护厅：

贵厅《关于商请向黑龙江丰迪环保科技有限公司转移危险废物的函》（辽固转移函〔2018〕91 号）收悉。哈尔滨市环境保护局根据贵厅来函，对黑龙江丰迪环保科技有限公司的经营许可范围和接收能力进行了审核，经研究，函复如下：

一、同意黑龙江丰迪环保科技有限公司接收华能国际电力股份有限公司产生的废烟气脱硝催化剂（HW50，772-007-50）100 吨进行处置利用，转移时限至 2018 年 12 月 31 日。

二、请贵厅督促华能国际电力股份有限公司按照《中华人民共和国固体废物污染环境防治法》和《危险废物转移联单管理办法》的有关规定，落实危险废物在转移过程中的有关污染防治措施，运输路线必须避开水源保护区等特殊敏感区域，严格执行危险废物转移联单制度。同时要求废物产生单位在危险废物转移前三日内将预期到达时间报告哈尔滨市环境保护局。哈尔滨市环境保护局对黑龙江丰迪环保科技有限公司接收、转移、处置危险废物的各个环节进行日常监督管理。

联系人及联系方式：

黑龙江省环境保护厅

张佳慧 0451-87113044

哈尔滨市环境保护局

黄海洋 15776997995

黑龙江省环境保护厅（印章）

2018 年 8 月 6 日

（引自黑龙江省政府信息公开网）

【评析】

这是一份对商洽函的复函。

因是复函，开头引叙对方来函的标题与发文字号，引叙方式十分规范。主体部分对来函提出的问题给予明确具体的答复，表述清晰而富有条理，因此项工作的特殊性，依据相关文件的规定，对华能国际电力股份有限公司固体废物跨省转移的事宜提出了相关具体要求，便于执行操作。

例文 4

黑龙江省机关事务管理局关于申请省政府机关食堂“绿色食堂建设”立项和所需资金的函

黑管函〔2017〕215 号

黑龙江省发展和改革委员会：

为进一步贯彻落实《党政机关厉行节约反对浪费条例》、《国务院办公厅关于加强地沟油整治和餐厨废弃物管理的意见》（国办发〔2010〕36 号）精神，解决省政府机关食堂餐厨垃圾处理难等问题，促进餐厨垃圾安全处理循环再利用，结合省政府机关食堂实际，拟在全省范围内率先推行绿色食堂建设。

经国管局推荐和我局调研考察，拟采用北京九次方环保科技有限公司餐厨垃圾资源化处理系统管理模式。根据省政府机关食堂餐厨垃圾特点、成分、产生量、排污指标等情况，需采购 JCF-AS600 型太阳能供电系统餐厨垃圾资源化处理设备，价格 145 万元（设备 120 万元，培训费、工程费 20 万元、设计评审费 5 万元），特申请予以立项并给予资金支持。

黑龙江省机关事务管理局（印章）

2017 年 7 月 27 日

（引自黑龙江省政府信息公开网）

【评析】

这是一份请批函。

该函是黑龙江省机关事务管理局，就省政府机关食堂“绿色食堂建设”立项和所需资金问题向黑龙江省发展和改革委员会递送的公文。对黑龙江省机关事务管理局来说，它与黑龙江省发展和改革委员会没有行政隶属关系，只受其业务权限的管辖，因此黑龙江省机关事务管理局用“函”行文，十分准确。

该函开门见山，阐明发函的原因和目的，针对省政府机关食堂存在的问题，结合实际，提出申请事项，即建设绿色食堂和采购相关设备。全文表述明确具体，行文规范。

例文 5

教育部关工委高职院校关工委联系点工作座谈会纪要

为深入贯彻落实《国家中长期教育改革和发展规划纲要》（以下简称《教育规划纲要》）、《中共教育部党组关于加强全国教育系统关心下一代工作委员会建设的意见》（教党〔2009〕20号）的要求，进一步推进教育系统关工委基层建设，重点加强高等职业院校关心下一代工作，发挥高等职业院校老同志优势，加强学生思想道德教育，全面关心学生健康成长，3月29日，教育部关工委高职院校关工委联系点工作座谈会在深圳召开。教育部关工委常务副主任王富、教育部职业教育与成人教育司巡视员王继平出席会议并作了重要讲话。会议由教育部关工委秘书长赵晖主持。会议交流了各地、各联系点院校关工委工作经验，并就建立联系点工作机制等大家关心的问题进行了研讨。

王继平在讲话中指出，我国的职业教育发展快、规模大，当前已经进入科学发展的新阶段。目前高职高专学校有1200多所，每年招生310万，在校学生将近1000万，占到了我国高等教育阶段的“半壁江山”。他认为，老同志作为职业教育整个事业发展历程中的奠基者、创业者，他们对学校有深厚的感情，了解学校发展的历史，积累了丰富的经验。充分发挥他们的优势，必将成为一支推动职业教育改革发展的重要力量。他强调，职业院校现职领导要重视关工委工作，加强对这方面工作的领导和支持。他希望职业院校老同志在人才培养、教学科研、社会服务和文化传承四个方面发挥积极作用。

会议认为，高职院校关工委工作联系点的定位是：

1. 要起到试点的作用。10所高职院校联系点是教育部关工委与职成司及相关省、市教育关工委共同商定的，职业教育方面成绩突出，同时关工委工作也有较好的基础。通过联系点模式进行探索、实践，不断的总结经验，寻找规律，逐步探索出一条符合职业院校工作实际的关工委工作模式。

2. 要发挥信息联系的纽带作用。（略）

3. 要发挥调查研究、决策咨询的作用。（略）

会议总结交流了高职院校关工委的工作经验，认为应着重在以下工作领域发挥作用：

1. 学生思想品德教育。（略）

2. 参与学生党建工作。（略）

3. 学生心理健康教育。（略）

4. 实施“青蓝工程”传帮带青年教师。（略）

5. 开展调查研究。（略）

会议还对联系点及所在的省市教育关工委工作提出了具体要求：

1. 各省（区、市）教育关工委要加强对联系点工作的领导和指导。（略）

2. 希望各联系点院校党政领导要高度重视关工委工作。（略）

3. 联系点院校关工委要不断地总结探索，创新适合职业院校关工委的工作模式。（略）

4. 联系点院校既要有“点”的意识，也要有“典”的意识。要切实担负起责任，增强光荣感、使命感和责任感，逐步建立起联系点工作机制。

（1）建立定期汇报制度。（略）

（2）建立会议交流制度。（略）

（3）建立信息交流制度。（略）

教育部关工委副秘书长郭春开、教育部职业教育与成人教育司德育处副处长黄辉及广东、上海、福建、河南、贵州、陕西、深圳等七省市教育关工委负责人出席会议，深圳职业技术学院等10所高职院校关工委联系点负责人参加了会议。

（引自教育部关工委网）

【评析】

这份纪要采用单行式标题，由会议名称、会议类型和文种组成。

正文包括前言、主体和结尾三个部分。前言概述会议基本情况，包括会议召开的目的、依据、会议召开的时间、地点、会议名称、参加会议的领导人等，并由领导人的讲话精神出发，简述会议的中心议题，给读者一个总的印象。

主体围绕“高职院校关工委工作联系点的定位”这一议题展开。按内在联系概括归纳为“要起到试点的作用”“要发挥信息联系的纽带作用”等三个问题；在总结交流了高职院校关工委工作经验的基础上，继而又着重阐发了其作用，即“学生思想品德教育”“参与学生党建工作”等五个方面，每个方面问题都用序号标注，并用段旨句形式概括其中心，条理清晰，层次性强；最后对联系点及所在的省市教育关工委工作提出了具体要求，使今后的工作有了遵循和明确的方向。

结尾对参加此次会议的单位和人员进行了补充交代。

整篇文章结构清晰，有条不紊。在内容表达上，无论是提出思想认识方面的要求，还是说明具体措施和办法，都十分明确具体，有很强的针对性和充分的可行性。

第四章　事务文书

第一节　书　　信

书信源于传递简单的信息，发展至今已成为人们沟通思想情感、维系社会关系、交流信息、商讨和处理事物的一种手段，因此说在生活和工作中，书信一直发挥着不可替代的作用。

书信按用途可分为一般书信、公务书信、商业信函（也称业务书信）和专用书信几类。本节讲专用书信。

（一）专用书信的种类

随着社会事务的日益繁杂和交往范围的扩大，专用书信的种类也在逐渐增加，并在长期使用中形成了比较固定的名称。常用的有介绍信、证明信、举报信、公开信、决心书、申请书、倡议书、检讨书、保证书、志愿书、聘书（聘请书）、邀请书、请柬、求职信、报捷书（喜报）、感谢信、慰问信、贺信、贺电等。

（二）专用书信的格式

同普通的书信一样，专用书信也有几个必要的组成部分：标题、称谓、正文、结束语、署名、日期，有的还需加盖公章。这些部分书写位置固定，形成约定俗成的样式。

（三）几种常用专用书信的写作

1. 介绍信

介绍信是机关、单位、团体派人到外单位联系、商洽工作时使用的一种书信，它有介绍、证明的双重作用。

介绍信有印刷式和手写式两种。其格式基本相同。

标题。第一行正中印“介绍信”三个大字，第二行印有“×××字××号”（发出介绍信单位的代字和介绍信的编号）。

称谓。受文单位或联系单位的名称。

正文。空两格印有“兹介绍××同志等×人前往你处联系××事宜”（介绍持信人的姓名、人数、前往何处、联系何事）。

结束语。多用“请接洽”“望协助办理”等。

署名和日期在与正文空一至二行处，写清介绍信的单位名称，开具介绍信的日期，然后加盖公章。有时在日期下方还有介绍信的有效期限。

此外，印刷式介绍信通常还有存根部分，存根部分和正文部分内容基本一致，只是更简单一些。两部分中间通常用一条竖虚线（或横虚线）隔开，在此处要用汉字大写写上“××字××号”并加盖公章。

手写式介绍信内容与其大体相同，没有存根部分。

注意事项：

（1）不能将盖好公章的空白介绍信交与持信人自己填写；

（2）持信人须持有效工作证、身份证配合使用；

（3）经领导批准的重要介绍信必须由领导签字后才能使用；

（4）介绍信不能随意转让或冒名顶替；

（5）介绍信不能多头使用，如果需要同时与几个单位联系，必须分别开具；

（6）底稿和存根内容要与介绍信完全一致，底稿与存根都要保留，以备查考；

（7）书写必须规范，字迹要工整。如有涂改，则须在涂改处加盖公章。

例文

介　绍　信

（××字××号）

省人事厅负责同志：

兹介绍我校王林同志等贰人前往你处联系领取李玉、刘海二位同志的职称批复材料。敬请接洽，并予以协助。

此致

敬礼

××学校（印章）

2017年11月1日

（有效期截至2017年11月11日）

2. 证明信

证明信是以机关、团体或个人的名义凭借确凿的证据，证明某人的身份、经历或有关事件真实情况的专用书信。通常有证明历史问题的证明信和证实情况的证明信及作为证件的证明信。无论哪种类型的证明信，都必须绝对真实可靠。具体格式如下：

标题。第一行居中写“证明信”三个字。

称谓。写接收证明信单位的名称。

正文。要针对对方所要求证明的事项撰写。如证明历史问题的，要写清被证明人主要经历的时间、地点、事件和所担当的职务；如证实情况的证明信，要写清姓名、年龄、政治面貌、受过何种奖励、什么学历等基本情况；如作为证件的证明信，应写明被证明人的工作单位、姓名、性别、年龄、职务、任务、历程等。

结束语。一般多用“特此证明”“此材料属实，供参考”等作结束语。

署名和日期。写上开具单位名称，写清年、月、日，并加盖公章。

注意事项：

（1）出具和写作证明信要严肃认真，实事求是；

（2）语言要简洁、准确，不能使用模糊语言；

（3）证明信不能答非所问，要就对方所要求的内容，出具证明；

（4）字迹要工整规范，不能随意涂改，如有涂改，须在涂改处加盖公章，以示有效。

例文

证 明 信

××公司：

你公司××同志，原来是我校外语学院2015级日语专业学生。在校期间，学习认真刻苦，积极进取，乐观向上，多次被评为校级“三好学生”和“优秀班干部”，2018年被授予省级“优秀三好学生”。

特此证明

××学院（公章）

20××年×月×日

3. 申请书

申请书是个人或单位为解决某个问题或实现某种愿望向组织提出请求的书信。常用的申请书有入党申请书、入团申请书、入学申请书、出国留学申请书、困难补助申请书等。

标题。第一行居中写“申请书”三个字，亦可在申请书前加申请事由，如“入党申请书”等。

称谓。一般申请书应写给接收申请书的组织机关、团体，如××团支部、××国领事馆。所以称谓一般不写领导人姓名。

正文。一般包括三个部分内容。首先开门见山写明个人或单位的意愿，即申请事项；其次写明申请的理由、申请的具体事项及要求；最后表明实现意愿后自己的保证，即决心和希望。

结束语。常用“此致”“敬礼”“盼请批准”等。

署名和日期。写上申请人的姓名以及申请的日期。

注意事项：

申请书虽是为达到某一目的而写，但要本着实事求是的原则，理由要确凿有说服力，语言要朴实无华，避免抒情。

例文

出国留学申请书

本人现就读于北京第二外国语学院西葡语系西班牙语专业，系2016级本科三年级学生。本人自愿申请在2019年9月至2020年6月去西班牙马德里阿尔卡拉大学留学。

我已经有两年的西班牙语学习经历，较好地掌握了西班牙语的语法特点和发音规则，能比较流利地同讲西班牙语的人交流。去西班牙留学就是为了更加深入地了解这门语言，给自己提供一个良好的语言环境，了解语言深层次的文化底蕴。在西班牙期间我将遵守当地法律法规，尊重当地习俗，把自己融入当地，把握好这次学习的机会，提升自己的语言素养。

本人家庭情况良好，有经济能力支付去西班牙留学的费用，父母在物质和精神上都给予我相当大的支持，我自己也将把握这次留学的机会来锻炼自立能力。

西葡语系已对我进行了出国前教育，分别是法律及安全的教育和学校相关纪律、规定的教育。我保证遵守学校相关制度及当地法律法规，加强安全意识的培养，按时返校。出国期间的人身安全问题由我个人负责。现特此递交申请书，望学校批准。

申请人：×××
××××年×月×日

4. 聘书

聘书也称聘请书、聘任书，是用来聘请本单位或外单位人员担任本单位某项职务或承担某项工作时使用的专用文书。具体格式如下：

标题。在聘书封面正中或内页首行正中写上“聘书”或“聘请书”字样，有的还加署单位名称如“××（单位）聘书”。

称谓。在正文前一行顶格写明受聘者姓名，姓名后冠以称呼，如“同志”“先生”“女士”等。也有的把此项内容放在正文中写，如“兹聘请××同志为……”，不另起行。

正文。聘书的正文基本上一段到底。其内容包括：聘请的原因（也可不交代）；受聘者担任的职务或承担的工作；聘用单位对受聘者的要求、希望；聘期起止年、月、日；受聘者的待遇、酬金（不作详细交代）。

结束语。正文之后写上表示敬意、祝愿、致谢的文字，有时这部分也可省略，只写“此聘”“敬希应聘”即可。

署名和日期。结尾下方写上聘请单位的全称、日期，并加盖公章。

注意事项：

（1）聘书一定要写清受聘者要干什么，避免受聘者无法应聘或盲目应聘；

（2）语言要简洁。聘书较其他专用书信简单，只要写清聘请的理由和聘请职位即可；

（3）因聘书以单位名义发出的，且具有法律效力，故加盖公章后才有效。

例文

聘　　书

王鹏教授：

为提高我院的科研水平，本院成立了科研项目评估委员会，特聘请您为该委员会委员，指导我院科研工作。聘期为两年（自2018年6月30日—2020年6月30日）。

此聘

××学院（公章）
2018年5月27日

5. 请柬

请柬是一种通知性的应用文书，是邀请他人参加较大规模的宴会、酒会、茶会、纪念会、大型交易会等的公关礼仪书信。

请柬从形式上看有手写体和印刷体，目前以印刷体居多。

请柬作为书信的一种，有其特殊格式。具体格式如下：

标题。现在多为对折式请柬，标题“请柬”或“请帖”二字写在封面。一般要做一些艺术样式设计。

称谓。与其他书信一样，开头顶格写被邀请者（个人或单位）名称。

正文。交代活动内容，如开座谈会、联欢会或过生日等，交代举行活动的时间和地点，如果是请看戏或其他表演还要将入场券附上。

结束语。在正文后或另起行用“敬请光临”“恭候光临”“请光临指导”等作结束语。有的后面还写上“此致”“敬礼”或“顺致”“崇高的敬意”等。

署名和日期。写明邀请单位或个人名称或姓名、日期。

例文

请　　柬

上海××大学李校长：

兹定于12月31日下午3时，在上海××宾馆三楼会议室举行“庆祝元旦”茶话会。敬请光临指导。

此致

敬礼

上海市××局

2017年12月30日

6. 邀请书

邀请书与请柬一样，也属通知性文种，是邀请亲朋好友会面或参加自己主办的某项活动的信件。二者都是为请客而发出的礼节性书信。但邀请书的内容比请柬要复杂，它除了有请帖的作用外，还要向被邀请者交代有关需要做的事情。

邀请书与请柬的区别：请柬的内容十分简练，只需在正文部分说明请客的原因、时间、地点，再加上敬语即可；而邀请书就较为复杂。请柬由于内容简练，经长期应用形成了固定的语言习惯，所以通常使用的是印好的帖子，填上具体活动的内容、时间、地点，被邀请者的职务和姓名即可；而邀请书的内容较复杂，可以使用印好的帖子，也可以手写在信纸上。请柬一般是以机构、社团组织的名义发出的，参加人数较多、规模较大的社交活动，一般是派专人递送而不需对方确认是否应邀；而邀请书则多以个人名义发出，参加人数不多，既可派专人递送，也可以邮寄，并需对方确认是否应邀。

邀请书的写作格式如下：

标题。可直接写在正文上方。

称谓。与其他书信一样，开头顶格写邀请者名称。

正文。由四个方面内容组成：①向被邀请者表示问候；②说明邀请对方参加活动的内容和邀请的原因；③说明活动的时间及地点；④提出邀请。

署名和日期。邀请者的名称、日期。

例文

新年晚会邀请函

××小姐/先生：

仰首是春、俯首成秋，××公司又迎来了她的第×个新年。我们深知在发展的道路上离不开您的合作与支持，我们取得的成绩中有您的辛勤工作。久久相伴，岁岁相长，作为一家成熟、专业的公司，我们珍惜您的选择，我们愿意与您一起分享对新年的期盼。故在此诚邀您参加××公司举办的新年晚会，与您共话友情、展望未来。如蒙应允，不胜欣喜。

地点：×××

时间：20××年×月×日 17：00～20：00

××公司

20××年×月×日

7. 倡议书

倡议书是国家行政机关、企事业单位、社会团体或会议及个人就人们共同关心的事情，向社会或有关方面首先提出具有号召性建议的书面文体。倡议书的作用是倡导某项建议，如倡导某种先进风气，倡议开展某些有意义的活动。具体格式如下：

标题。可以用“倡议书”作标题，也可以由倡议内容和文种名称共同组成，如“弘扬中华传统美德倡议书”，还可以写“致全省大学生的倡议书”。

称谓。倡议对象较为广泛的，可省略不写；若是单一的倡议对象，则必须写明。

正文。内容包括：首先说明倡议的背景、理由或条件，指出完成倡议内容的意义等；其次分条分项写明倡议的具体内容。两部分之间常用“为此我们倡议如下”“我们提出以下倡议”等作承启用语。

结束语。表示倡议者的决心和希望或者写出某种建议。倡议书一般不在结尾写表示敬意或祝愿的话。

署名和日期。正文右下方注明倡议者或倡议单位和日期。若倡议者较多，可依次排列。

注意事项如下：

（1）倡议要有说服力；

（2）倡议的内容要切实可行；

（3）倡议书措辞要确切，情感要真挚，富有鼓动性。

例文

学雷锋活动倡议书

各位同学：

雷锋精神是民族的瑰宝，是永不磨灭的丰碑，是全人类的财富。我们学习雷锋，不仅是做好人好事，还要把这种精神贯穿于学习、工作、生活中去。因此，我院青年志愿者协会在此向同学们发起倡议。

一、当学习雷锋的标兵。向雷锋同志学习，做一个爱党、爱祖国、爱人民、爱科学、爱社会主义，有正确人生观和价值观的合格学生。向雷锋学习，发扬“钉子精神”，刻苦钻研，勤奋学习，苦练报国本领，做合格的社会主义建设者和接班人。向雷锋学习，听从党的指挥。向雷锋学习，言行一致、不图名利、始终如一，做全心全意为人民服务的新时代的新青年。

二、争当实践雷锋精神的楷模。今天，雷锋精神不仅代表中国先进文化的前进方向，更已成为全人类共同拥有的宝贵精神财富。我们要积极开展形式多样、生动活泼的学雷锋活动，积极投身到公益劳动和校园建设中去，通过亲身实践，自觉地把“弘扬雷锋精神，参与志愿服务”的口号与雷锋精神结合起来，不断加深对雷锋精神的认识，从而使学雷锋成为青年学生的一种自觉行为。

三、发扬乐于助人的精神。主动帮助身边有需要的同学，将学雷锋精神落实到具体行动上，把有限的生命投入到无限的为他人服务中去，用自己的知识、力量为他人服务。

同学们，雷锋精神是一笔宝贵的财富，学雷锋贵在平日，贵在坚持。让我们从小事做起，从点滴做起，共同携手，让雷锋精神在校园内外永放光芒，将雷锋精神发扬光大。

教育技术与传播学院团总支青年志愿者协会

2018 年 3 月 19 日

（转引自王小强：《应用文写作教程》，人民邮电出版社 2017 年版）

8. 贺信、贺电

贺信是表示庆贺的书信，是机关、团体、单位或个人向有关方面表示庆贺、赞颂的信件。贺电则是用电文或电报文摘形式来表示祝贺的信函类文书。贺电与贺信写法大体相同，只是贺电内容要求更精练。具体格式如下。

标题。第一行正中写“贺信”或“贺电”二字，也可以把谁向谁祝贺及祝贺的事由写上，如“团中央致北京第十次团代会的贺信”。

称谓。第二行顶格写被祝贺的单位名称，或被祝贺者个人的名字，后面加冒号。

正文。内容包括：概括写明祝贺的事由，热烈地赞颂对方所取得的成就及其重要意义；分析对方取得成绩的原因，并作出肯定性的评价；表示热烈的祝贺和赞扬；给予热情的鼓励和殷切的希望。

结束语。要写上祝愿的话，如“此致”“敬礼”等。

署名和日期。写明发文单位或个人的姓名、名称和日期。

注意事项如下：

（1）内容要实事求是；

（2）语言要精练、明快，通俗流畅；

（3）评价要恰如其分；

（4）感情要真挚、亲切、热情。

例文 1

习近平致 2018 世界人工智能大会的贺信

值此 2018 世界人工智能大会召开之际，我谨表示热烈的祝贺！向出席大会的各国代表、国际机构负责人和专家学者、企业家等各界人士表示热烈的欢迎！

新一代人工智能正在全球范围内蓬勃兴起，为经济社会发展注入了新动能，正在深刻改变人们的生产生活方式。把握好这一发展机遇，处理好人工智能在法律、安全、就业、道德伦理和政府治理等方面提出的新课题，需要各国深化合作、共同探讨。中国愿在人工智能领域与各国共推发展、共护安全、共享成果。

中国正致力于实现高质量发展，人工智能发展应用将有力提高经济社会发展智能化水平，有效增强公共服务和城市管理能力。中国愿意在技术交流、数据共享、应用市场等方面同各国开展交流合作，共享数字经济发展机遇。希望与会嘉宾围绕“人工智能赋能新时代”这一主题，深入交流、凝聚共识，共同推动人工智能造福人类。

预祝2018世界人工智能大会取得圆满成功！

中华人民共和国主席　习近平

2018年9月17日

【评析】

这篇贺信，习近平主席首先向2018世界人工智能大会的召开，表示了热烈的祝贺，其次做出了肯定性的评价，最后预祝2018世界人工智能大会取得圆满成功。语言精练明快，感情真挚、亲切、热情。

例文2

中共北京市委、北京市人民政府贺电

北京首钢篮球俱乐部女子篮球队：

欣闻北京首钢篮球俱乐部女子篮球队荣获2017—2018中国女子篮球联赛总冠军，在此，向全体运动员、教练员表示衷心的祝贺！

北京女篮奋发向上，追求卓越，突破自我，成功实现全国联赛三连冠，充分展示了首都体育健儿昂扬向上的精神面貌，为首都赢得了新荣誉，极大地激励和鼓舞了北京市民。

望你们继续保持和发扬优良传统，不忘初心、牢记使命，立足新起点、迈向新征程。希望全市上下学习北京女篮顽强拼搏的精神，锐意进取，埋头苦干，为加快建设国际一流的和谐宜居之都、实现“两个一百年”奋斗目标和中华民族伟大复兴中国梦作出新的贡献！

中共北京市委

北京市人民政府

2018年3月14日

（引自《北京晚报》2018年3月15日，31版）

9. 感谢信

感谢信是对某个单位或个人曾经给予的关怀、帮助、支持表示感谢的信。具体格式如下。

标题。写“感谢信”三字。有的还在“感谢信”的前边加上一个定语，说明是因为什么

事情，写给谁的感谢信。

称谓。另起一行顶格写被感谢单位名称或个人的姓名。

正文。内容包括：感谢的内容和感激之情；具体感谢的缘由；表示自己要向对方学习的态度和决心，向对方提出祝愿和希望。

结束语。一般是致敬或良好祝愿。

署名和日期。写明感谢者的单位名称或个人姓名、日期。

例文

感　谢　信

尊敬的银月公司领导、全体员工：

在我最困难的时候，是你们，向我伸出了援助之手，在此，我衷心地谢谢你们！

贫寒的出身不是我所能选择的，但灿烂的未来却可任由我憧憬；贫寒可以摧残弱者，但也能激励强者。痛苦、挫折的阴霾曾经遮掩了我不屈的心，但你们的“希望之光”又点燃了我的“生命之烛”。贵公司的义举使我抛弃了心灵的重负，重新扬起了生命的风帆。你们所给予我的不仅是物质上的支持，更有殷切的期望和不懈的激励。现在，我只有更加刻苦地学习，发扬贵公司热心服务于社会的精神，立志将毕生的精力献给“人类灵魂的工程师”这一崇高的事业，才能不辜负贵公司全体员工的热心帮助和殷切的期望。我要在努力学习的同时，帮助他人，把贵公司的爱心发扬光大，把爱的火炬永远传递下去。

最后，请允许我再一次向你们表达我诚挚的感激之情，我会永远把你们的恩情铭记于心！将其化作我前进的无穷动力！

祝你们

好人永远平安！

于力　敬上

2018 年 1 月 10 日

（转引自李振辉：《应用文写作》，清华大学出版社 2005 年版）

【评析】

这篇感谢信，感情饱满，用语诚恳。有感谢的缘由，有决心，有良好的祝愿，行文规范。

10. 慰问信

慰问信是以组织或个人的名义，向有关单位或个人表示问候，鼓励安慰和关切的专用书信。具体格式如下：

标题。可单独以“慰问信”为标题，也可写“致×××的慰问信”或是“××致××的慰问信”。

称谓。另起一行，顶格写受信者的名称，后加冒号。

正文。内容包括：首先要开宗明义地写明在何种情况下代表何人向何人或何单位表示慰问；说明写慰问信的原因、背景；写明慰问事项；表示慰问和学习。

结尾。表达良好的祝愿。

署名和日期。写上发信单位或个人的名称，并在署名下方写上发信日期。如果写慰问信的单位不止一个，要一一写上。

例文

2018 八一建军节慰问信

全校转业、复员、退伍军人及现役军人家属：

你们好！在中国人民解放军建军 91 周年即将来临之际，谨向你们致以节日的祝贺和亲切的慰问！

中国人民解放军是一支具有光荣革命传统、战无不胜的人民军队。91 年来，在中国共产党领导下，时刻牢记全心全意为人民服务的宗旨，艰苦奋斗，勇往直前，为争取民族独立和人民解放，为捍卫国家尊严和维护祖国统一，为促进世界和平和保卫人民生命财产安全，为推进中国特色社会主义事业和中华民族伟大复兴，实现中国梦，立下了不可磨灭的功勋。91 年的战斗历程证明：中国人民解放军是人民的子弟兵，是社会主义现代化建设的忠诚卫士，是坚不可摧的钢铁长城，是我们最可爱的人。

在我校的复退转军人中，有英名显赫的老红军，有战功卓绝的渡江老战士，还有为建设新中国奉献了青春的边陲英雄，更有众多改革开放时期投身国防建设的新兵。他们复转退到学校后，转业不转志，退伍不褪色，顾全大局，服从安排，发扬军队的优良传统，立足本职岗位作奉献，为学校的发展和建设发挥了重要作用。祖国的安定，学校的发展壮大，倾注了你们的心血和汗水，对此，全校教职工向你们表示崇高的敬意和衷心的感谢！

同时，衷心地希望全校转业、复员、退伍军人在学校党委的正确领导下，继续发扬革命军人的优良传统和作风，继续关心国防建设，珍惜和保护自己的光荣历史和荣誉，严格遵守国家的法律法规，保持军人的好传统、好作风，以更加饱满的热情、更加积极的态度做好本职工作，为学校建设与发展，构建平安和谐幸福校园做出应有的贡献！

祝大家节日快乐，身体健康，合家幸福！

××学校工会

2018 年 7 月 31 日

（资料来源：http://www.jieri13.com/jianjunjie/30539.html[2018-11-15]）

【评析】

这篇慰问信，感情真挚热情。首先在八一建军节来临之际，向转业、复员、退伍军人及现役军人家属，表示了节日的祝贺和亲切的慰问，其次表达了对人民子弟兵的崇高敬意和衷心感谢，最后提出殷切希望，表达了良好的祝愿。

11. 求职信

求职信是求职人以书面形式向用人单位提出的请求和愿望，达到任职目的的一种特殊形式的书信。个人简历原本是求职信等的附件，近几年在实际应用中，求职简历逐渐分离出来，使用频率很高。

求职信的最大特点是自我推介，向用人单位介绍自己的专长和能力、展示才华、表达意愿，让用人单位进行比较、研究、选择和录用。

1）求职信的写作

标题。可直接用“求职信”“自荐信”等作标题。

称谓。应视不同的对象，给予恰当称谓。若是寄给用人单位，称呼则直接写明有关单位名称即可；若是寄给有关单位领导个人，则习惯是姓加职衔或官衔；若是没有具体联系人姓名，一般可用“厂长先生”“经理先生”等。

正文。这是求职信的主体部分，包括以下内容：

（1）开头。阐明写信的缘由、目的。开头尽量巧妙、别致，以引起阅读的兴趣。如可以针对招聘广告内容，写应聘的感触，可以阐明主动求聘的愿望，比如用人单位出色的管理、良好的机制、融洽的人际关系有利于发挥自己的专长，实现自己的人生价值等内容；还可以用礼节性的简短话语如“承蒙您能在百忙中抽时间看这封信，实为感荷”之类开头。

（2）求职者的基本情况。简明介绍求职者的姓名、年龄、文化程度以及与求职目标有关的学历、简历等。学历要讲清毕业学校、所学专业；简历应扣住对方择人的岗位或职务条件来介绍。介绍自己的思想素质和业务素质。如对工作学习的责任心，工作勤奋，易于合作，有哪些专业修养、业务专长，受过何种锻炼与嘉奖，而这些与日后工作有何重要联系等。

（3）求职目标。应明确提出自己选择的具体岗位或职位的名称（有时也可写在开头）。

（4）结尾。这部分要令人回味而记忆深刻。要把自己想得到工作的迫切心情表达出来，请用人单位尽快答复，并写明若录用到单位后如何工作，以取得用人单位的信任。同时希望并请求用人单位给予面谈的机会等。

祝颂语。可根据时间或事由的特征酌情选择。

落款。求职者的姓名、联系地址、邮政编码、电话号码及写信日期。

附件。如本人的获奖证书、毕业证书、成绩单、组织的推荐信等。

2）注意事项

（1）自我介绍要具体。

（2）展示才华要充分、有针对性。

（3）态度要诚恳，语言要得体。

（4）语句要简练，切忌冗长。

（5）字迹要端正、清晰，切忌出现错别字。

例文

求　职　信

尊敬的单位领导：

您好！

我由衷地感谢您，在百忙中抽出宝贵的时间阅读我的自荐信。

我是南京××大学土木工程学院工程力学专业 2018 届硕士研究生，将于 2018 年 6 月毕业，很想成为中南勘测设计研究院的一员，谨向您推荐自己。

在本科四年和保送研究生的三年期间，本着“艰苦朴素、实事求是、严格要求、勇于探索”的校训严格要求自己，学习刻苦，工作认真，成绩优秀，年年获得奖学金，并积极参加社会实践。系统地学习专业知识的同时广泛地涉猎了大量书籍，不断拓宽知识面和社会阅历，积极参与生产和科研项目。

我的计算机和英语水平良好。计算机通过了计算机国家二级考试，能熟练地运用 VB、VC、Fortran 语言编制程序，并为同学和自己编制过不少实用的程序；能熟练使用 AutoCAD、ANSYS、Flac、Abaqus 等专业软件。英语通过了大学英语六级考试，能比较熟练地阅读行业资料。

在校期间的学习和生活，使我懂得求实、创新、团结、进取是职业生涯的第一要义。如果有幸成为贵单位的一员，我将兢兢业业、踏踏实实地工作，在实践中不断学习，发挥自己的主动性、创造性，为单位的发展竭尽全力。

再次感谢您阅读此信，期待着您的早日答复，谢谢！

祝贵单位事业蒸蒸日上，屡创佳绩！

此致

敬礼

自荐人：×××

2018 年×月×日

（转引自卢云峰、孙杰：《新编应用写作实训教程》，清华大学出版社 2011 年版）

【评析】

本篇求职信求职目标明确，介绍自己有针对性。结构严谨，表达流畅。从用语上看，文章礼貌有加，字字都透出热情，透出诚意，既展现了特长和实力，又表现出温文尔雅的气质风度。总的来说，这是一篇比较典型的求职信。

第二节　启事　会议讲话稿　致辞

一、启事

（一）启事的含义

启事是单位或个人需要公开向大众说明或请求予以协助办理某事项而撰写的文章，属公告性文书。

（二）启事的种类

根据内容的不同，启事可分为招聘启事、招生启事、征文启事、征订启事、招领启事、寻物启事、更名启事、迁移启事等。大体可归纳为寻找类、征招类、周知类、声明类等四大类。

（三）启事的格式和写作

1. 启事的格式

启事的格式包括名称、正文、署名和日期四个部分。

2. 启事的写作

标题。启事的标题要醒目，通常在标题中加上事由，如“寻人启事”“招领启事”。有的启事前加上单位名称以便引人注意，如“×市高科技开发区招聘科技人员启事”“中央电视台黄金时段广告招标启事”。有的因事情重要或紧急，可在启事前加上“重要”或“紧急”字样，如“某某股份有限公司紧急启事”等。

正文。正文的写法因内容不同写作时可有所侧重。

（1）寻找类启事。寻物启事要写明物品丢失的时间、地点、名称、数量及特征等。寻人启事则要写明被找人的姓名、性别、年龄、身高或外貌、衣着、口音等方面的特征，有必要可标明走失原因。另外，寻找类启事一定要写清联系单位或个人姓名、地址、电话号码，并写上“必当重谢”这类的话。

招领启事一般要写明何时何地拾到何物，以及认领地址、对认领人的要求（如认领人须出示身份证等）。应特别注意，招领启事不宜写出所拾物品的特征、钱款票据的数额等具体内容和细节，以防错领或冒领。

（2）征招类启事。征招类启事广泛运用于各大企事业单位及服务行业，其正文内容各有侧重。

征集设计启事。一般要说明征集目的、有关背景、设计要求、奖励办法及投寄地址和截止日期。无论是为开展某项活动抑或征集商标、店徽都必须将“设计要求”一项具体明确地交代清楚。

征稿启事要交代征稿目的、有关背景、内容要求、体裁要求及字数限定，必要时交代有关注意事项及奖励办法、截止日期、投寄地址等。

招聘启事和招工启事要写明招聘人员的职别和工种、应具备的条件、报名事项、考试及录用办法，有的还说明录用后的待遇。

招生启事要写明开设专业、培养目标、学制、学费、考生条件、报名事宜等。如果负责分配工作或推荐工作应交代就业方向。有的是定向招生（即特别为某单位培养人才的招生），还应把委托代培单位的情况作简要介绍。

（3）周知类启事。周知类启事又可具体分为开业启事、搬迁启事及聘请法律顾问启事等。

开业启事。一般要写明企业性质、宗旨、经营范围及地址、电话、邮箱等，而且要写上“欢迎惠顾”等词语。现在一些开业启事还写有负责人的姓名，也有列上祝贺单位名称的。

搬迁启事。要写清迁移日期、新址、电话，以及便于新老顾客购物和联系的有关事项。

聘请法律顾问启事。一般只需要简单明确地写明某单位聘请××律师担任法律顾问这一事实即可，必要的说明聘请目的及法律顾问的职权。

（4）声明类启事。一般票据类物件丢失写声明启事，一是起公布作用，以提高警觉，免受损失；二是完成法律程序，以便免责。因此写这类启事必须写明所失物件的名称、数量、号码等，并写上“声明作废”字样。如果遗失的是票据，还要向银行挂失。

凡一切需向社会公开说明，以免承担有关法律责任的事情，均可刊登声明启事，要写清有关事项，并用“特此声明”词语结尾。

二、会议讲话稿

（一）会议讲话稿及特点

会议讲话稿是在会议上发表讲话内容的文稿。

会议讲话稿是在各种会议发言时所用，所以内容要有针对性，篇幅不宜过长，语言得体，符合口语习惯，同时与听众形成良好的互动，善于把抽象的道理具体化。

（二）讲话稿的种类

讲话稿属于会议文件，主要包括会议的开幕词、闭幕词、领导讲话、工作报告、会议总结和会议代表发言、典型经验介绍等。

（三）讲话稿的格式与写作

1. 讲话稿的格式

无论是哪种形式的会议讲话稿都由标题、称谓、正文几个部分组成。

2. 几种常用讲话稿的写作

1）开幕词

开幕词是大型会议或重要会议上有关领导揭开会议帷幕，向大会做的带有指示性、方向性的讲话或演说文稿。

开幕词的作用主要体现在：郑重宣布开幕，营造隆重气氛；阐明会议主旨，明确指导思想；说明会议程序，提出注意事项；鼓励与会代表满腔热情参会。

标题。开幕词标题常见的三种写法如下。

（1）在开幕词三个字之前冠以会议名称，如中国共产党第十二次全国代表大会开幕词。

（2）开幕词如在报刊上发表使用，往往以“在××会议开幕式上的讲话”形式出现。

（3）文章式标题。如毛泽东在中华人民共和国第一届全国人民代表大会第一次会议上所致的开幕词标题——为建设一个伟大的社会主义国家而奋斗。

在会议上讲话的时间，一般写在标题之下用括号括上。致辞领导人的姓名一般写在时间之下，居中位置。如标题采用的是第二种方式，致辞人姓名也可写入标题中。

称谓，即对与会人员的称呼。可根据会议的不同性质、对象，选择“同志们”“朋友们”“女士们”“先生们”“各位代表”等不同的称谓。

正文。一般由开头、主体、结尾三部分组成。

开头。向大会表示祝贺，向来宾表示欢迎。

主体。主要内容包括会议的主要任务（即会议的议题和议程）、会议的意义（即会议将起到的影响和作用，一般这部分要回顾上次会议以来的发展变化和会议将带来的成绩，从而提醒与会人员注意认识会议召开的背景、意义）、会议号召（即对与会者的希望和号召）三部分。

结尾。用凝练的富有鼓动性的语言发出号召或表示祝愿。最后往往用“预祝会议圆满成功”结束全文。

2）闭幕词

闭幕词是会议的结束语或对会议的总结。闭幕词对大会的作用主要体现在：着重宣布闭幕，形成前后呼应，评价总结大会，肯定会议成果，激励与会代表贯彻会议精神，提出今后任务，表达良好祝愿。

标题。与开幕词一样，也可写成三种形式。

称谓。称呼语也与开幕词相同。

正文。包括开头、主体、结尾三部分。

开头。概述会议的进行情况，恰当地评价会议的收获、意义及影响。

主体。简要地回顾大会的全过程，对会议各项议程的结果逐一交代；总结会议取得的成果，并给予评价；向与会者提出贯彻会议精神和完成各项任务的要求。

结尾。宣布会议闭幕。有的闭幕词还对与会者提出希望和祝愿之类的话作结束语。

3）工作报告

工作报告是领导者代表某一级组织在一些重要会议上做的全面的带有总结性、原则性和指导性的报告，是会议的重要文件。各级党政机关和事业单位均广泛使用。

标题。一般有三种写法。

（1）会议名称加工作报告，如全国人民代表大会常务委员会工作报告。

（2）加上报告人姓名，如××（报告人姓名）在××会议上的报告。

（3）文章式标题，往往有正副标题，如“加大教育投资，提高科技生产力——2010 年××市政府工作报告”。

时间写在标题之下，用括号括上，署名写在时间之下，有的在姓名之前，还注明职务。

称谓。根据与会人员身份及会议性质而定。

正文。由开头、主体、结尾三部分组成。

开头。开门见山，揭示报告主题，写明受何机构委托，向什么会议，作什么工作报告，并用“现报告如下，请予审议”承上启下。

主体。报告的主要内容通常有以下几个方面，即已经做了的工作，获得了哪些成功，遇到了什么挫折，原因是什么，有何经验教训，今后的工作意见等。

结尾。一般写希望、要求和号召。语言要简洁、富有鼓动性和感召力。

4）会议总结

有关领导在会议结束前对会议情况所做的总结报告。其作用是对会议进行全面评价。

会议总结的标题、称谓的写作可参照工作报告。

正文。一般由开头、主体、结尾三部分组成。

开头。一般先概括会议的基本情况，其中包括会议的日程、议程、对会议的总的评价、会议讨论情况、工作精神等。

主体。对会议中讨论的重大问题，做认真全面的总结，对与会人员提出的问题进行回答、解释说明，充分肯定好的意见和建议。

结尾。对传达、贯彻会议的精神意见做出安排，并写上祝愿、希望等内容。

会议总结是工作报告的进一步补充。

注意事项如下：

（1）根据讲话者的不同职责写。讲话者的职责不同，讲话的内容、角度、语气也要有所差异。比如党委领导与政府领导、主要领导与分管领导、党政领导与部门领导，其讲话稿不能一样。一般来说，党委领导的讲话应突出从政治上、思想上、理论上、方向上来研究原则问题，政府领导的讲话应从宏观的角度研究实际工作问题，而部门负责人的讲话应从微观的层次讨论具体业务问题。

（2）写出讲话者的个性特点。不同性格的人，往往具有不同的思维习惯和行为方式，这种差异也会不同程度地显露于领导讲话中。有的人追求语言的宣传鼓动效果，有的人喜欢表述得清楚明白，有的人喜欢语言通俗易懂，有人追求语言的文学色彩，有人喜欢简洁的短语，有人爱用精确的长句。起草讲话稿必须适应不同人的不同特点、不同爱好，这样才能写出特色、写出水平。

（3）要考虑到会议各方面的因素。讲话的气氛和语言，必须与会议内容相协调。首先，会议讲话稿要适应会议的内容。如动员大会上的讲话，要富于鼓动性，研讨会上的讲话应富于理性色彩。其次，会议讲话稿要适应会议的形式。如大规模会议上的讲话，格外庄重；小型会议上的讲话，相对灵活。再次，会议讲话稿要适应会议的程序。如开幕词一般要说明会议的目的、内容、缘由等，闭幕词多总结会议的情况、收获等；开幕词有时侧重提出问题，而闭幕词要进一步分析问题和解决问题；开幕词研究问题主要以现实工作和形势发展为基础，而闭幕词多结合会议情况，有时干脆就会上提出的问题谈些意见。

总之，写会议讲话稿，要考虑各方面因素。讲话稿的内容一定要实在。讲话所研究和解决的问题必须是实际工作和实际生活中看得见、摸得着、抓得住的具体存在的问题。

三、致辞

（一）致辞及种类

致辞是社交贸易等活动中发表的一些礼仪性讲话的统称，包括欢迎词、祝酒词、欢送词、告别词、答谢词等。

欢迎词主要是对客人的光临表示欢迎，因此语言要亲切、热烈。

祝酒词是在主人设宴招待客人时所发表的令人愉快的劝酒祝愿的词语。

欢送词是在客人即将离开时，主人在一些相应的礼仪活动中发表的叙旧惜别、充满情感的讲话。

答谢词一般是在特定的社交场合（如答谢宴会、酒会、招待会等），客人为表达对主人欢迎或款待的感谢之意所讲的话。

（二）致辞的写作

无论是哪种致辞，在写作内容上都是表达对客人的热烈欢迎之情，或依依惜别之情，追忆与客人的友好合作，抒发愿继续合作的真诚愿望，因此内容多有交叉，但不是在一篇致辞中将所有的情感都表现出来，而是根据不同的感情需要择其一二。

1. 欢迎词、欢送词和答谢词的写作

标题。标题往往只写文种，如“欢迎词”“欢送词”“答谢词”。也有的标题由致辞人姓名职务、欢迎（或欢送、答谢）会议名称及文种组成。

称谓。根据不同的对象选择称谓。通常的称呼为“各位女士”“各位先生”“各位来宾”“同志们”“朋友们”等。

正文。包括前言、主体和结束语。

前言。主要是欢迎、欢送、答谢之类的话语，表达致辞人的感情。

主体。写致辞的中心内容。或概述自己的基本情况；或写此次活动的意义与作用；或述说双方的友谊与交往；或写双方友好合作的成果与经验；或表明自己的立场、态度和原则；或写将来的前途与设想，等等。

结束语。写再一次表示欢迎、欢送或答谢之类的话语；或写希望与祝愿之类的话语。

2. 祝酒词的写作

标题、称谓可参照欢迎词、欢送词、答谢词的写作。

正文。首先写致祝酒词者什么时候、代表谁向到会者表示欢迎、感谢和问候。其次可以概括地回顾总结前一个时期所取得的新成就。再次写在今后一个时期，所面临的光荣而艰巨的任务。最后写致辞者提议为什么而干杯。

注意事项如下：

（1）内容不空泛。致辞虽是抒发情感、表示祝愿的讲话，但不同于一般的寒暄，不能泛泛地堆砌一些华美之词。

（2）措辞要得体。致辞的语言要热情友好，注意字里行间都要传递情感，但要适度，做到不卑不亢。

（3）语言要精练，篇幅不能过长。致辞多用在联谊活动中，不是具体的业务往来，因此不宜过长。

例文 1

××公司董事长在酒店开业仪式上致欢迎词

尊敬的领导、来宾朋友，女士们、先生们：

大家好！

值此××大酒店隆重开业之际，我谨代表××集团，向今天到场的领导、来宾和所有的朋友们表示衷心的感谢和热烈的欢迎！

集团自成立以来，一直受到各界朋友的关爱和支持，在这里，我谨代表集团全体同仁向所有关心和支持我们的朋友表示最诚挚的谢意！

××大酒店，是我们××集团投资兴建的又一大项目，也是我们集团全体员工智慧和汗水的结晶。它是按照五星级旅游涉外饭店标准建设，集商铺、办公、酒店、餐饮、休闲、娱乐于一体的综合性商务酒店。它的落成和开业，是我们××集团发展壮大的一大里程碑，也是我们为答谢××市人民而献上的一份珍贵的礼物。

作为××集团的董事长，我很高兴地看到××大酒店能够顺利落成并且隆重开业！在此，我要特别感谢全体员工，是你们的坚定信念和艰辛努力才有了××大酒店。谢谢你们!我真诚地希望，社会各界的朋友们，能一如既往地关心和支持我们，扶持和帮助××大酒店不断发展和成长。同时，也诚挚地渴望各位业界同人，能够互相交流、提携发展，联手共创辉煌的未来！

最后，我预祝××大酒店开业庆典圆满成功，也衷心地祝愿××大酒店能够拥有一个灿烂的明天！

20××年 9 月 11 日

（转引自耿云巧、马俊霞：《应用文书写作》，人民邮电出版社 2015 年版）

【评析】

欢迎词，是指宾客光临时，主人为表示热烈欢迎，在座谈会、宴会、酒会等场合发表的热情友好的讲话。

这是一篇酒店开业的欢迎词。这篇欢迎词非常精彩，突出了欢迎词浓厚的气氛，语言通俗流畅，富有感染力。

例文 2

××学院致 2018 届毕业生的欢送词

亲爱的××学院 2018 届全体毕业同学：

在这充满深情留念和美好憧憬的日子里，你们，伴随着切切同学情、拳拳朋友情、融融师生情，将满怀累累硕果，告别勤奋耕耘的大学老师、告别朝夕相处的大学同学、告别流光溢彩的大学生活、告别共同建设与发展的母校，就要踏上新的征程、开辟新的航程、拥抱新的希望、创造新的辉煌。

在母校宁静温暖的怀抱里，你们曾留下了奋进拼搏的足迹。为了翱翔蓝天，你们一遍又一遍地振翅高飞；为了驶入大海，你们一次又一次地抗击风浪。窗明几净的教室、实验室和樟园里出现过你们专心致志的身影，丰富多彩的文体活动中展示过你们充满青春活力的风采，夕阳晚照的林荫道上留下过你们探求知识、思索人生的足迹……为此，我们××学院领导和老师为你们取得的成绩感到骄傲，为你们的成人成才成熟感到欣慰。也为你们的良好表现感到自豪，对你们为学院发展做出的积极贡献，表示衷心的感谢！

亲爱的同学们，你们就要告别母校，去开辟新的天地，这将是美好人生的开始。

我们将时刻牵挂着你们，关注着你们。学院的领导、老师也时刻等候着你们成功的喜讯、胜利的消息，也充分相信同学们，一定会在今后的日子里满怀豪情，谱写更加优美动听的乐章，抒写更加光辉灿烂的诗篇，走向更加幸福的明天，拥抱更加充满希望的未来！

千里之行，始于足下。亲爱的同学们，愿你们志存高远，求真务实，忠于职守，勤奋工作，以诚待人，淡泊名利，耕耘奉献，建功立业。今天，母校师长欢送你们踏上学成报国的万里征程；明天，父老乡亲、老师和同学将分享你们事业成功的无限快乐。

亲爱的同学们，离别的钟声已经敲响，美好的回忆、浓浓师生情、拳拳同学情只能心中珍藏，万千的祝福凝成一句：拼搏铸就辉煌！让我们挥一挥手，道一声珍重，道一声再见。祝你们一路顺风，早日实现人生理想，拥有美好未来！

××学院

2018 年 6 月 12 日

（转引自王小强：《应用文写作教程》，人民邮电出版社 2017 年版）

【评析】

这是欢送大学毕业生的欢送词，饱含深情地回顾了在一起学习、生活的日日夜夜，语言真切，依依惜别之情溢于言表。

第三节　计　　划

一、计划及其类型

（一）计划的含义

计划是一种事务文书，是机关、团体、企事业单位根据党和国家的方针政策以及上级的指示，结合本地区、本单位的实际情况，对将要进行的某一阶段工作或某项具体任务拟定的关于目标、措施、步骤等内容的文书。

（二）计划的类型

在计划类文体中所说的“计划”是个统称。写计划时，往往根据内容的差别、期限的长短、成熟程度及具体需要，分别称为“规划”“纲要”“安排”“打算”“设想”“要点”“方案”等。

“规划”“纲要”是指时间较长、范围较广、内容比较概括、侧重于奋斗目标的计划。

“安排”是计划中最具体的一种。指适用时间短、范围较小、内容比较具体、侧重于实施办法的计划。

“设想”“打算”是指非正式的、初步的粗线条计划。时间长些的称“设想”，近期要进行的、范围不大的称“打算”。

“要点”即工作计划的摘要，是领导机关借以布置一定时期的工作任务，交代政策界限，并提出具体任务及主要措施。要点重在原则性指导。

“方案”是对将要进行的某项重要工作，从目的、要求、方式、方法到具体进度作全面安排的计划。

二、计划的作用、特点和分类

（一）计划的作用

1. 计划具有指导作用

《礼记 · 中庸》中写道：“凡事预则立，不预则废。”无论做什么工作，尤其是一些复杂的工作，有了计划才会有明确的工作目标、具体的工作要求，才可以减少盲目性、随意性，增强自觉性、主动性，才会充分发挥每个子系统的作用，使工作协调地、顺利地进行。

2. 计划具有监督、保证作用

计划不仅是指导工作的工具，而且还是上级机关和领导检查、督促实际工作的重要依据。实际工作完成得如何，都要依据计划进行评价。

3. 计划具有激励、制约作用

广大群众是一切工作的主力军，群众了解甚至参与制订本单位的计划，就会增强主人公意识，与领导同心同德，为共同目标而奋斗。反之，如果一个单位工作没有一个计划制约，想到哪里干到哪里，整个工作就会陷于无序状态，这对国家和单位来说，都是行不通的。

（二）计划的特点

1. 预见性

科学的预见性是工作计划的突出特点。计划是对未来事项的一种预想和安排，在拟制计划时，要尽可能准确地预测出事物发展的趋势、方向和程度，然后再确定应该采取的措施、办法和步骤等。这些都是建立在对将来事项的预测基础之上的。

2. 可行性

预见性必须和可行性密切结合，如果计划脱离实际就不可能变为现实。可行性是预见性的基础，如果基础不牢，那只能是空中楼阁，计划也会落空。因此对计划的任务和目标的预见必须符合党的方针、政策，符合客观规律和实际情况。任务指标的确定要有开拓进取的精神，稍高于计划执行者的能力，但又不是高不可攀，完善的工作计划必须务实求精，措施得力，方法得当，步骤周密合理。

3. 科学性

计划是为完成预定目标或工作任务所做的预想性部署和安排。因此一份理想的工作计划，往往是建立在严密的科学性基础之上的。制订者通过调查研究，充分掌握全局的和局部的、历史的和现实的各种情况和资料，经过正确的分析和预测，提出具有积极意义的目标和周密可行的措施、步骤。既对未实施的工作做出科学预测和展望，又符合本单位的客观实际。

4. 时限性

工作计划的周期性很强，它要达到的目标或要完成的任务，都要求在一定时间内完成。计划的阶段性也较强，每个月份应该完成哪些任务，每季度实现什么目标，本年度应该做哪些工作，都要在计划中明确规定，完成的时间要有具体的要求。

5. 约束性

工作计划虽不属公文，其指导性不像公文具有法定的权威性和行政约束力，然而工作计划一经下达，就在特定的时间、特定的范围产生一定的约束力，规范和指导实践活动。部门、单位的工作计划经一定会议通过和批准后，就具有正式文件的效能，其在所管辖的范围内，具有权威性和约束力，成为工作的纲领和准则；同时，它又是检查工作进度、质量考核、奖励惩罚的依据。

（三）计划的分类

计划的种类很多，按不同标准可划分为不同种类。

按范围分，有国家计划、部门计划、单位计划、科室计划、个人计划等。按性质分，有生产计划、科研计划、工作计划、学习计划等。按时间分，有年度计划、季度计划、月计划等。按形式分，有条文式计划、表格式计划、条文表格结合式计划。按内容划分，计划有如下两类：

1. 综合计划

综合计划也称全面工作计划，是指在一定时间范围内，对本单位、本部门全面工作的安排和部署。综合计划往往是一个单位或一个部门的行动指南、工作依据，其内容简要，仅提出一些原则性要求，不必提出过细的数字指标。

2. 专项计划

专项计划是对某一方面工作的部署。它是单位或部门根据全面工作计划的要求拟定出来的，一般比较详细、具体。

三、计划的格式与写作

计划的格式一般由标题、正文、落款和日期几部分组成。

（一）标题

完整的计划标题由四要素组成：制订计划的单位名称、计划适用的期限、计划的性质或内容、计划的文种。有时可根据具体情况适当增减。未定稿的计划，应在标题后或下一行用括号注明“草案”“草稿”“讨论稿”“送审稿”等字样。

（二）正文

正文是计划的主干和核心，由开头、主体、结尾三部分组成。

1. 开头

开头也叫前言，一般要交代计划是在什么主、客观条件下提出的，回答“为什么做”“能不能这样做”的问题。通常包括制订计划的目的、依据、指导思想，分析前期计划的执行情况，说明提出本计划的必要性和可能性，提出本期计划总的任务和要求等。

这部分是计划的纲领。当然内容应根据计划的实际需要来定。一般临时性的工作计划、重要的改革计划等非常规性的计划应写明上述内容，而常规性的例行工作计划则可少写或不写，可直接进入正文。

2. 主体

主体是计划的重点部分，一般包括目标和任务、措施和步骤、责任部门等。

1）目标和任务

目标和任务即一项工作要求达到的数量、质量、速度等。目标和任务是计划的核心，它回答的是“做什么”的问题。一份计划如果没有目标或目标不明就失去了制订计划的意义。因此目标要明确，而且要具体，既要让人们明白“做什么”，还要知道“做到什么程度”。所以无论是总指标还是分项指标，无论是质量指标还是数量指标，都要明确地表述出来。

2）措施和步骤

这是回答“怎么做”和“何时做”。措施指为完成任务的指标而采取的办法，步骤是从时间上把工作的进程加以安排，这两者是目标实现的保证。因此，在拟定措施时，要全面具体，重点突出，周密完善，并且可操作性强。对步骤的安排，要做到胸怀全局，统筹安排。既要有总的时限，又要有每一阶段的时间要求，使计划涉及的单位和人员知晓在一定时间、一定条件下，把工作做到什么程度，以便争取主动，使工作井然有序地进行。

对于该项内容，不同类型的计划写法也不同。中央和地方的宏观规划、设想，一般侧重于指导思想和任务目标的设计，对措施和步骤难以定得太具体、太死板，各地可根据自己的实际情况，逐步具体化。而基层单位的计划，任务简单些，侧重于任务的实施，更注重如何将目标变为现实，因此措施和步骤要具体、实在，具有可行性。如果定得太笼统，实施者和检查者都缺乏明确的参照标准，缺乏明确的责任感和时间感，使计划形同虚设。这也是目前单位计划中存在的共性问题。

3）责任部门

责任部门指某项工作由谁负责。分清责任以便做到职责分明，奖惩有据。

计划主体部分常见的安排层次的方式如下：

（1）按计划的要素来安排。主体部分就形成“目标和任务”“措施”“步骤”三个大层次，并且用这些概念作为大层次的标题。有时也把措施和步骤合为一个层次。这样安排层次眉目清楚，便于从整体上把握计划的内容。用这种方法，必须综观全局，高度概括。

（2）按工作事项来安排。该计划有多少项工作任务就分几层，它所标的层次标题显示的是一项项并列的任务，在每一项任务的内部，把“目标和任务”“措施和步骤”融合在一起，层次内部显示的是任务、措施、步骤之间的关系。这种安排层次的方式条目清楚，井然有序，分阶段地反映工作的全过程，但写作时需避免措施的重复。

（3）按计划的侧重点来安排。即在前言部分写明计划的目标，主体部分只写实现目标的措施及步骤。这种层次安排适用于内容比较单一的工作安排。

（4）按工作的时间顺序来安排。把计划的内容按纵向排列，一般不加小标题或序号，每一层次前有明显的时间性提示语，每一层次综合写一段时间内工作的目标和任务、措施、步骤。

3. 结尾

计划正文的结尾部分，多用于总结全文，阐述意义，或表达完成任务的决心，或号召人们为实现计划而努力。也有的计划以效益预测或未来远景展望收束全文。

有的计划没有结尾，主体部分写完自然结束。

（三）落款和日期

落款写在正文的右下方，成文日期写在落款下方。有的在日期上加盖公章，以示郑重。

四、计划常见的样式

计划常见的样式有三种：条文式、表格式、条文表格结合式。

1. 条文式

以条款方式把工作内容列出的一种形式。按目的、指导思想、目标和任务、措施和步骤等项以条文列出，通常在每一部分段落前用小标题概括内容。内容复杂的，小标题中又套小标题。条文式在计划中使用较多，它的特点是可容纳多方面内容，层次条理清楚分明，适合综合计划和中长期计划、单项专题计划。

2. 表格式

用图表表述信息的形式。从任务、项目到执行单位或负责人，直至完成时间都用图表表示。它的特点是一目了然，便于对照检查，适宜于以数据为指标的定期计划和短期计划。单位、部门通常有自己固定格式的表格式计划，周而复始地使用，使用最多的是月、旬、周的计划。

3. 条文表格结合式

条文表格结合式是把文、表结合起来的形式。这种形式要根据实际需要来确定文和表的使用。一般来说，需要解释和申说的内容，如目的、缘由等，以文字表述为宜，具体的任务、数字、执行者、完成期限等，则用表较为妥当。文和表之间要互相衔接，互为补充，不可重复。

五、计划写作注意事项

（一）认真学习，明确指导思想

每个单位或部门的计划，都是国民经济计划链条中的一环，因此为使小计划服从于大计划，使小计划与大计划衔接，做到统筹兼顾，就必须深入了解党和国家的路线、方针、政策以及长期和近期的发展计划，以便明确一定时期以来工作的指导思想，避免计划偏离方向。因此，衡量一份计划是否有价值，关键要看小计划与大计划是否协调一致，而要做到这一点，就必须深入学习，领会上级文件精神，进而明确工作的指导思想。

（二）深入实际，了解本单位实际情况

制订计划是一项复杂的工作。要使计划的目标切实可行，就必须深入实际，了解本单位的实际情况，如上期计划执行情况，当前在管理、资金、设备、人员等方方面面的情况，做到知己。只有这样，计划的目标才明确，措施才具体。这样的计划既能符合本单位实际情况，又有利于执行。

（三）要切实可行，留有余地

切实可行，指计划的指标既不要订得过高，指标过高，任务完不成，会挫伤群众的积极性；同时指标也不要订得过低，指标过低是对人力、物力、财力的浪费。切实可行的指标应该比过去普遍已达到的水平要高一些，要经过努力才能达到。计划要留有余地，以便应对工作中可能随时遇到的各种情况，争取主动，防止被动而贻误工作。

（四）集思广益，吸收群众合理化的意见和建议

群众是计划的执行者，所以制订计划时必须走群众路线，倾听他们的呼声，吸收他们合理化的意见和建议，最大范围内让群众参与并献计献策。尤其对那些具有战略意义的计划，更要慎重。应邀请有关专家开展讨论，进行可行性分析和论证。

（五）语言简洁明确，表述恰当，避免产生歧义

一份计划要使执行者准确理解计划的内容，语言必须简洁明确，切忌产生歧义。计划的指标常常定量化，所以要恰当使用量词及模糊语言来表达数量的增减变化情况。计划只需把目标、任务、措施和要求交代清楚，因此一般不需议论，也不叙述过程，常用说明这种表达方式。忌用描写和抒情，也不追求辞藻华美。

例文 1

教育部关工委 2018 年工作要点

2018 年工作的总体思路是：深入学习贯彻党的十九大精神，以习近平新时代中国特色社会主义思想为指导，牢牢把握立德树人根本任务，以培育和践行社会主义核心价值观为主线，夯实教育关工委组织建设，深入开展主题教育活动，发挥好品牌的带动作用，围绕中心、服务大局、创新驱动，努力写好教育关工委的“奋进之笔”“得意之作”，为青少年的健康成长作出独特贡献。

一、深入学习宣传贯彻党的十九大精神，全面准确领会把握习近平新时代中国特色社会主义思想

1. 持续组织学习培训。把学习贯彻习近平新时代中国特色社会主义思想和党的十九大精神作为重大政治任务，开展多形式、分层次、全覆盖的学习培训，下半年，举办一期全国教育关工委领导干部学习培训班；按照中央统一部署，开展“不忘初心、牢记使命”主题教育活动，在系统内组织征文评选活动。切实引导广大“五老”在思想上政治上行动上同以习近平同志为核心的党中央保持高度一致，切实用习近平新时代中国特色社会主义思想武装头脑、指导实践、推动工作。

2. 深入开展宣传导学。通过“五老”报告团、“五老”讲师团、特邀党建组织员上党课、老少共话十九大等多种形式，动员组织广大“五老”深入校园、深入学生，用青少年易于接受的形式和熟悉的语言，向广大师生宣传习近平新时代中国特色社会主义思想和党的十九大精神。

3. 大力加强专题理论研究。（略）

4. 广泛开展集中宣传。（略）

二、拓展工作平台，打造优秀品牌，深化主题教育活动，大力培育和践行社会主义核心价值观

5. 切实开展好主题教育活动。结合在青少年中开展“传承红色基因，争做时代新人”主题教育活动，组织开展好第 21 届全国青少年“五好小公民”主题教育读书活动“红旗飘飘，引我成长”；配合组织好“中华魂·腾飞的祖国——改革开放四十周年”主题教育活动；开始启动老同志“我谈初心”口述史活动。确保上述活动规范有序、扎实有效，提高影响力和辐射面，教育引导青少年学习了解红色基因的孕育发展、深刻内涵和时代价值，树立正确世界观、人生观、价值观。

6. 推进“院士回母校”“杰出老校友回母校”活动常态化。（略）

7. 深化“大国工匠进校园”活动。（略）

8. 全面开展“老校长下乡”活动。（略）

9. 开启“读懂中国”试点活动。（略）

三、加强分类指导，不断提升教育关工委建设水平和工作水平

10. 推动中小学校关工委组织建设。（略）

11. 进一步加强职业院校关工委组织建设。（略）

12. 强化家庭教育工作指导。（略）

13. 进一步发挥教育关工委社区教育工作影响力。（略）

14. 充分发挥协作交流的带动作用。（略）

15. 指导和支持中国下一代教育基金会工作。（略）

四、加大宣传工作力度

16. 稳步构建立体化宣传平台。（略）

17. 创新宣传工作形式。（略）

18. 突出先进典型宣传。（略）

教育部关心下一代工作委员会
2018 年 3 月
（引自教育部关工委网站）

【评析】

这是教育部关心下一代工作委员会的年度工作计划，从写法上看，体现了综合性工作计划的写法。标题由计划单位、适用期限、内容及文种组成。正文包括开头、主体两部分。开头阐述了该计划的指导思想、目的及总的工作目标。主体部分按照本年度的工作要点划分为四个部分，以小标题形式总括每项工作的具体内容，然后把总目标分解，以分条列项形式分列具体任务，在每一任务下阐述完成这项工作的具体措施。目标明确，措施具体。这是目前综合性计划比较常用的一种布局方式。十八个小目标支撑着四个大目标，整体概括与具体任务相呼应，既不零散又整饬有序。

例文 2

××西服商店 20××年双增双节工作打算

广泛而深入地开展双增双节活动，是党中央、国务院作出的一项重大决策，是抓好经济工作的大事。为此，我们考虑 20××年的工作重点是把积极开展双增双节活动同深化企业改革结合起来，从改善企业经营管理体制，发挥名牌特色产品优势，深入挖掘潜力入手，以提高经济效益。现根据我商店的主客观条件确定 20××年的工作打算如下：

一、奋斗目标

序号	类别	指标	同比
1	销售计划	1600 万元	比去年的 1552.8 万元增长 3%
2	周转天数	118 天	比去年的 122.9 天加快 4.9 天
3	平均流动资金	524.4 万元	比去年的 530.5 万元下降 1.15%
4	费用额	68.5 万元	比去年的 70.69 万元下降 3.1%
5	借款利息	19.3 万元	比去年的 20.8 万元减少 1.5 万元
6	削价损失	16.7 万元	比去年的 33.4 万元下降 50%
7	毛利率	19.79%	比去年的 18.79%上升 1%
8	定制加工	5460 件	比去年的 5300 件增长 3%
9	上缴税金	262.2 万元	比去年的 255.7 万元增长 2.6%
10	利润	218.9 万元	比去年的 208.5 万元增长 5%

二、措施和做法

（一）扩大商品销售，提高经济效益

1. 抓好产品质量，扩大市场占有率。对产品定期抽样检查，作为评分依据，力争正品率达到××%。其中××%的产品质量符合市优和部颁标准。

2. 全面分析和预测市场上各型时装的生命周期，合理选择进货渠道，组织适销对路的原料，增加花色品种，妥善安排工作，做到款式新颖、高雅，并作好必要的储备，以满足市场需要。

3. 开拓新产品，设计新品种，对库存商品不断更新换代，使产、销、调、存出现良好的运行状态。

4. 采取门市销售、预约销售和集会展销等形式，扩大销量。

5. 提高服务质量，引发顾客的购买兴趣，唤起消费者的潜在要求。结合×××活动，争取商店评上“文明西服商店”的称号。

（二）抓好横向联系，形成经济信息网络

1. 在全国各地设立特约经销单位。以京、津、沪为据点，向四面扩展；上半年增设××、××、××等×个经销点，下半年再增设××、××、××等×个经销点，逐渐形成一个×××商品的销售网。

2. 利用短期贷款，多生产质量优价格合理的产品，满足各地不同层次的需要。

3. 加强横向联系，了解各地市场的风土人情，分析销售趋势；帮助横向联系单位改进柜台设计和商品陈列，扩大供应能力。

（三）压缩银行贷款，减少利息支出

1. 加速资金周转，对库存商品不断进行清理、分类，及时处理冷、呆、残损商品，防止资金积压。

2. 缩短生产流转的期限，加工产品及时回收，及时上柜，及时回笼资金，以压缩银行贷款，减少利息支出。

（四）降低成本，节约费用

1. 紧密排料，减少损失，降低消耗。

2. 合理调整库存，减少库存量。

3. 紧缩旅差费，节约水电及文具办公费用。

（五）加强经营管理建设

1. 健全财务报表体制，准确反映单位的经济情况，定期分析各项经济指标完成情况，找出问题，及时处理。

2. 加强管理环节，使进、产、销、存的管理系统化、科学化。

3. 对原材料仓库场地、成品仓库场地、商品陈列室等进行合理的布局，对管理人员加以调整充实。

4. 健全各项考核制度，做到“奖不虚施，罚不妄加”。

20××年的任务是艰巨的，但我们有一支热爱商店的职工队伍，有信心完成我们的奋斗目标。

××西服商店

20××年11月8日

（转引自董金凤主编：《实用应用写作》，高等教育出版社2009年版）

【评析】

这是一篇条文与图表相结合的综合性计划，除标题、落款外，正文由开头、主体、结尾三部分组成。

开头主要概括了制订计划的指导思想、总目标、目的和依据。从这段可看出，指导思想的确立，要把上级的指示精神与本单位的实际情况结合起来。比如这份计划，工作的指导思想是“把积极开展双增双节活动同深化企业改革结合起来……以提高经济效益”。这一指导思想既是根据国务院“双增双节”的要求，又是结合本单位的具体情况确立的，这使得该计划既与宏观计划协调一致，又不脱离实际情况。

主体部分按照计划要素分两大部分：一是奋斗目标。奋斗目标用表格作定量表述，准确、具体、简洁。每项指标与上年度实绩作比较，显示了双增双节的要求。二是用条文式提出实现目标的五项措施。措施很具体，可操作性强。结尾表明实施计划的信心。

这是一份写得比较好的计划，表格与条文结合得很完美。

第四节　总　　结

一、总结及其作用

（一）总结的含义

总结是对过去一个阶段或一定时期的工作进行系统的回顾、分析、研究，将工作中感性的认识上升到理性认识，将片断的、零星的认识变成有条理的认识，总结出工作的规律，用以指导今后工作的文字材料。总结又称“总结报告”“小结”“回顾”等。

（二）总结的作用

1. 肯定成绩，总结经验

总结是对过去一段时间的工作进行系统回顾，所以要了解过去一段时间取得了什么成绩，成绩是如何取得的，把它们找出来，一方面肯定成绩，另一方面总结经验，从而对过去的工作有一个正确的认识和评价，对今后的工作更具指导意义，使工作再上新台阶。

2. 发现问题，总结教训

凡事都应以一分为二的观点来对待。工作中有成绩，肯定也会有缺点和不足。缺点和不足有哪些？表现在哪些方面？有什么教训？这一系列的问题必须通过总结才能认识清楚。在今后工作中，就会努力改进不足，吸取教训，使工作更完美，别人也能引以为戒。

3. 汇报工作，了解情况

总结除了在本单位、本部门交流之外，还要上交领导部门。一份总结对下级单位来说，有汇报工作的作用，对上级单位来说，有了解情况的作用。通过总结，上级部门可以了解下属单位的情况，根据这些具体情况，再制订下一步工作的计划，使工作有的放矢，针对性强。上级单位还可以结合下属单位的工作情况，进行具体的指导帮助，使存在的问题及时得到解决，使取得的经验迅速推广。

4. 积累资料，便于查阅

总结是某项工作或某部门一定阶段工作的真实记录，因此，翻阅过去的总结，可以系统了解过去的工作情况，可弥补由于时间长而遗忘的不足，同时作为历史材料，对某些文章的写作提供事实依据。

二、总结的特点及分类

（一）总结的特点

1. 事实的客观性

总结是对过去一段时间工作或具体活动的回顾和再认识，要在实践的基础上总结，因此要按照事物的本来面目加以反映，所以其材料不允许东拼西凑、无中生有，其观点要从客观实践中抽象概括出来，不允许有任何主观臆测。那种只报喜、不报忧，夸大成绩、掩饰缺点的做法是总结写作的大忌，也违反其客观性原则。

2. 认识的规律性

总结不是对工作实践的照相和复制，它要求进行理论的升华。通过回顾，要把前一阶段工作中的经验、教训，经过分析研究上升到理论的高度，从中提炼出具有规律性的认识。所以写总结不能就事论事，堆砌材料。要有事实，有分析，要站在一定的高度透过现象看本质。这样的总结才有指导意义。

3. 人称的单一性

总结是本单位、本部门或本人对过去一段时间内工作情况的回顾，是对自身实践活动的认识。总结主体意识明显，通常都是由本单位、本部门或本人撰写，均采用第一人称。

（二）总结的分类

从不同的角度可对总结进行不同的分类。最常用也是最实用的分类方法是：从写作范围和写法上来划分，有综合性总结和专题性总结。

1. 综合性总结

综合性总结是对某个单位、某个部门在某一时期内所做的全面工作进行回顾、分析，找出成绩和经验、缺点和不足，并指出今后工作的方向。这类总结要展现某个单位、某个部门在一定时期的工作全貌，一般用于向上级及本单位职工汇报工作。

2. 专题性总结

专题性总结是对一定时期某项工作或某个问题进行专项总结。内容单一、集中，针对性强，多用于总结成功经验，也有用于总结失败教训的。这类总结常面向社会，刊登于报纸杂志上。

三、总结的格式与写作

总结一般由标题、正文、落款和日期组成。

（一）标题

总结的标题有两种形式：

一是公文式标题，由总结单位、时间、内容和文种组成，如《××大学××××年工作总结》。根据实际情况，这四个要素可部分省略。

二是文章式标题，有单行标题和双行标题之分。单行标题如《技术改造是企业振兴之路》。双行标题由正题和副题组成，正题总结主要经验或点明中心，副题补充说明单位、时限、内容、文种等，如《在“冬天”里创造“春天”——海尔集团以创新应对国际金融危机》。采用文章式标题，要求在概括主要内容的前提下，语言准确、简洁、醒目，富有吸引力。

（二）正文

正文一般由开头、主体、结尾三部分组成。

1. 开头

开头也叫前言，一般是概述基本情况。基本情况就是对前一阶段工作的汇总，包括工作背景（时间、环境及对这项工作有影响的政治经济形势）、工作的完成情况以及对工作总的评价等。综合性总结一般要写清以上内容。但也有例外，开头写得很简略，只是交代一下总结写作的内容和范围，而把基本情况放在主体部分，以“工作回顾”“×年来工作反思”为题，与成绩经验、问题教训、努力方向并列。专题性总结内容相对简略些。有的总括取得的成绩，有的简介工作的过程，有的指出过去存在的问题或前后变化，有的点明中心。

2. 主体

主体是总结的核心，一般包括成绩和经验、问题和教训。有时也把基本情况、努力方向放在主体部分。

成绩和经验是总结的主要内容。成绩是指做了哪些工作，完成得怎么样。一般要写清楚成绩有多大，表现在哪些方面。在专题性总结中，成绩往往放在开头部分，主体部分主要谈经验。综合性总结往往要列一大标题，如“×年来的主要工作”，然后再列小标题分述成绩。经验就是由实践得来的知识，具体表现为做法、成效、体会三种形态。做法，就是怎么做的，是人们主观的努力，主观符合客观就成为经验。在总结中，尤其是经验总结，以介绍做法的居多。成效，就是结果怎么样，有什么效果。这是主观是否符合客观的实践验证。因为好的做法不一定完全适合客观实际，最终要看效果，所以成效是做法是否合适及其价值的有力证明。体会，是理性的认识，把实践上升为理论，把个别的现象抽象为普遍的规律，使个别的经验成为普遍的经验，具有广泛的指导意义。做法、成效、体会三者互为表里，密切相关，同时又各有相对的独立性，可以突出和侧重某一个方面而兼及其他方面。

问题和教训。问题主要写没有做好、没有完成的工作，或有待于解决的问题以及工作中有什么缺点和错误。教训就是找出出现问题的原因。原因有主观的也有客观的。教训可以使我们在今后工作中少走弯路。在综合性总结中，问题教训是主体内容的一部分，但不像成绩和经验那样写得详细。在专题性总结中，常常略写或不写。有时放在结尾，但不做详细分析。如果是以总结教训为主的专题总结，这部分就是文章的重点。

努力方向。针对前面的成绩和经验、问题和教训，提出今后工作的改进意见和努力方向。包括应该发扬什么，克服什么，采取哪些措施和方法，向什么方向努力，达到什么目标。这部分内容有时放在结尾。

主体部分常见的安排层次的方式如下：

（1）按总结的内容来安排。主体部分表现为基本情况、成绩和经验、问题和教训、努力方向。有时基本情况放在开头，主体部分就由三项内容组成。每一内容用大标题列出，大标题下分列小标题。大标题和大标题之间，每一大标题下面的小标题之间呈并列关系。这种形式一般适用于一个单位的全面总结。

（2）按工作的事项来划分。有几项工作就分几个部分，每个部分综合写工作的成效、做法。各部分内容可根据实际情况有所省略。各个部分之间是并列关系。

（3）按总结内容的侧重点来划分。主体部分只写经验体会或问题教训，侧重写经验体会，一般把成绩放在开头总括一下，主体部分分列小标题谈经验体会，问题教训放在结尾略写或不写。侧重写问题教训，一般在开头简括成绩，主体部分分问题、教训两部分或问题、教训合在一起写。这种层次安排方式适用于专项总结。

（4）按时间顺序来划分。把工作实际的整个过程分为若干阶段来谋篇布局。每个部分写一个阶段，一般不加小标题或序号，按时间的先后顺序依次排列，每一阶段把基本情况、成绩和经验、问题和教训融在一起。这是一种纵式结构方式，其特点是全文脉络清晰，容易反映事物发展的阶段性。

3. 结尾

结尾即总结的结束语，主要作用是归纳主体内容，提出今后工作的方向或某项工作的改进意见，以此结束全文。如果主体部分没有写问题或教训，可在结尾部分写，但不宜过多。

（三）落款和日期

总结正文写完之后，在正文的右下方署名并标注日期。如果是在报纸杂志上发表，或在简报上交流，署名在标题下方居中的位置。

四、总结与报告、计划、调查报告的异同

与报告相比，公文中的工作报告，其主体或实质就是总结，也有全面、系统反映情况的职能。它们的区别是：第一，工作报告代表发文机关的意见，直接具有行政效力，总结未经有关机关或会议批准，不用公文形式发表，不具有行政效力；第二，工作报告以陈述事实为主，较少议论，总结则夹叙夹议；第三，工作报告常常将回顾过去工作与部署今后工作连接在一起，实际上是总结和计划的联合体，而总结在回顾过去工作的同时，虽然也提一点今后工作的意见，但比较简略。

总结与计划相比，它们都以“自我”为对象，都着眼于指导未来的工作。它们的区别是：第一，计划制订于事前，要解决“做什么”“怎么做”的问题，总结形成于事后，要回答“做了什么”“做得怎样”的问题；第二，计划一经批准对计划时期和计划单位的工作有直接指令作用，总结即使成为正式文件，也主要是提高认识的作用，间接地对今后工作产生影响。

总结与调查报告相比，它们都是有深刻认识作用的参考性材料，写作对象都是某一个特指的单位，表达方法都是叙述、议论兼用，就事论理。有些总结和调查报告文章，单看文面，几乎一样。它们的区别是：第一，目的不同。调查报告有较强的新闻性，是为了回答现实生活中迫切需要回答的问题而写的，总结是常规性的工作制度，一项工作完成或工作告一段落，就要把情况总结一下，便于领导了解，好的经验则向外宣传推广。第二，时机不同。调查报

告可以在工作完成后写，也可以在工作进行之中截取某个断面加以剖析，总结则总是在工作完成以后或告一段落时写，不那么赶时间。第三，依据不同。调查报告要求客观、真实地反映调查对象存在的情况和问题，总结要以自己原先制订的工作计划或某项工作的政策、方针为评价是非得失的依据。第四，角度不同。调查报告不是当事人的观察分析，要用第三人称，总结是当事人对自己工作的观察分析，要用第一人称。

五、总结写作注意事项

（一）要明确写总结的目的

写总结的目的有三个：一是找出成绩，总结经验；二是发现问题，总结教训；三是通过总结让有关组织、领导和社会公众对相关部门和人员的工作情况定期进行检查、了解。遗憾的是，总结写作的前两个目的常常受到忽视，许多部门和工作人员写总结实际上主要为了第三个目的，这就将工作总结的写作引入误区：报喜不报忧；不实事求是；以叙述代替分析，把总结写成流水账；千篇一律，缺乏新意。以上问题的出现，源于对总结写作的目的认识不清楚。为使总结写作走出误区，我们必须牢记：总结是对过去一定时期内工作实践的本质的分析与概括，其写作目的主要是为自己为社会积累经验，其次才是为满足其他需要。

（二）充分占有材料，把握本质和主流

充分占有材料，这是写好总结的前提条件。总结的材料一般包括：正面材料和反面材料；面上的概括情况和有关点的具体情况；历史的材料和现实的材料；领导的意见、下级群众的反映以及兄弟单位有关部门的情况。材料充足了，提炼的经验或教训才能反映事物的本质和主流，才能符合客观实际情况。这样的总结才有价值。

（三）要进行理性分析，找出规律性的认识

抓住实质，总结出规律性的认识是体现总结水平的标志。写总结不能就事论事，事无巨细，和盘托出。对占有的材料要筛选提炼，分析综合，反映工作的主流和主要矛盾。不能停留在事物的表象上，要通过对零散的感性材料分析，上升到理性认识，即透过现象看本质。一篇总结，几条经验也好，几条教训也好，只要是对事物的本质概括，就是一篇好总结。

（四）写总结要突出个性特征

突出个性是保持总结活力的方法。前面讲过，由于写作目的不明，有的总结，尤其汇报性总结容易出现老生常谈、应付差事的问题。要改变这种情况，就要实而不虚。实事求是、实实在在地从工作角度出发，哪怕是年年都重复的工作，我们也会发现其差异，总结出工作中新鲜的经验。总结最忌讳人云亦云，没有个性。缺乏个性的总结也就失去了活力。

例文 1

教育部关工委 2017 年工作总结

2017 年，教育系统关工委深入学习贯彻党的十九大和全国高校思想政治工作会议精神，以习近平新时代中国特色社会主义思想特别是关于做好关心下一代工作的

重要指示为指导，坚持服务青少年的正确方向，紧紧围绕立德树人根本任务，聚焦中心、服务大局、配合补充，充分发挥教育系统“五老”作用，开展丰富多彩的教育活动，大力弘扬社会主义核心价值观在引导青少年健康成长方面取得了新进展新成效，作出了独特贡献。

一、坚持政治引领，抓实抓牢党的十九大和全国高校思想政治工作会议精神学习贯彻工作

1. 抓好规划部署。把学习贯彻党的十九大和全国高校思想政治工作会议精神作为头等政治任务，提早谋划、超前部署。召开常务主任办公会提前专题研究学习宣传贯彻方案；组织邀请部分专家和教育系统关工委负责同志进行座谈，研究探讨学习贯彻工作思路和举措；印发通知对教育系统关工委学习宣传贯彻工作进行安排部署。

2. 抓好学习培训。把培训交流作为深入学习领会的重要手段，精心组织、合理安排。举办教育关工委学习贯彻党的十九大精神报告会，邀请著名经济学家和马克思主义理论家顾海良为京津冀教育系统关工委负责同志和在京直属高校关工委老同志做专题辅导报告，深入解读党的十九大精神；举办教育关工委领导干部培训班 2 期，分别围绕全国高校思想政治工作会议精神和党的十九大精神开展专题学习和交流研讨，各省（区、市）教育关工委负责同志和部直属高校关工委负责同志等约 240 人次参加。指导部分地方协作组和直属高校协作组将学习贯彻党的十九大精神作为交流重点，在武汉理工大学和厦门大学召开的直属高校协作组会议，专门邀请专家作党的十九大精神专题辅导。

3.抓好学习宣传。（略）

二、突显立德树人，抓住契机深化各级各类主题教育活动

1. 深入开展党史国史军史教育活动。各级教育关工委在庆祝中国人民解放军建军 90 周年等重要节点，充分利用本地本校优质资源，积极开展丰富多彩、形式多样的爱国主义、革命优良传统教育。安徽省多地市教育关工委在“九一八”事变 86 周年纪念日，举行“纪念九一八，弘扬中国魂，放飞中国梦，传承红基因”的主题教育活动；上海市教育系统关工委把“三史”教育与培养高中入党积极分子相结合，组织学员参观中共一大、二大会址，参观国歌纪念馆、钱学森图书馆等爱国主义教育基地；中国地质大学（武汉）关工委围绕建军 90 周年，开展老少共话活动，多次组织大学生参观“八七会议”会址及陈列馆；对外经济贸易大学关工委利用新媒体技术开展“传递惠园风，共筑青春梦”主题活动，与承德隆化县蓝旗营中学、承德张三营中学两所中学举办线上“励志教育”交流活动；浙江大学关工委围绕“建军 90 周年”“十月革命 100 周年”和“南京大屠杀 80 周年祭”等开展爱国主义教育。

2. 认真组织全国青少年“五好小公民”主题教育读书活动 20 周年系列活动。（略）

3. 配合组织开展“中华魂”读书活动。（略）

三、推动工作创新，深化拓展平台品牌工作

1. 全面开展“院士回母校”活动。（略）

2. 全面启动工匠进校园活动。（略）

3. 继续推进“老校长下乡”试点活动。（略）

4. 组织创新案例评选。（略）

四、围绕中心，助力家庭、社区教育和教育扶贫

1. 深化家庭教育课题研究。（略）

2. 开展社区教育联系点建设。（略）

3. 助力精准扶贫。（略）

五、加强自身建设，打造坚强堡垒

1. 加强基层关工委建设指导。（略）

2. 加强宣传工作。（略）

3. 加强理论研究。（略）

4. 加强协作交流。（略）

2017 年教育关工委工作总体上有以下几方面经验：一是关工委工作要带头坚持政治意识、大局意识、核心意识和看齐意识。把宣传贯彻党的十九大精神作为首要政治任务，提前谋划、积极准备、认真落实，体现出教育关工委的政治优势和高度自觉。二是关工委工作要始终坚持正确方向，深入落实立德树人的根本任务。今年在深入贯彻习近平总书记 25 周年指示、落实全国高校思想政治工作会议精神方面做了大量工作，取得可喜成效，充分体现了关工委工作围绕大局、明确重点、找准定位、发挥优势、有所作为的工作特色。三是关工委工作必须积极探索、不断创新。新时代新征程新体会不断激励我们读懂工作对象，研究青少年特点规律，从而有效增强关工委工作的针对性和时效性。四是关工委工作要善于协同创新、借势增力，形成有力的工作合力。今年增加中国科学院共同举办“院士回母校”活动，全国总工会全程参与、积极推进“大国工匠进校园”活动，充分体现了关工委工作善于调动各方积极因素，共同致力于培养下一代的作用和功能。

2017 年教育关工委工作还存在一些困难和不足：一是发展不平衡，少数地方、高校工作存在困难，有工作停滞、有名无实甚至倒退的现象。二是优秀品牌活动的内容挖掘不够充分，宣传效应不够，社会影响力不够。三是“五老”作用发挥不够充分，多数停留在邀请“五老”作报告层面，活动形式不丰富。

今后，各级教育关工委把思想和行动统一到党的十九大精神上来，更加紧密地团结在以习近平同志为核心的党中央周围，在习近平新时代中国特色社会主义思想的指引下，不忘初心、牢记使命，在教育部党组的坚强领导和有关部门的大力配合支持下，攻坚克难、积极探索、努力实践，推动工作不断创新发展，为教育工作作出应有的贡献。

教育部关心下一代工作委员会
2018 年 3 月
（引自教育部关工委网站）

【评析】

这是一份教育部关工委的全面工作总结。

标题由总结的单位、时限、内容和文种组成。正文包括开头、主体、结尾三部分。开头概述了过去一年工作的指导方针、工作的主要目标及总体评价。提纲挈领，统领全篇。

主体部分按工作事项分列五个方面，准确概括了过去一年的工作业绩。每段用小标题加序号形式，层次分明，内容充实。对工作中取得的经验从理论的高度加以概括，具有很强的

指导意义。对存在的问题要言不烦，准确概括。文章的结尾照应开头，总结全文，收束全篇。

例文 2

让新闻现场激荡历史回声
——如何讲好"一带一路"故事

奔涌的时间长河里，3 年不过是白驹过隙。但"一带一路"提出至今的 3 年多时光，却在中国与世界留下了不同寻常的印迹，也为媒体人提供了丰富的新闻宝藏。

今天的"一带一路"主题宣传，正处于新的"传播节点"。

自 2013 年秋天习近平主席首倡"一带一路"，已经有 100 多个国家和国际组织共同参与，中国与 40 多个沿线国家签署了合作协议，并在沿线 20 多个国家建立了 56 个经贸合作区。5 月的北京，也迎来了"一带一路"国际合作高峰论坛，28 位国家元首和政府首脑、110 个国家的官员和各界人士、61 个国际组织的负责人和代表出席，最高级别的峰会让世界瞩目。

今天的"一带一路"，已经不再只是一句倡议，也不再只是一张蓝图，而是从概念到行动、从理念到实践、从共识到成果不断推进。我们的报道，有了更多鲜活的素材、更多切身的体验、更多阶段性成绩。可以说，"一带一路"主题宣传，迎来了一个从宣示理念到展示成就、从阐释思想到检验成果的节点。

"被行动证明的语言是最有力的语言。"这句古老的阿拉伯谚语，也道出了媒体传播被赋予的使命：如何用我们的报道，呈现这 3 年多不平凡的实践？人民日报的回答是，力求在新闻现场激荡历史与现实的交响，以人物故事展现中国与世界的合奏，赓续"丝路精神"、讲述"丝路故事"。

一、抓现场，在新闻的原点、重点与热点，见证"一带一路"蓝图的铺展

面对行进中的"一带一路"建设，对外传播也应保持鲜明的"进行时""行进感"，到新闻现场去、到沿线国家去、到重点项目去。作为人民日报，我们需要在传播中，讲清楚习近平主席擘画"一带一路"蓝图的世界意义，讲清楚"一带一路"倡议所秉持的和平属性、所创造的共同机遇、所带来的文明互鉴。这些"讲清楚"，尤其需要以"最佳现场"来呈现。

4 月，人民日报派出国际部记者组成的 4 个采访小组，分赴"一带一路"沿线国家深入采访，形成了"边走边报"的报道方式。自 4 月 14 日"一带一路"高峰论坛倒计时一个月开始，陆续在人民日报三版重要位置上，以大篇幅刊出。这组"行进中的报道"，由于精心选择"现场"，拥有了很好的报道特色与传播效果。

什么是最佳现场？

一是回到原点。3 年多来，习近平主席在"一带一路"上留下了诸多外交足迹，生动诠释了"一带一路"的内涵，这是我们要抓住的新闻节点。比如，从习近平主席发出首倡之地的哈萨克斯坦纳扎尔巴耶夫大学，我们发回了特别报道《"中国就是哈萨克斯坦的大海"》，对习近平主席重点考察过的中白工业园，我们采写了《别开生面的云端讨论》……沿着习近平主席的外交足迹，回到对于"一带一路"倡议有着重要意义的新闻现场，勾连起历史回声、现实共鸣，进一步还原、了解中国倡议的世界意义。

二是把握重点。“一带一路”上的许多重点建设项目，发展方兴未艾、进展日新月异，是展现“一带一路”建设成就的重点。我们在中巴经济走廊瓜达尔港，发回《“盼望习主席来瓜达尔港看一看”》；走进柬埔寨的西哈努克港经济特区，追寻《让穷乡变成“柬埔寨深圳”》……浓墨重彩地呈现这些重点项目的进展，以大量可感、可观、可触的鲜活素材，反映“一带一路”在沿线国家“共商共建共享”的推进速度。

三是聚焦热点。4 月 29 日，首趟中欧班列，从英国最大的集装箱港口伦敦港口岸出发，抵达全球最大的日用品交易中心中国浙江义乌。用 BBC 的说法，这是一次“重要的贸易事件”，意味着“一带一路”建设对西欧国家的经济也有显著的带动作用。我们抓住这一热点事件，从发车现场送行的热烈氛围，到分析“一带一路”对经济全球化的推动，《英国商品，搭上中欧班列直通车》一文有着很强的感染力、说服力。

事实证明，到新闻现场，才能抓住新闻活鱼。乘飞机赴境外采访，人民日报记者巧遇前往白俄罗斯考察“一带一路”合作项目的湖南省党政代表团以及中国在海外最大规模产业园——中白工业园的 CEO。虽是一次“偶然”，却真实地反映了“一带一路”在沿线国家和国内省市热起来、来往日趋密切的“必然”。记者抓住这次巧遇，在 9 个小时的航程里，在万米高空的云端上，有了一次别开生面的关于“一带一路”的讨论。生动的云端讨论，因为报社领导的解放思想，成为人民日报《行走“一带一路”》专栏的开篇之作。

事实证明，到新闻现场，才能拓宽新闻视界。巴基斯坦的瓜达尔港，是“一带一路”上的旗舰项目。人民日报记者曾于 2013 年到此采访。今年 4 月，又进行了回访，发回了这样的报道：“（3 年前）这里人烟稀少，视线所及之处都是沙漠，当地居民祖祖辈辈靠打鱼为生。每周只有一班航班从巴基斯坦南部港口城市卡拉奇飞往瓜达尔，中国人的身影更是几乎看不到。”“而今，记者再访瓜达尔港，看到变化无处不在，最明显的就是来瓜达尔的人大大增多了。卡拉奇到瓜达尔的航班，已经变成每天一班，能抢到前往瓜达尔的机票，还被看做‘一种幸运’。”没有一句类似“一带一路”建设成就有多大的话，仅仅从“抢机票”这一细节，从前后 3 年记者看到的不同画面，足以让读者得出有力的结论。

走起来，就会有源源不断的感受；在现场，就会有扑面而来的发现。“一带一路”倡议，有着典型的跨国界、跨文化的特点。这要求“一带一路”的传播有打通空间、超越语言的能力。这样的能力，不是仅仅靠概念的阐释就能培养的，也不是仅仅靠政策的宣示就能拥有的，而是需要有“11 路”——两条去往新闻现场的腿，“00 号”——两只善于发现细节的眼睛，以鲜活生动、富有感染力的现场新闻，承载“一带一路”的宏大主题、阐释“一带一路”的谋篇布局，以新闻报道参与到“一带一路”的建设中来。

二、讲故事，以交往故事、发展故事、幸福故事，讲述“一带一路”中国倡议的落地

“讲好中国故事，传播好中国声音”，这是中央在对外传播上对主流媒体的一个要求。在这方面，习近平主席为我们做出了榜样。从国事访问、国际演讲到署名文章、考察座谈，习近平主席擅长用具体而生动、通俗而深刻的小故事来传达深意、

感染他人。他曾信手拈来很多小故事：中国小夫妻的非洲蜜月之旅、奋斗在义乌的阿拉伯小伙、哈萨克斯坦留学生捐助“熊猫血”……这些普通人的故事，正是“一带一路”上经贸往来、文化交流、民心相通的具体体现。

一个故事胜过一打道理。习近平主席讲的很多故事，富有人情味、贴近性，兼具理性与感性，具有直抵人心的力量。讲故事之所以感人至深，是因为它能在讲述者和受众之间，迅速建立一种情感上的联系，产生思想上的共鸣。这也启发我们，人的故事是可以提高传播效率、达成传播效果的一个“传播基点”。

在“一带一路”的报道中，我们也以故事为载体，体现“一带一路”的理念，展现“一带一路”的实践。

一是讲交往的友好故事。（略）

二是讲共同的发展故事。（略）

三是讲民生的幸福故事。（略）

三、重传播，以一次采集、多种生成、多元传播，彰显主流媒体的影响力（略）

习近平主席在致人民日报主办的2016“一带一路”媒体合作论坛的贺信中明确指出：“媒体在信息传播、增进互信、凝聚共识等方面发挥着不可替代的重要作用。”“一带一路”建设是一个长远的、伟大的国际性构想，在这一构想落地生根之时，我们有条件、也有责任讲好“一带一路”故事，为世界发展注入强大正能量。

（引自《新闻战线》2017年第5期）

【评析】

这是一篇介绍典型经验的总结。该文体现了作为公开发表的经验总结的一种写作风貌。

标题采用正、副题形式。正题用“激荡历史回声”这样富有气势的语言准确概括“新闻现场”的独特功能，题旨显豁，副题对正题的内容进行补充说明。一正一副，全面准确地概括出文章的中心。

正文由开头、主体、结尾三部分组成。开头主要阐述了工作的背景、做法，言简意赅，统领全篇。主体部分紧紧围绕着“如何讲好一带一路”这一核心问题总结了三个方面的经验。以小标题形式概括每段内容，段旨鲜明。所用材料典型丰富，有力地表现了每段中心。议论画龙点睛，且与叙述紧密结合，观点与材料水乳交融。总结的经验既典型又富有鲜明的个性特征，这是该文值得我们学习的地方。结尾引用习总书记的讲话，深化题旨。

该文结构严谨，层次清晰，叙议完美结合，语言特色鲜明，精练、生动、活泼，且金句不断。

第五节 调 查 报 告

一、调查报告及其作用、特点

（一）调查报告的含义

调查报告是调查人员根据特定的目的，运用科学的方法，对社会生活中某一问题或事件进行深入调查，反复研究，得出结论，从而写成的书面报告。调查报告是各行各业中常用的一种文体。除了用“调查报告”“调查”的名称以外，以“考察报告”“调查汇报”“情况反映”“情况介绍”命题的文章，或标注“调查与思考”“信访调查”“调查附记”等的文章也属于调查报告。

（二）调查报告的作用

调查报告本身不是公务文书，不直接具有行政效力，但由于它是经过认真的调查研究，提供的资料翔实、可靠，提出的意见中肯、切实，为领导决策工作和处理问题提供依据。因此，在机关文书中被视为有分量的材料，在新闻报道中被视为“重磅炮弹”。归结起来，调查报告有如下几方面的作用：

（1）为上级领导或有关部门制定决策提供依据；

（2）介绍总结推广先进经验，为“面”的工作提供借鉴；

（3）揭露社会中各种各样的违反党纪国法的行为，揭露社会生活中的消极腐败现象，披露工作中的失误、缺点和错误，使其最终得到解决；

（4）全面完整地反映新生事物的发生、发展过程，揭示它的现实意义或社会价值，促进新生事物的成长、壮大。

（三）调查报告的特点

1. 真实性

调查报告所反映的事物必须是客观的、真实的，即实际发生和存在的真人、真事、真问题。这是调查报告的物质基础。同时，调查报告还必须由事实材料分析引出结论，这是调查报告的价值所在。写入调查报告的材料，都必须出之有据，不能仅凭道听途说。

2. 针对性

针对性是指每篇调查报告都有明确的写作目的，往往针对社会热点或难点问题而展开，具有鲜明的时代特色。调查报告的针对性越强，写作目的就越明确，其价值也就越大。

3. 典型性

调查报告的典型性是指被调查研究的对象本身具有典型意义，能体现出时代精神，能回答实际工作中具有代表性的问题，从而使调查报告所反映的问题具有普遍意义和指导作用。

二、调查报告的类型

按调查报告的内容和作用分类，调查报告可分为如下几种。

（一）反映情况、研究问题的调查报告

这类调查报告又叫基础调查或综合调查。这种调查报告往往反映某一行业、某一部门、某项工作的开展状况，或针对社会工作中较为重大的及人民群众普遍关心的热点问题进行调查分析，其职能是为有关部门和人员决策工作、处理和研究问题提供可靠依据。其显著特点和可贵价值在于“资料性”，但又不同于一般的资料汇总或资料综述。它是经过特殊加工的资料，它有调查报告“有情况”“有分析”的共性，又不同于“经验调查”“问题调查”的

个性，它的“分析”不在于直接对事物做出褒贬，而在于对材料的选择、组织，具有科学性、可靠性和实用性。

（二）总结典型经验的调查报告

这类调查报告主要是反映现实生活和工作中卓有成绩的先进个人或先进单位的典型经验。这些经验一般都具有代表性、指导性和启发性，所以其内容特别重视社会性、典型性。十分成功但没有普遍意义的材料可写成内部用的经验总结或事实材料，不宜写经验调查。为了传播经验，所以经验调查多从做法上来总结，较少从体会入手。

（三）揭露问题的调查报告

这类调查报告多选取有代表性的违反党纪国法的行为、工作中的失误、缺点以及社会生活中的不良现象为调查对象，通过确凿事实，剖析原因，揭露实质，提出解决办法，以期引起有关部门的重视。常见的问题调查有两种写法：一种侧重于揭露和分析问题，并不拿出解决问题的方案，适于尚在潜伏状态，或尚未引起重视的问题；另一种侧重于剖析问题并提出解决的办法，适于指导疑难问题。

（四）介绍新生事物的调查报告

这类调查报告是对社会生活和工作中出现的新生事物进行调查研究而写成的。这类调查报告重在具体介绍某一新生事物产生和发展的来龙去脉，分析其产生的原因、发展的客观条件以及存在的实际意义或负面影响。写这类调查报告的目的是扶植新生事物健康发展。

（五）反映历史事实的调查报告

对过去发生的某一事件、某一阶段的史实进行调查研究后写出的调查报告。其目的有两个：一是反映历史真实面貌；二是为现实提供历史借鉴。

三、调查报告的写作

一篇调查报告的写作要经历四个阶段：准备阶段、调查阶段、研究阶段、拟写阶段。

（一）准备阶段

准备阶段的工作做得越充分，调查就会越顺利。准备阶段主要做以下工作。

1. 明确调查目的

调查是一种手段，不能听其自然。对于调查要解决什么问题、需要了解哪些情况如果不明确，就会盲目行动，处于被动状态。因此，调查前一定要明确为何去调查，解决了这个问题，其他的工作才会有落脚点。

2. 熟悉与调查课题有关的理论

调查是一种实践，要在实践中深入进去还须能够随时解释实践中发现的现象。因此，调查必须在科学的理论指导和参与下才能找准突破口。为此，调查者必须有深厚的理论素养。这种理论素养表现在三个方面：一是方法论的准备。方法论知识来自哲学著作和社会生活中获得的经验，带有工具性，属基本理论。二是熟悉与课题有关的法规、政策、方针等，以便能从理论的高度解释调查中遇到的复杂问题。三是了解与课题有关的专业知识。专业知识来自相应的学科系统，需要根据调查内容定时定向积累。专业知识的准备耗时较多，如果在这方面没有足够的储备，在调查中很难发现问题，找准突破口。即使获得一些材料，对其价值也很难做出判断。从某种意义上讲，专业知识的准备是一种专家行为。

3. 熟悉与调查对象有关的背景材料

要实现调查目的就要在调查前“知彼”。无论在时间上还是空间上和调查对象有联系的材料，都应尽量地熟悉。多一份背景材料，调查中就可能多一份发现，多一份主动。背景材料一般包括外部的环境、内部的有关情况等，如人员状况、规模、资金等。

4. 做必要的技术准备

社会发展使调查活动日益成为技术性很强的一项实践活动。为保证获得更多的、更真实的材料，调查者首先要掌握相关工具的操作技术。目前来讲，掌握计算机操作技术和摄录技术是调查者必不可缺的。除此之外，调查者还应注意积累相关的应用学科知识，如设计调查问卷；做抽样调查，掌握选取样本资料的技术；若涉及调查财务账目或统计数字，就要有相应的会计知识和计算技术。总之，凡是与调查有关的各种技术都应事先准备好，从而保证调查活动顺利有序地进行。

5. 拟写调查提纲

调查提纲一般包括调查目的、调查对象、调查的主要问题、调查方式、方法、时间、人员安排等。调查提纲宜细不宜粗。在调查过程中应根据情况的变化及时修改、补充，以适应变化的情况。

（二）调查阶段

调查报告写得好与坏，调查阶段是关键。为做好调查，我们主要从以下几方面入手。

1. 要有正确的立场、观点、态度和作风

有无正确的立场、观点是调查成败的前提。同一事物，持有不同立场、观点的人，就会有不同的认识和行动。

谦虚、诚恳的态度，严肃、踏实的作风是调查成功的必要条件。思想态度端正了，工作作风务实了，调查的工作就能顺利开展。

2. 以实地调查为基础，充分掌握各种材料

调查报告的结论形成于调查研究之后，因此，深入实际做调查，搜取各种材料便是调查阶段的主要任务。搜集材料要“以十当一”，多多益善。无论是现实材料还是历史材料，无论是“点”的材料还是“面”的材料，无论是正面材料还是反面材料等都要搜集到。材料越多越充分，调查的结论就越接近于现实本身，调查报告的价值也就越大。

3. 要运用科学的方式方法

科学的方式方法是快速获取材料的有效途径。常用的调查方法如下。

（1）开调查会。这是最简便易行又最安全可靠的方法。开调查会要准备充分，会前也需要尽可能了解一些与会者的背景资料。每次邀请到会的人员不宜过多，且被邀人员要有代表性。会前应把所调查题目事先通知对方。调查会开得是否成功，其主要标志是把会议开成了问答式的还是讨论式的。若开成问答式，说明会议气氛拘谨，与会者未能畅所欲言。

（2）个别访谈。在一些复杂的情况下，为适应特定调查内容的需要，而采用个别交谈的方式。个别交谈分为主动约谈和接待来访两种。主动约谈应考虑被约方的代表性，并应预计其心理品质和对情况的了解程度，以便牢牢掌握交谈的主动权。

（3）实地考察。口问得来的毕竟是第二手资料，在条件允许的情况下，调查者应尽量深入下去，通过亲身的观察和体验，搜集珍贵的第一手资料。

（4）查阅资料。这是间接获得材料的方法。在调查中，认真阅读各种有关材料，如档案、立卷存档的资料、有关文件等。查阅资料有时是相当专门化的技术行为。因此掌握一定的查阅资料的技术也是必需的。

（5）问卷调查。问卷调查是获取资料的一种很好的方式。一份问卷调查主要包括标题、前言、问题三个部分。

问卷的标题一般由调查对象、调查内容和调查问卷三部分组成，如“×××大学学生消费情况调查问卷”。

前言主要包括调查目的、意义、调查项目、内容、对被调查者的希望和要求。

问题是调查问卷的主体和核心，是调查者与被调查者沟通信息的载体。问题部分通常用问句形式，也叫题型。问句的形式分封闭式、半封闭式和开放式。

封闭式问句指在提出问题的同时，列出各种答案供被调查者选择的问句。半封闭式问句指在封闭式问句后面加一个选择项目“其他”，给被调查者回答余地的问句。开放式问句指只提问题，没有供选择的答案，让被调查者自由回答的问句。设计、制作调查问卷的重点和难点就是如何把调查主题转化为具体的调查问句。在转化过程中，我们要把握以下几点：一是由浅入深，由易到难，引发思路；二是化整为零，化大为小，启发思路；三是封闭与开放结合，开拓思路。

除此之外，在设计问题时要注意使问题具有可操作性；注意避免双重问题；问题表述准确、具体；问题不要有诱导性、暗示性和倾向性，以保证回答客观、真实。

（三）研究阶段

研究阶段就是通过对材料的分析研究，提炼调查报告的主旨。

第二章已详细阐述了研究材料的方法，此处不再赘述。这里只讲两个问题：一是如何提炼出一个真实明确的主旨；二是如何判断调查结果的价值。

通过对材料的研究，得出结论，形成调查报告的主旨，那么怎样才能使主旨真实明确？

（1）调查的结论必须产生于调查研究的末尾。

（2）必须有正确的思想方法。在提炼报告的主旨时，报告人要站稳立场，选准角度，并运用辩证唯物主义和历史唯物主义的方法，善于客观地、本质地、全面地和具体地分析所有材料，防止无意中被主观片面和形而上学牵着鼻子走。只有这样，提炼的主旨才能真实而又明确。

（3）不能让报告的主旨停留在对问题的一般认识上，而必须让它回答、解决有关问题。

如何评价调查报告结论的价值？

（1）调查报告的结论有无针对性。无针对性或针对性不强的调查报告就失去了存在的价值。

（2）典型意义如何。典型具有代表性和概括性。在同类事物中，只有典型的事物（包括人）才具备完整的表现形式，才能在同类事物中发挥指导作用。如果所总结的经验、教训，提出的问题，只属于偶然情况，只是特定条件下的产物，不能使读者得到启发，不能使读者引以为戒，将其报告出来价值也不大。

（3）时效性如何。一般来说，调查工作都是围绕某项中心工作、重大任务或是为了解决某些问题而进行的，所以应及时把调查中获得的有价值的东西报告出来。否则时过境迁，报告的价值会大打折扣。

（四）拟写阶段

拟写调查报告提纲，修改提纲，作补充调查。

四、调查报告的格式与写作

调查报告一般由标题和正文组成。

（一）标题

调查报告标题一般有两种形式：

1. 公文式标题

按公文标题的写作要求拟写，基本形式是“关于×××（调查内容）的调查报告”。这种标题简单易写，但容易冗长和平淡，激不起读者的阅读兴趣。

2. 文章式标题

文章式标题分两种形式。一是单行标题，如《“北大荒”打造现代农业航母的启示》；二是双行标题，即采用正副题的写法，如《号准“脉”看准“病”开对“方”——关于湖南花垣县精准扶贫的调查报告》。采用文章式标题，要注意围绕中心或主要内容来写，语言准确、简洁、醒目，有吸引力。

（二）正文

正文一般由开头、主体、结尾三部分组成。

1. 开头

开头也叫前言、引言。其作用有两个：一是让读者从中获得一个总的印象，包括对主旨的把握；二是让读者阅读之后随即产生一种追根求底，希望立即揭开主旨的欲望。开头常见的方式有：

（1）介绍调查的基本情况。如调查的起因、时间、地点、方式方法、对象、范围、经过等。

（2）介绍被调查对象的概况。如被调查对象的组织规模、背景、历史和现状、主要成绩或问题、事件形成的概貌等。

（3）简介全文的主要内容或揭示主旨。

（4）介绍调查研究的结论。一般交代主要经验或效果，提示结论性意见，以便引起关注。

（5）提供背景材料。简要介绍与调查对象、调查事实或文章主旨有关的历史知识、科学知识，以利于读者加深对文章内容的理解。

这几种开头方式常综合运用。

2. 主体

主体，是调查报告正文的核心内容。它是前言的引申，也是结论的根据。调查报告的主要内容在此全面展开。主体内容一般包括调查研究后得来的事实情况、经验、问题等。写作重点应根据调查报告的不同类型，用典型的事实材料阐明观点，证明调查得出的结论。为使主体层次清楚，条理分明，我们常采用以下几种结构方式：纵式结构、横式结构和纵横结合式结构。

纵式结构是以调查的前后顺序或事物发展变化的过程顺序来组织材料。

横式结构是按问题的性质或事物的特点来组织材料，把有关材料分门别类地归入各种性质或特点中，多用小标题来标明各类问题与情况的性质、特点。

纵横结合式结构兼有“纵式”“横式”两种结构的特点。一般在叙述和说明发展过程时采用纵式结构，而写经验、教训等问题时采用横式结构。

3. 结尾

这是调查报告的结束语，写作方式非常灵活。可以总结全文，深化主旨，加深理解；可以提出解决问题的措施、意见和办法；可以对正文进行补充说明；可以发出号召，提出希望等。有的调查报告主体部分非常完整，也可不要结尾。

五、调查报告写作注意事项

（一）严格遵守党的路线、方针、政策

调查报告是党的各级部门制定方针、政策的依据之一，同时又是宣传、执行党的方针、政策的文体。因此写好调查报告，就必须严格遵守党和政府一定时期以来的路线、方针、政策，通过调查得来的结论把党的方针、政策具体化，指导、推动党的各项工作朝着健康的方向发展。

（二）选题要有针对性

任何一份调查报告都有它的目的性，即针对什么问题进行调查。因而在选题时，一定要充分考虑写这篇调查报告希望达到什么目的，解决什么问题，取得什么社会效益等。

（三）充分占有材料，从材料中提炼观点

调查报告靠事实来说话，因此占有材料越多越好。调查报告的结论形成于调查研究之后，所以主题先行、先入为主的做法都是错误的。

（四）正确处理好叙和议的关系

调查报告的主要表达方式是叙述和议论。叙述时不能堆砌材料、罗列现象，一定要用典型、有说服力的材料说明观点。议论不能空泛说理，要在事实材料的基础上自然引出观点。

议论不要过多，往往是“画龙点睛”式笔法。

（五）语言准确、简明、生动，富有表现力

语言准确、简明，这是一切应用文写作的共性要求。除此之外，调查报告由于是公开发表的，涉及面广，读者的范围也较宽泛，因此还涉及可读性的问题。所以，调查报告的语言还要在准确、简明的基础上，做到生动活泼。可适当使用一些群众喜闻乐见的口头语、谚语、俗语等，同时注意使用一些浅显生动的比喻，增强说理的形象性和生动性。

例文 1

行走在理想与现实边缘
——驻京高校大学生思想现状调查①

调查人：曹守亮、刘维芳、姬文波
作者单位：中国社会科学院当代中国研究所

当前，高校在校大学生大多是90后，且多数为独生子女。他们是怎样的一个群体：是大人们眼中的“乖孩子”，还是一些人所说的“叛逆的一代”？他们的身心健康吗？人生观、世界观乃至理想信念的状况怎样？大学生在整个社会结构中处于承上启下、继往开来的重要地位，他们的现实状况，尤其是在政治理想和社会追求方面的认知和诉求，对于了解整个社会的精神需求和意识形态的发展态势，具有较强的参考价值和现实意义。本调研通过对当前大学生思想状况的梳理，总结高等教育和社会教育的经验教训，以期为建设社会主义核心价值体系、凝聚具有中国特色的民族精神和时代精神提供借鉴。

在中国社会科学院青年中心的大力支持下，从2012年6月起，当代中国研究所的三名博士历时7个月，深入北京大学、清华大学、北京师范大学、中国人民大学、中国传媒大学、中国政法大学、中国劳动关系学院、北京建筑工程学院、首都师范大学、北京工商大学、北京联合大学、北京中医药大学等12所驻京高校采集样本，采取课堂集中发放和随机发放相结合的形式，发放问卷共计1500份。与此同时，课题组还通过电话采访、重点走访、网络调研、组织小型座谈会等形式对当前大学生道德现状、心理状况、社会理想、政治追求等作了有针对性的深入了解。在此基础上，对回收的1146份有效问卷作了深入分析，大致掌握了当前驻京高校大学生的思想现状，尤其是价值取向、理想信念的自然状态，对其中存在的问题以及应采取的应对措施，提出了意见和建议。

当前大学生看重家庭和亲情，珍视友情和爱情，在社会理想、政治信念方面表现出较强的伦理色彩

当前大学生既不同于80年代的年轻人给人们留下的“叛逆”印象，也不同于日常生活中长不大的“乖孩子”形象，他们有自己独特的价值取向和思想追求，具有自己的行为方式和处世准则，表现出较为鲜明的时代特色和文化内涵。

① 由于篇幅所限，文中的比例图省略。

1. 在校大学生关注亲情珍爱家庭、向往真挚的爱情和美好的恋情，在社会认知方面带有浓厚的感情伦理色彩

调查显示，大学生对家庭和未来的婚姻带有强烈的归属感和向往倾向，甚至有为数不少的人将拥有普通但温暖的家庭生活作为自己的理想追求。在对待爱情、家庭、婚姻态度的选题中，有82.2%的被调查者选择了“相信爱情，珍惜亲情”，12.4%的人选择了“好合好散，跟着感觉走”，而选择“虚假的，不相信”和“说不清楚”的分别占1.6%和3.8%。与之相应的是，大约有57.8%的大学生在政治信仰和人生信念方面受家庭教育和父母言行的影响最大。可见，家庭因素、父母教育对当前大学生世界观、价值观的影响仍是最为基础、最为重要的方面，并将深深影响他们一生的处事和行为。

2. 当前大学生的社会理想和社会责任感趋向平实、平淡

（略）

当前大学生的价值观中流露出较强的自我意识，更强调个人价值的实现和人格的自由独立

调查显示，尽管当前大学生正处于对社会、对人生充满憧憬和想象的时期，但对人生价值的认识和追求中呈现出较为现实、理性的态度，在对人生价值的理解中更多地强调了个体人格的完善、生活的自由独立。这一点与他们对于当前家庭的依赖，以及对未来婚姻的期待形成了比较鲜明的对比。

1. 大学生对于“奉献”“服务”“自我牺牲”等持谨慎态度，对于一些社会现象和志愿者活动并不简单跟风，对于一些社会热点事件并不盲目追从，显示出较强的分析判断意识

（略）

2. 当前大学生具有较强自我发展的冲动、自我实现的意识，更加强调个人人生价值的实现、人性的自由独立

（略）

当前大学生的政治理想远景多是基于对当前社会现实存在问题的反省

调查显示，当前大学生的政治理想和社会追求主流是积极的，对当前的社会进步、经济发展表示出较高的认可度和满意度，对新中国的历史也体现出辩证认识、理性分析的努力，对未来的发展前景感到乐观，表现出光明、积极的心态；另一方面又似乎止步于对当前社会中存在种种弊端的反思和批判，并没有一些明确改变社会上弊端和阴暗面的意愿和抱负。在此，思想的巨人和行动的矮子集于一身，折射出大学生群体社会地位的特殊性。

1. 大学生对新中国历史与未来发展态度表现出广泛的认同、乐观和自信

（略）

2. 大学生对于社会、国家更多地表现出一种理想状态的期待，这是与他们在社会中所处的位置相一致的

（略）

3. 约三分之一的大学生将对幸福的理解与社会和谐、法制健全、民众安康的社会理想联系起来，更加注重个人权益的维护和切身体验

（略）

传统教育仍然是影响大学生政治理想和人生信念形成的基本途径，新媒体对大学生思想也有一定的影响

1. 家庭教育和父母言行对大学生政治信仰和人生信念影响最大

调查中，选择“家庭教育和父母言行”作为对大学生政治信仰和人生信念影响因素的约占 57.8%。其次是“学校教育和书本知识”，约占 29.1%。选择“主流媒体的舆论宣传、英模事迹”和“影视媒体如励志片、偶像剧等”的被调查者各占被调查总人数的 10%和 3.1%。从访谈和座谈中，我们得出如下认识：学校教育与书本知识在大学生政治信仰和人生信念的形成和发展过程中起到了关键作用。对于提升大学生理想信念的层次和品位不可或缺，这也正是教育的价值和魅力所在。

调查发现，学校教育和书本知识在大学生理想信念教育中发挥了很重要的作用，表现出了目前学校教育比较成功的一面。具体到“两课”教育和政治学习课程对大学生的影响，52.9%的被调查者选择了“有一定的影响”，7.5%的人觉得“影响很大”，选择“取决于授课教师的讲课水平”的也有 16.2%，选择“没有影响”和“反感”的分别为 16.2%和 7.2%。可见，“两课”教育在高校教育体系中仍然是有必要的，但应注意到教师水平的参差不齐对“两课”教育造成的截然不同的影响。因而，如何改善“两课”教育的接受度，提升“两课”课堂的生动性，提升教师的授课水平，仍是高校教育中一项艰巨复杂而又富有挑战性的任务。

2. 大学生对网络和新媒体的作用认识较为全面、理性

（略）

几点思考

当前大学生的思想状况、理想信念、价值观、世界观既继承中国传统文化中注重家庭伦理、敢于负责等优良因素，又表现出注重个体、追求人生价值实现等鲜明的时代特征。从整体上看，当前大学生的思想状况是健康的，如积极进取、乐于拼搏奋斗等，同时也存在着一些模糊甚至错误的认识，需要进一步阐明和适时加以引导。

1. 当前大学生健康思想、正确的人生观、价值观的培养，乃至正确政治信念、社会理想的培育是一个长期的过程，是需要全社会广泛参与、共同承担的系统工程

（略）

2. 引导大学生树立正确的价值观和世界观，培育其建立积极的政治理想和社会追求，应该从有利于个体的发展和自我实现出发，采用法制保障和理性引导相结合的方式进行

（略）

3. 当前大学生对中华民族的优秀传统文化和传统美德的认同对于大学生健康思想品质和积极理想追求的形成具有非常重要的意义

（略）

最后，新媒体的发展日新月异，其影响力就本次调研来看虽然有限，但其影响力无论积极的，还是消极的，均已经逐渐显现，正常、规范的管理机制和运营机制的建立仍然是必要的。从媒体监管和社会教育的角度考虑，一方面建立新闻媒介和

网络媒体从业人员的资质审查制度是必要的，另一方面加强相关法律的立法工作也应该提上日程。

（引自《光明日报》2013 年 1 月 8 日，15 版）

【评析】

这是一篇反映基本情况的调查报告。

标题采用正副题形式。正题概括全文中心，副题说明有关情况，一正一副，全面准确地反映了全文主要内容。正文包括开头、主体两部分构成。调查报告的开头概要介绍了开展此次调查的背景及调查的时间、地点、对象、经过、范围和调查的方式。这是此类调查报告比较通用的开头方式。主体部分阐述了两个方面的问题。第一部分从三个方面对驻京高校大学生的思想状况做了高度概括。观点明晰，内容充实，层次清楚，体现了这类调查报告“有情况”“有分析”的特点。第二部分根据调研的结论，从三个方面对当代大学生的思想状况进行思考，有很强的现实针对性。

反映基本情况的调查报告是为决策部门制定政策提供依据的，因此，要对所掌握的资料进行有条理的归纳、概括，以防止堆砌材料；要用典型的材料支撑观点以增加说服力；要拿出切实可行的对策以供参考。这篇调查报告还是值得学习和借鉴的。

例文 2

高扬绿色主旋律　奏响扶贫“交响曲”
——××县坚持走“生态立县，绿色减贫”之路

××县是一个山区、库区和革命老区县，也是国家主体生态功能区、国家级生态县和国家一级水源保护地，保护好生态环境是党和国家交给××县的一项政治任务。目前，全县有贫困村 43 个，贫困人口 9537 户 24 481 人，其中，山区贫困人口占 60.6%。对于××县的区域功能和发展定位来说，绿色减贫是必然的选择，也是最大的优势。脱贫攻坚战打响以来，××县坚持将生态文明建设与脱贫攻坚有机结合，在推动“精准扶贫三十六计”的基础上，做好“绿色”减贫的顶层设计，打好政策“组合拳”，围绕“精准”目标，拿出“绣花”功夫，使“绿水青山”变成群众发家致富的“金山银山”。2016 年顺利脱贫 7875 人，易地搬迁 1500 人，贫困发生率从 9.87%下降至 8.44%，实现了脱贫攻坚的首战告捷。

从一到三，绿色融合奏响产业脱贫“协奏曲”

既要生态美，又要百姓富。××县委县政府将“生态+”贯穿于扶贫工作全过程，将生态优势转化为发展优势，推动一二三产深度融合，积极打造绿色经济新引擎。

旅游带动改穷业。在推进全景××、全程旅游建设过程中，××县抢抓创建国家全域旅游示范区机遇，推动旅游重大项目开发，全力打造大别山休闲农业与乡村旅游精品板块和“一谷一带”精品线路，支持贫困户通过参与景区建设，兴办农家小院、民宿客栈和经营农产品等方式，分享乡村旅游发展的丰厚红利。目前，全县

共拥有农家乐 230 家，其中贫困户兴办餐饮 120 桌，农家民宿 156 间，户均年增收 3 万多元。×××镇×××村地处深山，按照精准施策要求，镇村干部对症开方，通过龙井河大峡谷、白马尖景区的带动，大力发展乡村旅游业，帮助 60 余家农家乐成立乡村旅游扶贫协会，由协会收购或代销周边农户的农产品，带动近 172 名贫困人口在“家门口”就业。

特色产业脱穷境。（略）

电商扶贫解穷困。（略）

从散到聚，资产收益按下稳定脱贫“快进键”

在政府的培育和引导下，由资金雄厚的企业、技术过硬的大户带动贫困户一起发展，先富带动后富，确保稳定脱贫不返贫。

“三 +”模式兜穷底。“小康路上一个都不能少”，重点是要把握住“扶起来”和“兜起来”两个方面。一方面是对于有发展能力的贫困户，通过支持发展产业，增强自我“造血”功能，把他们“扶起来”；另一方面是对于发展产业有困难的贫困户，通过加大财政投入，完善“输血”措施，把他们“兜起来”。面对“兜底”的艰巨任务，××县创新实施“政府 + 企业 + 贫困村 / 贫困户”发展模式，整合政府可用资源，激活贫困村、贫困户土地、林地、水域等生产要素，通过参股经营，建立贫困村、贫困户与经营主体利益联结机制。××乡×××村等 4 个村把上级支持的 175 万元扶贫资金，入股建设旅游扶贫快速通道东风桥加油站，为 51 户无发展能力的贫困户每年每户提供 3150 元的分红收益，最大限度地发挥扶贫资金的效益。

“三变”改革治穷病。（略）

“三权”分置破穷局。（略）

从贫到富，齐心协力推进全面脱贫“大合唱”

实践证明，脱贫攻坚不只是产业扶贫的“独唱”，也包括住房、医疗、教育、文化等在内的“合唱”。

易地搬迁挪穷窝。在易地扶贫搬迁工作中，××县结合美丽乡村建设，充分考虑农村生产生活需要，在严格控制人均住房面积不超过 25 平方米的前提下，允许适当建设层高不超过 2.2 米的附属用房，每户安排不超过 100 平方米的菜园地，深受群众欢迎。多措并举帮助搬迁户发展脱贫产业，确保安居与乐业并重，搬迁与脱贫同步，实现新家园、新产业、新面貌。×××镇×××村结合旅游扶贫大通道、旅游码头建设，新建了渔家风情街集中安置点，搬迁贫困户利用旅游资源，大力发展农家乐，积极实施“后备厢”工程，让搬迁贫困户吃上“旅游饭”，摘下“穷帽子”。

精准扶智断穷根。（略）

合力攻坚换穷貌。（略）

目前，××县正凝心聚力，打好“生态牌”，走好“脱贫路”，争当“绿富美”，确保 2017 年全面实现 9900 名贫困群众稳定脱贫，确保如期全面建成小康社会。

（引自《决策》2017 年 6 期）

【评析】

这是一篇介绍典型经验的调查报告。

这篇调查报最值得我们学习之处：一是标题写得好。正题准确、精练、生动，副题说明有关情况。一正一副，相得益彰。二是选题针对性强，富有典型意义。脱贫攻坚是我国目前农村建设的一项重要工作，保护生态文明又是一项重要的政治任务，该地区把生态文明建设与脱贫攻坚有机结合，选题具有强烈的现实意义。三是总结的经验典型、新鲜，具有很强的指导性和启发性。四是观点与材料高度统一。该文紧紧围绕中心恰当地选择材料，注重用典型事例说明问题，增加了说理的力量。五是段旨句概括得准确，语言凝练，醒目传神。六是语言风格颇具特色。恰当运用比喻，语言精练，生动活泼，极富表现力。

第六节 简 报

一、简报及其作用

（一）简报的含义

简报，作为文书运行的载体，是各级党政机关、社会团体、企事业单位的领导部门用来汇报工作、沟通情况、交流经验、传递信息时使用的一种内部刊物。简报一般只在各单位、各部门、各系统内部进行流通。因其版头常用套红印刷，所以有时又被称为“红头小报”。

简报有多种名称，如“××简报”“××动态”“××信息”“××通讯”“××情况”“××资料”“内部参阅”等。

（二）简报的作用

1. 为领导机关掌握情况、制定政策提供依据

简报主要是下级机关向上级机关反映情况，将下情上传，领导机关可以及时了解、掌握下级单位的情况，从中发现典型经验或倾向性的问题，以便及时了解下级机关的各种工作动态和信息，便于制定相应的对策，以推动工作的开展。

2. 对下级机关的工作具有指导作用

领导机关发至下级单位的简报，可以传达、解释上级文件精神，指导下级工作；可以在简报上直接提出意见和要求，供下级参照执行；可以表彰先进，批评后进，运用典型推动工作。

3. 在本单位、本部门和兄弟单位之间互通信息、交流情况

本单位、本部门的各平行机关、单位之间，通过简报可以互通情报，交流经验，探讨问题，协调工作，互相促进；也可在不相隶属单位之间传阅，交流情况，互通信息，以便互相了解，加强合作。

4. 为宣传部门提供稿件或线索

简报上除不能公开发表的材料外，可直接作为消息或通讯刊载于报刊。新闻工作者还可从简报上发现线索，然后进一步采访，充实内容，从而写成新闻稿件。

二、简报的特点及分类

（一）简报的特点

1. 限于内部交流

简报不同于报纸、刊物，它一般在某一单位系统内部流通。虽然有些内容可给新闻单位提供新闻线索，但大多数情况下，简报只在内部运行。有的简报，往往是专给某一领导人阅读的，有一定的保密要求，不能任意扩大阅读范围。

2. 内容专业性强

简报虽有综合简报，但仅仅是一个单位或一个系统各种信息的综合。就简报整体来说，其内容的专业性特别强。它一般由有关单位、部门主办，传递某项工作的各种信息，包括情况、经验、问题和对策等。一般性的东西少说，无关的东西不说，专业性的东西多说。对一般读者来说，简报可使他们了解工作的进展情况，对领导来说，可使他们掌握情况，及时加以指导。

3. 编发迅速

简报是公务活动中的“快报”“轻骑兵”，不仅反映思想动态要快，报告工作情况要快，而且编发也快。至于会议简报，其时限性更强。所以简报的编写要“抢时间”，精选稿件，快编、快印、快发，否则时过境迁，就失去了价值。

（二）简报的分类

简报因其功能不同，从不同角度可以划分为不同种类。从时间上划分，有定期和不定期简报；按性质和作用分，有情况简报、工作简报、会议简报等。按内容和写作形式分，简报有如下两类：

1. 综合简报

综合简报多为常年定期编发，用来反映单位、部门、地区的工作情况和生产情况。综合简报涉及的面广，内容多，所刊载的文章形式多样，有情况反映、经验介绍，也有标题新闻等。

2. 专题简报

专题简报一般是不定期的，有事就报，无事就停。专题简报是为配合某项工作的开展、某项任务的完成而编发的简报，它可以一事一报，也可围绕一个专题编发数篇文章，如“会议简报”“金融简报”“教学简报”等。当然，专题简报只是相对综合简报而言的。有时，相对于整个部门来说是专题简报，而对于下级机关来说又是综合简报。

三、简报的内容、格式与写作

（一）简报的内容

简报是办报单位为了促进本单位及本系统的工作而办的，它的内容必须体现这个宗旨，而有别于面向社会的报纸、广播等报道工具，其适宜的内容主要有以下 10 个方面。

（1）会议消息。介绍最近时期与本单位、本部门的中心工作有关的会议情况。

（2）上级机关的工作部署和指导意见。

（3）领导同志的重要讲话。

（4）带有方向性的重要活动。

（5）具有典型意义的工作经验。

（6）广大群众关心的事情。

（7）政策、措施的反馈信息。

（8）值得注意的带有倾向性的问题和情况。

（9）指导性例行情况通报。

（10）有关单位的有关情况。

（二）简报的格式

简报有比较固定的写作格式，一般由报头、报体和报尾三个部分组成。

1. 报头

报头是事先印制好的。在简报首页的上方位置，用一条红色粗线与报体隔开。报头一般占报纸的 1/3 或 2/5 的比例。报头主要包括简报名称、期数、编报单位、编报日期、秘密等级。简报名称位于报头上方正中位置。期数，即第×期，位于名称下面，如有总第×期，用括号括起置于期数下面。编报单位位于期数下左侧位置，写明编发单位的名称，并在名称后加一个“编”字。编报日期位于期数下右侧，与编报单位成一行，写明年、月、日。秘密等级置于报头的左上角。

2. 报体

报体位于报头横线下部。一般由按语、刊发的内容和供稿者组成。

3. 报尾

报尾在简报最后，其上有一条粗横线与报体分开，内容包括抄送单位、印刷份数等。

（三）简报的写作

1. 按语

为了布置某项任务，或推动某项工作的开展，通常要把上级的有关政策、计划和领导的讲话、指示或有关单位的工作经验、成功做法，用简报形式向下介绍，供学习参考。这是一种以编代著的独特文章样式，这样的简报一般要加按语。

按语多置于文前。夹于文中的按语，除在开头注明“按语”外，还要加括号以与原文相区别。按语可长可短，按内容分，有说明性按语，即说明编发的原因和目的；提示性按语，侧重于针对文稿的某个内容的理解，或侧重于针对当前的实践活动的提醒；注释性按语，即对文稿某个片断的注释或介绍，常夹于文中使用；批示性按语，对文稿发表意见，表明态度。

不是每份简报都有按语。按语一般比较简短，针对性强，语言简明扼要。对被转发的材料，可根据编报意图进行一定处理。可重新拟写标题，紧扣主题取舍材料，对原文中有些提法不妥、用词不当及错别字应加以改正，但不能改变原意。

2. 刊发的文章

一份简报可刊发一篇文章，也可刊发数篇文章。这些文章可能是调查报告、经验总结、消息、讲话等。归纳起来有以下几种类型。

（1）新闻报道式。这种类型的文章其写法和消息的写法相类似。如标题应能概括报道的主要事实，正文由导语、主体、结尾三部分组成，正文的材料组织可采用“倒金字塔”式结构。请参见第六章第一节消息的写法。

（2）经验介绍式。这种类型的文章与经验性总结写法相类似。写作的着眼点是介绍情况、总结经验，而不是叙述情况。但要注意，作为信息报道的简报，在内容上应该新鲜和典型，在文字表述上十分简要。

（3）情况报告式。即把本单位最近一段时期出现的新情况、新问题向上级汇报，下情上传，为上级了解情况、制定政策提供依据。要求反映的情况要准，并与本部门的中心工作密切相关。写法类似于公文中的情况报告，有情况概述、原因分析、对策建议，但要简明扼要。

（4）花絮集锦式。这种写法不求系统、全面，而是把有关情况、人物、事件等内容，分别加上小标题，写成类似花絮、简讯等一段段的简短文章，有时干脆只有标题，没有正文。

3. 供稿者名称

即提供材料的单位或个人，其名称用括号括起写在正文后右下角。如果作者是编发机关，则不必写出。

四、简报写作注意事项

（一）编辑简报的几点要求

1. 精选稿件

简报编辑人员要根据当前工作的需要，精心挑选那些内容新颖，有指导、借鉴、参考价值的稿件编发简报。

2. 修改稿件

简报编辑人员对选定的稿件，在不影响原文内容的前提下，对稿件的结构、内容应反复修改，以使主旨突出、层次分明。若修改涉及原文的内容，应和供稿人员联系核对，以免内容失实。

3. 快编快发

根据本部门中心工作要求，快速从众多稿件中选出质量高的稿件，迅速编发，让读者在第一时间了解最新情况。

（二）拟写简报文稿的几点要求

1. 材料真实

真实是简报生命力所在。简报可在某单位系统内部上行、下行、平行，运行范围广，所起作用也非常重要。为此，简报文稿的材料必须真实可靠；事实完整、清楚，数据准确；

对事物的评价要客观、恰当；实事求是，不夸大，不缩小；杜绝捕风捉影、不合理想象和虚假报道。

2. 内容新颖

简报文稿必须反映新近发生的新情况、新问题、新经验。简报的价值就在于迅速及时地把各种新信息汇集起来，使人们从所反映的思想方面的新动态、工作方面的新经验、值得注意的新情况、富于启发的新见解、萌芽状态的新事物、不良倾向的新苗头中得到新认识，受到启发或引以为鉴，更好地开展工作。这就要求简报文稿撰写者必须有敏锐的洞察力，善于从纷繁复杂的现实生活中发现有价值的、新鲜的、能体现党的方针和政策的材料。这样的材料，对开拓新的工作领域，推动工作向纵深发展能起到重大作用。

3. 简明扼要

顾名思义，简报是情况的简明报告。简报的“简”主要体现在三个方面：一是内容精粹、集中，一篇文章只反映一个主题，观点鲜明；二是语言简洁，要开门见山，直陈其事，字数一般以一千字左右为宜，最长不超过两千字，有的可几百、几十字；三是结构简明，线索单一，脉络分明。

4. 及时捕捉信息，快速成文

简报内容的时效性特别强，因此，必须快速选材，快速成文，否则时过境迁，报道就失去了意义。

例文

上海市打好教育培训机构综合治理“组合拳”

教育部简报

〔2018〕第13期

×××××××编　　2018年×月×日

编者按：为落实中央要求，回应人民群众关切，教育部将治理校外培训机构列入2018年“奋进之笔”重点攻坚任务，从2月起在全国开展校外培训机构专项治理工作，各地普遍按照要求推进治理工作。上海在治理过程中注重标本兼治、综合施策，规范校外培训市场取得积极成效，现将其做法予以编发，供参阅。

上海市坚持依法规范、分类施策、稳慎有序，持续规范教育培训市场秩序、民办学校办学秩序、义务教育学校内部教学秩序等，教育培训机构综合治理工作取得积极成效。

加强准入和安全管理，严格规范非法经营或超范围经营。针对教育培训市场存在的突出问题，制定出台《民办培训机构设置标准》《非营利性民办培训机构管理办法》《营利性民办培训机构管理办法》等文件，明确教育培训机构的设置标准与审批流程，要求所有教育培训机构及教学点都必须经审批取得办学资质。按照“市—区—街/镇—居/村委（或各类园区/楼宇）”逐级排查，全面调研全市各类教育培训机构情况。开展教育培训机构分类集中整治，查处取缔无证无照的培训机构502家。联合市场监管部门对有照无证的培训机构进行限期整改，指导其按照标准办理许可申请。对有照有证机构的不规范办学行为进行整治，加强事中事后监管。同时，对教育培训机构提出建筑、消防、食品等方面的安全要求，未达到要求的培训机构不予审批，对已设立的进行整改或关停。

加强质量和内涵管理，坚决抑制“超纲教学”“提前教学”“强化应试”。（略）

加强师资和资金管理，着力避免同质化、粗放式、高风险发展和逐利资本涌入、绑架教育。（略）

改革考试招生制度，逐步缓解中小学“择校热”问题。（略）

规范课程教学管理和学业质量评价，优化中小学课后服务。（略）

加大公办优质教育供给，推动义务教育向高水平均衡发展。（略）

（引自教育部网站）

【评析】

这是一份专项简报。该简报围绕着“全国开展校外培训机构专项治理工作”这一中心内容，专题介绍了上海市在这方面的六条工作经验。文章前配以按语，对发文的背景、意义和要求作了明确的说明，更加突显了上海市工作经验的借鉴意义和指导意义。文章行文简洁，提纲挈领，恰好体现简报“简”的特点。

第七节　申　　论

一、申论的含义及特点

（一）申论的含义

自 2000 年以来，申论考试一直成为国家机关录用公务员笔试的科目。“申论”之“申”的意思是“引申、申述”，“论”是“论述，分析说明事理”的意思。从语义上说，申论就是针对特定的话题提出自己的观点并展开论述。

（二）申论的特点

1. 内容涉及的广泛性

申论测试的内容一般都侧重于考查应试者解决问题的能力，所以给定资料的范围极其广泛，内容涵盖了政治、经济、法律、教育等社会问题的诸多方面，资料的形式或是事件或是案例或是社会现象。因此，应试者就必须具备一定的阅读、分析、理解能力，能够在有限的时间内，准确把握、理解资料，分析问题、解决问题。

2. 形式的灵活多样性

与传统作文相比，申论考试的形式比较灵活。就文体而言，概括内容部分既可能是记叙文、说明文、议论文中的某一种形式，也可能综合了多种文体形式，还可能是公文写作中的应用文形式；提出对策部分，主要是应用文写作；论述问题部分是议论文写作。因此，从这个意义上来说，申论既考查了普通文体的写作能力，也考查了公文的写作能力。

3. 考查目的的明确性

申论的考查目的是非常明确的，它主要考查应试者阅读理解能力、综合分析能力、提出问题的能力及文字表达的能力。应考时，应试者要仔细阅读所给定的材料，理清材料的逻辑关系，抓住主要问题，考虑特定的条件、环境，并且结合一定的社会实际，进行分析、判断，从而提出切实可行的解决对策。

二、申论试卷的构成

申论试卷有比较规范的结构，由注意事项、给定资料、题目要求构成。

（一）注意事项

该部分内容是针对考生的应试作答而提出的指导性建议，考生在拿到试卷后，切记首先仔细阅读这部分内容，以便按要求依次作答。

（二）给定资料

申论考试中给定资料的字数不定，这些材料大多是带有新闻性质的“半成品”，反映的是社会现实生活中的某一热点问题，基本上不会涉及重大理论问题或专业性较强的问题。这些材料不论是涉及某一个社会现象还是涉及某几个特定的社会问题，都有一个中心思想。

（三）答题要求

“答题要求”一般来说主要有三部分内容：一是对给定资料的理解、分析、整理、归纳、概括、综合；二是根据资料反映的主要问题，提出具有可行性的解决方案；三是考生对个人见解的论证。这几部分是考生在阅读材料的基础上所必须完成的题目。

近年来，申论考试的题目数量多变，题目的形式也多种多样，但不论如何变化，“答题要求”基本上仍是涉及上述三个部分的内容。

三、申论考试的能力要求

国家公务员局发布的考试大纲中对报考者的能力提出如下要求。

省级以上（含副省级）综合管理类职位申论考试主要测查报考者的阅读理解能力、综合分析能力、提出和解决问题能力、文字表达能力、贯彻执行能力。

市（地）以下综合管理类和行政执法类职位申论考试主要测查报考者的阅读理解能力、贯彻执行能力、解决问题能力和文字表达能力。

从这段话可以看出，申论考试主要考查考生以下几方面的能力。

（一）阅读理解能力

公务员从事的是管理国家和社会公共事务的工作，工作性质决定了每天要处理来自方方面面大量繁杂的信息，这些信息绝大部分是书面材料。能不能把这些书面信息看懂、厘清、归纳整理出来，是从事机关工作最基本的要求。因此，申论最先考查的就是阅读理解能力。

阅读理解能力就是在阅读过程中，反反复复地思考：对材料分类，把分散事物综合为具有一定内在联系的事物；由材料内的事物联系到材料以外的其他事物；由材料上升到观点、由具体问题上升到本质属性。

考生在平时复习时，一要多读书看报，把多种不同文体、不同内容、不同来源的材料放在一起读，不断加大阅读量，提高阅读速度。二要有意识地培养理解材料的能力，特别是遇到繁杂的信息要注意分析、归纳和整理，不断自我加压，拓展阅读的深度和广度，提高阅读质量。三要注意总结，积累阅读经验，将阅读的速度和理解的程度有机地统一起来，不断提高阅读的技巧和理解的能力。

（二）综合分析能力

综合分析能力是参加申论考试的考生应具备的基本能力，因为作答任何一道试题都要用到综合分析能力。综合分析能力是 A 类职位单独提出并作为重点考查的内容，因为 A 类职位的招考机关都是副省级及以上的机关，是管理全国性事务的领导机关，这类职位要求工作人员必须具有超强的综合分析能力。考生平时应注重综合分析能力的培养，特别是报考 A 类职位的考生，一定要想办法提高综合分析问题的能力，即对出现的问题既要善于从全国乃至全球的视野去考量，多角度、多层面去考虑，又要善于运用哲学的观点分析和看待问题。

（三）提出和解决问题能力

申论考试给定的资料一般都较长、较复杂，考生必须认真阅读提取有用的信息，才能掌握材料的内容。提出的问题一定要正确、恰当。“正确”就是要抓住材料的主要内容，从宏观和微观上进行准确的把握。“恰当”就是要求提出的问题是材料反映的主要问题，是全面的、系统的。有了问题就要加以解决，申论考试的这部分内容多数是模拟行政机关在工作中遇到的实际问题，主要考查考生利用材料信息独立解决问题的能力。因此，要求考生所提出的对策、建议及方案要切实可行、具体翔实，并要论证这样实施的充分理由。

（四）文字表达能力

文字表达能力是指运用语言文字阐明自己的观点、意见或抒发思想感情的能力，也就是通过文字将自己的实践经验和决策思想系统化、科学化、条理化的能力。文字表达能力是公务员必须具备的一种素质，是其适应工作需要的基本能力之一。语言表达的基本要求是准确、简明、有条理、有层次、有说服力。

（五）贯彻执行能力

贯彻执行能力要求能够准确理解工作目标和组织意图，遵循依法行政的原则，根据客观实际情况，及时有效地完成任务。在《中央机关及其直属机构 2010 年度考试录用公务员公共科目考试大纲》中，贯彻执行能力被列入市（地）以下综合管理类和行政执法类职位申论考试能力测查的范围之内。执行力，是指通过有效的方法把决策转化为结果的能力。如果说领导力是把思路变为部署，那么执行力就是通过扎实的工作把观点变成现实。对公务人员而言，它体现的是一种顾全大局的责任意识，一种奋发有为的工作精神，一种求真务实的工作态度和一种爱岗敬业的工作品质。

除了以上的各种能力外，申论还考查考生的社会认知能力。这一能力非常重要，可以说考生以上诸多能力的表现均需以考生的社会认知能力为基础。申论考试关注社会热点，任何一位政府部门的工作人员都必须投入社会实践中去，在实践中认识世界，改造世界，借助行政手段履行政府部门管理社会的职能。申论考试所招录的也只能是具有较强社会认知能力的人，“两耳不闻窗外事，一心只读圣贤书”式的生活态度与申论考试对考生的能力要求是相差甚远的。

四、申论的写作

申论的写作一般分以下四个步骤。

（一）阅读资料

这是申论考试最基础的环节，应试者只有在认真读懂、读通全部资料基础上，才能把握资料所反映的事件的实质，才能做出正确的分析和归纳。

（二）概括主题

要求应试者能够用简要的文字（一般要求字数在 150 字以内），概括出资料所反映的主要问题。

（三）提出对策

提出对策是申论考试的关键环节，针对主要问题，应试者应该就资料所涉及的范围和条件提出切实可行的解决问题的对策和方案。这一步骤重点考查应试者的思维开阔程度、探索创新的意识、应变和解决问题的能力。

（四）进行论证

就给定资料所反映的主要问题，用1200字左右的篇幅自拟标题进行论述，即申明、阐述应试者对问题的基本看法和解决问题的方法。以上四个步骤中，前三个步骤是第四个步骤的铺垫，进行论证才算是申论的真正开始。

论证是申论考试的核心，能全面考查和衡量一个人的分析归纳能力、提出和解决问题的能力及逻辑说理能力。这一环节可以说是写作典型的政论文，因此要按照议论文的结构和写作方法来进行写作。

议论文的结构一般分为论点、论证、结论三部分，通称“三段式”。议论文的写作要对某些事件或现象进行分析评论，要求“大中取小”，也就是从较大的社会政治和思想现象中选取最能反映事物或问题本质的一个侧面作为“突破口”，经过分析、开掘，揭示其普遍的、深刻的含义，获得“小中见大”的效果。

论证要求中心明确，内容充实，论述深刻，有说服力。

就申论而言，它的论证结构可分为三个部分。

开头。引用材料，大中取小。这一部分要有所强调，即突出与论点有关的部分。此外，还要引出论点。

主体。围绕现象材料进行分析，点出“为什么”。写作时以分析法为主，其他论证方法为辅，如例证法、引证法；要联系现实和自身，强调、突出和发挥中心论点，小中见大。

结尾。概括重申论点。

第五章　调研决策文书

第一节　市场调查报告

一、市场调查报告及作用、特点

（一）市场调查报告的含义

市场调查报告的写作基础是市场调查。市场调查是以市场为对象的调查研究活动，是根据市场学的原理，运用科学的方法，有目的、有计划地对商品买卖的场所，即市场的供求情况、供求规律及影响其发展变化的诸因素进行调查。市场调查报告就是运用科学的方法，对市场的营销情况或重要的经济现象进行调查，经过认真分析、研究后写成的报告性文书。它反映了对市场进行调查研究和分析的结果。

进行市场调查，目的在于获取商品信息，掌握产品的营销现状和发展态势，确保产品的产销对路，使市场供给与需求趋于平衡，因此，人们常把市场调查称为“商情调查”，而把市场调查报告称为“商情调查报告”。

（二）市场调查报告的作用

1. 为决策者制定经营决策提供依据，促进企业生产发展

市场供求情况是决策者制定经营计划和管理决策的必要依据。市场供求受商品供应量和社会购买力的制约，通过市场调查，企业一方面可以及时掌握产品生产、商品库存、商品货源、商品进出口、财政拨款等情况，了解商品供求总量；另一方面又可以及时了解社会消费水平、消费结构、购买力及各种消费因素的构成情况。

市场调查报告是进行经营决策的基础。市场调查报告能准确反映经济活动信息，反映市场商品供求总量及其构成情况，并作出科学的分析，为企业决策者制订生产计划、经营决策提供信息和依据，使企业决策具有科学性和权威性。

2. 改善企业经营管理，增强企业竞争能力

市场调查报告是了解市场、改善经营管理的重要手段。目前我国经济已由高速增长阶段转向高质量发展阶段，企业竞争十分激烈。这种竞争包括两方面，一是产品质量的竞争，二是价格的竞争。市场调查报告可以帮助企业及时了解产品的销售现状，了解同行业竞争对手的产品销售信息及经营管理经验（如质量、价格、销售手段等），以便及时制定合理的营销策略，充分改善现有条件，降低生产成本和造价，从而提高产品的竞争能力，改善经营管理。

（三）市场调查报告的特点

市场调查报告是随着商品经济的发展而产生的一种应用性文体，是调查报告的分支，它又是以了解市场情况，反映商品供求及企业发展状况，总结经验，揭示矛盾，指导工作为目的的专业性调查报告。所以，市场调查报告既具有新闻的特点，又具有报告的属性，但又不同于商业报告和一般的调查报告。

1. 针对性

针对性是市场调查报告的灵魂。市场调查报告的写作要有明确的针对性和目的性，或是推广某一个典型经验，带动整体工作；或是对某一问题进行分析研究，为企业决策提供依据。在深入市场调查之前，目的越明确，针对性越强，写成的市场调查报告作用越明显。

2. 纪实性

市场调查报告的调查目的，主要是了解情况，为企业决策提供可靠的依据，因此必须如实反映。事实是调查的内容和对象，写作时必须实事求是，这是写作市场调查报告的基本原则。要求写入报告中的所有材料（如历史材料与现实材料，正面材料与反面材料，统计数据与典型事例等）都必须准确无误。

3. 时效性

在经济活动中，具体的工作任务都有一定的时间要求。对任何一个企业来说，时间就是金钱和效益。任何过时的信息与报告，都会失去其应用价值。所以，市场调查报告的写作必须讲求实效，调查要及时，报告要迅速。

4. 综合性

市场调查报告要经过认真的分析研究，从调查材料中找出规律性的东西，得出正确的结论，这就要求作者对调查对象的了解必须全面深入，要把握各种有关情况，并对调查的所有事实、现象进行全面的综合和深入的研究，做出简明扼要的分析和正确的判断。

5. 实践性

市场调查报告是应企业的生产与经营管理的需要而产生的，它不只是客观事实的叙述，更重要的在于对事实的分析和概括，对事实的内在规律的探求，反映经济活动中出现的问题，使企业及时采取相应的举措，以提高经济效益，因此具有很强的指导意义和实用价值。

二、市场调查报告的分类

在调查报告中，市场调查报告属于专业性调查报告，可以从不同角度予以分类。

（一）依据调查的内容和作用划分

1. 产品生产情况的调查报告

即针对市场产品的调查报告。主要通过对消费者的调查，反映他们对产品（商品）的质量、价格、使用情况与技术服务等方面的评价、建议和要求，了解企业产品（商品）占领市场的情况，如产品的市场占有率及其走向；用户对产品（商品）的商标、包装及广告宣传的满意度等。

2. 产品购买力的调查报告

即针对市场消费者情况的调查报告。主要通过对产品用户即消费者的广泛调查，反映用户的数量、分布地区及其经济情况，了解因职业、年龄、性别、文化素质的差异而形成的消费心理、消费习惯、消费层次的差异，了解消费与购买的规律，如购买的喜好、季节安排、数量等。只有对企业产品的市场购买力进行全面了解，才能准确把握生产方向和生产规模，尽快获取经济效益。

3. 产品供应情况的调查报告

即针对市场销售情况的调查报告。主要通过供应情况的调查，了解产品（商品）在市场上的供求比例、销售能力和影响销售的因素，了解销售渠道是否畅通，如何进一步提高供求效率，改善供应情况等。由于这类调查报告对企业的生产、经营决策有直接的影响，因而使用最为广泛，容量比前两种调查报告要大。

4. 产品市场竞争情况的调查报告

即针对竞争对手的调查报告。主要是调查竞争对手的市场竞争能力和竞争策略，潜在竞争对手的情况，以及国际国内市场竞争产品情况（质量、数量、品种、价格、包装、市场占有率等），从而提高竞争能力，提升市场份额。

（二）依据调查对象划分

1. 综合性市场调查报告

围绕产品（商品）营销的各个方面开展调查，全面、系统收集、整理和分析有关商品流通、销售和服务的情报资料。调查范围比较宽，写作时间比较长，得出的结论也比较全面。

2. 专题性市场调查报告

围绕某一专门问题或者情况开展专项调查，其涉及范围相对较窄一些，重在研究某一重点问题，调查内容深入、细致，研究结论具有较强的针对性。从事市场营销和管理的部门经常采用此种形式。

（三）其他类别

如依据调查范围，可分为全国性市场调查报告、区域性市场调查报告、国际性市场调查报告等。依据服务对象，可分为市场需求者调查报告（消费者调查报告）、市场供应者调查报告（生产者调查报告）。依据表述方法，可分为陈述型市场调查报告、分析型市场调查报告。

三、市场调查报告的格式与写作

（一）格式

严格说来，市场调查报告没有固定的格式，主要依据调查的目的、内容、结果以及用途加以确定。但一般说来，市场调查报告在结构上都应包括标题和正文两部分。正文包括前言、主体和结尾。

（二）写作

1. 标题

市场调查报告标题的写作没有固定格式，标题应该根据报告的内容而定，一般为以下两种：一是单行式标题。概括出调查单位、内容、时间和范围，写法与公文标题相近，其中的文种可直接采用“调查”“调研报告”，如《中国智能手机市场前景调查》；也可用“回顾”“回顾与展望”，如《2017 年中国国内贸易发展回顾与展望》。二是双行式标题，可以直接提出问题，指出调查的意义，还可以用报告中得出的结论作标题，如《传统商业走向现代商业的探索——北京市连锁商业调查》。而无论哪一种标题，都必须准确、简洁、新颖、醒目，概括出全文的基本内容。

2. 正文

市场调查报告的正文分为前言、主体和结尾三部分。

1）前言

一般是对调查情况的简要说明，使读者对报告的内容有一个概括了解。前言部分应该写出关于调查的基本情况（调查的对象、原因、目的，调查的时间、地点、范围、方法，调查的经过）和结论。前言部分要高度概括，语言简明扼要。有的市场调查报告也可以不写前言，把它放在主体部分，或者直接进入主体部分的写作。

在表达方式上，可采用以下几种方式：说明式（报道式），对调查基本要素予以简单介绍；议论式，先提出调查和预测的中心问题，并对其重要性和性质加以议论，而将调查的时间、地点、对象、经过和方式等嵌入后文的主体部分；结论式，先提出报告的基本结论。后两种方法能使读者预先获得深刻的印象即对调查或预测的本质性认识。

2）主体

这是调查报告的重点。根据调查中所获取资料的性质和内在联系，按照人们的认识规律和习惯安排层次，一般包括下列内容。

（1）基本情况。对通过市场调查所获取的各种商情资料，即过去或现在已经存在的客观情况、调查结果或者原因进行简要的分析，指出特点或存在的问题。可按时间顺序进行表述，也可按问题的性质归纳成几个类别加以表述。要如实反映调查情况。一般以文字说明为主，也可用图表及数字加以补充说明。

（2）预测展望。市场调查报告虽不以预测为重点，但也往往对市场的变化趋势有所展望。在陈述基本情况的前提下，对市场发展变化的趋势进行分析预测。分析预测包括产品需求量、新产品的开发、消费习惯的变化、市场走向等。分析预测要认真分析研究资料，结论准确可靠。内容较复杂时，可分成若干方面，以小标题的形式加以阐述。

（3）对策和建议。这是市场调查报告的落脚点，不可或缺。根据分析或预测得出的结论，提出相应对策，要有针对性，又要有可行性，为企业管理者制定决策提出切实可行的参考意见。这部分多采用议论的表达方式。

在内容的层次安排上，市场调查报告的主体部分与调查报告相同，请参阅第四章第五节“调查报告”的写作。

3）结尾

这是全文的结束部分，可以重申观点，呼应前言；也可进一步陈述作者对问题的深入认识以及调查体会等。

结尾部分是市场调查报告的结论，但如果在正文的主体部分如“对策和建议”已经把观点阐述清楚，也可省略结尾。

需要说明的是，有的市场调查报告还有附录，其内容一般是有关调查的统计图表、有关材料出处、参考文献等。

四、市场调查报告写作注意事项

（一）客观调查，结论正确

调查报告的最大特点是，从事实出发，发现问题，分析问题，得出结论，为企业决策者提供依据。因此，在调查中应努力克服主观性，从事实出发，广泛积累资料，尽可能全面地了解情况，认真分析，得出正确的结论，避免主观感情色彩。

关于调查数据的获取，一般情况下，宏观数据可查询各级政府部门如国家统计局等相关机构的资料（包括网站），微观数据需要通过市场调查等方法收集。

（二）实事求是，注重分析

实事求是，以事实为基础，是进行市场调查、写好市场调查报告的前提和保证。所以作者一定要亲自参加调查实践，所引用的每一个材料和数据都要做到翔实、可靠，以便通过对事实的分析做出正确的判断，得出正确的结论，切忌弄虚作假。

另外，市场调查报告的写作与学术论文不同。学术论文强调理论性，在理论与事实的结合上，以理论分析为主、以事实为证明的材料，应侧重对事实的概括、总结和升华；而市场调查报告的写作以报告为主体，要求以陈述事实为主来显示事理，应着重于市场相关情况（即过去和现在的市场状况）及分析，因此应避免过多的理论论证或空泛议论；还应分清主次，不可面面俱到。

（三）准备充分，方法得当

市场调查报告既是调查报告，也是财经文书，应使用正确的调查方法（观察法、实验法、资料收集法、问卷调查等），保证数据资料的准确性；还要注意表达方式，依据写作的需要，正确采用叙述、说明、议论相结合的表达方式。

（四）及时调查，迅速写作

市场变化迅疾，市场调查要及时，行文要快捷，否则，市场调查报告将失去时效性，失去对企业生产和经营决策的指导作用。

第二节　市场预测报告

一、市场预测报告及其作用、特点

（一）市场预测报告的含义

也称“经济预测报告”，是依据已掌握的市场信息和资料，运用经济理论和科学方法进行准确分析、推测和判断，从而预测市场趋势的一种预见性报告。它通过对市场供求情况的调查、分析和研究，掌握市场供求变化规律，从而为有关部门和企业的计划和经营决策提供理论依据。

（二）市场预测报告的作用

市场预测报告不仅要及时提供市场目前的各种信息，还要预测市场各种因素的发展趋势。企业的经营管理水平，从根本上说，就表现在市场预测的能力上。市场预测报告具有以下作用：

1. 有利于政府部门的宏观经济调控

随着市场经济的发展，政府管理经济的方式转变为宏观调控，通过市场调查和预测，把资金投向、生产规模、社会需求及市场变化予以公开，从而使企业更多地了解相关信息，指导企业发展，提升管理服务效率。市场预测有利于满足多元化的市场需求，实现供需平衡，避免资源浪费。科学的市场预测对制定国民经济发展计划和行业规划，优化产业布局都具有重要作用。

2. 有利于引导社会生产

预测是生产的先导。当前，我国经济由高速增长阶段转向高质量发展阶段，人们对物质文化生活提出了更高要求。科学的市场预测有利于引导企业不断改革创新。通过市场预测，能发现有发展潜力的企业和产品，以便及早予以扶持；对盲目发展的及时予以控制；对可能出现的问题，及时采取措施加以预防和解决，加强和改善企业的经营管理，从而实现社会生产的目的。

3. 有利于企业的经营管理决策

企业是市场的主体，企业的发展也必须适应新经济形势的需要。正确的市场预测能为企业提供科学的经济情报，帮助企业增强生产和经营的自觉性，有效防范市场风险和危机，提升经营管理的决策水平。

（三）市场预测报告的特点

1. 科学性

客观的经济现象在各个发展阶段往往具有一定的内在联系。市场预测就是通过对经济现象的历史和现状的分析，掌握内在联系，揭示发展规律，并预测未来的发展趋势。市场预测不只凭借实践经验来进行，更要依据科学的方法加以分析研究，力戒主观盲目，在占有详尽的信息资料的基础上，经过严密的推理和科学的运算，得出准确结论，从而保证预测结果的科学性和精确度。

2. 预见性

市场预测报告的最大特点是对事物未来发展方向和特点的事前预测。这就要求市场预测必须通过充分的调查研究，运用有关的经济学理论和方法，正确地分析、研究有关的数据资料，做出准确预测。

3. 参考性

针对市场供求所做的各项分析预测，对于企业和相关部门的决策，具有重要的参考价值。

市场预测是企业制定经营战略的基础，通过对经济现象的分析研究，提出市场变化趋势预测，帮助企业掌握市场需求的潜力，把握市场机会，增强企业和产品的国内外市场竞争力。

4. 时效性

市场预测报告必须及时，才能准确地把握市场的现状和未来的发展趋势，使企业在竞争中掌握主动。所谓及时，一是要及时对市场和产品的发展方向做出预测，二是要及时将预测信息传递给有关部门，以充分发挥预测报告的作用。

（四）市场预测报告和市场调查报告的关系

市场预测报告和市场调查报告各有侧重。它们之间既有联系又有区别。

1. 市场预测报告和市场调查报告的联系

市场调查是市场预测的一种手段，是市场预测的第一步。市场调查报告和市场预测报告都是根据市场实际情况所做出的报告，都属于调查报告，在实际应用中往往有些重合，文种写作包括以下两种情况：一是调查加预测；二是单纯预测。两种文体可分可合，应根据实际需要而定。

2. 市场预测报告和市场调查报告的区别

（1）对象不同。市场调查报告的对象是过去和现在已经存在的经济现象。市场预测报告的对象是尚未形成的经济现象。

（2）目的不同。市场调查报告可以帮助企业进行市场预测，但偏重于对市场过去和现状的了解，总结经验，发现问题，掌握市场营销的发展变化规律，虽然提出了意见建议，但更侧重调查数据和现状的列举和说明，让读者去做判断。市场预测报告则偏重于将来，一定要明确提出预测结果，并据此给出对策建议，帮助企业预测市场商品供求的发展变化趋势。

（3）方法不同。市场调查报告一般通过普遍调查、典型调查或抽样调查获取资料，然后加以分析整理，并针对上述现状和问题得出系统、科学的分析结论。市场预测报告则主要根据统计资料加以数学分析，预测未来，这些数据和资料可以是作者通过市场调查得来的，也可以采用他人的调查总结资料。

二、市场预测报告的分类

与市场调查报告相同，市场预测报告属于专业性调查报告，也可以从不同角度予以分类。

（一）依据预测范围划分

1. 宏观预测报告

宏观预测报告是指国家或政府部门从宏观经济管理角度，针对宏观经济未来活动、商品流通总体发展趋势所做的综合性预测报告。常指关于国民经济乃至世界范围内的各种全局性、整体性、综合性的经济现象的预测。如对社会商品购买力与社会商品供应总额及其平均状况的预测、各类商品和服务在国内外市场上总需求量和发展趋势的预测。可以是一个国家、一个地区的经济发展情况，也可以是科学技术研究情况、市场购买力变动情况等。

2. 微观预测报告

微观预测报告是指某一部门或某一经济实体对自身生产、经营活动等经济行为，影响生产、经营的市场环境的预测报告，如对企业生产或经营的特定商品（品牌）的国内外市场需求的预测，新产品开发前景的分析研究等。

（二）依据预测内容划分

1. 综合性预测报告

以经济活动的各个方面作为预测对象。如企业对消费水平、消费倾向、竞争形势和技术发展趋势的预测，关于收入水平、价格变化、产品质量等因素对消费结构的影响预测等。

2. 专题性预测报告

也称专项性预测报告，是某一经济实体对自身经济活动的某一方面的预测，侧重于自身经济运行过程中需要解决的问题的分析。由于其涉及面比较小，问题分析比较集中，对策建议针对性强，因此使用频率较高。

（三）依据预测时间划分

有长期预测报告、中期预测报告和短期预测报告，分别指对 5 年以上经济前景的预测，对 2～5 年的预测和对 1 年左右市场发展变化的预测。需要说明的是，为了适应迅速变化的市场需要，有时也按季度、半年等特定时间段进行市场预测，这种报告往往也称为近期市场预测报告。

（四）其他类别

如依据预测空间，可分为国际性市场预测报告、全国性市场预测报告和地区性市场预测报告等。依据预测方法，可分为定性预测报告、定量预测报告。

上述各类预测报告往往相互交叉，结合运用，以保证预测依据的科学性和准确性。

三、市场预测报告的格式与写作

（一）格式

一般由标题、正文两部分组成。其中，正文的结构已形成比较固定的模式，一般由前言、主体两个要素组成。

（二）写作

1. 标题

（1）单行标题。分为公文式标题和文章式标题。一般由预测区域、预测时限、预测对象和文种等组成，如《深圳市 2015～2018 年轿车需求量的预测》《2018 年中国房地产行业市场前景分析及发展趋势预测》。有的标题也使用“展望”“变化”“趋势”等，如《2018 年中国经济形势展望》。有的采用结论性标题，而不出现“预测”，如《网络销售：市场竞争的新热点》《房地产进入转折周期　未来 10 年如何投资》。

（2）双行标题。正标题阐明预测结论，副标题说明预测对象或范围，如《今明两年：增长稳中趋缓、结构优化升级——中国宏观经济预测与分析 2017 年秋季报告》。

2. 正文

1）前言

又称引言。一般简要介绍写作动因或说明有关情况，如预测的范围、对象、主要内容、主要观点或数据等。也有的预测报告不写前言，而把它的内容放在主体部分加以说明。

2）主体

一般由三部分组成，包括基本情况、预测和建议。

基本情况，即回顾历史，说明现状。根据经济现象的历史发展，用翔实、准确的材料来说明市场的发展现状。这是分析预测的前提和基础。以企业的微观预测报告为例，一般而言，基本情况应包括以下内容：一是企业自身状况，二是产品供求状况，三是消费者状况。在写作之前，对历史和现状的材料和数据的收集要全面、充分，但在写作过程中，则要根据预测的目的和需要，有重点地加以取舍，抓住直接影响未来发展趋势的基本情况，突出主要矛盾和重点内容。

预测，通过数据和事实分析，预测发展趋势。这是预测报告的核心内容，即根据上述各种现状，加以分析研究，总结规律，预测产品发展趋势，为企业产品的技术革新和发展提供依据。在写作上，既要提出明确的预测结论，又要以充分的证据来论证预测结论，具有说服力；既要预测事物发展的总趋势，又要预测总趋势中会出现的某些变化；既要预测可见的、已出现的因素，又要考虑潜在的、突变的因素；既要考虑客观因素，又要考虑主观因素。为了叙述的方便，可以分成条款或小节加以说明。

建议，为经营决策提供参考。写作市场预测报告的目的是为企业决策提供依据、建议或设想，就是把根据预测的市场发展趋势而制定出的对策明确地陈述出来。建议是预测的一个重要部分，因此，同市场预测一样，必须科学、准确，才能切实起到决策依据的作用。需要注意的是，在市场预测报告的写作过程中，有时把建议部分作为结尾。

在写作过程中，上述内容可有所侧重或有所省略。例如，有的预测报告没有前言；有的把主体部分的历史回顾与现状分析写得十分简略，或予以省略，只把预测结果陈述出来；有的报告不写建议，但分析、预测部分不可缺少，它是预测报告的核心和重点。

四、市场预测报告写作注意事项

（一）目标明确，重点突出

经济现象千变万化，十分复杂，搜集材料应力求丰富、全面，在正文主体部分作具体分析时，应把历史与现状、宏观与微观、偶然与必然等方面的情况，加以联系和综合，认真分析研究，做出全面、准确的预测。同时，预测报告必须有突出的主题，这就要求在写作时，根据预测的目的确定明确的预测目标，而不能不分主次，面面俱到，层次模糊。

（二）科学预测，方法适当

市场预测的方法，国内外共有一百余种，常用的也有二十余种。只有选择最合适的方法，才能收到良好效果。目前最常用的预测方法主要有定性预测法、定量预测法、比较分析法、因素分析法等。由于角度不同，各种预测方法都有局限性。写作时应适当结合，并根据预测内容和侧重点的不同，做出正确的选择。

表达方式也要准确、恰当。情况介绍要运用概括叙述，统计资料、经济信息要叙议结合，分析预测要使用数据、图表加以说明，增强科学性和可读性。

第三节　经济活动分析报告

一、经济活动分析报告及其作用、特点

（一）经济活动分析报告的含义

经济活动分析，又称经济效益分析，是企业进行现代化管理的一个重要环节和方法。经济活动分析报告，通常简称经济活动分析，这是一种回顾研究性的文书，所以又称经济活动总评，它是反映经济活动分析结果的书面形式，即以计划指标、会计核算、统计数据和调查研究等情况为依据，运用现代经济理论和科学分析方法，对某一部门、某一单位已经发生的经济活动状况（包括生产、销售、成本、财务等活动）进行分析评价而写出的书面报告。

（二）经济活动分析报告的作用

经济活动分析是加强经济管理和决策研究，提高经济效益的一项重要措施。而经济活动分析报告是搞好经济活动的重要环节。

1. 有助于制订经济计划，保证国民经济的发展

制订经济计划，不仅应在国家宏观经济发展计划的指导下进行，而且要依据市场的需求变化规律。所以，企业在制订计划之前，必须进行各方面的经济活动分析，为制订计划提供科学可靠的依据。另外，微观的经济活动分析，能帮助国家财税、金融等有关部门从宏观上了解和掌握国民经济整体与各个部门的动态，以便及时采取综合平衡措施，或运用相应的经济手段调节社会需求和产品结构等，以保证国民经济有计划、按比例地协调发展。经济活动分析报告是帮助财税、金融部门按经济规律办事，以避免依靠行政命令盲目指挥的一种有效形式。

2. 有助于企业提高经营管理水平，提高经济效益

经济活动分析报告反映经济活动的进程与效果，反映各项经济技术指标的情况，对影响计划完成的各项因素及程度，对企业的生产经营管理、经济活动规律做出全面分析。预测市场动向和生产发展趋势，准确反映经济运行的发展规律，从而使企业能够确定生产经营的目标，制订科学合理的发展计划，即决策科学化，为企业合理地组织、控制和协调生产经营活动提供依据，切实提高企业的经济效益。

3. 有利于企业内部改革，促进企业的发展完善

企业的管理依赖于周密的计划和分析，而经济活动分析报告全面反映企业生产流通、经济管理情况，发现不足，找出原因，促进和深化企业经济改革，有利于完善各种形式的经济责任制，从而促进企业的挖潜改造、设备更新，有利于加强全面经济核算，节约原材料，降低成本和消耗，进一步提高产品质量，提高产量，搞活企业，全面促进经济的发展。

（三）经济活动分析报告的特点

1. 专业性

经济活动分析报告专用于经济领域，涉及工业、商业、农业、金融、财政、税务等不同部门的各种专业问题，专门分析生产、商品流通、资金运转等过程中各项经济指标的完成情况，甚至涉及整个经济活动中的各种专门问题，如物价、消费等，专业性强。

2. 综合性

经济活动分析必须根据经济现象和各种因素进行全面综合分析。在分析经济现象和经济活动时必须周密、全面。

3. 定量性

经济活动分析必须量化。即用数据说明经济活动情况，以指标数据为核心展开分析，以数量的增减评判执行计划的结果，以数量变化来剖析原因。所谓无数不成文。

4. 指导性

经济活动分析的一个主要作用，就是通过分析总结，找出影响计划指标完成情况的主要因素和影响总体经济利益的薄弱环节，进而制定相应的措施，加强管理，提高经济效益。因此，它是经济部门和企业制定发展规划的重要依据，具有重要的指导意义。

5. 对比性

经济活动分析的一个重要意义，就是通过对经济活动的过程与结果的分析，检查经济部门和企业各项指标的完成情况，考核经济活动的成效，并做出客观、公正的评价。因此，在写作经济活动分析报告的过程中，必须与国内外同行业、同部门、同企业所进行的经济活动和过去进行比较，借以分析经济活动所取得的成效。

（四）经济活动分析报告与相关文种的比较

1. 与市场调查报告的比较

（1）报告时限不同。经济活动分析报告的时限较短，属于定期报告。一般是在月末、季末、年末或项目结束时做出分析；市场调查报告具有报道性，在市场出现波动或企业内部出现问题时，就要及时开展市场调查，属于非定期报告。

（2）涉及范围不同。经济活动分析报告多属于专题性报告，主要针对各项指标的执行情况（计划、成本、销售、广告效果等）做出分析；市场调查报告涉及的范围则较为广泛，包括所有市场现象。

（3）表达方式不同。经济活动分析多使用数据、表格结合的方式，一些分析还运用数理统计方法，对历史资料及调查资料进行分析说明，体现出较强的专业性，篇幅相对短小；市场调查报告也有数据分析，但一般不需要数学计算，表达多以叙述为主，篇幅长短不等。

2. 与市场预测报告的比较

主要是分析对象和时间点的差异。经济活动分析报告侧重于对过去和当前经济活动的分析，市场预测报告侧重于对市场发展前景即未来趋势的预测。

3. 与经济报道的比较

经济活动分析属于调查报告，即要运用经济理论和科学方法，涉及范围也较大，传播渠道相对局限在政府部门和企业内部以及学术期刊。经济报道属于新闻文体，有事即报，撰写时效性要求更强，多在新闻媒体发布，传播范围更广。

二、经济活动分析报告的分类

经济活动分析报告，依据不同的标准，可以划分成许多种类，其中主要有如下几种。

（一）依据分析目的与内容划分

1. 综合分析报告

综合分析报告，又称全面分析报告或系统分析报告，它是对一个地区、一个行业、一个企业或一个单位在一定时期内的经济活动的各项经济指标进行全面总结、系统分析后形成的书面报告。

综合分析报告，根据各项主要经济指标及其完成情况，在系统分析的基础上，着重研究各项经济活动之间的联系，分析生产经营中带有普遍性和关键性的问题，对今后发展提出总体设想。

综合分析报告一般用于定期分析，即在年末或季末，根据会计报表和有关资料，通过对资金、费用、成本和利润等方面的综合分析，来检查和总结企业在一定时期的生产和管理情况，了解经济活动全貌，找出存在的问题，以便为企业指明改善管理、提高经济效益的方向。

2. 专项分析报告

专项分析报告，也称专题分析报告、单项分析报告，是根据企业生产经营管理的需要，对经济活动中某一专项问题进行深入细致的调查分析后写成的。它一般是结合当前的中心工作或是对某些重大的经济措施和业务上的重大变化，或工作中的薄弱环节和关键问题进行独立的专项分析。例如，在清查仓库中，对库存商品质量的分析；发生亏损时，对亏损原因的分析；在扩大业务范围后，对某项新增业务开展情况的分析等。

专项分析报告的特点是，内容专一，一事一题，分析问题较为深透，反映问题及时迅速等。此外，还可以为综合分析提供资料。由于专项分析报告不受时间限制，短小精悍，内容广泛，形式灵活，简便易行，在财经工作中经常使用。

（二）依据分析范围划分

1. 宏观经济分析报告

宏观经济分析报告是关于国民经济全局性问题、地区和行业共性问题的书面报告，如体制改革、生产、消费、流通、物价、信贷等，还包括国民经济计划执行情况分析、年度统计报告等，目的是揭示内在规律，指导全局。

2. 微观经济分析报告

微观经济分析报告是对一个企业或一项产品的生产经营活动等进行分析研究的书面报告，如资金情况分析，产品质量分析等，目的是为下一步工作制订计划和措施。

（三）其他类别

依据分析对象，可分为生产、销售、成本、财务等分析报告。依据分析时限，可分为定期经济活动分析报告、不定期经济活动分析报告，事前预测性分析报告、事后总结性分析报告等。

三、经济活动分析报告的格式与写作

（一）格式

包括标题、正文、落款三部分。

（二）写作

1. 标题

经济活动分析报告的标题，有单行标题和双行标题两种。

（1）单行标题，包括公文式标题、论文式标题。前者由介词“关于”和分析对象与文种三部分组成，也可以由部门名称、时间、事项和文种四项组成。单位名称与分析时间有时可以省略，而文种往往以“分析”“情况汇报”“完成情况”“回顾与思考”“评估与建议”“状况分析”等形式出现，如《当前中国经济体制改革形势分析》《中国商品期货市场服务实体经济运行评估报告（2016）》。公文式标题运用广泛。后者一般含有分析对象和事由，或揭示文章的主要观点，或点出文章的论题范围，如《我国大企业竞争力的测评方法与实证分析》《汽车价格战的教训》。

（2）双行标题。主标题阐明分析结论，副标题说明分析对象或范围，如《宏观调控重在力度——房价上涨与回落透析》《加速结构调整实现战略转移——长三角经济形势和发展趋势》。

2. 正文

正文分导语、主体、结尾三部分。

（1）导语，即引言、导言或前言，是分析报告的开头部分。简要交代分析的目的、原因、要求，概括说明分析的背景、面临的形势，交代基本情况，点明存在的主要问题，以引出分析的过程。对上述内容的安排，可以根据实际需要有所侧重和选择，要求写得简练切题。有的经济活动分析报告不写引言，把它安排在主体的分析说明之中。

（2）主体。这是全文的重点，主要是情况分析，是经济活动分析的核心。交代各种经济指标或者有关方面、有关问题的分析结果。分析部分要依据国家的有关政策和经济规律性问题，对经济规律、有关数据进行计算，对主要成绩或存在的问题等有关情况进行综合分析研究，总结经验教训。在分析过程中，既要分析客观原因，也要分析主观原因。对各种经济活动分析报告的写作，在分析时应各有侧重，如全面分析报告，要交代各项主要经济指标逐项分析的结果；对专题分析报告，则要具体地展示通过不同侧面的深入分析所获得的专题分析结果。由于情况分析是全文的重点，在写作时可以列出小标题，或用数字标明写作层次。

（3）结尾。提出意见或建议，即解决问题。通常是展示分析的结果，即在主体部分分析的基础上针对分析对象的具体情况及存在的问题，做出简略的评价，提出改进意见或建议供分析对象参考。有时也提出对未来的预测，但这种预测是建议性的。意见和建议是经济活动分析的目的和意义，在分析报告中占有重要位置。对意见和结果的表述，可以简要归纳，也可以分条列项、概括地叙述，但应符合应用文的结构要求，结尾的行文简洁明了，篇幅不宜过长，与主体比重有所区别，否则便可能与探讨对策、解决问题为主的工作报告相混同，失去经济活动分析报告以陈述为主的特征。此外，经济活动分析报告中的意见或建议必须具有针对性、具体性和可行性，以便为分析对象提供切实可行的参考方案，促进经济活动的开展。

在结构上，经济活动分析报告多采用综合式结构：整体上是纵式的，首先提出情况概述，其次分析研究，最后提出意见或建议。但对上述每一层次的安排又是横式的，根据具体情况横向展开，多侧面地反映各种不同情况和问题。有的报告也把“意见和建议”放在主体部分加以阐述。

3. 落款

即具名和日期，一般包括作者署名和写作日期。其中，以单位名义写作的报告应签署单位名称。落款通常在正文的右下方，但公开发表的经济活动分析报告的作者姓名则应署在标题下面。写作日期也有省略不写的。

（三）常用的分析方法

经济活动分析报告与常见的文字分析不同，它属于经济管理研究范畴，关键在于对经济活动进行科学分析。常用的分析方法主要有如下几种。

1. 比较分析法

又称对比法、对比分析法、指标分析法。就是对同一基础上的可比数字资料进行比较，通过比较的结果研究经济活动的情况，如相互之间的联系和差距，从而分析问题原因的一般方法。这是经济活动分析的起点，也是在定量分析中应用最多的一种方法。

比较分析法又分为以下几种。

（1）同向比较即比计划。把实际实现的指标与计划指标相比较，说明计划执行的情况，以确定新的发展对策。

（2）纵向比较即比历史。以本期的实际指标与上期或上年同期指标相比较，或与同行业、本企业历史上的最高指标进行比较，分析指标的发展速度和增减速度，以便预测企业经济活动的发展变化趋势。

（3）横向比较即比先进。以本期的实际指标与客观条件基本相同的先进单位的实际指标相比较，或与国外先进的同行业、同类产品相比较。这种比较分析法又称类比分析法。从比较中发现本企业在完成经济指标过程中存在的问题，经营管理上存在的差距，以改进管理。

2. 因素分析法

因素分析法，又称因素替换法、连锁替代法、连环代替法、因果论证法或分析论证法，即对经济指标完成过程中产生的问题和矛盾的各种主客观因素进行评价和分析，以制定相应的措施。

因素分析法和比较分析法不同，侧重于事实的证明和原因特点的分析，侧重于各种因素对某一经济活动结果的综合影响的分析，如产量、质量、成本和利润等各种因素对某一结果的综合影响，以及影响的主次顺序和程度。而比较分析法则侧重于数据资料的分析，侧重于数据之间的比较。但是，在经济活动分析中，因素分析法常常是紧接比较分析法而运用的。

运用因素分析法，要抓住主要问题，即从诸多因素中找出最本质、最关键的因素。注意分辨主客观因素，从事实入手，对本期经济活动的特点，实事求是地加以论述和说明。

3. 预测分析法

预测分析法，又称动态分析法、趋势分析法，是通过对经济活动发展过程的动态分析，研究某一经济现象发展变化的情况与未来趋势的分析方法。预测分析法是在分析基础上的预测。通过对经济活动现象的发展变化特点的分析，进行纵向的比较，找出企业的发展规律，进行科学决策。这种分析方法又可以细化为若干方法，如下面两种。

（1）统计分析法。通过对过去的统计资料的分析，预测发展方向。

（2）经验预测法。通过对以往经济活动所取得的成效、经验与教训的分析，判断和预测发展方向。

4. 时间分析法

时间分析法，把分析对象按时间顺序划分为若干阶段进行具体分析，主要适用于特殊行业和经济部门。由于受季节、气候等影响，一年四季的经济活动不均衡，运用时间分析法可以改进经营管理，使经济活动趋于均衡和稳定。

5. 综合评价法

又称综合归纳分析法，是对各种指标的执行情况进行综合对比、计算和评价，通过全面分析比较，对经济效益进行准确判断，并给出高效、低效、无效、最佳、一般等综合性的评价或选择建议。这种分析的特点是全面可靠，但在运用过程中应该注意客观性和科学性，避免主观性、片面性。

除以上五种方法外，经济活动分析方法还有指数分析法、平衡分析法、比率分析法、结构分析法等。在经济活动分析报告的写作过程中，往往根据分析目的和内容的需要，把以上多种方法结合起来使用。

四、经济活动分析报告写作注意事项

（一）明确目的，抓住重点

经济活动分析报告的价值是推动经济活动的发展，这也是经济活动分析报告的写作目的。因此，在写作过程中，必须解决一两个主要问题。在写作之前，应对要解决的问题进行归纳分类，抓住主要问题，突出重点，举一反三，以点带面。

（二）观点正确，态度鲜明

经济活动分析报告的写作要以党和国家的方针政策为依据。政策水平是经济活动分析写作能力和水平的基本要求，必须正确掌握党和国家的经济方针政策、规章和法令。正确的政策观点是写作的前提。

在写作过程中，要做到实事求是、态度鲜明。肯定什么，反对什么，要表述得清楚、明白。

（三）运用资料，全面合理

分析报告要有材料依据，及时掌握各种有关的技术经济指标资料和经济活动的事实材料，这是写好经济活动分析报告的前提。

经济活动分析所使用的资料分为两种：一种是硬资料，即具体的数据、报表、计划凭证等书面材料；另一种是软资料，即深入实际进行调查研究所获得的第一手材料，如经营管理的策略、技巧等。

经济活动分析报告具有专业性、定量性的特点，在写作中往往通过一定数据和资料来说明和分析问题。但有的经济活动分析报告以大量数据、图表为主，而把文字说明作为辅助材料，容易出现罗列硬材料、忽视软材料的问题。因此，在写作过程中，必须注意对软材料的调查和搜集，将二者有机结合。通过数据和典型事例，揭示问题的实质，抓住关键，全面、客观地加以分析。

（四）方法得当，语言生动

由于经济活动的内容丰富多样，分析的目的和侧重点也各不相同。在分析经济活动过程中，必须运用正确的方法，根据写作内容、目的和重点等要求，把几种方法结合起来运用，并以某种方法为主，恰当、准确地阐述和分析问题。

在语言的运用上，必须条理清楚，表述准确，对问题的分析和判断必须客观真实、准确无误，揭示经济活动的本质，符合客观规律。另外，在分析报告中，专用名词、专用术语比较多，因此，运用概念必须准确、严密，分析数据、图表时，要清楚明白，简洁易懂。

第六章　信息宣传文书

第一节　消　　息

一、消息及其作用与特点

（一）消息的含义

消息是新闻报道的一种常用文体，它是对新近发生、正在发生或发现的重要的客观变动状况所做的迅速及时、简明扼要的报道。

新闻有广义和狭义之分。广义的新闻包括消息、通讯、短评、社论等。狭义的新闻专指消息，也叫新闻报道。

（二）消息的作用

1. 传播信息，引导社会舆论

消息可以传播有新闻价值的各类信息。通过电视、广播、报纸、网络、政务微博、移动客户端等多种媒介平台，迅捷传递党和国家的各种方针、政策，各行各业的发展变化，各种经济现象的运动规律，市场供求信息等，使受众在第一时间就能够了解到国家的各种发展与变化，并满足受众利用信息从事各项社会、经济活动，进行正确决策的需要。

2. 解读政策，架设桥梁

可以运用各种媒介平台，及时将党和各级政府最新出台的法规、方针、政策进行详细深入地解读，让百姓在第一时间不仅能了解最新出台的各项政策，还能看到经过专家解读的各种精神；让政府的声音及时传递到每一个百姓，也让百姓的需求及时上达到有关政府部门，以改变不当的决策与做法，对偏离和违背国家政策和社会正常运行规则的有关经济活动、社会现象等实施监督；反映并监督社会上存在的问题和弊端，起到维护社会和谐稳定，架设政府和百姓之间桥梁的作用。

3. 推介典型经验，传播新生事物

消息可以具体系统地报道新兴企业、优秀企业及它们的发展，报道优秀企业的典型经验，介绍新思路、新做法、新科技、新产品、新知识，也可以报道各行各业的先进典型人物，使优秀企业、优秀人才以及他们好的经验得以传播，对新生事物起到推广宣传的作用。

（三）消息的特点

1. 真实准确

所报道的新闻事实真实、确有其事，所用材料全部真实，语言表达准确无误，还要集中报道最重要的新闻事实。

2. 迅速及时

要在第一时间将刚刚发生或正在发生的，具有报道价值的事实写成新闻并传播出去。

3. 短小精悍

用简明扼要的语言概括地报道新闻事实，文字量都比较少，一般在三五百字，不会超过一千字。

二、消息的分类

（一）动态消息

动态消息是最迅速及时地报道自然界与人类社会现实世界最新变动信息的重要新闻体裁，是使用频率最高的新闻体裁，又称动态新闻。

动态消息的特点如下：

（1）主要着眼点是最新变动的消息；

（2）主要价值取向是时新性与重要性；

（3）主要报道内容是突发性事件；

（4）以客观叙事为基本特征；

（5）报道方式是一事一报；

（6）篇幅短小为结构上的显著特点。

（二）会议消息

会议消息是报道会议上发生的或是与会议有关的新闻报道的统称。一般要写清会议的名称、会议时间、地点、主持人以及会议的主题等，还要写清重要参会人物和领导的主要讲话内容，介绍参会人员情况。

1. 会议消息的特点

（1）抓住会议中的重要内容来写；

（2）跳出会议写新闻；

（3）捕捉会场内外的“鲜活”材料写成新闻；

（4）灵活运用写作方法技巧，根据不同类型会议特点，写出有特色的会议新闻。

2. 会议消息的作用

（1）会议消息是贯彻执行党的路线方针政策的主渠道，也是有效引导舆论的主阵地。新闻媒体通过对会议的报道，及时将党的理论、方针、政策和各项工作等信息传递给社会各界，积极地引导社会舆论，始终是新闻媒体一项重要的社会职能。

（2）会议消息是党和政府联系群众的桥梁，也是体现党的优良传统和作风的重要途径。会议消息可以最直观地反映党的各级领导机关和领导干部思想作风、工作作风和纪律作风，其报道内容和报道方式是否贴近现实、贴近生活、贴近群众，直接关系到领导机关和领导干部在人民群众中的形象，关系到新闻媒体如何更好地落实和体现党密切联系群众的工作作风。

（3）会议消息既是群众了解中央政府政策变动的信息通道，也是体现群众民主参政议政、发表意见的平台。新闻媒体一方面及时地将政府的决策过程公之于众，让群众对决策内容看明白；另一方面，新闻媒体还为群众提供发表自己的意见的论坛，让群众把决策内容说清楚。目的在于使党和政府的决策与人民群众的意见在讨论中达成共识，从而使党和政府的决策成为经济发展与社会进步的强大推动力。对于大多数的群众来说，通过新闻媒体实现的决策参与更为普遍，而代表广大人民群众参政议政，就成为新闻媒体推动社会主义民主法制建设的重要责任。

（4）会议消息既是新闻宣传工作的重点领域，也是新闻业务改革的突破口。会议消息担负着党和政府发布政策信息的基本职能，直接影响新闻宣传的效果。同时会议消息为新闻媒体提供了丰富的新闻线索或信息来源，是新闻报道最大的“内容提供商”，也最能体现新闻报道的集中效应。特别是在重要的会议报道中，会议消息已成为新闻媒体显示综合实力和新闻创新成果的重要场合，直接影响和推动着新闻媒体报道业务水平的提高。

（三）经验消息

经验消息又称典型消息，是指关于某一地区、某一部门、某一企业贯彻执行党的路线、方针、政策，取得某一方面的典型经验，或介绍某些成功做法的集中的报道，又叫典型报道。经验消息针对性强，侧重在对具体经验的介绍上。常常是在介绍经验、做法之后总结经验，揭示规律，以点带面，具有指导工作的作用，并且条清理晰，又注意思想上的启发。经验消息与工作总结写法相类似。

经验消息的特点如下：

（1）一般要求全面地、系统地报道某项工作的概况、进展和成就，重点在于报道对全局有指导意义的经验；

（2）交代情况，叙述做法，反映变化，总结经验，突出指导性与针对性；

（3）提炼小观点，点面结合。

（四）综合消息

综合消息是反映带有全局性情况、动向、成就、问题的报道，是对同类事物的多侧面情况或同一事物的多侧面情况进行归纳综合的新闻报道。

综合消息的特点如下：

（1）报道面广，声势浩大；

（2）用综合的事实、数据表达主题；

（3）点面结合，多视角报道客观事物或人物的概貌。

（五）述评消息

述评消息是就国内外某一重大事件、某方面形势或动向，针对某项工作或某一问题，及时加以叙述并评论的新闻体裁。述评消息在客观报道事实的同时还对事实加以评价，是一种夹叙夹议，介于消息与评论之间的边缘文体。有时又称“记者述评”或“新闻述评”。

述评消息首先是新闻报道，既要概括出报道的事实，又要以国家的方针、政策、法规为依据对这一事实的出现做出分析，探索事实的本质所在。它有鲜明的政治倾向，对读者观察和理解某些社会问题起导向作用。述评消息运用夹叙夹议的写作手法，叙述事实时非常简明扼要，评论则要有具有一定的深度与新鲜的观点。就实论虚，虚实结合。

述评消息的特点如下：

（1）高屋建瓴地分析事件与问题的实质、趋势；

（2）夹叙夹议，讲究逻辑，以理服人。

三、消息的格式与写作

消息的格式包括标题、消息头、导语、主体、结尾等几个部分。

（一）标题

俗话说“题好一半文”，好的标题在任何文体的文章中都十分重要，新闻更是如此。它是读者的向导，新颖、醒目的标题具有画龙点睛的作用。

标题有三种写作形式。

1. 主旨鲜明的单行标题

单行标题即只有一行的正题，它要求鲜明、醒目、简洁、生动，具有高度的概括力，能反映出消息的主题，如《公用企业设置壁垒限制竞争将被整治》《跨省异地就医直接结算人次突破 80 万》。

2. 相映成趣的双行标题

双行标题是有引题和正题或正题和副题的两行标题。引题又叫肩题或眉题，在正题上面，起交代背景、烘托气氛或点明意义等作用；副题又叫辅题或子题，在正题下面，起补充说明、扩大效果的作用。引题和正题或正题和副题互相补充，一虚一实，引人入胜。如：

我国成功发射“海洋一号 C”卫星　（正题）
系民用空间基础设施规划的首颗海洋业务卫星（副题）

广深港高铁车票 10 日开售（正题）
北京到香港不到 9 小时（副题）

珠海三十八年改革步伐：（引题）
从摸着石头过河到二次创业（正题）

现在为便于人们在网络或手机 APP 上阅读新闻，经常会写成两段标题，没有正副题的区别，大多都是实题，将消息中最为重要的核心信息提炼到标题中。

3. 内涵丰富的多行标题

多行标题就是由引题、正题和副题组成的多行标题，它适合用在内容较为重大和复杂的新闻中，给读者提供尽可能多的信息量，内涵丰富，又可以造成强大的宣传声势，起铺垫、渲染的作用。正题，即中间一行，是标题的核心，用来揭示主题或提示重要事实；正题上面是引题，用来引出正题，说明事实，交代背景，烘托气氛；正题下面是副题，用来补充说明情况或说明正题来源、依据。

西部12省份重大项目投资“快马加鞭”大批新项目正在增补和储备中（引题）

西部经济补短板引民资大幕开启（正题）

基础设施建设仍是重点，将推动负面清单制度和民间融资多元化（副题）

（二）消息头

“消息头”是消息最明显的外在标志。“消息头”一般由四个方面的内容组成：发布消息的机构，发布消息的地点，发布消息的时间，发布消息的记者。如“新华社北京3月15日电（记者朱玉）”。

（三）导语

导语是消息的第一自然段或第一句话，它紧接在消息头的后面，一般由最新鲜、最重要的消息事实或依托事实的精辟议论组成。

消息报道的基调、报道的框架、报道的主题都被导语牵着鼻子走。没有好的导语，报道就会思路不清。

消息大多是“倒金字塔”结构，导语位于倒金字塔的顶点，主要内容都集中于此，西方所称的“五个w”（时间when、地点where、事件what、人物who、因果why）与我们所说的“六何”（何时、何地、何人、何事、何因、何果），都是由导语来表达的。因此有人把它比作“消息的橱窗”。

导语的主要作用是对消息主要内容的概括、提示、预告和导读。具体说就是披露消息的实质内容；吸引读者，可以将人们的“无意注意”变为“有意注意”；建造消息展开的逻辑顺序与结构关系。

导语常用的写作方式有以下几种。

1. 叙述式导语

即用叙述的方式，简明扼要地将消息中最核心的内容、最新鲜的事实写出来的导语，也称概述式导语。它的使用范围极为广泛，信息含量大，是最为常见的一种导语。如“中新社珠海11月5日电（记者 孙自法）中国国家航天局系统工程司副司长赵坚5日透露，在深空探测工程领域，中国计划于2020年左右实施首次火星探测任务，后续还将实施3次深空探测任务”（中国将于2020年左右实施首次火星探测任务）。

2. 描写式导语

用简洁而形象的描写手法将事实加以描绘，可以是对一个场景、一个情节、一个景物、一个画面的描述。这样的导语给读者以如临其境的感觉，引人入胜，可使新闻中所写的事件、背景、人物更具形象性。如“在青河县查干郭勒乡萨尔布拉克村，胡赛因·哈力都拉骑着网购来的新摩托放牧。蓝蓝的天上白云飘，白云下面快递跑——从赶几十公里路去县城购物，到在牧场放着羊也能签收网购快递”（快递送到羊群边——边疆牧民开始共享电商产业红利）。

3. 提问式导语

开头直接提出一个关系到消息核心事实的问题，将读者的注意力瞬间集中起来，然后立即公布问题的答案，从而披露消息的核心内容。如“长江究竟有多长?源头在哪里?经长江流域规划办公室组织勘测的结果表明：长江的源头不在巴颜喀拉山南麓，而是在唐古拉山脉主峰格拉丹冬雪山西南侧的沱沱河；长江全长不止 5800 公里，而是 6300 公里，比美国的密西西比河还要长，仅次于南美洲的亚马孙河和非洲的尼罗河”。

“全球最富有活力和国际竞争力的地区在哪里？毫无疑问，正在建设中的粤港澳大湾区是其中之一”（“粤港澳大湾区无界零售未来之城：消费、制造双驱动　广佛‘C 位出道’”）。

提问式导语需要掌握三个技术要点：一是所提问题一定要让读者产生普遍的兴趣；二是所提出的问题紧扣新闻主题；三是尽快提供让读者一目了然的问题解答。

作者设计的问题不能出人意料、引人注意、发人深省时，就不要用提问式导语。如“一吨重的月饼你见过吗?你吃过吗?临近中秋节，在天津市家乐福超市南开店里，每天将近 5 万人能一睹这个大月饼的‘风采’”。这则导语所提出的问题过大，生活中肯定一般人都没有见过、吃过这种月饼，所以就显得空洞、无意义。

4. 评论式导语

运用夹叙夹议的手法，以议为主，叙议结合，对新闻事实做出评价，并揭示出事实的本质，引起人们的思索与共鸣。这种导语有明显的思想倾向性。

如“付费网站通过大摆迷魂阵的方式也许能够留住部分会员，但强扭的瓜不甜。被迫保留会员资格的网友必然会有极差的体验感，这种体验感经过网络的传播会阻止更多的人购买会员资格。‘把大象放冰箱分三步’，可是你知道取消一个在线视频会员自动扣费有多少步骤吗?很多网友甚至都不知道在哪取消，怎么取消，这些都是因为在线视频会员套路满满”①。在这个导语里，记者是非褒贬的态度是十分明确的。

使用评论式导语要注意尽可能避免笔者的直接议论，要借助新闻中相关人物的观点、意见、说法对新闻的意义做出评论；并且评论的观点要深刻独到，令人耳目一新。

5. 对比式导语

把新闻事实用对比的方式表达出来的导语是对比式导语。这种导语一正一反，观点深刻，是非分明。如“截至 10 月 21 日，由××等一线明星主演、12 家影业公司共同出品的纪实文艺片《宝贝儿》上映三日，却仅获 2018.4 万元票房，与 8 月在多伦多电影节展映的‘高调’表现大相径庭”②。

（四）主体

主体是消息报道的正文，它是继导语之后对消息进行全面、详细报道的部分。那些在导语中没有详细说明和未能涉及的新闻要素，都要在新闻的主体部分被有机地组合起来，从而使报道更加完整、更加详尽、更加精确地描述新闻的全貌，说明新闻的意义。

1. 消息主体的任务

（1）具体说明导语中高度概括的新闻要素。

（2）深入解释导语中高度概括的新闻事实的深层意义。

（3）补充交代导语中未曾交代但是与新闻密切相关的事实要素。

---

① 防止会员流失岂能靠迷魂阵. 法制日报，2018 年 9 月 7 日，7 版.

② 资本明星加码《宝贝儿》口碑票房却双输. 北京商报，2018 年 10 月 21 日，4 版.

2. 主体的结构方式

结构不仅是一种形式，而且蕴藏着能量。在有限的报道篇幅内，按照什么样的顺序和规则去放置各种新闻要素，去展示新闻的发展进程，去剖析新闻的深层意义，这一切都有赖于找到一种合理的新闻结构。

1）倒金字塔结构

这种结构的核心要求是用概括性导语描述出核心新闻事实，然后在新闻主体部分按照“重要性递减”的原则，先重后轻地依次展现出新闻的全貌。

2）沙漏型结构

这是按照新闻发生的时间进程展开新闻内容，也称之为“纵向结构”。

它的特征是按照新闻事件的自然进程，以时间为主线，叙述出新闻事件的全貌。这种结构的开始部分与倒金字塔结构非常近似，也是要有一个描述出新闻核心内容的导语，然后按照时间顺序，构造新闻主体，展开对新闻过程的叙述。

它最突出的优点是能够非常清晰地向读者展开新闻事件发展变化的各个时段的状态和细节，便于读者对新闻事件有完整而详尽的了解。

3）焦点展开结构

这种结构是把焦点集中在新闻事件中的一个情节、一个人物、一个场景、一个悬念之上，从这个吸引读者的焦点开始，过渡到对新闻核心内容的说明，进而展开对新闻要素的详细描述，展示新闻的全貌。报道的结尾，往往会选择意味深长的新闻事件的要素，或者是人物的话语，或者是一个事件的情节，或者是事件的变化趋向，以照应报道的导语，营造出一种让人回味、让人感慨、让人思考的氛围。这种结构适合于内容较为复杂、篇幅较长的消息。

4）板块组合结构

这是一种按照新闻的主题要素，将新闻内容分门别类划分为不同的板块，通过这些板块的巧妙组合，完成整体新闻报道的结构方式。这种结构也叫并列式结构。

（五）结尾

结尾是消息中的最后一段或最后一句话。用以阐明所述事实的意义，提出事件的发展趋向，加深读者对该消息的印象与理解，制造悬念以引起读者的关注。有的消息没有明显的结尾段落和语言，而是依附于主体之中，自然结束。

消息结尾的几种常用写法如下：

（1）小结式。就是在结尾处对消息所报道的事实做一总结，下一个结论，表明作者的思想倾向。它不是对导语、主体的简单重复，而是对消息主题的进一步深化与升华。

（2）展望式。就是用鼓励的语言，预示所报道事实的未来发展趋势，展望未来，提出希望。它具有鼓动性、感染性，能激发读者的进取精神。

（3）引语式。引用名人名言、诗词警句、民俗谚语或引用某一权威人士的话作结尾，以引起人们警醒、重视与深思。

（4）启发式。用富有启发性的设问，循循善诱的语言来结束全文，让读者得到启迪，有所受益。

（5）评论式。对消息所报道的事实进行客观准确的评论，表明作者的爱憎感情，宣扬正气，揭露社会上的不良风气，起正确的新闻导向作用。

消息的结尾要求不空洞、不重复、不拖沓。有话则长，无话则短，不作空泛的议论，不重复导语和主体中已讲述过的事实，不拖泥带水，画蛇添足。尽量体现消息短小精悍的特点。

（六）背景材料

新闻背景指的是新闻事件、新闻人物酝酿与生成、存在与发展的环境与条件，它反映着新闻事件、新闻人物与社会各个领域发生相互作用与影响的原因与过程。

新闻背景是新闻报道的有机组成部分，是补充、反衬或烘托新闻事实和新闻主题的重要材料。

新闻背景在新闻报道中实现着它的特殊功能：说明新闻事实发生的来龙去脉、前因后果；分析新闻的现象与本质、局部与全局等关系；说明新闻事件的意义；表现新闻事实的特性；表达记者对新闻事实持有的观点和倾向；注释某些专有名词、专用术语。

新闻背景没有固定的位置，可以穿插在消息的各个环节，多数背景材料写在主体部分，也有的穿插在导语和结尾部分。背景材料的写作要根据主题的需要来安排，只写那些能够突出主题、与事实紧密相关的背景材料，而且要尽量文字简洁，以一当十。

背景材料按功用分，有对比性材料、说明性材料、注释性材料；按内容分，有历史材料、地理材料、人物材料、事物材料、统计数字等。

这里只讲其中的三种：

（1）对比性材料，即通过对所报道的事实的今昔、正反、此与彼等材料的对比，来突出报道事实的特性、意义。

（2）说明性材料。用叙述、说明等表达方式对影响事实产生、发展、变化的政治形势、经济环境、历史沿革、地理位置以及物质条件等进行介绍，以交代事件的前因后果，来龙去脉。

（3）注释性材料，即对所报道的人物出身、经历、性格、特点、产品性能、质量、使用方法、专业术语、技术名词等材料的说明。

四、消息的写作要求

（一）报道主题要新颖、有价值

消息是新闻中的一种，其价值就在于有新鲜的思想见解，有报道价值。要去写那些在社会发展和经济建设中的新人、新事、新情况、新问题、新思想、新见解，要反映生活中常见，而文章中不常见的事物，主题新颖、有价值。

（二）选材要典型、真实

消息一定要精选材料，真实的材料才能有生命力，典型的材料才能有说服力。

（三）表达方式上要以叙述为主

消息要多用叙述语言，通过叙述把事实讲出来，把与事实有关的时间、地点、人物、事件、原因、结果概括地告诉读者。一般不要空发议论。当然有些述评性消息可以适当地使用议论等表达方式，以增加消息的生动性、深刻性，吸引读者。

（四）结构要规范

消息的语言应该灵活，而它的结构却是比较规范的。尤其是它的正文部分，一定要先写导语，把消息的重要内容概括出来，之后是主体，主体对导语进行解释与深化，中间穿插必要的背景材料。

例文 1

广深港高铁车票 10 日开售　北京到香港不到 9 小时

香港到深圳 14 分钟，到广州 47 分钟，到上海 8 小时 17 分钟，到北京西站仅 8 小时 56 分钟！9 月 10 日 8 时，广深港高铁各次列车车票在内地和香港同步发售。其中，香港西九龙到北京西站的二等座车票售价为 1077 元人民币。

中国铁路总公司昨日发布，9 月 23 日，广深港高铁香港段将正式运营，这标志着内地高铁网将延伸至香港，两地高铁实现互联互通。广深港高铁香港段开通运营已进入倒计时。目前，广深港高铁香港段已具备车票发售和按期开通条件。

据介绍，广深港高铁是中国高速铁路网的重要组成部分，全长 141 公里，其中内地段 115 公里，香港段 26 公里。内地段广州南至深圳北、福田间分别于 2011 年底、2015 年底建成通车；香港段由香港特别行政区全资兴建，于 2010 年开工建设。

铁路总公司有关部门负责人介绍，广深港高铁香港段开通初期，将根据客流情况按日常图、周末图、高峰图安排动车组列车开行。最高峰日计划每日安排开行动车组列车 127 对，其中跨线长途列车 13 对；9 月 23 日开通运营首日，安排开行 95 对动车组列车，其中跨线长途列车 13 对。

广深港高铁香港段开通运营后，可通达北京、上海、石家庄、郑州、武汉、长沙、杭州、南昌、福州、厦门、汕头、贵阳、桂林、昆明等城市，到达内地 40 多个车站，将大大拉近香港与内地城市间的时空距离。

其中，从香港西九龙站出发，至深圳福田站的列车最短运行时间 14 分钟，至广州南站的列车最短运行时间 47 分钟，至上海虹桥站的列车运行时间为 8 小时 17 分钟，至北京西站的列车运行时间为 8 小时 56 分钟。

香港至内地城市高铁票价，按双方运营企业分段计费、各自定价、加总核收的方式确定，以人民币定价，并根据市场实际情况在公布票价范围内进行浮动，在香港以港币标价，在内地以人民币标价。

记者昨日在 12306 官方售票 App 上看到，9 月 23 日香港西九龙到北京西站的车次信息已经显示。该趟列车为 G80，8 时 05 分从香港西九龙出发，当天 17 时 01 分到达北京西站。旅客可以喝完早茶上车，到北京赶上吃晚饭。票价二等座为 1077 元人民币，一等座为 1724 元人民币，商务座为 3369 元人民币。

根据铁路部门发布的香港西九龙高铁列车沿京广方向时刻表显示，北京西至香港西九龙的 G79 次列车，10 时出发，18 时 58 分到达西九龙。京港两地的 G79/80 次，中途共停靠深圳北、广州南、长沙南、武汉、郑州东、石家庄、北京西 7 站。

铁路总公司有关部门负责人表示，广深港高铁是香港与内地紧密联系的重要组带，是“一国两制”的生动实践和重要成果。中国铁路总公司与香港特别行政区政府已建立广深港高铁香港段运营高层协调机制，定期召开会议协商解决重点问题。包括精心组织联调联试，为设备运营维护提供技术支持和保障。同时，制定了跨境运输组织规则，铺画了列车运行图。

根据在广深港高铁西九龙站设立口岸实施“一地两检”的合作安排，旅客只需在香港西九龙车站采用“一地两检”方式办理出入境，过关时间大大节省。

内地和香港铁路部门也已明确了跨境旅客有关购票、改签、退票、乘车等规定。

相关规定与内地现行旅客运输规则存在一定差异，广大旅客在出行前可通过内地和香港的网站或客服电话查询，也可关注车站公告。其中，简明票价表和列车时刻表将同步公布。（记者 金可）

（引自 http://www.xinhuanet.com/2018-09/08/c_1123397973.htm[2018-09-08]）

【评析】

这是一则动态消息，是对广深港高铁香港段将正式运营的报道。标题使用两段式，突出强调了广深港高铁开售的具体时间和用时短、速度快的特点；记者使用概述式导语突出了我国香港到大陆主要途经城市运行时间、发售时间、价格等三个方面的内容，而正文主体运用倒金字塔结构，逐一介绍更为详尽的相关内容，包括广深港高铁的长度、建设历史、运行计划、通达城市、价格制定、出入境检查方式以及有关购票、改签、退票等信息。内容信息含量大，语言简洁实用，结尾自然朴实。

例文 2

北京投入近 10 亿元助拉萨脱贫“摘帽”

对口支援两区两县，援建填补拉萨公共领域服务空白，“十三五”以来共派 393 名援藏干部人才

新京报讯（记者倪伟）记者日前获悉，今年 9 月底，经报请国务院扶贫开发领导小组同意，拉萨市全部区县实现脱贫摘帽，其中，城关区、堆龙德庆区、尼木县、当雄县“两区两县”为北京市对口支援地区。

由此，拉萨市成为全国第一个整体脱贫的三区三州深度贫困地区地级市，也是北京市第一个整体脱贫的对口支援地区。

填补拉萨公共服务空白

记者从北京市支援合作办公室了解到，1994 年以来，北京市累计投入援藏资金约 44.7 亿元，实施项目 554 个，选派援藏干部人才 788 人次，高质量完成了各时期援藏任务。

2015 年底，国家部署脱贫攻坚任务后，北京将援藏资金向深度贫困镇村倾斜、向建档立卡贫困户倾斜，80%以上援藏资金用于精准扶贫。“十三五”期间，北京在按照中央要求安排援藏资金 13.04 亿元基础上，又额外增加 5.34 亿元专门用于助力拉萨脱贫攻坚。

至今，北京已在拉萨扶贫领域投入资金达 9.97 亿元，实施扶贫项目 151 个，成功助推 4771 户、18 710 名建档立卡贫困户脱贫。

北京实施了拉萨“两区两县”安居工程和农牧区村貌整治工程，支持建设北京拉萨实验中学、柳梧医院等一批教育、医疗设施，还安排资金在北京安贞、儿童医院救治拉萨近百名先心病儿童和 30 余名唇腭裂儿童，救治率达 100%。北京支援建设的 32 个基础设施项目，填补了拉萨公共服务领域的空白。

185 名在藏干部一线扶贫

“十三五”以来，北京先后派出 393 名援藏干部人才，其中党政干部人才 107 人、医生 121 人、教师 120 人，其他干部人才 45 人。目前，北京共有 185 名在藏干部人才投入扶贫一线工作。

北京市还成立以市委书记为组长、市长为常务副组长的领导小组，在拉萨设前方指挥部，后方设支援合作办公室，形成“前方有抓手、后方有支撑、前后方统筹联动”的工作机制。

据悉，2018 年，“北京市对口支援和经济合作工作领导小组”更名“北京市扶贫协作与支援合作工作领导小组”，成员单位由 22 家增加到 46 家，涵盖市委、人大、政府、政协和主要职能部门以及各区。北京还编制实施全面深化扶贫协作三年行动实施意见、项目资金管理办法、督查办法等 20 多个文件，助力脱贫攻坚。

【产业】

援建养殖场乳品厂解决就业

据介绍，北京在支援拉萨脱贫攻坚过程中，充分因地制宜培育大量特色产业，通过“造血帮扶”激发内生动力。

例如，国家级贫困县尼木县因产业结构单一，经济总量处于拉萨市末位。北京市投入资金 1.31 亿元，实施了尼木藏鸡原种保护及养殖、藏鸡标准化养殖等项目，推动北京龙头企业与当地联手实施全产业链精准扶贫项目，参与的群众每年每户可增收 1.6 万元。

在拉萨城市副中心堆龙德庆区，北京援助其以种养殖业和设施农业为依托，深度挖掘天然饮用水、藏药等优质资源，发展净土健康产业，并结合综合物流区建设，大力发展商贸物流产业。

北京援建的现代设施农业示范园在羊达乡落地后，直接吸纳 130 余名贫困群众就业，累计有 200 余名贫困群众参加种养殖培训，辐射带动作用明显。

城关区是拉萨中心城区，在北京支持下，城关区定位“高原奶都”，实施投资 2.97 亿元的嘎巴生态牧场项目和估算投资 3.06 亿元的乳制品加工厂项目。项目运营后，解决困难群众就业 330 名，为 1030 名建档立卡脱贫户和跨县区 2490 名建档立卡户人均分红增收 620 元。

截至 2018 年 6 月底，城关区建档立卡贫困户年人均可支配收入由 2015 年的 2153.23 元增长到 18 525.95 元，增长 7.6 倍，贫困发生率连续 3 年下降，返贫率为零，贫困群众满意度达到 97.8%，2017 年即成为西藏首批脱贫贫困县（区）。

【医疗】

（略）

【教育】

（略）

【交流】

（略）

（引自《新京报》2018 年 10 月 15 日，A01 版）

【评析】

这是一篇综合消息，是对北京投资援助拉萨脱贫“摘帽”工作的全面报道。单行标题突出北京投资 10 亿元援助拉萨脱贫“摘帽”成绩。标题下提示全文的主要内容，导语概括叙述出北京援建的二区二县以及整体脱贫的成效。

正文主体采用板块组合结构，即采用并列式结构，分列小标题“填补拉萨公共服务空白”“185 名在藏干部一线扶贫”，从两个方面突出主题。之后又从“产业、医疗、教育、交流”四个行业的角度分别报道，把北京对拉萨的投资和援建如数家珍地加以说明，事实翔实，数据清晰，成效显著。

全文使用了大量的数据材料，每一个数据都有权威的信息源，令人信服；报道主体鲜明突出，不枝不蔓；结构清晰、完整。

第二节　广　　告

一、广告及作用、特点

（一）广告的含义

广告是通过各种媒介物（广播、电视、网络、报纸、移动客户端、期刊、橱窗、商标、路牌、汽车、体育场馆等）有计划、有目的地向公众提供商品、劳务和企业的信息，以影响并促使公众产生明显或潜在需求的一种宣传手段。又称商品广告或商业广告。

广告有狭义和广义之分，凡是运用某种媒介让公众知道某件事情或某种信息，从而达到某种宣传、教育、促销等作用的告知性文种都可以叫做广告。如公告、通告、海报、启事、声明、招聘、寻人、征婚、结婚、讣告等是广义的广告，狭义的广告指经济广告，或商业广告。

（二）广告的作用

1. 传播信息，开拓市场

当今世界处于高速发展的信息时代，传媒技术日新月异，通信卫星技术使地球变成了小小的“地球村”，信息已经成为人类赖以生存的重要资源，人们需要信息的传播。在经济领域里，市场需求也千变万化，商品信息、产销情报、市场需求、行情变化、新技术新产品的出现等信息也需要及时地传播出去，而广告就起到了传播信息、扩大市场的作用。

2. 加速流通，促进交流作用

广告可以使人们很快地认识产品，从而缩短了产供销之间的时间，加速了流通领域的循环过程，并且广告可以把我们的最新产品、技术与工艺介绍给世界，也可以把世界的最新产品、技术与工艺引进来，从而起到促进交流的作用。

3. 指导消费作用

消费者是广告信息最重要的接受者，他们在很大程度上依靠广告获得信息。广告帮助消费者了解商品知识，开阔视野，指导人们正确选择并购买自己所需要的商品，并指导人们采用更先进、更适用的消费品，改变陈旧的消费观念，提高生活水准。

4. 塑造企业形象，树立产品品牌，提高企业竞争力

好的广告不仅可以推销产品，还可以塑造企业的形象，通过广告宣传企业的理念，展示企业的实力，人们可以在广告中看到企业的服务宗旨、管理水平、领导者的观念等一系列问题，使人们了解企业的形象，产生一种信任感。广告更能将好的产品介绍给消费者，树立产品的品牌，提高企业的竞争力。

5. 丰富文化生活，美化环境

多种多样的媒体广告，传播着多种多样的经济信息，现代化的广告制作手段使得广告产生了多种作用，它丰富了人们的文化生活，美化了环境。人们在日常生活中，随时都可以看到漂亮的广告画面，听到动听的广告音乐和广告语，有些脍炙人口的广告语妇孺皆知，已经成为生活中谈话的“包袱”与笑料。

（三）广告的特点

1. 具有特定的广告媒介

广告一定要有一个特定的载体，这个载体就是广告媒介。广告媒介很多，有报纸、期刊、电视、广播、网络、移动客户端、路牌、橱窗、包装袋、车体广告等，因此在制作广告时要认真选择广告媒体，以最经济的方法达到最好的宣传效果。

2. 具有明确的目的性、功利性

广告是以宣传企业与产品为目的的经济活动，使消费者产生一种购买欲望或潜在的购买力，它具有明确的经济利益目的，就是为了推销产品，提供经济信息，提高企业的经济效益。

3. 具有鲜明的宣传主题

主题是向公众诉说的最主要的问题，是广告的灵魂，它决定了广告的创意、诉求、表现和实际效果。确定好广告的宣传主题是广告成功的关键。广告不可能将产品所有的优点、特长都一一写出来，这样就会造成主题不突出，吸引不了消费者的注意力，达不到宣传促销的作用。

4. 具有多姿多彩的表现形式

广告的传播媒体是多种多样的，各种媒体都有自己独特的表现手段，因此广告是丰富多彩的。它既可以用语言，又可以使用非语言的形式来表达，如画面、色彩、音响等。单纯就文字广告来说其表现形式又千变万化，它可以分为文学体裁的文字广告和非文学体裁的文字广告等，因此说广告具有多姿多彩的表现形式，充满了艺术魅力。

5. 是付费的信息传播活动

广告无论使用什么媒体，都是有偿的，这和其他的文体有着明显的差异。

二、广告的种类

广告种类繁多，根据划分标准的不同，可分为如下几种。

（1）按广告内容分有消费广告、生产资料广告、贸易广告等。

（2）按广告性质分有商品广告、劳务广告、公关广告等。

（3）按广告目的分有开拓性广告（报道性）、劝导性广告（竞争性）、提醒性广告（备忘性）等。

（4）按广告地区分有世界性广告、全国性广告、地区性广告等。

（5）按广告设置场所分有户外、店铺、交通、体育场馆、展览馆、包装、邮寄广告等。

（6）按广告媒体分有报纸、期刊、广播、电视、互联网、移动客户端、宣传单、橱窗、牌匾、灯光、音响广告等。

（7）按广告诉求方式分有理性诉求广告（理由、说明）和感性诉求广告（暗示兴趣）。

（8）按广告表现手法分有文字广告、物象广告和文字物象并用广告。

（9）文字广告按体裁分有非文学体裁文字广告、文学体裁文字广告。

三、广告文案

广告文案有广义和狭义之分。广义的广告文案泛指传递广告信息的全部符号，包括语言、形象（画面或图像）和其他因素（音乐、音响等）。狭义的广告文案特指广告作品中的语言文字部分。

广告文案有着独特的文本特性。

（1）具备完善的表现结构但不拘于结构的完整。

（2）运用并借助各种表现手法达成广告目的。文案文本形成过程中的表现手法的创造、选择和运用，其目的只是借助表现达成有效传播，实现广告目的。

（3）传达信息但更注重针对受众的说服和劝诱。

广告文案必须在传达广告信息的活动中才能得以存在，广告文案的写作活动也只有在传达广告信息的过程中才能得以展开，并且广告文案写作的根本任务是如何在传达的同时说服和劝诱目标受众。

四、文字广告文案的格式与写作

文字广告的格式包括：标题、正文、标语（口号）、随文。

（一）标题

1. 广告标题及作用

广告标题是整个广告文案乃至整个广告作品的总题目。位于广告文案最前面，以吸引受众继续阅读广告文案的简短短句。广告标题往往将广告中最重要的、最吸引人的信息进行富于创意性的表现，是广告文稿的精华所在，消费者可以根据广告标题获得信息。标题的主要作用是突出重要信息、引起受众兴趣、诱导阅读正文、突出商品或服务的特点、直接诱发消费者的行动等。

2. 广告标题的类型

（1）直接标题。就是用最简洁凝练的文字，开门见山地把广告的主题与销售重点传达给消费者，使消费者对广告的诉求重点一览无余。最简单的诉求标题就是企业或商品的名称，如“海尔，中国造”“抖音，美好奇妙夜”“上万景点门票，就用去哪儿旅行”等。有的直接诉求购买行为，用夸耀的方式直接赞扬产品，如“阳澄湖大闸蟹，现捕现发，新鲜速达”“抖音，一个年轻人都在玩的高颜值 App”。这类标题手法简单，表达自如，易于掌握，多用于电视、路牌等媒体，并主要适用于人们已经较为熟悉的企业、品牌和产品。

（2）间接标题。不直接介绍产品，而是用间接的办法突出产品的特点和优点，给消费者以真诚的暗示和提醒。这种标题常使用多种手法来表现，如悬疑设问、暗示启发、风趣幽默的语言，巧用成语、谚语等，含蓄委婉地传递广告信息，使人能一边感受它具有的哲理性、趣味性，一边接受和喜爱上它的广告。这种标题还多采用询问、祈使、感叹、劝诱的语气来写。如巧用成语“海尔品质，精益求精”；利用汉语的谐音“智潮手机，掌控未来芯科技”；暗示会意“您手中的世界 500 强”（华为手机），“放心——沃尔沃汽车已来到中国”；运用祈使句式进行劝诱“华为，不仅仅是世界 500 强！”（华为手机）；运用设问悬疑引起消费者注意“谁说明星不洗衣服？谁是洗衣明星——超能天然皂粉”（超能天然皂粉）。

这种标题富有情趣，以引人注目、诱发兴趣为目的，若单从标题文字看，字面上有时并不容易一下子看明白，而要结合广告正文，以至画面等整体构思才能体会得到。比起直接性诉求标题来，它的构思空间、创作舞台要大得多，因此，艺术氛围明显，能较持久地令人回味。不过，在写作中不能为了“艺术”而弄巧成拙。此外，标题传递信息的含蓄委婉、迂回曲折必须是有限的，受众一看不须费力思索就能理解、明白诉求重点所在。否则，就可能玩了形式、丢了主旨。

（3）复合标题。把直接标题与间接标题结合起来使用的标题，形式上一般表现为双行或多行标题，也称标题群。它有些类似于新闻的标题，有引题（又叫肩题、眉题，起交代背景、烘托气氛、引出正题的作用）、正题（又叫母题、大标题，是概括说明广告中心思想或主要内容）、副题（又叫子题、辅题，起补充说明作用），它们互相补充，相映成趣，给人留下深刻的印象。如：

上上下下的享受（引题）
三菱电梯（正题）

QQ 阅读（正题）
海量原著　想读就读（副题）

蓝月亮　一心一意做洗涤（引题）
轻松洁净　告别烦琐洗衣（正题）
让衣物持久洁净亮丽（副题）

3. 标题创作的原则

（1）投受众所好，使用能够引起人们好奇心的词语，并切实地使之受益。

（2）尽量把新内容引入标题，标题中尽可能突出商标名称。

（3）避免使用笼统或泛泛的词语，忌用晦涩难懂的词。

（4）长度适中，易读易记，观感舒服，少用否定词。

（5）要诚实，不要欺骗。

（二）正文

广告正文是指广告文案中处于主体地位的语言文字部分。它是广告作品中承接标题、对广告信息进行展开说明、对诉求对象进行深入说服的语言或文字内容。

广告的信息内容，主要是通过广告正文传递的，它起着介绍商品、树立印象和促进购买的作用。

1. 正文的结构

一般包括开端、中心段和结尾三个部分。

1）开端

紧接标题，对商品或劳务进行说明或解释。语言必须高度凝练，并与标题和中心段巧妙衔接。

2）中心段

用各种表现手法、有力证据来表现、展示商品或劳务的优点、长处、特征，以及能够带给消费者的利益等。优秀的广告传递的信息较多，可却毫不紊乱，而是娓娓道来，把商品的优点、长处表现得一清二楚。

3）结尾

以简短有力的文字或结论的方式，或拾遗补缺，或夸耀，或劝勉，或承诺，以吸引读者的注意力，激发他们的购买欲望。有的广告没有结尾，主旨写完便自然结束。

2. 常见的广告正文类型

1）陈述体

以记叙为主要表达方式而写成的广告正文。这种广告正文适用于新产品宣传和企业整体形象广告，其主要特点是“以事显理”。

2）描写体

用语言文字把事物的形象表现出来。它的任务是把商品或劳务最突出、最优异、最能带给消费者利益的部分进行“特写”，使其变得生动，主要特点是“以形见物”。

3）论说体

以论辩为主的广告正文表现形式，兼具说理性、逻辑性。说理性是指舍弃以情感人的诉求方式，以理性色彩见长，以理性的思考引发受众的思考和注意。逻辑性是指其富有条理，具有相当的逻辑体系，以严密的逻辑思辨性和语言的严谨取胜。

4）证言体

主要是借助于有关权威的鉴定评语、荣誉称号、获奖情况，或各界知名人士、典型用户的见证和赞颂之辞，以及一些典型事例来证实广告内容的真实性，还可以用消费者的语言或文字进行广告信息的表现。特点是：以消费者自身形象出现，或站在消费者的第一人称位置，记载消费者对广告中产品的使用感受和评价，事实上为商品特点和商品的利益点做了消费的实践证明，让受众产生可亲、可信的感觉。

5）说明体

以事实、数据打动消费者的一种诉求与写作方法。广告内容主要是对商品和劳务等实物的性质、特点、内容、成因、功用等进行详细说明，以使消费者形成明确的产品概念和学会正确的使用方法，其主要特点是“以说告知”，适合于技术含量高的产品、比较复杂的劳务和批量买卖的生产资料类商品等。

6）新闻体

即以新闻意识来写广告正文，这种广告正文抓住消费者的好奇心理，强调以简要的文字，借用迅速及时报道新闻事实的手法，宣传企业的产品，其特点是短小精炼、时间性强、真实准确。

7）文艺体

集诗歌、散文、小说、童话、戏剧、歌曲、相声等各种文艺形式，宣传商品的性能、优点，以引起消费者的浓厚兴趣。其形式本身更生动、幽默和谐趣，可将广告信息用形象化的手法进行表现，短小精悍，妙趣横生，令人记忆深刻。

3. 正文撰写的总原则

（1）重点突出。广告正文，是表现广告主题的部分。广告的标题只能起点明主题的作用，广告的随文只告诉顾客有关购买办法，而广告正文，以其较长的叙述来突出说明广告的主题，即突出说明商品主要的优点或给予消费者的利益点。这是因为广告的版面或时间非常有限，主题越单一，商品特点就越突出，消费者就易读、易懂、易记。过去有些药品广告列出了十多种，甚至几十种药效，但没有突出该药主治什么病最有效，这反而使人感到夸张失实。一则成功的广告，应是旗帜鲜明，重点突出。

（2）简明易懂。广告正文的内容要尽量精简扼要，交代明白。广告正文的长短，并无具体规定，写作要求应是长而不拖沓，短而不晦涩。

（3）生动有趣。广告的艺术性，要求广告正文表达尽量做到生动、别致、贴切、形象，使广告有趣味性、人情味，消费者读了感到亲切，乐于欣赏，细细品味。因此，广告正文往往根据商品特点、广告表现策略、广告对象心理因素，采用叙事、说明、议论等表达方式，以及散文、诗歌、戏剧等多种多样的文学体裁，以增强广告的感染力和说服力。

（4）有号召力。广告的目的是通过告知、说服和动员，使消费者树立商品形象，促成购买行为。因此，广告必须有鼓动的力量。广告的号召力，关键在于广告的真实性，要有高质量的商品或劳务，良好的经营作风。

（三）标语（口号）

广告口号又叫中心语、标语。它与广告标题肩负着同样重要的使命。尤其是在短小精悍的广告中，口号往往处于核心的位置。不少优秀的广告口号可以流行几年乃至几十年，是创造品牌和扩大营销的有力武器。

1. 广告标题与广告口号的关系

相同点：在写作时都必须根据好的创意精心构思；在遣词造句上均要求简洁、精练、干净利落，字字珠玑，还要朗朗上口、合辙押韵、有节奏；在表现形式上都要灵活多样、富于变化；显示强烈的现代感；在功能上都要服务于销售。

在有的广告中，广告标题和广告口号是合二为一的。但它们的不同点如下。

（1）标题主要是使消费者注意本则广告并引起阅读正文的兴趣；口号则主要致力于使消费者建立一种观念，这种观念是选购商品或劳务时的心理依据。

（2）标题和正文是首和身的关系，对正文有依附关系，所以可以是词或词组（词或词组可能构不成一个完整的意思，但正文能说明所有信息）；口号与正文有联系，但无依附关系，可单独使用，故必须是意义完整的一句话。

（3）标题的位置比较固定，不能游离于正文和插图之外；口号则不受此限制。

（4）标题一般只使用在一则文案中，口号却可使用于一个系列广告中，并且口号要反复使用效果才好。

2. 广告口号的类型

（1）颂扬型。用直接描述、正面说明的方式，使用夸耀的语气，显示商品的名优贵重之处，使消费者受到感染并采取购买行为。

"世界触手可及"（中国电信）
"万科，建筑无限生活"
"京东，只为品质生活"
"你的能量，超乎你想象"（红牛饮料）

（2）建议型。以关心的姿态、建议的口气，诱发消费者的购买激情。

"让自然好肌肤再多一抹闪耀"（口红）
"让每个家庭都拥有更好的车"（瓜子二手车直卖网）

（3）风趣幽默型。作者以轻松的姿态，幽默、风趣、生动的语言强调商品或劳务的特征，使受众能感到余味悠长，产生丰富联想，从而留下良好的或深刻的印象。

"上镜青年，型走世界"（BOLON 暴龙眼镜）

（4）比照型。站在理解对方的立场上，专谈商品对人们的有利之处，使消费者感到自己受到尊重。

"动力大不同，动静小无声"（海尔洗衣机）
"黑科技、芯升级，充电快人一步！"（石墨烯闪充充电宝）
"没有比照就没有伤害，同样价格你还可以得到更多"（佳能小型手机照片打印机）

（5）特写型。对商品的长处、优点全部或部分地加以聚焦，然后用夸张、比喻等手法予以放大，给人留下深刻印象。

"把洗衣机装进手机，App 智能控制"（小天鹅洗衣机）
"懂你说的话，精彩随声而行"（夏普电视机）
"杜比视界，颠覆你的视听享受"（索尼电视）

（6）拟人式。运用拟人手法，使商品人格化。

“智能生活，尽在掌控”（京东家电）
“乐享龙支付，指尖慧生活”（建设银行龙支付）
“钱不能“闲”，短打理收益高，‘巧’能生财，两千活出两万范”（建设银行）

（7）包揽型。用比较极端的姿态，负责一切的语气，来显示自己商品的气势、规模、档次、品位等，给人的感觉是实力非凡，优异不俗。适用于的确实力强大、产品品质出众的企业，一般企业不能或不宜使用。它可以使消费者以拥有这种产品为荣耀、为满足。

“小红书，找到全世界的好东西”（小红书 App）
“温度掌中控 鲜度日推送”（美菱冰箱）
“如果谁能发现在路上抛锚的奔驰车，本公司愿奉送一万美元”（奔驰汽车）

3. 广告口号的创作要求

（1）简短易记，口语风格。这是广告口号写作最重要的规定性，一般在 10 字以内为佳。广告口号主要是通过口头传播，来宣传广告主体的形象和扩大观念的影响力，并成为消费大众的日常生活流行语。要适于口头传播，就要简短易记，就要充分拥有口语的表现风格。

（2）合于音韵，文辞优美。尽量注意节奏明快，韵律和谐，使人们读起来朗朗上口，甚至带有文字游戏的味道。广告口号还可运用各种表现手法和修辞方式，在语言上反复推敲，精心锤炼，努力做到简洁而不粗陋，雅致而不做作，意丰而不啰唆，质朴而不苍白。这样才能引起消费者的共鸣，增强传播效果。

（3）突出个性，表现特征。广告口号出现在组合广告的每一个广告形式之中，是整个广告活动的核心，它鲜明地体现广告的定位和主题，是整个广告活动的灵魂所在。因此，一方面广告口号要尽量与其他企业、商品的广告口号区别开来，另一方面必须符合商品的个性，不能过于空洞浮泛，要准确地传达出企业的服务宗旨或商品的独特功能，显示其与众不同的魅力，使广告口号成为关于品牌意象的“特有语汇”，从而引起受众的关注和青睐。

（4）观念前瞻，鼓动性强。观念前瞻是为了使广告口号能适应长期运用的需要，在观念的表现和引导上不至于落伍，被消费大潮所淘汰。而一个观念前瞻的广告主体往往富含哲理，具有启迪性，能够引导、号召、动员、激励人们产生某种欲望和实现欲望的行动。因此，广告口号要能做到观念前瞻、鼓动性强，才能产生持久的影响力和强大的竞争力。

（5）把握受众，情感渗透。从某个角度而言，广告口号担负着建立企业等广告主体与目标受众、目标消费者之间的特殊关系的任务。这个特殊关系的建立，可以使一般的受众转化为广告主所期待的消费者，可以使一般的商品购买者转化为某一品牌的忠诚者。因此，为了建立两者之间的牢固关系，广告者就必须把握受众的生活习惯、心理特征和情感需求，使广告能够迎合受众，发挥情感渗透作用，让受众深切感受到企业为消费大众所做的努力以及对消费者的关切，从而形成某种内在的亲和力。

（6）适应媒体，长期运用。只有长期运用的广告口号，才能使广告主体的一贯风格、观念得到一致的传达。只有能适合每种媒介特征表现的广告口号，才能被全方位地运用在广告的每一个活动和每一个作品中。

（四）随文

广告随文又叫广告附文，它是写在正文之后，传递随附信息的语言文字。

其内容包括购买商品或获得服务的方法、权威机构证明标志、用于接受诉求对象反应的热线电话、网址、特别说明、品牌（企业）名称与标志。

例文 1

放心——沃尔沃汽车已来到中国

满载生机勃勃的荣誉，携带近 70 年的安全设计史，今天沃尔沃汽车已来到中国，以其珍惜生命便是财富，热爱生活、勇于挑战的豪气，准备驶进您的生活。这是一部令您放心的车，入乡随俗，特别针对中国道路行驶需要而制造。它不仅安全可靠、性能卓越，更巧妙地将安全性能与汽车动力完美结合，助您在人生路上，安心驰骋。沃尔沃汽车的外观大方，车厢内部更是宽敞典雅，令人倍感安全舒适。无论在什么场合当中，它都倍受瞩目。安稳轻松地为您增添风采。

【评析】

这是一篇描写体广告。标题“放心——沃尔沃汽车已来到中国”，本身就运用拟人化手法，给人一种老朋友到来的亲切感，“放心”突出了沃尔沃的主要特点。

正文开始用“生机勃勃”“珍惜生命”“热爱生活”等词汇进行描写，仿佛令人看见一个充满生命力的人向自己走来。第二层次突出了沃尔沃汽车的主要特点，也是本广告的主要诉求点，即安全可靠。第三层次由里及外，主要写该车“外观大方”“宽敞典雅”等外在气质。

全文诉求重点突出，文字简洁，不枝不蔓，给人留下深刻印象。

例文 2

蓝月亮　一心一意做洗涤（引题）
轻松洁净　告别烦琐洗衣（正题）
让衣物持久洁净亮丽（副题）

是否经常遇到　这些洗衣难题？

去渍困难，怎么搓都洗不干净。
担心残留，漂不净，有残留。
颜色暗淡，衣服发黄发旧。

让洁净更轻松，让生活回归生活的本质。

蓝月亮科学洗衣方法。
一涂，轻松搞定衣领，袖口，油斑。
二洗，强效去污，亮白增艳。
三补充，原液补充，经济环保。

轻松洁净，告别烦琐。让衣物持久洁净亮丽。（五大优势）

深层洁净，更放心。突破性高效洁净因子加去污增效因子，深层去渍，防止污渍再附着；

强效去污，更省心。高出行业标准40%的高浓度活性物，去污力更强；

持久亮丽，更舒心。独特亮白增艳技术，白衣更洁白，彩衣更鲜艳；

易漂易洗，更节约。独特低黏配方，遇水迅溶；独特泡沫控制技术，易漂洗更节水。

经济环保，更实惠。高浓度配方，少用量易漂净，搭配机洗手洗补充装，经济且环保。

【评析】

这是一则说明体广告。标题使用复合式的多行标题，引题“蓝月亮　一心一意做洗涤”，交代背景，引出正题“轻松洁净　告别烦琐洗衣”，突出了蓝月亮洗衣液的核心诉求，副题则补充说明产品的亮点。

正文从三个方面来展示产品。每一方面都用一个小标题列出一个小主题。第一个主题用提问的形式，提出人们经常担心的问题，引人注意并引发下文。第二个主题“让洁净更轻松，让生活回归生活的本质”，主要介绍蓝月亮洗衣液的使用方法。第三个主题是中心和重点，说明了蓝月亮洗衣液的五大优势。

全文主题突出，广告诉求清晰，结构完整有条理。句式整齐、简洁又易记，是一篇优秀的广告文案。

例文3

特仑苏广告文案

靳　东：你演过最难的角色是哪个？

陈道明：我想怕是自己吧。

靳　东：每天我们向着更好出发，直到从无到有，直到拥有更多，直到真的拥有更多之后，才开始懂了，小到一棵牧草，一个想法。

陈道明：大到山丘湖泊，人生坦荡。人生难得的不是可以把握住别的什么东西，而是可以把握住自己，就像特仑苏，坚持限定专属牧场，以更高标准，孕育3.6克谷蛋白和120毫克原生高钙。

靳　东：营养新高度成就更好人生。

陈道明：不是所有牛奶，都叫特仑苏。

【评析】

这是一则对话体广告。该广告运用明星效应，通过著名演员陈道明和靳东的对话，凸显了特仑苏牛奶的特别之处：“坚持限定专属牧场，以更高标准，孕育3.6克谷蛋白和120毫克原生高钙。”文字很少，但给人留下的印象却很深刻。

第三节　招标书　投标书

一、招标书

（一）招标书的含义、作用及特点

1. 招标书的含义

招标书也叫招标文件、招标通告、招标公告、招标启事、招标说明书等，是招标人在承包建设项目、购买大宗商品或合作经营某项业务之前，将有关项目及标准、条件与要求广泛告知于众，从而利用投标者之间的竞争达到优选买主或承包者目的的书面文件。

我国1999年8月30日第九届全国人民代表大会第十一次会议通过了《中华人民共和国招标投标法》（2000年1月1日开始实施）。根据2017年12月27日第十二届全国人民代表大会常务委员会第三十一次会议关于修改《中华人民共和国招标投标法》《中华人民共和国计量法》的决定，此项工作开始有法可依。

《中华人民共和国招标投标法》第三条规定："在中华人民共和国境内进行下列工程建设项目包括项目的勘察、设计、施工、监理以及与工程建设有关的重要设备、材料等的采购，必须进行招标。"

2. 招标书的作用

《中华人民共和国招标投标法》第五条规定："招标投标活动应当遵循公开、公平、公正和诚实信用的原则。"所以招标书的主要作用如下。

（1）能创造一个公开、公正、公平的竞争环境，规范市场行为并促进市场体系的发育与完善，以组织化、规范化的操作程序保证市场在价值规律作用下有效地调节供需关系，同时通过价格机制使市场核心功能发挥作用而达到资源配置，调节社会资源流向，淘汰落后的生产力。

（2）引入公平竞争机制，调动承办人挖掘潜力，降低成本，改善经营管理，提高生产效益的积极性。

（3）能为招标人发展贸易、完成工程建设、置办设备等提供多种实施方案，增加选择机会，从而取得多快好省的经济效益。

（4）有利于廉政建设和有效的制止采购中的腐败行为。不正当的竞争、钱权交易、索贿受贿等非法和腐败行为以及地方保护主义、行业保护主义和不正当的行政干预都是违背市场经济原则的，不仅造成国有资产的严重流失和浪费，而且为改革开放和社会道德所不容。规范的招标投标行为可增加采购和工程建设的透明度，是防止腐败行为发生的有力措施。

3. 招标书的特点

（1）公开性。招标书是在一定范围内向公众发布的一种信息，除个别招标书是在内部发布，更多的是利用某种传播媒介向社会公开发布，让尽可能多的单位和个人知道招标项目的内容，因此具有公开性。

（2）具体性。为了帮助投标者详细、具体地了解投标项目的内容，招标书就要把招标的项目、要求、条件以及完成时间和招标时间等写得具体清晰，以使人们了解、准备。

（3）时间性。招标是有时间限制的，一是招标的时间，二是招标项目的完成时间，都必须明确写出来，时间限制严格。

（4）保密性。保密性一是指标的在公布之前不得泄密，否则对责任者要严肃处理，直至追究法律责任；二是指投标书在开标之前也要保密，在规定的开标时间之前不得启封。未密封、未盖印及过期的投标书无效。

（5）约束性。招标书是招标单位以法人的名义向投标单位提出的约言，招标文书一经发出就不能更改，如果违背约言就要承担法律责任，要赔偿由此给投标单位造成的损失。对于投标单位而言，要对投标书提出的条件和要求做出承诺，接受招标书的约束，投标书寄出后不能反悔或更改，如违背承诺将承担法律责任。

（二）招标书的种类

（1）按发布范围分，有国际招标书、国内招标书、系统或单位内部招标书。

（2）按招标目的分，有项目招标书、工程招标书、设计招标书、采购招标书等。

（3）按招标方式分，有公开招标、邀请招标。公开招标是指招标人以招标公告的方式邀请不特定的法人或者其他组织投标。邀请招标是指招标人以投标邀请书的方式邀请特定的法人或者其他组织投标。

（三）招标与投标的主要程序

（1）招标单位成立招标、评标组织。

（2）发布招标广告、启事或邀请书。

（3）欲投标者出示有关证件或材料，填写报名登记表，递交投标申请书。

（4）招标方对投标者进行资格审查。

（5）招标方宣布或通知资格审查合格者，送发招标书。

（6）招标方介绍招标企业情况或商品要求。

（7）投标撰写投标书，把投标书密封送招标方。

（8）组织投标方公开演讲、答辩。

（9）招标方组织审标、议标、评标、定标。

（10）招标方向中标方发中标通知书。

（11）招标方向未中标者退投标书。

（12）招标单位与中标者签订经济合同。

（四）招标书的格式与写作

由于招标的项目众多，发布范围、招标目的、招标内容也各不相同，招标书可以有不同的名称（标题不同），招标书的写法也是多样的，但多数采用表格、条文相结合的方式。

招标书的格式一般包括封面、目录、正文三个部分。

1. 封面

包含标题（招标文件）、招标编号、项目名称、招标单位名称、成文日期。

2. 目录

将招标文件按章节列出。一般包括：第一章，即投标邀请及注意事项；第二章，即招标内容及要求；第三章，即投标人须知；第四章，即投标格式等。

3. 正文

招标书也称作“招标文件”，应当包括招标项目的技术要求、对投标人资格审查的标准、投标报价要求和评标标准等所有实质性要求和条件，还包括拟签订合同的主要条款。一般分为四章来写。

第一章，投标邀请及注意事项。包括项目编号；采购人；采购项目用途、名称；采购数量、简要技术要求；合格投标人要求条件；资金来源及付款方式；服务期限；交付地点；招标文件获取及确认投标报名时间、方式；项目答疑会召开时间；投标保证金的提交及注意事项；投标保证金手续办理和投标文件递交时间、地点；开标时间；资质及证明材料要求；评标方法；联系方式等。所有内容分条列项一一写出。

第二章，招标内容及要求。包括项目的背景、目的；项目实施时限与范围；指导思想与编制原则；项目的主要任务、预期成果、项目进度及其他要求等。

第三章，投标人须知。包括合格投标人的标准；招标文件的书写内容与程序；投标文件的编制要求；授予合同的条款内容等。

第四章，投标格式。主要是规定各种投标文件的格式，包括投标函的写作格式以及项目实施方案、法人代表授权书、资质及证明材料等的写作格式。

（五）招标书的写作要求

（1）招标项目要切实可行。

（2）招标文件的内容要求明确、具体。

（3）标准清晰、表达准确。

二、投标书

（一）投标书的含义、作用及特点

1. 投标书的含义

投标书，也称投标文件，是对招标文件提出的实质性要求和条件做出的响应，是投标人按照招标书所提出的条件和要求，向招标单位提出自己的意向、价格条件、认可程度和其他方面的意见或设想所写的书面材料或填写的报表。投标人是响应招标、参加投标竞争的法人或者其他组织。

《中华人民共和国招标投标法》第二十六条规定：“投标人应当具备承担招标项目的能力；国家有关规定对投标人资格条件或者招标文件对投标人资格条件有规定的，投标人应当具备规定的资格条件”。

2. 投标书的作用

（1）投标书可以让招标单位了解投标人的投标条件，如投标单位的组织机构、经济实力、设计思略、技术力量、报价等，为中标提供条件。

（2）投标书是招标人确定其中标与否的重要依据。

（3）投标书是投标者战胜竞争对手的有力武器。

3. 投标书的特点

（1）真实性。投标人对本单位基本情况的介绍要实事求是，不夸张、不虚报，投标方案具体可行；

（2）竞争性。投标书的目的就是要中标，因此投标单位所提出的投标方案、报价等投标条件要具有竞争力。

（3）针对性。投标书要针对招标单位所提出的招标条件来应答，抓住招标单位最感兴趣的如报价、工期、质量等来回答问题，针对性很强。

（二）投标书的种类

1. 按使用对象分

有生产经营性投标书（工程投标书、产品供应投标书、劳务投标书）、技术投标书（科研课题投标书、重大关键项目投标书、技术引进或转让投标书）、生活投标书。

2. 按内容分

有项目投标书、承包或租赁企业投标书。

3. 按承包者的性质分

有个人投标书、集体投标书、企业投标书。

（三）投标书的格式和写作

由于投标的项目众多，投标的条件各不相同，所以投标书的写法也是多样的，多数采用表格式，或是采用讲演稿的形式，提出项目实施方案、合同建议等。

投标书的格式一般包括封面、目录、正文三个部分。

1. 封面

包括标题（投标文件）、项目编号、项目名称、投标单位名称、成文日期。

2. 目录

将投标文件所包括内容一一列出。

3. 正文

正文就是按照招标文件的要求，把招标人所需文件和相关资质的证书等写出或复印出来。一般包括：投标函；法定代表人授权委托书；投标供应商法人营业执照（副本）复印件；企业基本情况；投标报价表；项目实施方案；企业业绩情况；拟配备本项目的主要仪器设备表；中小企业声明函件；资格审查申请书等。

其中最主要的是投标函和项目实施方案的撰写，其他内容用表格将投标方的实际情况如实填写即可。

投标函的写作如下。

1）标题

标题是对投标中心内容的概括和提炼，其写法如下。

（1）直接写文种：“投标函”“投标申请书”“招标答辩书”等。

（2）投标形式、投标内容及文种：“租赁××商店投标书”“承包××加工厂投标书”等。

2）称谓

称谓一般是评标机构或组成人员，要顶格写，如“××建筑工程公司”“××评标委员会”“××招标公司”等。

3）正文

由前言和主体构成。前言，也叫总题、导语，写明投标的依据和指导思想，说明投标的意愿，为引出主体起铺垫作用。此部分的文字要求准确精练、概括简短、提纲挈领、开宗明义。

主体，是投标书的重要部分，是鉴定投标方案是否可取，投标人是否中标的重要依据。在主体部分有数据、有分析、有目标、有论证、有措施、有见解。它主要包括：对现状进行分析；明确期限及投标形式；大胆拟定标的；周密提供依据；制定经营措施等；最后表明对招标者提出的要求、条件的认可程度，并做出必要的保证。

4）落款

在正文下面写明投标单位（或个人）的名称、法定代表人的姓名、地址、网址、电话和投标书制发日期等。

项目实施方案的写作主要包括项目概况、研究目的、研究内容、主要任务及技术路线、项目进度与内容、服务承诺等内容。

（四）投标书的写作要求

（1）态度要实事求是。

（2）内容要具体完整。

（3）分析论证要说理透彻。

第七章　契据诉讼文书和法规规章

第一节　条　　据

一、条据及作用

条据是便条与单据的总称，是指人们在日常工作、学习和生活中，彼此间为处理各种事务或处理财务事项而写给对方的，有所说明或作为某种凭据的字据。现在条据的载体可以是微信或者短信，但仍要遵循其写作要求，将完整的信息内容写出，并提倡简洁而礼貌。

条据的作用单纯与明显，起说明和凭证的作用。其具体特点是简明扼要、条理清楚。

二、条据的种类

条据种类就其作用分为说明条据和凭证条据两大类。

（一）说明条据

1. 说明条据及种类

说明条据是日常生活中有事情要告诉别人，或者委托别人办什么事情，在不能直接面谈的情况下，就使用便条进行联系。

说明条据包括留言条、请假条、意见条、托事条等。

留言条是因事访问同事、同学、朋友、亲友等而未遇，就写一张留言条，把自己来访之事和所托之事告诉对方，或另约时间来访。如：

留　言　条

××老师：

今晚七点我到您家，您不在。我想与您商量办微信公众号一事，明晚七点我再来，请在家等我。

您的学生：×××

2018 年 9 月 1 日

请假条是因病因事不能正常上课、上班，而给老师或单位领导所写的条子。如：

请　假　条

××老师：

因感冒发烧，我今天不能去上课，特请假一天，望准假为盼。

附病假诊断书一张。

此致

敬礼

学生：×××

2018 年×月×日

意见条是对某件事或某个人有意见，而写给对方或对方的领导的书面材料。托事条是在无法见到对方，而又需对方帮助办某件事时所写的条子。

2. 说明条据的写作格式

说明条据的格式包括称谓、正文、具名、日期。有的个别的说明条据需要写条据名称，如请假条等。

称谓在开头顶格写，写姓加称呼或职位，如张老师、李经理，注意不要用小李或老刘等来称谓，这样既不礼貌，又容易误会。

正文另起一行空两格，要简明扼要，把事情说清楚。

具名在正文的后面，另起一行的右下方，要写全名，尽量不用小刘、老张式的称呼。

日期要写明年、月、日，不可用“即日”等字样。

3. 说明条据写作注意事项

要写得清楚明白，简明扼要，一般要写清四点：写给谁的，什么事情，谁写的，什么时候写的。

（二）凭证条据

1. 凭证条据及种类

人们在工作和学习中，在领取、收到、借到别人或单位的东西及钱款时，给对方立下的字据，起证据的作用，包括收条、领条、借条、欠条等。单位特制的、具有固定格式的条据叫“据”，如收据、借据等。人们自己书写的条据叫“条”，如收条、借条等。

收　条

今收到××大学应用文写作讲课费陆佰元整。

×××

20××年×月×日

借　条

今借到体育教研室篮球两个，进行篮球比赛，明天送还。

中文系学生会

经手人：×××

20××年×月×日

2. 凭证条据的写作格式

凭证条据的格式包括条据名称、正文、具名、日期。

条据名称写在条子的上方中间，一般要写上"收条""借条""欠条"等字样，说明是什么性质的条据。

正文要写明所收、领、借、欠的物品的名称、规格、数量和款项的种类及数量，若是借条、欠条等还要写明归还的方式和时间。正文结束，另起一行空两格写上"此据"或"此致"等字样（也可省略不写）。

具名和日期写在正文后面右下方，具名要写全名，日期写年、月、日。

3. 凭证条据写作注意事项

（1）对所收、领、欠、借的物品、款项的名称、规格、数量等一定要写得明确、具体。数字、金额要用汉字大写，金额在"元"后加"整"字。

（2）要用钢笔或毛笔书写，字迹工整、清楚。

（3）条据写成后不要任意涂改，需要改动时，应在改动处加盖公章或私章，以示负责。如系代收代领，需要注明。

（4）凭证条据需要妥善保管，以备将来查对或销毁。

第二节　合　　同

一、合同及作用与特点

（一）合同的含义

根据《中华人民共和国合同法》第二条的规定："本法所称合同是平等主体的自然人、法人、其他组织之间设立、变更、终止民事权利义务关系的协议。"（1999年3月15日颁布）

这个概念有两个要点。

（1）合同是平等的当事人之间的协议。协议的内容体现了债权债务关系，该债权债务关系在当事人之间进行变动、设立、变更、终止等。

（2）合同是适用于平等主体的公民、法人、其他组织的协议。在民事活动中，当事人的单位都是平等的，没有上下级之分，也没有领导与被领导之别，尤其应当防止行政干预。

自然人：指因出生而获得生命的人类个体。不仅包括公民还包括外国人、无国籍人。

法人：经国家认可，有独立的财产或独立的预算，具有民事权利能力和行为能力，依法独立享受民事权利和承担民事义务的组织。

其他组织：即非法人的组织，如法人的分支机构、私人企业、非法人社会团体、个体工商户等。

（二）合同的作用

（1）保护合同当事人的合法权益。合同当事人是参与经济活动的主体，通过自身的合法行为，取得合法权益，应受到法律的保护。法律被创制的目的之一就是保护合法权益和制裁违法的行为。合同当事人在平等、协商一致的基础上通过依法订立合同而取得的财产权、租赁权，享受一定的服务权、获得劳动报酬权等，均受到合同法的保护。

（2）维护社会经济秩序。

（3）促进当事人提高经济效益和社会效益。

（三）合同的特点

（1）立约人必须是具有法律行为能力的人。未成年者、精神病患者、醉酒者和被剥夺政治权利的人，以及丧失语言思维能力的人是不能作为立约人的。代表经济组织团体签订合同的签约双方，必须具有法人资格。

（2）协商一致，等价有偿，平等互利。订立合同，当事人任何一方不得把自己的意志强加给对方，只有双方协商一致，合同才能成立。并且当事人双方的地位是平等的，要本着平等、自愿、公平、诚信的原则来订立合同，使当事人双方互利互惠。

（3）合乎国家的法令与法规。当事人订立、履行合同，应当遵守法律、行政法规，尊重社会公德。任何单位和个人不得利用合同进行违法活动，扰乱社会经济秩序，损害国家利益和社会的公共利益，牟取非法收入。例如，贩卖人口、毒品，盗卖文物等，都是法律明令禁止的，如果以违法事情为内容而订立的合同，即为无效合同。

二、合同的种类

根据《中华人民共和国合同法》规定，合同的种类共有15种。有买卖合同，供用电、水、气、热力合同，赠与合同，借款合同，租赁合同，融资租赁合同，承揽合同，建设工程合同，运输合同，技术合同，保管合同，仓储合同，委托合同，行纪合同，居间合同。

（一）买卖合同

买卖合同是出卖人转移标的物的所有权于买受人，买受人支付价款的合同。即当事人将财产交给另一方当事人所有，另一方当事人接收财产，并按约定支付价款而达成的协议。其内容包括：当事人的名称或者姓名和住所；标的；数量；质量；价款；履行期限、地点和方式；包装方式；检验标准；检验方法；结算方式；合同使用的文字；违约责任；解决争议的方法等。

（二）供用电、水、气、热力合同

供用电、水、气、热力合同是供电人、供水人、供气人、供热力人，在一定期限内供给一定种类、品质和数量的电、水、气、热力于使用人，而使用人向供方支付费用的合同。其内容包括供电、供水、供气、供热力的方式、质量、时间、容量、地址、性质、计量方式、价格、费用的结算方式，以及设施的维护责任等条款。

（三）赠与合同

赠与合同是赠与人将自己的财产无偿给予受赠人，受赠人表示接受赠与的合同。

（四）借款合同

借款合同是借款人向贷款人借款，到期返还借款并支付利息的合同。借款合同的内容包括借款种类、币种、用途、数额、利率、期限和还款方式等条款。

（五）租赁合同

租赁合同是出租人将租赁物交付承租人使用、收益，承租人支付租金的合同。其内容包括租赁物的名称、数量、用途、租赁期限、租金及其支付期限和方式、租赁物维修等条款。租赁期限不得超过 20 年。超过 20 年的，超过部分无效。租赁期间届满，当事人可以续订租赁合同，但约定的租赁期限自续订之日起不得超过 20 年。

（六）融资租赁合同

融资租赁合同是出租人根据承租人对出卖人、租赁物的选择，向出卖人购买租赁物，提供给承租人使用，承租人支付租金的合同。其内容包括租赁物的名称、数量、规格、技术性能、检验方法、租赁期限、租金构成及其支付期限和方式、币种、租赁期间届满租赁物的归属等条款。

（七）承揽合同

承揽合同是承揽人按照定作人的要求完成工作，交付工作成果，定作人给付报酬的合同。承揽包括加工、定作、修理、复制、测试、检验等工作。承揽合同的内容包括承揽的标的、数量、质量、报酬、承揽方式、材料的提供、履行期限、验收标准和方法等条款。

（八）建设工程合同

建设工程合同是承包人进行工程建设、发包人支付价款的合同。建设工程合同包括工程勘察、设计、施工合同。建设工程合同应当采用书面形式。

（九）运输合同

运输合同是承运人将旅客或者货物从起运地点运输到约定地点，旅客、托运人或者收货人支付票款或者运输费用的合同。运输方式包括客运和货运。其中货运合同托运人办理货物运输，应当向承运人准确表明收货人的名称或姓名或凭指示的收货人，货物的名称、性质、重量、数量，收货地点等有关货物运输的必要情况。

（十）技术合同

技术合同是当事人就技术开发、转让、咨询或者服务订立的确立相互之间权利和义务的合同。技术合同的内容一般包括以下条款：项目名称；标的的内容、范围和要求；履行的计划、进度、期限、地点、地域和方式；技术情报和资料的保密；风险责任的承担；技术成果的归属和收益的分成办法；验收标准和方法；价款、报酬或者使用费及其支付方式；违约金或者损失赔偿的计算方法；解决争议的方法；名词和术语的解释。

（十一）保管合同

保管合同是保管人保管寄存人交付的保管物，并返还该物的合同。

（十二）仓储合同

仓储合同是保管人储存存货人交付的仓储物，存货人支付仓储费的合同。

（十三）委托合同

委托合同是委托人和受托人约定，由受托人处理委托人事务的合同。委托合同可以是有偿的，也可以是无偿的。法人之间的委托是有偿的，公民之间的委托多是无偿的。写作委托合同要注意做到明确委托的权限，明确费用与报酬，明确损失赔偿。

（十四）行纪合同

行纪合同是行纪人以自己的名义为委托人从事贸易活动，委托人支付报酬的合同。行纪合同又称信托合同。

（十五）居间合同

居间合同是居间人向委托人报告订立合同的机会或者提供订立合同的媒介服务，委托人支付报酬的合同。

三、合同的格式与写作

合同的写作具有两种形式：一种是预制式，一种是书写式。

预制式就是根据单位经营的需要预先设计、印刷好了的合同文本，一般企业与商家的买卖合同，还有供用电、水、气、热力合同，运输合同，居间合同等常常是预制式的。

书写式就是合同双方的当事人在共同协商后拟订的书面合同。

合同的格式包括标题、首项、正文、落款。

（一）标题

标题包括合同的性质和文种，如“建筑工程合同”，有的就简写为“合同”或“买卖合同”。

（二）首项

首项包括合同的编号、当事人双方的名称或姓名和住所、签订地点、签订时间。

合同的编号。为使合同示范文本体系规范化，合同规范文本实行了编号管理，其总编号为“GF-××-××××”。其中“GF”取自“国”字和“范”字的汉语拼音的第一个字母，含义为国家示范，其他可以企业自编。现在有的直接使用企业自编号码，只是为了合同管理起来更方便。

当事人双方的名称或姓名和住所，在单位名称前面或后面要注明“甲方”“乙方”，“供方”“需方”，也可以写成“买方”“卖方”，不可以写成“你方”“我方”。

签订地点，写明具体的签订地点。

签订时间，写清××××年×月×日。

（三）正文

合同正文的书写形式有三种。

（1）表格式，即订立合同的单位（主要指供方，一般适用于买卖合同及供用电、水、气、热力合同等）根据实际的需要把合同的内容设计在一份表格内，订立合同时只需按表格填写即可。

（2）条文式，是将合同的内容一条条地写下来，以文字说明或叙述为主。一般适用于赠与合同、租赁合同、融资租赁合同、承揽合同、技术合同、委托合同、行纪合同等。

（3）表格条文结合式，即在合同中既使用表格来注明数量、规格、单价等内容，又使用文字加以说明和补充。

条文式正文写作的内容一般要包括开头、主体、结尾。

1. 开头

开头主要写订立合同的依据与原因。这是合同合法性的重要表述，要表明订立合同的当事人双方是在平等互利、自愿协商的情况下所达成的一致协议。

2. 主体

主体是双方共同议定的具体条款，也是合同应具备的主要条款；一般主要包括标的，数量，质量，价款或者报酬，履行的期限、地点和方式，违约责任，解决争议的方法等。但不同的合同其内容也有所不同。买卖合同除要写明主要条款，还要写明包装方式、检验标准、检验方法、结算方式等内容。供用电、水、气、热力合同要写明供电、供水、供气、供热力的方式、质量、时间、容量、地址、性质、计量方式、价格、费用的结算方式以及设施的维护责任等条款。借款合同要写明借款种类、币种、用途、数额、利率、期限和还款方式等条款。（请见各合同种类的具体内容）

（1）标的，也称标的物，是合同的内容，指合同当事人双方的权利义务所共同指向的对象。标的可以是物、行为或智力成果等。

物，是指合同当事人能够实际支配、具有一定价值的、可以满足人们生产或生活需要的物质财富。它包括自然物和人工制造的产品。从法律的分类方面说，物包括：生产资料和消费资料，流通物和限制流通物，动产和不动产，特定物和种类物，可分物和不可分物，主物和从物，原物与孳息。同时，物还包括货币和有价证券。产品名称应标明：牌号、商标、生产厂家、型号、规格、等级、花色、是否是成套产品等。这些都应用书面形式在合同上写明，不能凭口头说定就行了。

行为，是指经济合同当事人有意识的、产生权利义务的活动，如当事人提供的劳务、服务等。同时也包括运输合同中的运力，仓储保管合同中的财产保管行为，建筑施工合同中的实物工程量。

智力成果，是指人类的脑力劳动成果，这是一种非物质的财富，主要有技术成果（包括专利技术等）、知识产权（著作权等）和品名商标等。

（2）数量，是标的的具体化。数量是用计量单位和数字来衡量标的的尺度，决定权利义务的大小，如产品数量多少，完成工作量多少。数量必须按照国家规定的法定计量单位计量。合同中的数量要写得具体、准确，例如，毛重还是净重，是以件为计量单位，还是以只为计量单位，一定要写明计量单位。如果以“套”“打”为计量单位的，还要写明一套、一打为几件。在买卖合同中，产品数量的计量方法，凡国家或主管部门有规定的，必须按规定执行；国家或主管部门没有规定的，由供需双方商定。

以行为为标的的合同，其数量表现是一定的劳动量或工作量，如工时、课时、实物工程量等。

以智力成果为标的的合同，可以是技术专利的件数、文稿的字数等。

（3）质量，由标的物的内在素质、外观形态、性能与使用价值综合组成，是标的的具体特征。按照《中华人民共和国产品质量法》规定：产品要有质量检验合格证明；要有中文标明的产品名称、生产厂厂名和厂址；根据产品的特点和使用要求，需要标明产品规格、等级、所含主要成分的名称和含量的，用中文相应予以标明；需要事先让消费者知晓的，应当在外包装上标明，或者预先向消费者提供有关资料；限期使用的产品，应当在显著位置清晰地标明生产日期和安全使用期或者失效日期；使用不当，容易造成产品本身损坏或者可能危及人身、财产安全的产品，应当有警示标志或者中文警示说明。裸装的食品和其他根据产品的特点难以附加标识的裸装产品，可以不附加产品标识。

以劳务为标的的，则要衡量其技术等级、实际水平、服务态度和实际效果。以智力为标的的合同中，则要衡量其学术价值和技术水平及其实用性、可靠性和效益性。

总之，质量条款具体规定标的物的质量。签订和履行合同，应始终坚持以质论价的原则。

凡有国家标准的，一律按国家标准签约并履行；凡是没有国家标准的，要按行业标准签订和履行；凡既没有国家标准又没有行业标准的，要按经过批准的企事业标准签订和履行。为了确保标的物的质量，合同条款中还应规定产品的检验或检疫方法。在订立合同时，要以《中华人民共和国产品质量法》作为合同中质量条款的依据。

（4）价款或报酬，是取得标的（物）或接受劳务的一方，向提供方支付的代价。价款通常指买卖产品的货款、财产租赁的租金、借款的利息等。报酬通常指加工承揽费、仓储保管费、货物运输费等，二者都是用货币来表示的。价款和报酬的条款要符合国家价格管理法规和《中华人民共和国合同法》中的规定。为实现价款和酬金的支付，合同条款中应具备有关银行结算和支付方法的条款。

另外，此条写作要注意两点：一是注意写清货币的币种；二是要写清双方约定的是什么价格。

（5）履行期限、地点与方式，履行的期限是指当事人各方依照合同规定全面完成自己合同义务的时间。在买卖合同中，履行的期限指交付货物的时间；在运输、仓储、保管、承揽、建设工程合同中，履行的期限指的是从开始提供劳务或进行工作，到最后交付的整个时间。履行地点是指当事人依照合同规定完成自己的合同义务所处的场所。如建筑工程合同的履行地点就是建筑工程所在地；买卖合同的履行地点决定于约定的产品交货方式，可能是需方提货地点，也可能是供方代办托运的地点。履行方式是指当事人完成合同义务的方法，如在买卖合同中是一次交付，还是分批交付，是送货、提货，还是代办托运等。

（6）违约责任，是指当事人一方不履行合同义务或履行合同义务不符合约定的，应当承担继续履行、采取补救措施或者赔偿损失等违约责任。

违约责任条款一般分为两部分，一部分是在合同履行中可能出现的违约情况；另一部分是对发生了这种违约情况，责任方应承担什么责任。在拟写违约责任时，要将有关条款写得具体清楚。

承担违约责任的方式主要有两种。一是违约金，一方违约，无论给对方造成的损失大小，都必须向对方支付违约金；二是赔偿金，如果违约一方给对方造成的损失超过违约金的，应向对方进行赔偿，以补偿违约金不足的部分。支付违约金或赔偿金后，对方要求继续履行合同的，应继续履行。

（7）解决争议的方法，是指在合同中要写明当事人双方约定的解决争议的方法，或协商解决，或仲裁解决，或通过法院解决。

3. 结尾

结尾主要写合同的正、副本的份数，以及合同的有效期限等。

（四）落款

落款包括合同双方的单位名称，法定代表人姓名，签订合同的时间、地点、公章、电话号码、银行账号等。

四、订立和履行合同的原则

（一）平等原则

《中华人民共和国合同法》第三条规定："合同当事人的法律地位平等，一方不得将自己的意志强加给另一方。"在合同关系中，当事人双方在法律地位上是平等的。无论一方在行政关系中是否是另一方的上级机关、总公司等，在订立合同时，没有任何特权；双方都处于同等的合同缔约者的位置。

（二）自愿原则

《中华人民共和国合同法》第四条规定："当事人依法享有自愿订立合同的权利，任何单位和个人不得非法干预。"

自愿原则即当事人有是否订立、和谁订合同的权利，任何人和单位均不得强迫对方与之订立合同。

在不违反法律规定的情况下，当事人对合同内容、合同的履行等均应遵守自愿原则。

（三）公平原则

《中华人民共和国合同法》第五条规定："当事人应遵循公平原则确定各方的权利和义务。"

（四）诚实信用原则

《中华人民共和国合同法》第六条规定："当事人行使权利、履行义务应当遵循诚实信用原则。"

五、合同写作的要求

（一）合同的内容合法

根据《中华人民共和国合同法》的要求，签订合同必须符合以下三条基本原则：遵守国家的法律，符合国家政策和指令性任务的要求；任何单位和个人不得利用合同进行非法活动，扰乱经济秩序，破坏国家计划，牟取非法收入；符合平等互利、协商一致、等价有偿的原则。有下列情形之一的，合同无效：

（1）一方以欺诈、胁迫的手段订立合同，损害国家利益；

（2）恶意串通，损害国家、集体或者第三人利益；

（3）以合法形式掩盖非法目的；

（4）损害社会公共利益；

（5）违反法律、行政法规的强制性规定。

（二）项目条款完整

合同所必备的各个构成部分不能缺少，主要条款不能遗漏。有些合同在结尾必须写明附件名称、件数，以保持合同的完整性。

（三）协议的内容必须明确、具体

合同中协议的主要内容如标的、数量、质量等项内容，必须书写清楚、指代明确，而且要十分具体（参看本节合同主体的写作部分）。

（四）表达简明准确，书写清晰

合同的写作采用说明方式，应做到周密严谨，言简意赅。要写得明确具体，条款清晰，概念准确，切忌议论、抒情、措辞不当、词不达意、一词多义、含糊不清。

（1）使用标准汉字（如与我国港台地区的合同用繁体字），表意准确，不使用模糊概念的语言如“最近”“基本上”“可能”“大概”“上一年”等。

（2）要用打印机打印，如要手写也要用毛笔或钢笔，不能涂改。

（3）价款与酬金的数字要大写。

第三节　民事起诉状

一、民事起诉状及作用与特点

（一）民事起诉状的含义

民事起诉状是民事案件中的原告，为维护自己的民事权益，就有关民事权利与义务的纠纷，向人民法院提起诉讼，要求依法处理而提交的法律文书。

《中华人民共和国民事诉讼法》第一百一十九条明确规定了起诉的条件：①原告是与本案有直接利害关系的公民、法人和其他组织；②有明确的被告；③有具体的诉讼请求和事实、理由；④属于人民法院受理民事诉讼的范围和受诉人民法院管辖。

（二）作用

《中华人民共和国民事诉讼法》第二条规定：“中华人民共和国民事诉讼法的任务，是保

护当事人行使诉讼权利，保证人民法院查明事实，分清是非，正确适用法律，及时审理民事案件，确认民事权利义务关系，制裁民事违法行为，保护当事人的合法权益，教育公民自觉遵守法律，维护社会秩序、经济秩序，保障社会主义建设事业顺利进行。”具体内容如下。

（1）向人民法院提起诉讼。

（2）当国家、集体和个人的经济利益遭到侵犯时，能及时弥补经济损失，维护合法权益。

（3）可解决经济活动中交往各方间发生的争执和纠纷，维护正常的经济秩序。

（三）特点

（1）民事起诉状的原告必须是与案件有直接利害关系的国家机关、企事业单位、社会团体和公民个人。与案件无直接利害关系的其他人不能成为民事案件的当事人，不能提起诉讼。

（2）民事起诉状是当事人为维护民事合法权益，就民事权利义务的争议向人民法院提起的书状。即指当事人因合同、继承、婚姻、侵权等民事纠纷发生争议，此时可以使用民事起诉状。

（3）民事起诉状应由原告向人民法院提起。原告在送交人民法院民事起诉状的同时，还应该按被告人数提出该诉状的副本。

（4）民事起诉状有规范化的写作格式。

二、民事起诉状的格式与写作

民事起诉状的格式包括首部、正文、尾部。

（一）首部

首部包括标题、当事人（包括代理人、代表人）基本情况等项。

（1）标题。写明案件性质和文书种类名称，如“起诉状”或“民事起诉状”。

（2）当事人基本情况。包括原告、被告双方，先写原告的，后写被告的，有第三方参加诉讼的列在当事人之后写明基本情况。当事人是公民的，写明姓名、性别、年龄、民族、籍贯、职业、工作单位、住址、电话号码、邮政编码等。若当事人是法人，应当写明全称、地址及法定代表人的姓名、职务等。如有代理人，也要把代理人的姓名和律师事务所名称写上。

（二）正文

正文是起诉状的主体部分，包括诉讼请求，事实和理由，证据和证据来源。

（1）诉讼请求。又称诉讼标的，主要写明请求人民法院依法解决的有关经济权益争议的具体问题。如请求履行合同、合同违约罚款、请求给付货款、请求赔偿经济损失、偿还债务等。如不是单一请求，可分条写。

（2）事实和理由。即诉讼的根据，是起诉状的核心部分。事实部分包括双方当事人有法律关系存在的事件以及事件发生的时间、地点、起因、事实经过、涉及人物、双方争执的焦点等，并且要提出证明的方法，即有哪些证人能证明什么事情，有什么材料能证明什么问题等。叙述事实要抓住重点，分清主次，要忠于事实，不夸大或缩小。理由部分是诉讼请求的根据。应写明被告所实施的行为或双方发生争议的权益的性质，已造成的后果及被告所应承担的责任。该部分要注意用事实和证据来论证权利与义务的关系，说明提出的诉讼请求是合理的。最后还要写明原告诉讼请求所依据的法律条款，说明起诉是有法律依据的。

在写事实方面，对不同的事实，可采用以下几种不同的安排材料的方法。第一，以纠纷发生、发展的时间为序来写。第二，围绕案件的核心问题来写。第三，根据案件的实际内容，对照《中华人民共和国民事诉讼法》中的有关条款逐项分条记叙。

（3）证据和证据来源。在记叙事实、阐明理由以后，应举出证据。向法院提供的证据，包括人证、物证、书证及一切证实材料。同时要交代证据的来源，证人的姓名、职业、住址等。证据是认定事实的基础，直接关系到诉讼请求的成立与诉讼的进程，是诉讼成败的关键，因此，要求证据可靠，决不能写虚假的证据。

举证时，如果提交法院的是书证或者物证，一般都应当提交原件，如用抄件或复印件，应注明“经查对，抄件与原件无异，正本在开庭时递交”等字样。有些书证或者物证，由于无法移动或者不便将原件带到法院，或有的时候需要提交的书证或者物证并不为举证人所持有，也可以提交影印件、照片。对于原件为他人所持有的书证、物证，或者要求证人证明案件事实的，应当一并在起诉时，向法院提出持有人、证人的姓名、住址和所能证明的事实。

（三）尾部

主要包括以下几部分：

（1）致送的人民法院名称。常用“为此，特向你院提起诉讼，请依法裁判，此致××人民法院”“此致××人民法院”“据上述理由，要求……，请依法判决”。

（2）具状人签名盖章、具状的时间，如系单位，应写全称。

（3）附项，包括起诉状副本的份数，证据的名称、种类、数量以及证人的姓名、住址等。

三、民事起诉状写作注意事项

（1）提出请求事项要具体、明确、有法律依据。请求事项是起诉状的要素之一，其主要内容是请求法院依法解决原告一方要求的有关权益争议的具体问题，如要求赔偿、履行合同、清偿债务等。因此要表达明确、具体，不得笼统或含糊不清。涉及数量、金额时，数字必须准确无误。同时，请求事项必须从实际案情出发，依据法律条文，切不可提出无理要求。

（2）写事实与理由的部分要实事求是，围绕中心有理有据。诉状所叙述的事实和理由，是法院判决的重要依据。在叙述时不要任意夸大于自己有利的情节、缩小于自己不利的情节，要按照事情发生、发展的本来面目加以叙述，并采用顺叙的手法，尽量不要采用倒叙、插叙等手法，以免叙述层次不清，给判决带来麻烦。叙述要详略得当，以双方争议的焦点为重点，其过程应概述。

（3）注意人称的一致性。在陈述事实与理由时，叙述的人称要前后一致，如用第三人称时就要称原告与被告，如用第一人称时就要用“我”（原告人或原告单位）和“××”（被告人的名字或被告单位的名称），不能一会儿用第一人称，一会儿用第三人称，造成叙述的混乱。

（4）证据要充分，引用法律要准确适当。
（5）语言要做到准确、严谨、表达富有逻辑性。

第四节　民事上诉状

一、民事上诉状及作用与特点

（一）民事上诉状的含义

民事上诉状是指民事诉讼当事人或其法定代理人不服人民法院第一审判决、裁定，依据法律程序，在法定的期限内，向上一级人民法院提起上诉，请求撤销、变更原审裁决，或者重新审理而提出的诉讼文书。

《中华人民共和国民事诉讼法》第一百六十四条规定：“当事人不服地方法院第一审判决的，有权在判决书送达之日起十五日内向上一级人民法院提起上诉。当事人不服地方人民法院第一审裁定的，有权在裁定书送达之日起十日内向上一级人民法院提起上诉。”

（二）民事上诉状的作用

（1）保护被告的合法权益，体现了在法律面前人人平等和民主的精神。
（2）可以加强上一级人民法院对下级人民法院的指导和监督，提高办案的质量。

（三）民事上诉状的特点

（1）严格的时限性。上诉状是有时间限制的，上诉人必须在法院规定的有效时间内进行上诉，一般民事上诉的时间为当事人接到判决书的15天内（裁定书为10天），超过了规定时间则被认为服从一审判决。

（2）较强的针对性。上诉状是针对法院第一审判决和裁定而写的，因此要针对原判认定事实的错误，原判理由不充足或适用法律的错误等进行上诉，因此它是对法院第一审判决而发表意见、看法、提出自己的请求。

（3）有比较固定的格式。

二、民事上诉状的格式与写作

民事上诉状的格式包括：首部、正文、尾部。

（一）首部

首部包括标题、当事人基本情况、案由。

（1）标题。写明案件性质与文书种类，如“民事上诉状”“经济纠纷上诉状”。

（2）当事人基本情况。首先写民事上诉人的基本情况，再写明被上诉人的基本情况，并用括号注明他们各自在一审中所处的诉讼地位。当事人是公民的，写明姓名、性别、年龄、民族、籍贯、职业、工作单位和住址等。当事人如是企业事业单位、机关团体，则应写明单位名称、地址、法定代表人的姓名和职务。如当事人的法定代理人或委托代理人参加诉讼，则应写明代理人的姓名、性别、年龄、民族、籍贯、工作单位、职务和住址。

（3）案由。案由包括案件性质、诉讼标的、原审人民法院的名称，判决书名称、文书编号和不服原判的事由。具体写法是："上诉人因××一案，不服××人民法院于×年×月×日×字第×号判决，现提出上诉。上诉的请求和理由如下……"

（二）正文

正文包括上诉请求与上诉理由，是民事上诉状的核心部分。

（1）上诉请求，是民事上诉人请求二审人民法院所要解决的具体问题，上诉人要求达到的目的。应当针对原判的不当，简明具体地写出不服原判，请求第二审法院撤销、变更原审判决或裁定，或请求重新审判的具体内容。上诉请求的内容主要应指出：原判认定的事实不清、事实有出入和遗漏的地方；原判理由不充分，证据不充足或不真实；原判适用法律不当；原判诉讼程序不合法等。

（2）上诉理由，是民事上诉状最核心的部分。根据事实和法律，根据第一审判决、裁定的不当，予以辩驳。辩驳应针对下列情况提出：原判认定事实错误，提出纠正或者否定的事实和证据；原判适用法律不当，理由不充足，提出自己的理由和应当适用的法律根据；原判在诉讼程序上的错误，提出纠正的法律根据。

写完事实和理由，紧接着写："为此，特向你院上诉，请依法撤销（或变更）原裁判"。

（三）尾部

（1）致送的人民法院名称。"此致××人民法院"。

（2）民事上诉人签名盖章，注明具状的时间。如系律师代写则写明×××律师事务所×××律师代书。

（3）附项。说明上诉状副本的份数，证据的种类、名称、数量，证人的身份情况等。具体写法是：

附：上诉状副本____份。
物证____件。
书证____件。

三、民事上诉状写作注意事项

（一）针对原裁判的不当之处，有的放矢地反驳

（1）将原裁判和客观事实相对照，针对原审判在认定事实方面不实、不清、不准、不当的地方进行反驳，提出纠正或否定的依据和证据，陈述正确的事实，摆明其中的道理，提出上诉理由。

（2）将原裁判所引用的法律和应当适用的法律相对照，针对原裁判适用法律方面的错误，提出上诉理由。

（3）将原审诉讼程序与法律规定的诉讼程序相对照，针对原审裁判违反诉讼程序方面的错误，提出纠正的法律依据。

（二）提出一审遗漏的新的事实和证据

当事人在一审中应当提供的某些重要事实，由于疏忽而没有提供，而此事实又是足以影响判决的，在上诉状中就应提出，阐明理由，便于二审法院审理做出正确处理。

第五节　民事申诉状

一、申诉状的作用与特点

申诉书，又称申诉状、再审申请书，是指民事案件的当事人及其法人代表，认为已经产生法律效力的判决、裁定有错误，向原审人民法院或上一级人民法院提出申诉，请求复查纠正或重新审理的法律文书。

《中华人民共和国民事诉讼法》第二百条规定："当事人的申请符合下列情形之一的，人民法院应当再审：（一）有新的证据，足以推翻原判决、裁定的；（二）原判决、裁定认定的基本事实缺乏证据证明的；（三）原判决、裁定认定事实的主要证据是伪造的；（四）原判决、裁定认定事实的主要证据未经质证的；（五）对审理案件需要的主要证据，当事人因客观原因不能自行收集，书面申请人民法院调查收集，人民法院未调查收集的；（六）原判决、裁定适用法律确有错误的；（七）审判组织的组成不合法或者依法应当回避的审判人员没有回避的；（八）无诉讼行为能力人未经法定代理人代为诉讼或者应当参加诉讼的当事人，因不能归责于本人或者其诉讼代理人的事由，未参加诉讼的；（九）违反法律规定，剥夺当事人辩论权利的；（十）未经传票传唤，缺席判决的；（十一）原判决、裁定遗漏或者超出诉讼请求的；（十二）据以作出原判决、裁定的法律文书被撤销或者变更的；（十三）审判人员审理该案件时有贪污受贿，徇私舞弊，枉法裁判行为的。"

民事申诉状的作用是法律赋予当事人、法定代理人、被害人的一项诉讼权利和民主权利，其目的是维护当事人、被害人的合法权益。

申诉状的特点与上诉状基本相同，但二者也有区别，其主要区别如下。

（1）主体不同。申诉状，有权提出申诉的人的范围较广，包括当事人及其法定代理人、被害人及其家属和其他公民。而上诉状只限于当事人及其法定代理人，被告人的辩护人和近亲须经被告人同意，才能提出上诉，范围比较狭窄。

（2）客体不同。申诉案件的复查，涉及面很广。它不仅包括已经发生法律效力的第一审判决和裁定，而且还包括第二审终结的判决和裁定，正在执行和已经执行完毕的判决和裁定，也在申诉的范围之内。而上诉状则不然，它只限于尚没有发生法律效力的第一审判决和裁定。

（3）时限不同。申诉不受时间的限制，只要是判决、裁定已经发生法律效力之后，什么时间申诉都可以，而上诉只准在规定的，在未发生法律效力之前上诉才有效。

（4）条件不同。申诉的提起是有条件的，它的条件是裁定、判决已经发生效力和裁定、判决有错误。只有符合两个条件才准许申诉，而且要几个人民法院或人民检察院审查，认为有理由者可以受理，无理由者可以不受理。而上诉则是无条件的，只要依法享受上诉权的人，在上诉期内提起上诉，无论其理由正确与否，都应受理。

（5）审理程序不同。申诉，如原为第一审案件，依照第一审程序进行审判，所做的判决，可以上诉；如为第二审案件，或是上级法院提审的案件，依照第二审程序进行审判，所做的裁判，都是终审的裁判。而上诉案件的裁判都是终审的裁判。

（6）处理不同。上诉，第二审法院对被告人提出上诉，受“上诉不加刑”原则的限制，而申诉不受该原则的限制。

二、申诉状的格式与写作

申诉状的格式包括首部、正文、尾部。

（一）首部

首部包括标题、申诉人及被申诉人的基本情况、案由。

（1）标题。居中写明“民事申诉状”或“经济纠纷申诉状”。

（2）当事人基本情况。民事纠纷案件的当事人除自诉案件分申诉人与被申诉人外，公诉案件只有申诉人。其基本情况要写明姓名、性别、年龄、民族、籍贯、职业、地址等。当事人如是企业事业单位、机关团体，则应写明其名称、所在地和法定代表人的姓名和职务。如当事人的法定代理人或委托代理人参加诉讼，则应写明代理人的姓名、性别、年龄、民族、籍贯、工作单位、职务和住址。

（3）案由。即案件的由来，应写明案件名称，申诉缘由和请求。具体写法是“申诉人因××一案，不服××人民法院（年度）×字第×号民事判决（裁定），现提出申诉，申诉理由和请求如下：……”。

（二）正文

正文包括申诉理由和申诉请求。

（1）申诉理由。主要是就原判认定的事实、证据、定罪量刑、适用法律、诉讼程序等方面的不当，提出纠正或否定的事实、证据和法律根据。

（2）申诉请求。明确具体地写明撤销、变更原裁判或者重新审判的请求。

（三）尾部

（1）致送人民法院名称。“此致××人民法院”。

（2）申诉人签名盖章，具状时间。

（3）附项。说明一、二审判决副本份数，申诉状副本的份数，证据的种类、名称、数量，证人的身份情况等。

三、申诉状的写作要求

申诉状是针对已经发生法律效力的判决或裁定认为有错误而提出的，要使申诉状递交后能发生审判监督程序，在写作时，应考虑以下几个方面。

（1）如果原裁判不是依据全面事实裁判的，申诉状应对案情事实，原来的处理经过及最后处理结果进行归纳叙述，使受理的法院对整个案情有全面的了解。然后阐明不服之点，针对原处理决定的不当之处，具体说明。

（2）如果认为原处理决定是认定事实有错误，应列举事实证据加以澄清。原处理决定认定事实属实，应承认其恰当而不应反驳，这是一种实事求是的态度。

（3）申诉人应将与请求目的相符的人证、物证、书证等在申诉状里明确列示。具体加以说明，以有利于受理机关正确地查明案件的真实情况和正确地认定案件性质，如能提供帮助说明申诉事实的新的证据，将更有说服力。

（4）申诉状可采用证明和反驳的写法。所谓证明法即以正确的事实证明申诉有据，以正确的逻辑推理证明申诉有理；所谓反驳法，即抓住原裁判中的关键性错误，建立反驳的论点，用确凿的事实和证据，充分地加以辩驳。

第六节　答　辩　状

一、答辩状的作用与特点

答辩状就是在诉讼活动中，诉讼中的被告或被上诉人、被申诉人根据起诉状、上诉状、申诉状的内容，针对原告人、上诉人、申诉人诉讼请求的主张做出肯定或否定的答复，并对其提出的事实和理由进行辩驳的书面材料。经济方面的案件就叫经济纠纷答辩状。

答辩状不仅是被告人和被上诉人维护合法权益的文书，而且也是人民法院公正审理案件的依据。

答辩状有很强的针对性和论辩性。它是针对原告人提出的诉状或上诉人提出的上诉状而写的，是对诉状或上诉状中告状事实和理由而阐发自己意见的文书。它必须运用确凿的事实、充分的论据和有关的法律条文，通过论证和反驳，去驳倒对方的观点和论据，证明自己观点的正确。

二、答辩状的格式与写作

答辩状的格式包括：首部、正文、尾部、附件。

（一）首部

首部包括标题（“民事答辩状”）；答辩方当事人情况，即姓名或单位名称等（与起诉状同）；答辩理由（“因××一案，特提出答辩如下：……”）。

（二）正文

要求写明答辩意见及其理由，在针对性地辩解的同时，阐明自己对案件的主张和理由。主要内容可以包括：揭示对方当事人法律行为的错误之处，对方诉状中陈述的事实和根据的证据中的不实之处；提出相反的事实和证据，说明自己的法律行为的合法性，列举有关法律规定，论证自己主张的正确性，以便请求法院给予司法支持。在国内经济纠纷中，还要注意受理法院是否有管辖权，如果发现法院确实没有管辖权，应当及时在答辩状中明确提出管辖异议，以免耽误时机，铸成大错。

（三）尾部

应写明致送机关“此致××人民法院”。右下方写明答辩人的姓名，注明年、月、日。

如是律师代书，可注明××律师事务所××律师代书。

（四）附件

答辩状如有附件，要写清附件说明，即写明附件名称，并依次排序，如附件1、附件2等。

三、答辩状的写作要求

（1）第一审答辩状是对起诉状的答辩，所以它的内容必须有明确的针对性，即只涉及原告人提出的诉讼材料，针对起诉所提出的事实和理由，进行答复和辩解。特别要抓住起诉状中那些与事实不符、证据不足、缺乏法律依据等内容进行反驳。在辩驳中阐明自己的观点，申述自己的理由，提出确凿的事实根据和明确的法律依据，以便法院审理时，辨别原告人的指控、诉讼请求是否有事实和法律依据，从而做出正确的裁决。

（2）第二审答辩状有它的特殊之处，即上诉人不服一审判决，而被上诉人往往尽力维护一审判决。所以，写这种答辩状应该注意两点：

第一，上诉人的上诉状与第一审诉状比较，提出了什么新的事实和理由。这些事实和理由，有没有充分的根据。针对这些事实和理由，有理有据地进行答辩，说明对方的诉讼请求不能成立。写答辩状，一定要遵循实事求是的原则，不空发议论，不强词夺理。

第二，既然第一审裁决对自己一方有利，那么，在第二审的答辩中，就应该对裁决给予充分的肯定，证明它是公正的裁决，请求第二审人民法院维持原审裁决，特别是上诉状没有提出新的证据和理由，仅仅是重复原审的事实和理由时，更应该强调原判决的正确性，并尽可能地补充必要的证据和理由，以便第二审人民法院做进一步的审核。

第七节　法规　规章

一、法规和规章的含义

法规即法的规范，是国家或地方立法机关、国家最高行政机关，为实施行政领导和管理，依照宪法和法律，在其职权范围内制定的具有法律效力和强制执行性的规范性文书的总称，包括行政法规和地方性法规。

行政法规是国家最高行政机关国务院根据宪法和法律制定，由国务院总理签署，以国务院令发布实施的文件。行政法规的效力低于宪法和法律。

规章，即规章制度，包括部委规章和地方政府规章。法规和规章包括条例、规定、办法、细则、章程、制度、规则、守则等。其中规定和办法既可用于法规，又可用于规章，这主要从发文机关和制发程序上加以判别，这点将在法规和规章的区别中详述。

二、法规和规章的分类

（一）条例

条例是国家权力机关制定并发布的，调整国家生活某一方面准则、较原则和规范的、需长期实行的立法性文件；或用于规定某个机关组织的职权、某些专门人员的权限和义务的立法文件。

国务院办公厅发布的《行政法规制定程序暂行条例》规定“国务院各部门和地方人民政府制定的规章不得称‘条例’”。由此可知，条例的制定权限是有十分严格的限定的，即只有国务院和各级人民代表大会及其常务委员会才能制发“条例”。地方政府如需要以“条例”行文，必须经过本级人民代表大会或其常务委员会授权批准，才能发布。

条例可以是对相关法律做解释、说明和补充。因为宪法、法律及法规性文件，在制定过程中对许多条文只做了原则性的规定，在文字表述上往往只是一种界限，具体运用时则不够明确。这样在实施的过程中，就需要“条例”来做解释说明。

另外，在实际工作中出现的新情况、新问题，在原有法律或法规文件中没有相关规定，急需加以调控，否则相关部门对这些问题的处理就无法可依，无章可循，但如果立法，可能尚不具备成熟的条件。这时就需要用“条例”做以替代，权当立法，在时机成熟时，或经修订成为法律，或经实践检验不适宜而取消。因此说，条例是对法律的阐发和扩展，有法的规范性质，有不可违背的约束力。

条例在制文时，必须符合现行法律。内容须完善，考虑要周全，以保持较长时间内的相对稳定，较少暂行、试行。

条例篇幅一般较长，多采用章断条连的方式，将全文分为总则、分则、附则三部分加以表述。

（二）规定

规定主要用于为实施贯彻有关法律条例，根据立法程序，对有关工作或事项、机构做出局部具体的规定，或对某一工作做出规范。

规定具有法规和规章的双重性。它既可以由权力机关发布，作为某法律和法规实施的规范要求；也可由行政部门、社会团体、企事业单位制定，用于某一工作的管理。权力机关发布的规定属于法规，具有法律效力；行政部门、社会团体、企事业单位发布的规定属于规章，具有行政约束力。

规定这种既为某一法规的贯彻执行而提供保障，又可就某一工作或活动的顺利开展进行制约的特点，使其涉及的事项比条例具体，而且具有很强的针对性。因此，规定在写作时应既有原则的规范要求，又有具体的约束措施；正面要求和反面禁止相结合，以从正面提出要求为主。规定的内容有长有短，长则采用分则分章的章断条连式，短则可采用条文式结构。

（三）办法

办法主要用于对有关法律、条例、规定提出具体可行的实施办法，或对某项工作或某项活动做出具体安排或提出具体的措施。办法同规定一样，既可以由权力机关发布，隶属法规；又可以由各级行政机关、企事业单位制定，作为规章。作为规章的办法，使用相当广泛。各级行政机关、企事业单位在某项工作尚无条文可依的情况下，为了实现规范化管理，均可使用“办法”。这种办法常常是作为制定规定、条例的前期试验，条件成熟时，即可将其升格为规定、条例，从规章性质升为法规性质，由行政约束成为法律规范。

办法用于对有关法令、条例、规定提出具体的实施办法时，一般侧重于对法令、条例、规定提出具体意见，多是诠释、说明有关条款，或结合实施范围的实际情况补充一些条款，这种办法要围绕所依附的原件进行写作，应写得比较具体，不求全面系统，只为指导实施。

办法用于对有关工作、有关事项的具体办理、实施提出切实可行办法时，应根据对象的内容确定。一般比较全面，从办理原则、承办部门或人员、具体措施、办理方式、程序步骤、工作标准、执行时限、奖惩规定等各方面都做出规定，比较系统周全，每一条款都规定得十分具体。

办法的稳定性不如条例、规定，因而暂行、试行的办法比较多见，其需要在实施过程中不断总结经验，适时修订。

（四）细则

细则，即详细法则，它是各级机关为执行上级的法规和规章而制定的明细规定。与其他规章制度不同的是，细则都是针对某一条例、规定、办法或其中的部分条文进行解释说明，其前提是必须依据这些法规或规章。在不改变法规和规章结构和内容的前提下，结合本地具体情况，对原文中过于原则或执行起来可能遇到的情况加以明确化、具体化，是法规、规章的派生文字。国家权力机关一般不使用细则，国务院一般很少直接颁布细则，如《〈中华人民共和国监控化学品管理条例〉实施细则》是由工业和信息化部颁布的。

细则的这种以保证法规和规章的贯彻实施为目的、忠实于原法规和规章的特殊性，决定了在细则制定过程中，制定者必须认真研究，反复体会，深入理解原法规、规章，只有在这个基础上，才能把握其基本精神和要点，使细则的行文目的得到切实的保证。

同时，细则在制定过程中，还要注重对局部问题、具体情况的认识与理解，使细则能有针对性和预见性，真正发挥具体说明与明确指导相结合的作用，以保障法规和规章的贯彻执行。

（五）章程

章程是组织、团体及企业经特定程序制发的组织规程和行为准则。章程对组织及团体的性质、宗旨、任务、组织机构、成员条件、权利、义务及活动方式进行的规定，是相应的组织、团体内部全体成员的行为准则，要求其成员必须共同遵守，在组织、团体内起着统一全体成员的思想行为，保证其各项活动正常开展的重要作用。

章程对企业的性质、宗旨、目的、机构设置与成员构成、业务内容与范围、收入分配等所做出的具体而详细的说明，则是企业正常运作的规范。

章程的制定是在广泛听取意见的基础上形成草案，在草案基础上再征求意见。反复修改后，经过组织成员或代表的充分讨论、协商，在达成共识的基础上，再由全体成员会议或代表大会按程序表决，获得通过后，才能以“章程”的形式行文。章程的写作应使人能对该组织、团体、企业的各方面情况了解清楚，同时注意每一事项的内容应相对独立，而不必上勾下连去阐述，条款清晰，简洁明了。

章程的条款一经相应组织、团体通过或相关成员协商达成共识后，其所涉及的相关对象不能自行变更章程内容，必须按章程规范自己的思想行为，遵章办事。

（六）制度

制度是国家机关、社会团体、企事业单位，为保证和加强某项工作的管理而制定的行动准则和工作方式规范，如职工请假制度、医疗保险制度等。

制度是针对某项工作而制定的规范，因此工作内容的区别、工作范围的不同，制约着制度的效用。每一制度只在其相应的范围内、相应的工作中发生规范效力。

制度一旦制定，就要求相关对象在从事某项工作、办理某一事项时必须遵守。

虽然其没有法律效力，但对相关对象有一定的行政约束力。制度的写作，在内容上应完整、细致、具体、可行。在内容安排上，注意逻辑的严密性，对内容进行严格归类。语言准确、明晰、简练，避免产生歧义。做到易读、易懂、易记，操作性强，便于执行。

（七）规则

规则是对某一工作、某一活动的具体事项及参与者的具体行为制定的规范。

每个规则都有其特定的范围，互不通用，互不替代。如《考试规则》只对进入考场参加考试的人有约束作用，而在其他场合，对其他人员则没有任何作用。因此，制定规则时，一定要弄清其约束的范围，针对具体场合、具体活动、具体行为做出规范。

这里需注意规定和规则的区别。

规定通常是对比较重要或重大的某一工作或活动做出规范，制文机关多为各级领导机关及其职能部门；规则多是对某一具体的工作或活动进行管理，做出的比较具体细致的规范，一般多由行政机关、社会团体、企事业单位的业务主管部门制定。

规则的篇幅可长可短，条文可多可少，视内容而定；规则多从正面做出规范，有时还要写明对违者的处理规定，内容可从原则到具体，按工作、活动的程序安排条文，语言宜明确、简洁。

（八）守则

守则是机关、团体、企事业单位对其成员提出的道德规范和行为准则。守则对一定范围内的有关人员的规范，侧重于倡导、教育。因此在制定守则时，一般不对相关对象的具体行为提出要求，而多从大处着眼加以规范。如从对祖国的热爱、对国家法律法规的遵守到优秀道德品质的树立等，针对的都是相关对象的基本行为。

守则篇幅短小，条文少，内容安排一般以从原则到具体、从一般到特殊、从主要到次要为序。

守则常用排列整齐的短句，如汉语中的四字句，注重语言的行业特点，注意简明通俗，好懂易记。

三、法规和规章的作用

法规、规章从法律、行政及道德等方面，对有关人员进行约束和规范，提出具体的执行要求，使有关人员有规可据、有章可循。有利于各部门实施管理，有效行使自己的权力，从而保证各项工作有序协调地进行。

四、法规和规章的特点

（一）明确的约束性

法规、规章对所属范围的单位和人员具有明确的法律、行政及道德上的约束力，相关对象必须严格遵守执行，不得违反，否则就要受到法律的制裁或相应的行政纪律处罚或道德谴责。

（二）表达的具体性

法规、规章对相关对象做出的规定、提出的要求，都需要其贯彻执行。因此，所做的规定、所提的要求都比较明确、具体。表达直接明了，易于理解，便于据其而行。

（三）形式的条文性

法规、规章多采用将文章分为若干章，各章分成若干条，各条按统一序数排列，连为一体，章断条不断，即所谓的章断条连式的结构形式。条理分明，结构清晰。

（四）发布的公开性

法规、规章必须在一定范围内公开发布，使相关对象知晓并遵章执行。

五、法规和规章的不同之处

法规、规章虽有很多相同点，但仍有一些不同之处，主要不同之处如下。

（一）制发主体不同

法规必须由国家权力机关来制发，规章则可由各行政机关及管理部门、团体、企事业单位制发。法规中的条例，只有国务院和各级人民代表大会及其常务委员会才有权发布。规章和办法虽然可以既是法规的适用文种，又是规章的适用文种，但其只有制发主体为立法机关，或符合立法程序的，才能归属法规。

（二）制发程序不同

各级立法机关在制定法规后必须履行相应的程序才能发布。如由全国人民代表大会及其常务委员会制定的法规，必须经全国人民代表大会及其常务委员会讨论通过，才能发布实施；各省（自治区、直辖市）人民代表大会及其常务委员会制定的法规，须经省（自治区、直辖市）人民代表大会常务委员会批准，并报全国人民代表大会常务委员会和国务院备案等。规章的制发程序相对法规而言就简单多了，部分规章须经行政会议讨论通过，报主管部门审批后才能发布；而一些规章只要经会议讨论通过，由主管领导审核即可发布。

制发主体与制发程序的不同，也就决定了法规和规章在效力上的差异。这一点将在文种写作要点中加以介绍。

六、法规和规章的写作

法规和规章因同属于法规类文书，不仅有着法规类文书的基本特点，而且写作体式也基本相同。其写作体式规范成型，比较稳定。因此，将其合并加以介绍。

法规、规章的写作包括标题、发布标识、正文、落款等部分。

（一）标题

通常有三项式和两项式标题两种形式：

1. 三项式标题

三项式标题是由适用范围或对象加事项、文种组成，如《外商投资企业和外国企业购买国产设备投资抵免企业所得税管理办法》《中央企业领导人员管理规定》《黑龙江省农村饮水项目建设管理实施细则》等。三项式标题还有一种形式是由发布机关、事由和文种组成的，如《国务院关于扩大科学技术研究机构自主权的暂行规定》。

2. 两项式标题

两项式标题是由发布机关或适用范围、适用对象加文种组成，如《拍卖监督管理暂行办法》《大学生守则》《中国银行章程》等，还可以由事由和文种组成，如《关于违反土地管理规定行为行政处分暂行办法》。如果法规、规章是暂行、试行的，应在文种前标明“暂行”或“试行”，或在文种后用括号注明，如《招标公告发布暂行办法》《互联网站从事登载新闻业务管理暂行规定》《企业专利工作管理办法（试行）》。

除涉及法律、法令及其相关法规外，法规、规章的标题一般不用标点符号。如《〈中华人民共和国监控化学品管理条例〉实施细则》中的法令名称用了书名号，而《国务院新闻办公室信息产业部发布中华人民共和国进出口商品检验法实施条例》中的法令名称，则未用书名号。用或不用，要以表述清楚准确、不造成歧义为准。

（二）发布标识

发布标识包括批准机关（或会议）名称、批准（或通过）日期和发布机关名称，发布日期（有的标出生效日期）。发布标识可置于标题下或文尾。

（三）正文

法规、规章的正文应对制定目的、依据、适用范围、主管部门、具体规定、法律责任、奖惩办法、施行日期、解释权限等做出具体明确的规定。按先总说后分说，从原则到具体，从主要到次要，从一般到特殊的写作顺序，分总则、分则、附则三部分进行表述。

一般总则为第一章，说明制定目的、依据、原因、意义、总的原则和要求、适用的范围或对象等。附则为最后一章，说明实施要求、生效日期、解释与修改的权属机关、本法规规章与其他的法规规章的关系、其他未尽事项的处置办法等。总则之后，分则之前各章的具体内容，是正文的主体和重心，应对涉及的事项做出全面、具体、明确的规定。

正文的写作，通常有三种方式：

1. 章条式

章条式，即章断条连式，即全文分若干章，章下分条，条的序号从头到尾依次编码，为使各章内容醒目，也可加小标题，称“小标题式”。章条式的法规、规章，通常第一章为总则，最后一章为附则，中间各章为分则。内容较多时，章下可分节，节下再分条。这种形式适用于内容复杂、层次较多的法规、规章。

2. 条文式

条文式是全文从头到尾逐条排列，序号从头排到尾，一个问题用一条说明。如果一个问题有几种情况，可在“条”下列“款（项、目）”，但“条”的序号仍相连，而“款（项、目）”则不连，只在各自的“条”内依次排列。这种写法多用于内容单一、层次不复杂的法规、规章。从层次上讲，有的第一条说明制定目的、依据、根据、原因，也可在第二条说明适用范围或对象，最后一两条说明实施要求、生效时间、解释和修改的权属机关、本法规规章与有关文件的关系或其他未尽事宜的处置办法等。其余条文则分别说明做出的规定、要求或规范。有些为经常性的常规工作或者大家熟知的工作制定的规章，也可以省略制定目的、依据、生效说明等内容，全文从头到尾各条均是对相关对象的规定、要求。如《国务院工作人员守则》，全文十条就是十个方面的工作要求和行为规范。

3. 总序分条式

总序分条式是全文开头用一段序言去体现总则的内容，然后分条说明分则内容，最后一两条为附则内容，这种结构形式也适用于内容较少、条文不多的法规、规章。

第八章　科研学术类文书

第一节　开 题 报 告

一、开题报告及作用、特点

（一）开题报告的含义

科学研究是推动科技进步、社会发展的重要活动。科学研究往往以项目方式加以体现，而开题报告正是对课题的论证和设计。

开题报告是科学研究人员在课题选定之后、进入课题具体研究之前，向科研主管部门报送的关于课题研究的必要性、可行性和主要内容的书面报告。换言之，开题报告就是课题研究方案的设计、规划和制定，是课题方向确定之后，课题负责人在调查研究的基础上撰写的报请上级批准的选题计划。它是就所要研究的课题，向主管部门报送的第一份报告，因此又叫开题申请书、研究计划、课题研究方案。

（二）开题报告的作用

1. 阐述课题意义，获得有效支持

开题报告是研究人员科研知识和能力的“缩影”，不仅要向有关科研主管部门说明课题研究的主要内容，还要就课题的意义进行阐述，强调其重要性和可行性，并就研究的预期成果和提供成果的形式做出说明，从而保证该课题获得科研主管部门的认同，对研究计划的实施给予支持和指导。只有充分重视并认真做好研究方案的设计，科学制定开题报告，才能为获取优秀成果奠定良好的基础。

2. 提供实施设想，便于督促检查

“凡事预则立，不预则废。”没有科学、周密的开题报告，没有对研究设计的精心准备，就没有有效的科研活动，没有真正意义上的创新。在开题报告中，科研人员要针对研究课题的准备情况、拟采取的措施、步骤以及预期目标等，简明扼要地加以表述，从而为科研主管部门检查和督促课题研究情况、进展状态以及最终验收提供依据。

（三）开题报告的特点

1. 选题的科学性

开题报告所选择的课题必须具有科学性。开展的研究既要以科学思想为指导，不能违背经过实践检验的科学原理；还要具有客观存在的实践基础，以事实为依据。因此，研究者要具有科学精神，要在充分调研的基础上确定选题，既不能因循守旧，也不能凭空臆造。要善于继承前人的成果，勇于怀疑和批判，处理好继承与发展、创新与批判的关系。

2. 内容的创造性

开题报告所研究的课题必须具有创新意义。虽然它只是课题研究的实施计划，但是它的内容要体现出研究的必要性。既要具有理论意义，能够纠正、弥补该研究方向的错误和不足；还要具有实际应用价值，为相关部门和企业改善经营管理、开展技术创新等提供参考。

3. 表述的明确性

开题报告与可行性研究报告相近似，是课题研究的“施工蓝图”，是开题报告能否得以批准的唯一凭据。因此，开题报告对研究“预想”的表述必须要明确，要对研究的各个方面逐一予以充分的论证。要注重内在逻辑，不能前后矛盾、模棱两可，要尽量使用单句和肯定性词语，简洁明了。

（四）开题报告与立项申请书的异同

开题报告和立项申请书都是科研文书，都是课题开始之前撰写的争取获得批准的书面材料。但是二者侧重点不同。立项申请书论证的重点是研究的意义、价值、研究思路即设想、研究的可能性，目的在于立项；开题报告是课题研究的工作框架和基本思路，论证的重点是如何完成课题研究，包括从选题到最终成果等课题研究的全部环节，主要回答研究什么、为什么研究、如何研究，目的在于使相关部门和人员了解研究过程。

从审查程序和结果来看，二者都需要专家审阅，但是立项申请书获批的可能性并不确定，而评审结果一旦确定，则没有修改的机会和价值。开题报告往往具有较大的确定性，项目选题一般已经过初步审核，如学位论文开题报告由指导教师修改后，再以课题负责人或学位论文作者答辩的方式，经过专家组审查，答辩过程中一般可以讨论，责任人可以对报告进行修改，或按照实际需要，再次进行答辩。

二、开题报告的分类

从广义上说，开题报告是某一课题研究的可行性分析和计划。但是，从开题报告的具体用途上说，它可分为科研课题开题报告、学位论文开题报告。

科研课题开题报告专指企事业单位科研人员对科研项目开展研究之前所做的科学研究计划。学位论文开题报告是指高等院校（培养单位）在校学生在学位论文写作之前所做的论文工作计划。

三、开题报告的写作

开题报告一般由标题、正文、结尾三部分组成。

（一）标题

科研课题开题报告的标题一般由课题名称和文种组成，如《关于稀土在易切削钢中的应用及作用机理研究课题的开题报告》《关于柑橘冻害及其防御技术研究课题的开题报告》。学位论文开题报告的标题通常由高等院校名称、培养层次（申请学位级别）和文种组成，如

《某某大学硕士学位论文开题报告》。

（二）正文

开题报告的正文一般包括以下内容。

（1）研究的目的和意义。

（2）国内外研究现状，即有关文献资料的主要观点与评述。

（3）研究的主要内容、拟解决的关键问题、难点和创新点。

（4）研究方法、步骤或进度安排。

（5）现有研究条件。

（6）预期研究成果及表现形式。

（7）人员分工。

（8）研究经费预算。

（9）保证措施。

由于课题的性质、层次不同，开题报告正文的写法不尽相同。主要相关内容写作方法如下。

研究的主要内容，应阐述课题研究的主要任务，拟解决的关键问题和难点，即课题研究的重点问题、关键技术问题和可能制约课题进展的困难。要统筹考虑课题要求和课题组的实际工作条件与水平。

课题研究步骤或进度安排，即课题研究在时间和顺序上的安排。要充分考虑研究内容的关联性和难易程度。应由简至难，从基础性问题开始，分阶段进行，各个阶段的起始时间要首尾衔接，合理分配。每一阶段的工作任务和目标要求要明确、具体，重点突出。

现有研究条件，指能够为课题研究提供支持的环境和条件，即以往的研究成果、已有的主要设备、现有的研究技术力量等。这包括课题负责人、课题组成员以往开展的相关研究情况和取得的成果，主要仪器设备、图书资料（含网络资源）、其他智力资源等。以往研究成果是课题组整体素质与水平的体现，要能够体现课题组全体成员尤其是课题负责人的理论水平和实践经验。

预期成果及表现形式。课题不同，研究成果的内容、形式也不同，但课题研究必须有成果，它是结项和验收的依据。预期成果指最后要取得的成绩，即每一阶段的研究内容的集中体现。例如，每一阶段研究的最终结论或主要观点概括，或预期要发表的文章、研究报告的名称与数量，成果推广与应用效果、取得的奖项等。成果表现形式，即专著、论文、研究报告等，是课题研究借鉴价值的外在体现。在开题报告中设计出成果形式，可以使研究者明确将来以何种形式记录和体现研究成果，以便按计划积累材料、构思框架、合理分工，保证课题的顺利完成。

人员分工，指的是课题组成员组成及其承担任务。一般需按课题申报要求设定人员数量、结构（学历结构和年龄结构等）和分工。应合理安排课题组成员的顺序，除课题负责人一般应负责研究任务和分工的协调、结题报告的总撰和审定等关键性工作之外，课题组成员中的前两位一般应能承担相对重要的工作任务。

研究经费预算。任何科学研究都需要一定的经费支持。研究经费主要用于购置仪器设备和书籍资料，开展现场调研等。既要明确列出支付细目和用途，防止漏项，经费额度的大小也要合理预算，实事求是。

保证措施，指的是承担单位和主要协作单位的支持情况，即课题负责人所在单位和课题研究相关单位能够提供的政策、技术、条件、经费配套、监督管理等方面的支持和保障。

开题报告中的研究目的和意义、国内外研究现状、创新点和研究方法等内容的写作，与学位论文开题报告中基本一致。所不同的是，学位论文开题报告，一般不要求阐述国内外研究现状，而代之以参考文献；研究的主要内容一般以论文提纲（即论文目录）的形式体现；学位论文开题报告一般不要求论证预期成果和提供成果的形式、研究经费预算等。

（三）结尾（落款）

结尾由报送单位（加盖公章）、课题负责人签名和报送日期三部分组成，在报告正文的右下方标注。

学位论文开题报告则不需要落款。学校名称、论文作者、报告日期等，均填写在学校给定的封面模板上即可。

四、开题报告写作注意事项

（一）选题重价值

开题报告能否得到科研主管部门的认同，首先在于选题。选题要体现出研究的深度、广度，确保所选课题的价值。在撰写开题报告前，一定要广泛收集资料，充分了解所选课题的相关研究成果，把握该领域研究最新动向，为研究工作提供坚实的基础。

（二）考虑须周全

开题报告写作水平的高低，是课题质量与水平的重要反映。没有科学的开题报告，就不会产生富有价值的成果。开题报告必须科学、完善。一般而言，开题报告应重点说明三个问题：课题研究的价值、课题研究的条件、课题研究的准备等。因此，开题报告应在注重选题价值的基础上，正确评估课题组所具备的完成课题的主客观条件。例如，课题研究技术力量是否足以保证完成课题的人员需求、现有资料、设备、研究的重点和难点等情况。只有考虑充分，才能把开题报告写得全面、周密，切实可行，才能便于审批机关对开题报告予以认同、给予相应的支持与指导。

（三）表达宜明确

开题报告的写作目的是为保证所申报的课题的顺利实施，因此，在语言表达上，要使用专业术语，体现科学性、规范性和逻辑性，同时，应体现出直接、明确的态度，使审批部门深信此项研究既具有独特价值，势在必行，又能得以实施，取得预期成果；切忌模棱两可，含糊其辞。例如，选题的表达要简明扼要，通俗易懂，准确、规范地概括出研究对象和问题；还要注意课题名称与研究内容的一致性。

（四）格式要规范

开题报告一般应依据上级部门下发的课题指南或学术论文撰写规定的要求，对课题研究的相关情况予以报告。在撰写格式上，应注意与课题研究成果的一致性，还应体现研究的科学性，而思路的严谨性就体现在语言表达、文面处理的规范性上。学位论文开题报告，一般以表格形式即固定模板体现，因此，应严格按照所在高校对开题报告的写作要求，严格遵循结构、内容、字体、字号、行距、字数、注释等格式规范。

第二节　学 术 论 文

一、学术论文及作用

（一）学术论文的含义

学术是指专门的、系统的知识和理论，是对存在物及其规律的学科化论证。学术论文是对某个科学领域中的理论和实践问题进行研究并提出独创性见解的一种文章样式，是某一学术课题在实验性、理论性或预测性上具有的新的科学研究成果或创新见解和知识的科学记录，或是某种原理应用于实际取得新进展的科学总结，是用以学术会议上宣读、交流、讨论或学术刊物上发表，或用作其他用途的书面文件。

（二）学术论文的作用

1. 学术论文是科研活动的组成部分，是开展科学研究的必要手段

学术论文运用一定的科学方法，创造性地研究科学领域中具有学术价值的问题，主要用于科学技术问题的研究和科研成果的描述。学术论文的写作与探讨学术问题同步，目的是研究自然科学、社会科学、工程技术领域中的某一课题，贯穿于研究活动的全过程。同时，学术论文应提供新的科技信息，表明作者从事科学研究取得了创造性的结果或有了新的见解，而不是重复、模仿、抄袭前人的工作。学术论文是科研活动的组成部分和必要手段。

2. 学术论文是总结研究成果，进行学术交流并指导实践的重要工具

学术论文是科学技术研究成果的文字体现，是记录科学研究信息的载体，是对科学技术领域里的学术问题进行专题研究后写成的阐述学术观点、表述科学研究成果的论述性文章，是进行成果推广和交流，以实现其学术价值的重要工具。运用这一工具，科学研究的最新成果才能被及时、广泛地运用，从而创造社会效益和经济效益。这是学术论文价值的具体体现。

3. 学术论文是考核业务的重要依据，是开发智力和培养人才的有效途径

学术论文的写作，实质上是人们形成对客观存在及其规律的正确认识的创造性智能活动。学术论文写作是一种综合性的实践训练，具有专业性，有助于培养一定的专业技术能力，开发智能结构，锻炼人的逻辑思维能力。专业技术人员的考核，大学生等申请学位的资格，一般也以论文作为重要的标准。

二、学术论文的特点

（一）学术性

学术性指论文内容体现出的知识的系统性、专门性、规律性。学术性与理论性密切相连，指论文具有一定的理论价值和方法论价值。是否具有严谨的理论体系，是否达到一定的理论高度和深度，是衡量论文学术水平和价值的重要标志之一。学术论文应体现出作者深厚的专业功底、较高的理论素养、对所研究的课题的全面深入的把握及独到的见解，传达出作者亲自获得的原生信息和重要的次生信息。这是学术论文的基本属性。

学术论文描述了科研活动中某一新的发现、新的创造，对某一学科的发展具有理论上或实践上的价值。同时，也必须提出理论的思考，对新的发现和创新有深入的理性分析，揭示其理论上的价值，对经验事实进行理性升华，从而对原有的理论体系予以丰富，乃至建立新的理论体系。此外，论文的学术性也体现在语言表达的专业性即专业术语的运用上。

（二）科学性

科学性是学术论文的灵魂。科学研究的目的是探求真理。作为科学研究成果，如果缺乏科学性，也就失去了应有的价值，还会造成误导和危害。科学性指的是论证的逻辑性，包括观点的正确、材料的真实、论证的严密等，其源于正确的态度以及科学的方法。

学术论文的主线是提出问题—分析问题—解决问题，正确的方法是科学判断的前提。提出问题、观察问题、分析问题，必须从客观实际出发，客观公正，不能主观臆断。在论据上，应尽可能多地占有资料，以最充分的、确凿有力的论据作为立论的依据。在论证时，必须经过周密的思考，进行严谨的论证。

（三）创新性

文贵创新，学术论文尤其要求创新性或创造性，这是学术论文区别于其他文章的根本特征，也是衡量其学术价值的基本尺度。科学研究是对新知识的探求。创造性是科学研究的生命。

学术论文的创造性在于作者要有独到的见解，能提出新的观点、新的理论即有价值的假说，并具有证实这一假说的工作深度，从而发挥资料借鉴和实际应用的学术价值，体现研究结果的独创性。学术论文的创新性主要体现在：课题（选题）新，方法新，论点新；或提出前人从未提出的新观点、新理论，发现了尚未被认识的客观规律；或在广泛综合前人研究成果的基础上，进行深入分析和研究，抽象出其中从未被发现的新的见解或规律。研究有深度，能揭示事物的本质；材料翔实，数据可靠，具有说服力。论文的创新性大，价值就高；创新性小，价值就低。如果没有任何创新，就没有必要写学术论文。

学术论文的显著特征是论文内容必须有新发现、新发明、新创造或新推进。而所谓的“新”是在吸收和强化已有学术基础上的创新，是对他人研究成果的批判和发展。

（四）规范性

学术论文必须做到文字通顺，格式规范，这是论文质量的重要保证。一方面，学术论文的语言表达要通俗易懂，不可故作高深；另一方面，必须遵守写作规范，不可过于随意。学术论文应符合所发表的期刊和所提交的高校等培养单位和学位授予单位对论文的选题方向、结构、字数、字体、字号、行距、参考文献等各项规范。作者应当注意提高语言表达能力，遵循论文撰写的要求。

三、学术论文的分类

学术论文从不同角度可分为若干种类。主要包括如下几种。

（一）按写作目的划分

可分为学位论文和期刊论文。学位论文指高校等培养单位的各类毕业生为申请相应学位而撰写的毕业论文，分为学士学位论文、硕士学位论文、博士学位论文。期刊论文是指研究人员总结科研成果，发表在报刊上的论文。

（二）按立论的方式划分

可分为立论文和驳论文。立论文就是从正面阐述、论证作者的观点和主张，直接立论。驳论文则是通过反驳他人的论点以树立作者的观点，是由“破”而“立”的间接立论。两者并非截然分开，而往往是相辅相成的，立中有破，破中有立。

（三）其他类别

如按研究范围，可分为宏观研究论文和微观研究论文，前者指的是普遍性、整体性问题的研究，后者指的是局部性问题研究。按撰写内容，可分为综合性论文和专题性论文。按学科领域，可分为社会科学论文和自然科学论文。按学科属性，可分为基础学科论文、技术应用学科论文。按研究目的，可分为基础理论研究论文、应用研究论文、开发研究论文。按服务对象，可分为面向群众的科学普及性论文、面向专业工作者研究探讨问题的专题性论文等。

四、学术论文的写作

学术论文的写作一般包括以下几个步骤：选题，准备，写作。

（一）选题

1. 选题的原则

选题就是在对客观问题和资料研究的基础上，选择并确定学术研究的方向和目标。这是学术研究的第一步，也是撰写论文的第一个环节和关键环节。选题恰当与否，直接关系到研究的成败和成果的影响。

凡是能正确反映一定历史时期相关领域发展规律，为社会经济发展服务的课题，无论是直接的，还是间接的，都具有科学价值和现实意义。选题的具体原则如下：

（1）重要性原则。选择科技领域和社会经济发展中急待解决的问题。

（2）补白性原则。选择前人尚未探讨的课题。通过新的发现或新的创造，开创新的领域。科研无止境，科学的发展总是呈现不平衡状态，特别是在基本原理研究方面，由于不同时期各有侧重，总会存在一些空白和不足，如果选题能填补这一空白，则对深化理论研究，丰富学术成果，推动科技进步和社会发展具有重要意义。

（3）创新性原则。选择纠正通说、补充前说的课题。所谓通说，指的是得到普遍认同的观点和理论。所谓前说，指的是前人研究过、验证过的观点或结论。由于历史条件的限制和其他原因，一般流行的观点和前人已取得的研究成果也会存在错误和不足。通过纠正通说中不科学的观念，补充以往的研究结论，使之更为完善，更具科学性，促进人们重新获得正确认识。这种研究既富有科学价值，也是学术研究中易于创新的途径之一。简言之，就是在前人研究的基础上，再做纵深的开掘，使之提高到新的学术层次，把分散的材料系统化，或把不同的意见条理化，补充新的材料，以新的观点分析研究，并得出更有说服力的结论。

（4）可行性原则。学术论文的选题，在考虑科学价值和现实意义的同时，还必须兼顾写作的可能性。

一是作者的主观条件。主要有：①兴趣。兴趣是最好的老师。对所选课题有浓厚兴趣，可以激发作者积极探索的热情，从而专心致志地开展研究。同样，兴趣源于实践，作者最感兴趣的课题，往往是平时了解最多的课题。感兴趣的课题，能够激发作者探索的热情，也便于利用以往的知识积累，有利于论文的完成。②专长。从作者的能力出发，有利于发挥研究专长和专业优势，在研究和写作中掌握主动，克服困难，从而顺利完成研究任务，获得高质量的成果。③时间。论文写作需要充足的时间。科学制订写作计划，合理安排进度，是论文写作的保证。

二是客观条件。主要指的是写作的环境与条件：①资料。文献资料是开展研究的必备条件，是科学研究和论文写作的基础，只有选择作者能够占有丰富资料的题目，才有利于研究工作的开展，才有可能得出正确的结论，写出高质量的论文。作者必须具备文献检索的素养和评述的能力，要能够掌握国内外学术动态，例如研究的历史，有哪些问题尚未解决，哪些是争论性问题，有哪些不足等。②设备。如计算机、打印机、网络等必要的硬件支持。③研究范畴。学术论文尤其是学位论文的选题，必须符合专业培养目标要求，既要具有一定深度，符合培养单位对学位论文的标准，研究对象即选题也不能超出所申请学位的学科领域，应与攻读的学科专业的研究方向一致。

2. 选题的方法

（1）寻找问题，发现矛盾。这是在研究领域中主动发现问题与矛盾的方法。要从事实与理论的矛盾之中，从不同观点、不同流派的争鸣之中，从前人研究的不足和疏漏之中，选择研究课题，或对不甚妥当的结论予以深入的发展性研究，或对众说纷纭的多种意见提出新见解、谋求新突破的争鸣性研究。这就需要查阅大量的文献资料，全面了解国内外研究现状，把握学科、专业前沿，从中发现急需解决的问题和矛盾，继而确定合适的题目。

（2）多维探索与一维选择相结合。“横看成岭侧成峰，远近高低各不同”，研究者应具备宽广的视野，进行多角度的探索，发现问题的本质。作者由于精力、专业等因素，在一定时期内，往往只能选定某一研究方向，该选择往往是一维的。在选题过程中，应将两者有机结合。一维选择是多维探索的前提，多维探索能为一维选择提供宽广深厚的基础。只有视野宏阔，调查细致入微，才能敏锐地发现新事实，提出新问题，保证选题的新颖性、可行性以及论文写作的广度和深度。

（3）想象、联想和直觉。直觉是经验事实通向概念或假设的桥梁，研究课题多是通过直觉选择出来的代表创造性成果的概念或初步假设。凭借直觉，从众多方案中确定最佳方案，作为研究的题目或切入点，是理论研究常用的选题方法。论文写作之前，必须收集和阅读大量的专业文献，而文献的阅读能够培养学术思维，产生由量变到质变的飞跃，促使作者获取想象和联想的灵感，最终确定具有价值的选题。

（4）难易适中，小题大做。学术论文写作要选择小题，从细微处入手，以小见大，“小题大做”，切忌大题小做；选题也要难易适中，根据作者的专业基础、理论水平、研究能力和占有材料的多少确定选题，以经过努力便可完成为宜。当然，对于较大的课题，可以进行多角度、多侧面、历史与现实、现实与未来的分解研究，然后再加以限定性选择。对选题加以限制或缩小，一般可以采用以下方法：把问题限定在某一侧面，把论题限定在某一时间范围内，从某一特定学科加以研究，或对以上因素合并讨论。

（二）准备

论题选定之后，就要围绕论题搜集材料，整理材料，这是学术论文写作的基础工作。

1. 搜集材料

资料是写作的基础，写好学术论文，只有占有充分的、必要的材料，才能为论证提供有力论据，才能在比较和鉴别中拓展思路，顺利进入写作过程。学术研究资料种类繁多，但归纳起来可分为三类。

（1）直接从实践经验中获取的资料，即科学工作者在工作实践中，亲身体察、感受所获得的第一手材料，它源于作者本人的实践活动。

（2）从文献记载中获取的资料，即从书籍、报纸、杂志、网络（数据库）等各种文献资源中查阅到的材料，它源于前人的实践活动，属于第二手资料。

（3）发展性资料，是人们运用上述两种资料进行分析研究，独立思考后升华而成的新资料，它源于人的逻辑思维推理。

2. 整理材料

整理材料就是消化材料、理解材料的过程。要求在整理中分析，在分析中整理。随着材料的整理，能够逐渐发现科研活动的规律，论点也逐渐明朗。

所谓整理材料，就是将搜集的文献资料予以分类。根据文献资料的性质、内容与逻辑关系，将同一类别的文献资料归纳在一起，并予以命名、编号，以便查询和利用。对纸质文献资料和电子文献资料，均可采用分类存放法、索引法加以整理和分类，使之形成相应的体系。

3. 研究材料

学术论文要达到写作目的，关键是掌握正确的文献分析或研究方法。主要有如下几种。

（1）哲学的思维方法。运用客观世界和人类思维的一般规律，即哲学的基本范畴，如现象与本质、一般与个别、必然与偶然、原因与结果、内容与形式，对客观事物进行观察、理解、分析。例如，归纳与演绎相结合、分析与综合相结合等方法。

（2）逻辑的和历史的方法。逻辑的方法即运用形式逻辑和辩证思维的一般思维规律，观察事物发生和发展的过程，发现和把握事物的内在联系。历史的方法即具体反映事物发展自然进程，展现事物真实面貌和探求影响，决定事物发展变化的因素。上述两种方法在科学研究中往往结合使用。

（3）科学研究的一般方法，包括观察、模拟、假设、数学方法、系统方法等。例如，规范分析与实证分析相结合的方法，定性分析与定量分析相结合的方法。它们广泛应用于自然科学和社会科学研究。

关于材料工作的其他内容，还可参见本书第二章第二节。

4. 论点的确立

确立主题是论文写作十分重要的一步。论点是文章的统帅，确立的论点务求正确、鲜明。论点的正确是指论点要能揭示客观事物的本质和发展规律，要能经受实践检验。论点的鲜明是指作者所持的看法或主张要态度明确，能够产生一定的借鉴意义。正确、鲜明的论点的形成，取决于以下几方面条件。

（1）较高的思想认识水平。这是作者的世界观、认识论、思想方法及逻辑思维能力等诸方面的综合体现。作者的思想认识水平越高，论点的内涵就会越丰富，论文的思想性就越强。

（2）认真研究材料。观点来源于材料，要对搜集的材料认真整理，科学分类，系统分析，深入研究，这是正确、鲜明论点形成的必要条件。

（3）正确提炼论点。正确、鲜明的论点，并非经过一次性思考就能得以形成，常常需要对命题和材料进行长期、反复的思考。提炼论点一般分为两步：①多角度立论，针对同一命题、同一材料，从不同角度提出若干论点；②筛选最佳论点，针对所有不同角度的论点，去粗取精，去次存主，去陈存新，选出最佳论点加以论证。

5. 拟定写作提纲

写作提纲是作者整理思路并使思路定型化的凭借，它具有帮助思考、指导写作的作用。在论文写作准备工作中，编写提纲不可或缺，以往的各项工作的结果应在写作提纲中得以落实和反映。

完整、规范的写作提纲应由标题、观点句和内容纲要等构成。

（1）标题，又称题目，是论文内容的高度概括。论文题目既不能过于空泛，也不能过于烦琐，应简洁、鲜明，引人注目，准确提挈全文的内容要点，即以最少的文字概括尽可能多的内容。

（2）观点句，也称论点句、主题句或主旨句，是概括文章基本观点的语句。在提纲中写出中心论点，有利于观点的进一步明确，还能有效地防止“跑题”。

（3）内容提要，也称内容纲要。把论文正文部分的构成状况分条列项地反映出来，对全文内容分门别类地予以安排。把论文分成几个部分，即引论、本论、结论，再对各个部分予以详细划分。先列出大的项目（即大的部分、大的层次论点），再列出其所包含的中项目和小项目。每个项目无论大小，都以一句话概括内容。各个项目列出之后，进一步考虑它在全文特别是在表达主旨或基本观点中的作用和地位，根据各个项目的作用、地位和关系，合理安排位置，注意逻辑顺序，防止轻重倒置，主次不分。

（三）写作

一篇完整、规范的学术论文通常由以下项目构成。

1. 标题

论文标题是以最恰当、最简明的语词反映论文中最重要的特定内容的逻辑组合。题名所用每一词语必须考虑到有助于选定关键词和编制题录、索引等二次文献，可以提供检索的特定实用信息。应该避免使用不常见的缩略词、首字母缩写字、字符、代号和公式等。题名一般不应超过20字。论文用于国际交流时，还应有外文（一般为英文）题名。外文题名一般不宜超过10个实词。

论文题目的写作分为单行式和双行式。

（1）单行式标题。最多见的是揭示论题但不流露观点的，有时可酌情使用起句词与句尾词“浅论”“试论”“初探”“研究”等，如《城镇居民预防性储蓄动机的异质性及强度研究》；也有揭示论点与课题的，如《收入分配功能导向下的个人所得税制度重构》。

（2）双行式标题。正标题揭示论点、课题，副标题说明、补充、引证正题，二者互为表里，互相说明，如《我国医药产业创新效率测度研究——基于三阶段DEA和Malmquist模型分析》。无论任何标题，要求直接、具体、醒目，表达上直截了当，围绕论题或论文，使标题成为“撮要”，一目了然。

需要注意的是，论文题目一般使用单行式，题名语意未尽，则用副题补充说明论文中的特定内容；题名超过字数要求时，可用副标题加以调整；有其他必要时，可使用副标题作为引申或说明。

2. 作者署名

署名是版权所有和文责自负的体现，只有直接参加了研究工作，并能对论文内容负责的人，才有权利也有必要在论文上署名。

期刊论文体现的成果如系多人合作完成，则应按贡献大小依次排列名次及工作单位等。期刊论文的作者如系单位、团体或小组，则应写明全称和地址。

期刊论文的作者姓名应在标题之下居中或偏右的位置，论文作者署名与标题之间要空出一行。学位论文的作者署名一般在封面固定位置。两个字的姓名，一般应在中间空一格；如有必要附注汉语拼音时，则必须遵照国家规定，即姓在名前，名连成一词，不加连字符，不可缩写。

3. 摘要

摘要也称提要，是论文的内容不加注释和评论的简短陈述。摘要成文于正文完成之后。摘要的内容要完整、客观、准确，应做到不遗漏、不拔高、不添加，避免将摘要写成目录式的内容介绍。应避免主观性的评价意见，避免对背景、目的、意义、概念和常识性理论叙述过多。

摘要应具有独立性和自含性，即不阅读论文的全文，就可获得必要的信息。摘要应该是独立在正文之外的完整的短文，摘要的内容应包含与论文等量的主要信息，可供读者确定有无必要阅读全文，也可供文摘等二次文献采用。

摘要一般包括以下方面：研究工作的范围、目的，研究的内容，主要的研究方法（包括实验方法），主要成果及价值，研究结论等，而重点是结果和结论。

除确实没有变通办法外，摘要中不应使用图、表、化学结构式、非公知公用的符号和术语（包括缩略语）。期刊论文一般应有摘要，置于题名和作者之后、正文之前，以“摘要”二字及格式领起；学位论文摘要可以另页置于题名页之后。

为了国际交流，还应有外文（一般用英文）摘要。论文中文摘要一般在200～300字，外文摘要不宜超过250个实词。需要说明的是，各类期刊编辑部和学位授予单位，往往对学术论文摘要都有特定的要求，论文作者应严格遵循。

此外，摘要一般使用第三人称。

4. 关键词

关键词也称主题词，是为了文献标引工作，从论文中选取出来用以表示全文主要内容、信息款目的单词或术语。一般每篇论文可选取3～8个词作为关键词，按词条的外延层次，从大到小排列，以显著的字符另起一行，排在摘要的左下方。

关键词应集中体现学术论文特色，反映研究成果的内涵，具有语义性，在论文中有明确的出处，并尽可能采用《汉语主题词表》或各专业主题词表提供的规范词。用于国际交流的学术论文，也应标注与中文对应的英文关键词。

5. 目次页、插图和附表清单（必要时）

目次是指书刊上的目录，表示内容的篇目次序。目次是目录的排序。目录则是内容章节的具体名称，即文中小标题。目录应使读者清晰地了解论文的整体结构。

长篇论文可以有目次页，短文无须目次页。目次页由论文的篇、章、条、附录、题录等的序号、名称和页码组成。论文中如插图和附表较多，可以分别列出清单，置于目次页之后。图表的清单应有序号、图（表）题和页码。

学位论文的目录应包括论文中全部章、节、条的标题（即三级标题）及其页码，要求层次清晰，独立成页，且要与正文标题一致。目录还应包括参考文献、致谢、附录等。

6. 正文

这是学术论文的主体部分。一般包括序论、本论和结论三部分。论文的每一章、条的格式和版面安排，应相互统一，层次清楚。

（1）序论。又称绪论、前言、引言、引论等，是期刊论文的开头部分或学位论文的第一章。在论文主体之前，以简练的、概括性的语言描述课题的来源、背景、理论意义与实际意义；研究的目的和范围；文献综述（相关领域的研究进展及成果、存在的不足或有待深入研究的问题）；论文研究的内容、程序、方法或实验设计，预期成果，结构框架等。

其中需要注意的是，学位论文中的文献综述是对该论文选题及所涉及的相关资料及最新研究进展进行的综合性介绍和阐述，是作者对大量的文献资料进行阅读、整理、分析后，提出的新的见解和研究思路的评述性文字，而不是已有学术研究成果或文献资料的简单罗列。

序论应言简意赅，不能与摘要雷同，不要成为摘要的注释。一般教科书中的知识不应在序论中赘述。比较短的论文可以只用小段文字起到引言的效用。学位论文为了反映出作者确已掌握了坚实的基础理论和系统的专门知识，具有开阔的科学视野，对研究方案作了充分论证，有关历史回顾和前人工作的综合评述以及理论分析等可以单独成章，以足够的篇幅加以阐述。

（2）本论。本论是论文的主体部分即核心，应对问题展开分析，对观点加以证明，全面、详尽、集中地表述研究成果，占论文的三分之二即主要的篇幅。

作者应详细阐述课题研究成果尤其是新的、独创性的观点、理论和发明或发现。社会科学论文应根据课题的性质和研究的需要，或立论，或反驳，或解决疑难问题；自然科学论文的本论部分一般应包括调查对象、实验和观测方法、仪器设备、材料原料、实验和观测结果、计算方法和编程原理、数据资料、经过加工整理的图表、形成的论点和推导出的结论。

本论部分篇幅长，容量大，一般划分为不同的层次或段落。不同的层次和段落之间具有密切的关联，按照层次或段落之间的结构关系的不同，可以把本论部分的结构形式分为以下三种。

递进式结构，又称纵式结构或直线式结构。提出论点后，由表及里，层层深化。前一个层次的内容是后一个层次的前提，后一个论点是对前一个论点的深化。专业工作者的论文常采用直线推论或直线式结构。

并列式结构，又称横式结构。各个小的论点相提并论，各个层次平行排列，分别从不同角度、不同侧面展开论述，使文章内容呈现为齐头并进的格局。并列分论的论证方法和结构方式在写作过程中经常被使用。

综合式结构，又称混合式结构，是并列式与递进式结合运用的结构方式。很多情况下，由于论述的问题比较复杂，论文篇幅较长，在本论的结构安排上，常常把二者结合起来，往往是直线推论中包含并列分论，而并列分论中又有直线推论。为使本论部分更富有条理性，一般要在各个层次之间添加一些外在标志用以区分层次，主要有序码，小标题，序码与小标题相结合，空行，以段中主句显示段旨等。

需要说明的是，由于学科、选题、研究方法、工作进程、研究结果和表达方式的差异，对论文正文的内容很难进行统一规定。但是，本论部分给出的数据应该真实可靠，推理正确，结论明确，没有概念性和科学性错误；论述应该周密、完整、简练、可读，逻辑清晰，层次分明。对引用的他人研究成果，应注明出处，不得将其与本人提出的理论分析相混淆。论文各章节之间应该前后关联，构成有机的整体。各级标题不可单独置于页面最后，即标题排版不可出现孤行；各意义段的排版也尽可能不出现孤行。章、节、条的标题也不宜过长，一般以不超过 15 个字为宜。

（3）结论。论文的结论是最终的、总体的结论，是一篇论文的收束部分。学术论文的结论具有相对的独立性，这是研究成果或论文价值的体现，应该准确、完整、明确、精练。学术论文的结论一般包括以下几项内容：

提出论证结果。对论文全篇所论证的问题及论证内容作以归纳，提出作者对问题的总体性看法、总结性意见，指明进一步研究的方向。学位论文的结论不能写成各章小结的简单重复。

指出课题研究存在的不足、尚待解决的问题，为作者的后续研究或他人的科研选题提供依据或线索。

还可以根据实际情况写入其他内容。如果研究成果具有较高的实用价值，就可以指出对研究成果的推广与应用的期望或具体建议；如果研究成果具有一定的突破性或不易为读者所了解的意义及影响，则可在结论部分予以实事求是的说明和预测。

当然，如果未能得出应有的结论，也可以就此进行必要的讨论，或提出建议、研究设想等。

序论、本论、结论之间前后接续，紧密关联，是论文常见的结构程序。但也有的论文在开篇就直接进入问题的论证，结篇点题，揭示主旨，即只有本论、结论，而没有相对独立的序论部分。有的论文在序论中即概括全文的要点，描述论证结果；或在本论部分边论述边总结，并不采用结论的形式收束全文，而是只有序论、本论，没有单独的结论。在论文撰写过程中，采用何种结构程序，应视写作的需要而定。

7. 致谢

作者在学术论文尤其是学位论文的写作中，会得到导师等相关人员的帮助，会引用他人的研究成果，也可能得到有关的经费支持，致谢即对提供各种帮助的人和机构表示谢意，这既是作者对他人的尊重，也是严谨求实的治学精神的体现。

可以对下列方面致谢：国家科学基金，资助研究工作的奖学金基金，合同单位，资助或支持的企业、组织或个人；协助完成研究工作和提供便利条件的组织或个人；在研究工作中提出建议和提供帮助的人；给予转载和引用权的资料、图片、文献、研究思想和设想的所有者；其他应感谢的组织或个人。

致谢应内容简朴，语言含蓄，切忌使用浮夸或庸俗的词语。

8. 参考文献

按国家标准 GB/T 7714—2015《信息与文献　参考文献著录规则》的规定执行。凡论文中直接引用的各种参考文献均应开列，或按顺序编码制组织，或按编者-出版年制组织。目前多采用顺序编码制。

著录内容和格式包括：著者，题目，出版事项。在出版事项中，专著的著录内容依次为出版地，出版社，出版年；连续出版物（报刊）著录内容依次为出版物名称，出版日期，期数，起止页码。一般还应在文献名称之后标注出版物的类别。其序号采用阿拉伯数字的格式连续编码。

需要说明的是，论文中所引用的文献，一般应以阿拉伯数字连续编号，以上角标的形式加以体现。论文摘要和结论中不应出现参考文献。

有的出版机构和学位授予单位还要求正文所引用的参考文献必须与文后开列的文献一致，只有正文中标注的资料才能作为参考文献。

9. 附录

附录作为论文主体的补充项目，并非必需，应根据写作需要而定。

下列内容可以作为附录，编于论文之后，也可以另编成册：①为了整篇论文的材料的完整，但编入正文有损于编排的条理性和逻辑性的材料，包含了比正文更为详尽的信息、研究方法和技术更深入的叙述，建议可以阅读的参考文献题录，对了解正文内容有所帮助的补充信息等；②由于篇幅过长或取材于复制品而不便编入正文的材料；③不便于编入正文的珍贵资料；④对一般读者并非必须阅读，但对本专业同行有参考价值的资料；⑤某些重要的原始数据、数学推导、计算程序、框图、注释、统计表、计算机打印输出件等。

附录应与正文连续编排页码，每一个附录均需另页排列，其序号用大写正体拉丁字母编标。

五、学术论文的撰写步骤

（一）撰写初稿

学术论文初稿的撰写方法有两种：一是一气呵成；二是分部撰写。

一气呵成的写法是按照事先拟定的写作提纲，连续书写，不重细节，保证思路的连贯，写作中不中断、不停顿，在最短的时间内完成初稿，然后再仔细推敲、加工、修改。此种写法适用于篇幅较短的论文。

分部撰写，是按照预设的结构，从层次入手，一部分一部分地分头撰写。每撰写一部分之前，先集中思考内容的安排，然后再动笔。把这部分初稿完成后，仔细修改，初步定稿、抄清。然后以此类推，把全篇论文分部完成后，加以合并，通读、统稿，稍加润饰即可完成。此种写法适用于长篇论文。

（二）修改文稿

"文章不厌千回改"，好文章是改出来的。修改是写作的延续。从本质上说，修改也是一种写作，而且是一种高级写作，它力求用尽可能完美的形式去表现构思的成果。

学术论文的写作时间长，内容广，材料多，研究深，要在严密、完整、科学的逻辑构成中，使读者接受其独到的见解，并非易事。论文的初稿往往并不成熟，错误和疏漏在所难免，因此，要提高论文的质量，反复推敲和修改完善十分必要。

初稿的修改，应从观点、材料、结构、语言等各个方面入手，修正错误，弥补缺欠。因此，应养成修改的良好习惯。

论文修改应从整体着眼，通读全文，审察文稿的观点系统，可按照整体—局部，主旨—材料，内容—格式，篇章—语句的顺序进行修改，而不应拘泥于词句、标点等细节。

论文修改应遵守规范。世界发达国家对学术论文的撰写和编辑制定了各种国家标准，不同学术机构还制定了本学科和专业的国际标准，联合国教育、科学及文化组织 1968 年公布了

《关于公开发表的科学论文和科学文摘的撰写指导》，我国颁布了 GB7713—87《科学技术报告、学位论文和学术论文的编写格式》等国家标准。学术论文除了行文格式上的规范，在语言表达上也应使用专业术语，简洁、庄重，严谨、规范。

具体的修改步骤，可参照本书第二章第五节。

（三）誊清文稿

文稿做最后检查定稿后，有时需用稿纸誊清。图、表要用黑墨水绘在白纸上，贴到行文中。如向报刊投稿，应在行文和图表上编写相应序码，与原稿一并投寄。

需要说明的是，投稿的媒介要求也有不同。论文的写作包括图表的制作，往往可以借助计算机完成。对文稿的提交，学位授予单位要求电子文稿和纸质文稿，出版机构一般只要求提交电子文稿。但是，电子文稿同样需要做好文面处理。因此，誊清文稿的过程也是对论文全面定稿的最后阶段。誊清文稿的形式应根据实际需要而定。

六、学术论文的技术处理

（一）引文

文献资料的引用，分为直接引用和间接引用两种。直接引用是指引用原文对引用语句，在头、尾加注引号。间接引用是指意引，即转述大意，不加引号。意引多用于拟引用的原文较长，因此对其予以概括和压缩，既节省篇幅，又流畅自然。

论文引文的数量应该适当，过多罗列他人观点，会削弱论文的主体。引文的使用必须准确无误，不可断章取义或前后矛盾。引文的使用应核对原文，不可牵强附会。对任何引文，必须表明态度，或赞同，或反对，以丰富论据。尚未公开的资料一般不得引用。此外，还要区分文献的观点与作者自己的见解，不可混淆。引文必须注明出处。

（二）注释

注释指加注，是对书籍或文章的语汇、内容、背景、引文作介绍、评议的文字。引文注释遵照国家标准（GB/T7714—2015），采用顺序编码制。

注释分为两类：一是说明资料来源；二是对正文内容的补充说明，主要是解说行文中的难点和有关的专业术语。注释的方法有以下几种。

（1）夹注，即段中注。将注释的文字置于正文中需要注释的文字之后，一般以括号标明。夹注的使用不可过多，否则会妨碍阅读。

（2）脚注，也称页注、页下注或页中附注。将注释置于页面下端的左侧，以一条横线与正文分隔开。脚注便于阅读，因此多被采用。

（3）章节附注。注于一章或一节之后。

（4）尾注。用于全文或全书末尾。

以上注释方法，除夹注外，其他三种注释都要在需注释的行文句末的右上角以上角标格式，加上注码，即以方括号或圆括号标出。

此外，同一处引用多篇文献时，各篇文献的序号应在括号内全部列出，各序号间用“，”区分，如“通用数学模型[7，9，11-13]”。如遇连续序号，可标注起讫序号，如“开展了深入研究[12-16]”。当提及的参考文献为文中直接说明时，则以与正文相同的字号与正文排齐，如“由文献[8，10-13]可知”。

解释内容的注释要简明、扼要、精当。注释所用数字为阿罗伯数字，数字和标点符号均使用新罗马字体。各级标题处不得出现引用文献标识。

（三）数字

论文中使用数字要规范，符合国家标准 GB/T 15835—2011《出版物上数字用法》。该标准规定了出版物上汉字数字和阿拉伯数字的用法，适用于各类出版物（文艺类出版物和重排古籍除外）。政府和企事业单位公文，以及教育、媒体和公共服务领域的数字用法，也可参照执行。

（四）计量单位

国务院于 1984 年 2 月 27 日发布了《国务院关于在我国统一实行法定计量单位的命令》，要求从该文件发布之日开始，我国的计量单位一律采用《中华人民共和国法定计量单位》，因此，学术论文不得使用非法定计量单位及符号。计量单位可采用汉字或符号，但应前后统一。计量单位符号中，除以人名命名的单位第一个字母使用大写之外（如“安”或“安培”的符号为 A），其他一律使用小写（如“秒”的符号为 s）。不定数字之后允许使用中文计量单位符号，如“几千克”。表达时间概念中的“时刻”，应采用中文计量单位，如“上午 8 点 3 刻”，而不能写成“8h45min”。计量单位符号采用正体。

（五）图表

在学术论文写作中，图表以其示意性，即能够代替大量文字、清楚表达相关的内容、提高信息传递效率而被广泛运用。学术论文的插图有很多种类，最常用的是条形图、柱状图、折线图和饼状图。图表设计应形象、直观、简单明了，数据准确无误，书写清楚，还应注意布局和比例。插图应符合技术制图的相关规定。表格应具有自明性。

论文中的图表由图表顺序和名称组成，图表的名称即图题或表题。图表顺序一般按章编排，如第一章第一个插图和插表的序号分别为“图 1.1”“表 1.1”。图序与图题、表序与表名之间，应空 1 个字符；图表名称中不使用标点符号。表题应置于表上，图题应置于图下。图表出现之前，文中须有相关提示，如“见表 1.1”“如图 1.1 所示”。

一般情况下，图表不可拆分在两页或多页编排，如必须转页，应以续表形式接排，在转页的表格的右上角注明编号，编号后加“（续表）”，并重复表头。

插表一般使用三线表。表内同一栏的数字必须上下对齐。表内一律填入具体数字或文字，而不宜使用“同上”“同左”和类似词；表内如使用同一物理单位，则将单位符号加圆括号，移至表头右上角，如“（单位：亿元）”。

（六）数学、物理和化学式

论文中的公式、算式或方程式等应编排序号，并将序号置于括号内，另起行并居中书写，与周围文字留有足够的空间以示区分。公式序号按章编排，如第一章第一个公式的序号为“（1-1）”。公式序号于该式所在行（当有续行时，应标注于最后一行）右端对齐。较长的公式、算式或方程式，另行居中横排。如必须转行时，在＋、–、×、÷等运算符号处转行。上下式尽可能在等号（“＝”）处对齐。

（七）符号和缩略词

符号和缩略词应遵照国家标准有关规定执行。如无标准可循，可采纳权威机构或学术团体所公布的规定，或我国于1990年发布的《关于使用全国自然科学名词审定委员会公布的科技名词的通知》规定。如必须引用某些非公知公用，不易为同行读者理解或作者自定的符号、记号、缩略词、首字母缩写字等时，应在第一次出现时加以说明，给以明确的定义。

下　编

第九章　应用文写作理论训练

第一节　主旨写作训练

一、思考题

（1）应用文的主旨有何特征？
（2）应用文的主旨在写作上有哪些要求？
（3）如何使应用文主旨表现得更鲜明？
（4）怎样才能做到主旨单一？

二、分析给出的三篇文章，指出它们在主旨表现方面存在的问题，并说明原因

（1）

××县财政局关于县齿轮厂违反财经纪律滥发奖金的通报

各企、事业单位：

我县齿轮厂历年是个亏损单位。年初，我局、主管局组成财务检查小组，通过清理仓库与财务检查，发现该厂在生产过程中损失浪费严重，财务管理不严，造成企业亏损五万元，责令限期扭亏增盈。

今年十月份，局检查人员再次进入该厂检查，发现该厂通过企业整顿，生产秩序有所好转，但经营管理仍然偏松，如发现一至九月份共发放奖金 18 504 元，为该厂标准工资的 3.9 倍。特别严重的是为了逃避监督，不经批准，擅自从银行骗取现金发了奖金。这种弄虚作假的行为严重违反了财经纪律。

该厂一至九月份，特别是五至九月份的生产稍有起色，在扭亏增盈上迈出了可喜的一步，但不应以滥发奖金作为刺激生产的手段。

鉴于该厂领导在认识错误的态度上表现较好，同意扣回超发的奖金。局意见，除扣回超发的奖金之外，责令该厂将检查材料于×月×日前报局备案。为了杜绝今后发生类似事件，特此通报。

20××年×月×日（印章）

（2）

关于请求增加培训经费的请示

××园林局：

遵照上级精神，我园技工考核前培训工作已经全面展开。经统计，全园职工 465 人，技工 278 人，占总人数的 59.8%。其中技术工人共有 35 个工种，主体工种 7 个，

包括：绿化花卉工 56 人，电工 36 人，营业员 31 人，餐厅客户服务员 27 人，厨师 19 人，司机 8 人，电话员 7 人。按等级划分，全园高级工 8 人，中级工 247 人，初级工 23 人。

截至本月中旬，技工考前培训已培训 198 人，待培训 80 人。但是，由于目前培训经费已逾 3 万元，超出了预算，培训工作无法进行。特此要求增加 1.5 万元培训经费，以使考前培训工作顺利完成。

妥否，请研究批复。

××市东北郊苗圃花卉园（章）
20××年×月×日

（3）

关于省联社综合楼建设资金筹集计划的请示

省财政厅：

现将××省农村信用社联合社筹建综合楼资金使用计划请示如下：

一、基本情况

20××年××月××日，××省农村信用社联合社正式挂牌成立，担负着对全省 14 家市地联社（办事处）、81 家县级联社的“管理、指导、协调、服务”职能。省联社内设机构包括财务、信贷、发展规划、人力资源等 12 个职能部门和资金运营中心、网络中心、结算中心、信用卡中心等 4 个直属中心。随着全省农村信用社支农主力军作用的加强，业务规模的快速增长，特别是随着全省综合业务网络系统的全部上线以及信用卡业务的即将上线，基层联社需要省联社提供服务的愿望日趋迫切，范围日趋增大，功能要求日趋提高，领域日益拓展。目前，省联社办公地点位于××区××街××号，系临时租用××城郊联社的办公楼，使用面积不足 2500 平方米。随着省联社人员的增加，业务量的增长及服务职能的增强，办公和营业用房的使用面积及功能配置已经无法满足实际工作需要，严重制约着管理及服务职能作用的发挥。

二、综合楼筹建情况

省联社多次向省政府进行筹建综合楼的汇报，得到了××副省长的支持，××副省长在《××省省直机关事务管理局关于拟建省农村信用社联合社综合办公楼的意见》上做了“拟同意。省机关局要予以关心和支持”的批示。之后，省联社向省发改委递交了立项请示，省发改委已经批准立项。

经过测算，省联社拟建一栋 2.5 万平方米的综合楼。地址位于××，××市政府东侧，属于即将建设的××小区公建用地。综合楼主要满足五项功能：一是机关综合办公区面积 9000 平方米，主要包括能容纳 260 人的办公区和会议室、档案室、活动室、食堂、库房等。二是对外服务营业机构面积 4000 平方米，其中营业办公区和营业大厅面积各 1500 平方米。三是服务下属联社的服务中心面积 3500 平方米，主要包括网络中心、资金运营中心、响应中心、视频会议中心和清算中心等面积各 500 平方米，合计面积 2500 平方米，全省机房中心面积 1000 平方米。四是车库面积

1000 平方米。五是全省职工培训中心面积 4200 平方米，可提供机关会议和全省 2 万多名干部职工常年培训以及日常接待任务。六是其他公共使用面积 3300 平方米。

三、建设资金筹集情况

省联社拟建的综合楼总投资预计 1.4 亿元。预计资金来源 14277 万元，主要包括 4 项：一是出售综合楼的 1～3 层，建筑面积约 4000 平方米，按照公企用房价格每平方米平均 9000 元，预计收回资金 3600 万元；二是省联社资本金 6000 万元，按照财务规则规定可以使用 40%，即 2400 万元；三是省联社清算中心、资金营运中心开展自营业务历年盈余积累资金 6777 万元；四是 20××年清算中心和资金营运中心预计盈余 1500 万元。资金全部自筹解决，既不挤占基层社资金，也不增加基层社负担，可以满足综合楼建设资金需要。

当否，望复。

20××年×月×日

三、请给下面这篇文章加上标题

（　　　　　　　　　　　　）

学习是文明传承之途、人生成长之梯、政党巩固之基、国家兴盛之要。宣传思想工作是在思想领域抓工作、在精神层面搞建设，特殊的使命决定了宣传部门的领导干部更需要加强学习，提升思想政治理论素养。

基于这样的认识，广西壮族自治区党委宣传部于 2004 年创办部务会议成员学习室，十年如一日，风雨无阻抓学习，曾被中宣部评为全民读书先进集体。如今，在广西宣传思想战线，学习室制度已全面推广，从方式、方法和机制上探索了学习型党组织建设的成功路径，成为工作创新出彩的“孵化器”。

“软任务”变成“硬约束”

“一次因病住院 20 天，不能到学习室学习，我得先写好请假条请假，然后带上阅读书籍，写好读书笔记，出院后交给学习小组审核。”12 月 16 日，自治区党委宣传部常务副部长唐华说。

学习室创办伊始，就在建立制度、完善制度、创新制度、执行制度上下功夫，以科学的制度加强学习管理，规范学习运行。制度明确规定，班子成员每周到学习室至少学习 3 个小时并自行填写考勤表，如遇出差等特殊情况超过一至三周不能参加学习的，须在下一个周期内补足学习时间。超过一个月不能到学习室学习的，要按要求搞好自学，并将学习笔记报学习小组副组长审核同意后，方可计算学习时间。全年学习考勤情况，与督学、述学、考学、带学、评学结合起来，用制度让“软任务”变成“硬约束”。

作为这项制度的制定者，自治区党委常委、宣传部部长沈北海带头示范，坚持每周至少到学习室学习一次，认真做学习笔记，如遇出差，就会带上正在阅读的书籍，挤出时间学习，并亲自写请假条将学习的地点、时间告知学习秘书，主动接受监督。制度使学习成为一种习惯。部务会议成员发扬钉子精神，见缝插针抓学习，平均每人每年阅读量在 300 万字以上，并深入思考广西改革发展中的重大理论和现实问题，撰写心得体会，做了大量读书笔记。

无处不课堂　无时不学习

“每周到学习室学习几个小时，思考一些问题，心里才感觉踏实。”自治区党委宣传部副部长×××感慨。部领导班子的学习风气影响带动了整个机关，部务会议成员学习室设立后不久，又成立了处级领导学习室，勤于学习、善于学习成为“新常态”，“无处不课堂、无时不学习”的理念深入人心。

学习以自学为主，专家辅导、专题研讨、交流互动等多种形式并举。十八大以来，学习小组周密计划、系统安排、逐步深化，及时学习习近平总书记系列重要讲话。各部门、各处室层层跟进，通过座谈交流、专题研讨、征文等形式，掀起了一个又一个学习热潮。

在如何解决理论武装最后一公里的问题上，×××在学习室和班子成员多次讨论，群策群力策划、组织，在全国率先创办了《说事论理》《凡事说理》理论大众化节目，其中《说事论理》被评为全国“2013 年十大广播创新品牌栏目”。

10 年来，学习室按照“学习一个专题，调研一个课题，解决一个问题，推动一项工作”的要求，经过充分酝酿选题后，每年都会组织一到两次集体学习。坚持基本理论学习同贯彻中央决策部署相结合，同解决广西现实问题相结合，形成了一批优秀调研报告，推出了《关于西部地区文化大开发的调研报告》《打造少数民族地区文化品牌》等一大批精品力作，推动相关工作开展。

精神“补钙”　事业添彩

“我既是学习的践行者，也是学习的受益者。”自治区网信办主任×××感慨，一次在学习室重读《左传》关于晋国祁大夫“内举不避亲，外举不避仇”的故事，对工作中如何用人选人有了更深的体会。

受益的不只是个别领导干部。在自治区党委宣传部的引领下，各地各单位根据实际情况，形成了众多各具特色的“学习室”“读书室”“书社”等学习品牌，营造了浓厚的爱读书、多读书、读好书的氛围。

玉林市委宣传部借鉴自治区党委宣传部的做法，创造性地建立了“123”学习制度，即每周召开 1 次学习例会，科级以下干部每周在学习室学习时间累计两个小时以上，处级以上领导干部每周在学习室学习时间累计 3 个小时以上。“通过学习，干部精神‘补钙’了，自然促进了事业发展。”玉林市委常委、宣传部部长×××认为，学习蔚然成风，受益的是全区的宣传思想工作。

近年来，广西宣传思想领域可谓精彩纷呈：打造了领导干部时代前沿知识系列讲座、百姓宣讲团、村屯理论小广播、大榕树课堂等一批马克思主义大众化知名品牌；《社会主义核心价值体系通俗读本》2012 年被中宣部列入“百种优秀思想道德读物”；创办的《领导月读》杂志 2013 年入选“全国党员教育培训创新教材”；在全国较早实行文艺家签约制度，促进了文学桂军、漓江画派等艺术群体的崛起；《大儒还乡》《天上恋曲》《桂花雨》等一批文化精品获国家级奖项。

（选编自《光明日报》2014 年 12 月 25 日，01 版）

四、根据段旨句的写作要求，给下面的几段文字加上段旨句

（1）

（　　　　　　　　　　）

认真落实省级人民政府负总责、城市人民政府抓落实的稳定房价工作责任制。各直辖市、计划单列市和省会城市（除拉萨外），要按照保持房价基本稳定的原则，制定本地区年度新建商品住房（不含保障性住房，下同）价格控制目标，并于一季度向社会公布。各省级人民政府要更加注重区域差异，加强分类指导。对行政区域内住房供不应求、房价上涨过快的热点城市，应指导其增加住房及住房用地的有效供应，制定并公布年度新建商品住房价格控制目标；对存在住房供过于求等情况的城市，也应指导其采取有效措施保持市场稳定。要建立健全稳定房价工作的考核问责制度，加强对所辖城市的督查、考核和问责工作。国务院有关部门要加强对省级人民政府稳定房价工作的监督和检查。对执行住房限购和差别化住房信贷、税收等政策措施不到位、房价上涨过快的，要进行约谈和问责。

（2）

（　　　　　　　　　　）

各地区要根据供需情况科学编制年度住房用地供应计划，保持合理、稳定的住房用地供应规模。原则上 2013 年住房用地供应总量应不低于过去 5 年平均实际供应量。住房供需矛盾突出、房价上涨压力较大的部分热点城市和区域中心城市，以及前两年住房用地供应计划完成率偏低的城市，要进一步增加年度住房用地供应总量，提高其占年度土地供应计划的比例。加大土地市场信息公开力度，市、县人民政府应于一季度公布年度住房用地供应计划，稳定土地市场预期。各地区要继续采取有效措施，完善土地出让方式，严防高价扰乱市场预期。各地区住房城乡建设部门要提出商品住房项目的住宅建设套数、套型建筑面积、设施条件、开竣工时间等要求，作为土地出让的依据，并纳入出让合同。

各地区发展改革、国土资源、住房城乡建设部门要建立中小套型普通商品住房建设项目行政审批快速通道，提高办事效率，严格落实开竣工申请制度，督促地产开发企业严格按照合同约定建设施工，加快中小套型普通商品住房项目的供地、建设和上市，尽快形成有效供应。对中小套型住房套数达到项目开发建设总套数 70% 以上的普通商品住房建设项目，银行业金融机构要在符合信贷条件的前提下优先支持其开发贷款需求。

［选编自《国务院办公厅关于继续做好房地产市场调控工作的通知》（国办发〔2013〕17 号）］

（3）

（　　　　　　　　　　）

习近平总书记强调，脱贫攻坚任务重的地区党委和政府要把脱贫攻坚作为“十三五”期间头等大事和第一民生工程来抓，坚持以脱贫攻坚统揽经济社会发展全局。

对寻乌而言，始终坚持脱贫引领不动摇，把脱贫攻坚和县域经济发展两方面工作有机结合起来，将富民与强县统一起来，通过县域经济发展促进脱贫攻坚，通过脱贫攻坚促进县域经济发展，尤其是要以脱贫攻坚的纵深推进，补齐贫困地区的基础设施短板、缩小城乡差距、增强县域经济的内生动力，壮大实体经济，加快地方经济发展，为贫困户、贫困村创造更多的发展机会、就业机会，努力提升其自身“造血”功能。

（选编自《人民日报》文章《寻乌县扶贫脱贫工作调查报告》2017 年 03 月 17 日，06 版）

第二节　材料写作训练

一、思考题

（1）应用文材料的基本特征是什么？
（2）按照材料的作用来分类，应用文的材料可分为几类？
（3）如何理解应用文材料完整性的特征？
（4）选择材料遵循的原则是什么？
（5）如何做到主旨和材料的高度统一？

二、分析下面的材料，从材料中提炼中心

（1）请根据下面的材料，分析归纳校车事故频发的主要原因。

2011 年 11 月 16 日上午 9 时 40 分许，甘肃省庆阳市正宁县榆林子镇西街道班门口发生一起交通事故。事故当场造成 18 名幼儿死亡，司机和幼儿园老师死亡。校车核载 9 人，实载 64 人，逆行，与大卡车相撞。事发路段路况极差，校车选择逆行应该跟路况有关。时隔不到一个月，12 月 12 日下午 5 点左右，徐州丰县首羡镇中心小学西北 2 公里处又发生一起严重交通事故。发生事故的校车核定载客人数为 35 人，实载人数 45 人左右。据当地村民介绍，当时校车上载有很多小学生。事发地水深只有 1 米多，发生伤亡的可能性不大，但是由于侧翻发生比较突然，孩子们互相挤压，坐在汽车西侧的孩子伤亡比较严重。据了解，在校车治理期间该校车曾经停运，前几天才开始恢复营运。

事实上，近几年来，校车安全事故频频发生。

2006 年 11 月 21 日，黑龙江双城市周家镇中心小学 50 名学生上学途中，校车速度过快，方向盘失灵，导致车辆侧翻，从距水面约 3 米高的桥上坠下，造成 8 名学生死亡，39 名学生受伤。

2009 年 10 月湖南娄底一辆核定载客 11 人，实载 32 人（其中 30 名儿童）的校车翻入路边池塘，造成 4 名儿童死亡，26 名儿童受伤。

2011 年 3 月，北京门头沟一辆核定载客 49 人，实载 81 名幼儿园师生（其中 76 名儿童）的大客车超速行驶，途中发生事故，造成包括园长和一名 5 岁儿童死亡，3 名儿童受伤。

2011 年 5 月，河南淮阳一家幼儿园校车载送孩子途中遇路边砖堆刮擦，导致车内一名 6 岁女童当场身亡，调查后发现该校车疑为报废车辆。

2011 年 9 月 13 日，荆州市两名年龄不到 4 岁的幼儿，被幼儿园校车接到幼儿园门口后，竟被司机和接车老师遗忘在校车上。当日，荆州市的气温高达 31 摄氏度，在校车内闷了 8 个小时后，两名幼儿才被发现，这时，她们早已停止了呼吸。

……

为了加强校车安全管理，保障乘车幼儿、学生的人身安全，国务院法制办公室会同有关部门认真研究分析校车安全方面存在的突出问题，针对保障校车安全的主要环节，总结一些地方加强校车安全管理的有效做法，征求部分地方、单位和专家的意见，研究起草了《校车安全条例（草案征求意见稿）》。为充分了解社会各方面对制定《校车安全条例》的意见和建议，提高立法质量，将《校车安全条例（草案征求意见稿）》及其说明全文公布，征求社会各界意见。

（选编自 2012 年 421 联考公务员招录《申论》预测试卷）

（2）阅读下面的材料，概括全国“两会”代表委员们所关注的若干问题及其所给出的具体建议。

中国自古是礼仪之邦，诚信知理、与人为善是中华民族引以为荣的优良传统。如今，中国正处于经济中高速持续发展的重要时期，物质财富的日渐丰富，给社会风气带来了一定影响。为此，我们迫切需要进一步加强社会主义精神文明建设，提升软实力。

习近平总书记在会见全国文明城市、文明村镇、文明单位和未成年人思想道德建设工作先进代表时指出，要大力加强社会公德、职业道德、家庭美德、个人品德建设，营造全社会崇德向善的浓厚氛围。

近来，国人的不文明行为屡被曝光。如何引导和推动全体人民树立文明观念、争当文明公民、展示文明形象，成为近年来全国“两会”不少代表委员关注的话题，他们从各自的角度给出建议。

“书香社会”的提法“亮相”政府工作报告。全国人大代表 Y 在接受记者采访时说，她对李克强总理在政府工作报告中提到的“倡导全民阅读，建设书香社会”特别赞同。读书能让人的心静下来。要提升国人的文明素质，提升国人在海外的形象，倡导全民阅读十分必要。

Y 说，现在的道德教育多是口号，人们不喜欢。用阅读潜移默化地熏陶国民，效果会更好。现在，大城市的图书馆不够多，中小城市和县城的图书馆更少，人们想读书，但没地方读。因此她建议各地多建一些图书馆。

全国人大代表 W 认为，今天到处都是低头族，他们看手机、刷微博、看微信，真正读书的人太少了。如果一个民族没有文化知识做支撑，将来无论做什么都会有局限性，厚度不够。

W 说，她今年带来一个关于制定图书馆法的议案。欧美一些国家规定，社区方圆十公里之内一定要有一个图书馆，创造条件引导人们阅读。我们也应当营造这样的环境。大学里面有非常好的图书馆，应该让公众共享。

全国政协委员 T 在接受记者采访时表示，文明缺失等现象是存在的，但他相信情况会渐渐变好。很多人在国外看到同胞的不文明行为时，都会感到很难为情。一些人出国后的表现像暴发户，大声喧哗，随地吐痰，甚至做出其他不文明的事。要改变这种状况，需要一个过程，需要国民在接受社会文明素养教育的同时，不断加强自身文明修养，领导干部、公众人物尤其要做好表率，起到示范作用。

全国政协委员 G 建议，应当传承和发扬优秀传统文化，擦亮国人“礼仪名片”，使社会主义核心价值观与人们的日常生活紧密联系起来，在落小、落细、落实上下功夫。

G 指出，目前社会上出现不少违反传统礼仪规范的现象，如父慈子孝退化成纯金钱性的抚养和赡养义务，邻里和睦退化成老死不相往来的“家庭孤岛”，尊师爱生退化成合同式的知识供给等。一些优良的传统道德和礼俗在现代化过程中逐渐流失，如果没有全社会的重视和共同坚守，我们可能会进入物质丰盈，但精神贫瘠、文化缺失的状态。他建议，深入挖掘古代文明礼仪的精华，结合现代文明和现代生活的特点，归纳整理行业和地域礼俗，并编制礼仪教材，让文明礼仪进企业、进学校、进社区、进家庭，成为全社会的共同遵循。

习近平总书记说，要把精神文明建设贯穿改革开放和现代化全过程、渗透社会生活各方面，特别是要让中华民族文化基因在广大青少年心中生根发芽。

全国政协委员 K 说，在大学工作多年，他发现在大学生中社会责任感缺失，对家庭缺乏情感关怀等现象越来越突出。K 认为，孝敬父母是最基础的道德教育。他建议，以大学生作为弘扬优秀孝文化的突破口，借鉴中国传统“孝文化”中的积极因素，培养大学生的孝德之心、仁爱之心，在高校开设孝道教育的国学课程，将传统孝文化列入公选课内容，增强大学生的孝道意识。同时，大力开展以“孝爱”为主题的教育活动，引导学生从我做起，从小事做起，自觉在言行中体现孝爱美德。

W 认为，文化艺术发展和创新的根本，是人才的培养。教育部颁布了新的文件，要求学生从中学开始，都要具有音乐和美术的基础知识，这非常好。从孩子抓起，这对提升整个国民的文化素质是一个非常有力的举措。她引用了欧洲一位哲学家的话：“孩子出生后，要给他鲜花，让他视觉上看到美；给他音乐，让他听觉上建立音的概念。”W 认为，这就是在体现素质教育。

[选编自 2016 年国家录用公务员考试《申论》试题（省部级）]

（3）阅读下面的材料，分析当前社会心理方面存在的若干“缺失”，并加以归纳概括。

某网站发表文章指出，目前社会问题日渐增多，造成社会心理方面的若干“缺失”，并具有相应的表现形式。

一项针对 100 万在职人员工作现状的网络调查显示，近三分之二的人感到压力较大，产生职业倦怠。尤其在警务、医护人员、高层管理者等职业群体中，70%～80%的人都感到压力大，表现为失眠，记忆力衰退，容易紧张、焦虑和抑郁。许多人感到调整自己原有的心理定式和行为模式越来越困难，心理放松、宣泄郁闷的机会和渠道越来越少。

由于当前各种体制机制还不够完善，人们在资源占用、机会获取、成果享用等方面出现事实上的不公平，一部分人往往在比较中产生了心理失衡。加之现代社会信息化程度高，各种不平衡、不公平信息被迅速大量地传播给公众，造成了更多人的心理失衡，这种情绪积累时间过长，势必产生严重的心理问题和社会矛盾。

在社会转型期，传统的价值观、就业模式、保障体系等，正在发生急剧变化，人们对未来缺乏安全预期，对未知充满恐惧，对变化心理准备不足，对多元化心理认同不够，易产生焦虑、恐惧、迷茫心理，出现信任和诚信危机。

一项对“白领阶层”的社会调查显示，在被调查者中，认为与过去 5 年相比，生活幸福指数略有下降和下降很多的占 36%；快乐正悄然离一些人远去，焦虑已渐渐占据某些现代人的心理。有报告显示，新生代农民工已经占农民工整体的 47%。他们因为收入较低，难以承受较高的生活消费，融入城市生活困难重重，更容易滋生心理问题。同时，人口流动范围加大，生活环境变化加快以及各种自然灾害频发，都会使人们增加社会陌生感，带来归属感的降低，进而导致孤独感、无助感。特别在一些发展较快的城市，生活着一些被高就业门槛和高生活成本边缘化的“社会隔离”人群，或称心理“无根”人群，这种现象若得不到消解，易使一些负面情绪蔓延，甚至危及社会秩序和安全。

某些心理精神疾病患者常因“羞耻感”而不及时就医，延误了诊治。而患者的亲友和同事也没有及时表现出该有的同情，社会对心理疾病还存有偏见和歧视。精神疾病康复者不能顺利回归社会大家庭，则又成为导致心理健康疾病复发率增高的一个诱因。

［选编自 2014 年国家录用公务员考试《申论》试题（省部级）］

（4）阅读下面的材料，请归纳概括转型期青年人在心理方面存在的具体问题。

某网站发表了题为《谈谈转型期青年社会心理问题》的署名文章。

随着市场化进程的日益深入，经济收入成为社会地位的重要指标之一，而青年阶段则迎来生命周期中“需要与拥有之间的倒错规律”，即在由不同阶段所构成的人生发展过程中，在最急需各种资源的青年阶段，个人能拥有的东西还非常有限；而到了对各种资源需求较少的“成功阶段”，个人则又拥有了很多东西。因此，青年阶段正处在一个百需待补的特殊时期，金钱“焦虑”成为一种很现实的心态。

在传媒发达、信息爆炸的今天，青年接受信息的速度和数量在一定程度上都超过了中老年人，但是，这种“现在感”的过于强大，则造成了青年对于国家历史，甚至是近现代史上一些重要事件和人物的知识量很少；在我们当今的各类教育中，缺少一些有效的历史知识传播方法，则是导致青年难以形成相关历史意识的重要原因之一。因此，有效地加强和丰富具有历史感的各类教育，以及进一步创新爱国教育、英雄主义教育，在当今这个时代，不仅是必不可少的，而且是非常迫切的。

近年来，诚信问题成为社会关注的焦点和学术研讨的热点，青年中的“失信”现象也时有“曝光”，如个人贷款中的违约现象等。尽管我们逐渐增加了更多的法律法规来调整社会行为，但是，作为现代社会中有效交往最重要的心理机制，诚信仍然在人们生活中扮演着不可替代的角色。较高的诚信度，不仅是人们减少交往代价、提高活动效率的基础，而且也成为向更高级文明进步的重要表现。

经济社会的快速发展，给社会成员造成了各种压力，容易引发心理问题。当今青年由于出生和成长在较优越的生活环境当中，所以，心理承受力便显得相对较弱，而这一点则又会成为导致心理疾患的重要原因。有关调查表明，目前全国约有3000万青少年存在不同程度的心理问题，其中，中小学生中的心理障碍者占21%～32%；大学生中的心理障碍者占16%～25%，而且还呈现上升趋势。心理问题不仅会影响人格发展，严重时还会导致自杀等极端行为的出现。因此，增强青年的心理承受力，减少心理问题的发生，无疑成为需要各个方面给予关注的重要课题。

作为人生历程中的一个关键时期，青年期的一个重要任务就是个体要进行自我心理调整，形成稳定的人格系统。在著名心理学家埃里克森眼中，这种心理任务的完成在传统社会里通常能够比较顺利，因为传统社会表现出较高的同质性、稳定性，而在现代社会则不可能顺利，因为现代社会表现出较高的异质性、变迁性。因此，现代社会里青年想要迅速而明确地确立自我并非易事。

在社会转型日益加剧的情况下，有些青年人在价值观念和社会心态上出现了某些困惑，其原因主要有两个：一是社会转型期的规范缺失。由于旧的标准或规范有些已经失效，新的标准或规范一时还不完备，而使一些青年心无所依。二是标准多元化导致的多重困境。由社会的日益开放所带来的多样化，往往造成一种相对化情境，于是，便会产生某种不确定性，从而导致青年出现困惑感。所以，尽快减少和消除青年的这种困惑感，增加确定性，是当今社会的文化建设和价值体系建设所面临的主要任务。

[选编自2014年国家录用公务员考试《申论》试题（地市级）]

三、请根据表现中心的需要，选择材料

人民网对深圳新生代农民工生存状况做了一次调查，对深圳新生代农民工生存面临的困境归纳出以下四个方面的问题，请围绕四个方面的内容，把下面的材料按照一定顺序填到后面的括号里。

①公共服务等权益上的不平等。作为政府，应合理配置公共资源，为所在地居民提供平等的公共福利，创造公平的发展环境，但地方政府过多地考虑地方利益，在提供公共服务上，如社会救济、经济适用房、廉租房等方面以本地户籍作为申请的基本条件，排斥外地农民工分享当地经济发展成果。

②工资是对进入生产领域的劳动力所提供的对价，正常的工资是维持劳动者生产和再生产的基本保障，但目前普遍存在着新生代农民工工资待遇偏低的问题，使他们面临着不少生存上的困境。

③身份是一个人或一个群体在现代生活生存的首要问题，农民工从乡村迁往城市，从一种生活方式转向另一种生活方式，所面对的不仅是居住环境、工作等具体的实际问题，而且还要面对身份转换和认同的问题，但新生代却在身份认同上产生了迷失，遇到了比老一代农民工更大的困惑。他们长时间脱离家乡的社会环境，对乡村产生了一种距离感和陌生感。尽管很多新生代每年都回家，但更多的是遵守中国传统礼仪，回家多数是与父母团聚，他们对农村生活已经失去了兴趣，对他们来讲，土地不再是最后的保障，家乡也不是最终的归宿，他们希望摆脱对土地的依赖，所以对农民身份的认同变得模糊甚至不认同这一身份。

④社会保障制度的排斥。在社会保障制度上，存在着严重的制度性断裂。现有社会保障制度建立在户籍制度基础之上，在养老保险、医疗保险方面，实行的是城镇居民与农民工不同的保险制度，在失业保险、生育保险上更是以户籍为由将农民工排斥在外。

⑤新生代农民工也不是真正的产业工人，产业工人可以通过劳动在城市中居住生活，但新生代虽然工作在城市，拥有的却是残缺的生活，社会地位处在城市社会分层结构的最下层，他们被边缘化并被排除在城市的政治、社会、经济和文化生活之外。对老一代农民工而言，外出打工不过是增加家庭收入的手段，而非改变身份的途径，即使在城市中遭遇挫折或是失败，还有家庭和土地作为退路，土地为他们解除了后顾之忧、化解了外出的社会风险，所以在经济上对城市没有产生依赖，在心理上对城市没有归属感，比较认同他们的农民身份。相反，务农经历越少，对农村规则、乡土观念的认同不那么强烈的新生代，已经接受和习惯了城市的生活方式，希望在城市中生活的愿望要比老一代清晰明确，但面临的现实问题是他们在户籍上依然是农民，面对着既不能融入城市社会，又难以回归农村社会的现状，他们处在“农民”与“市民”之间的尴尬处境。有的新生代表示出了无奈的情绪：“城市的繁荣有我们的功劳，却没能留下我们的脚步，我们只是无奈的打工一族。”

⑥劳动者的工资长期普遍偏低。长期以来劳动者工资增长缓慢，分配结构得不到改变，工资处在低水平状态，劳动者在国民收入中分配比例呈不断下降的趋势。

⑦职业安全形势依然严峻。职业安全健康权是劳动者依法所享有的在劳动过程中不受职场危险因素侵害的权利，企业为了追求利润最大化，降低生产成本，不对工人进行必要的安全培训，影响劳动者的生命安全。问题之四是企业内部缺少畅通的沟通渠道。一个良好的沟通机制是保持企业活力、促进劳资关系和谐、减少劳动争议的有效机制，调查发现，很多企业忽视员工利益，员工长时期心理、精神需求被忽视，缺乏正常的沟通机制和舒缓渠道。

⑧缺乏正常的社会和家庭生活。农民工作为成年人应有独立的生活空间，但有46.8%的新生代仍然生活在集体空间内，生活空间狭小，缺少正常的社会交往和生活。混合性、生存式的劳动力生产和再生产模式，使农民工没有足够的经济能力与自己的家庭生活在一起，长期出外打工，也影响了婚姻生活的稳定，有19.3%的已婚人员因打工造成了对婚姻的不利影响。在已婚有孩子的家庭中，有69.9%的孩子不能随父母一起生活，形成大量新的留守儿童。留守儿童长期缺乏父爱或母爱及相关的教育，会形成家庭情感交流功能的弱化、心理抑郁焦虑等心理健康问题，而留守儿童的经历对他们今后的社会认知、心理及行为都会产生不可忽略的影响，造成更多的社会问题。

⑨始终奔波在城乡之间。在城市中工作，又不能在城市中安家居住，拆分式的生活方式虽然使企业支付了较低的工资，但另一方面又使新生代农民工保留了对城市和工厂、农村和土地的二元忠诚，使农民工成为一个独立的、流动的群体。他们长期在城乡之间奔波，始终处在城乡的摇摆之间，无法形成熟练的技术工人阶层，影响了企业长远发展和产业升级，同时也带来了其他的社会问题。他们平均1.24年回乡一次，尤其是选择春节回家，造成春运紧张、半城市化等社会问题。

⑩职工民主参与程度低。职工民主参与是劳动者参与企业经济活动和管理活动，实施监督，促进企业决策民主和保障实现劳动者民主权利的重要制度。即使是法律明确规定劳动者在制定企业规章制度时可以民主参与，但该权利也不能得到保障。

⑪温饱层次的生活水平，将就式的生活方式。调查显示，很多企业按照当地最低工资标准支付工资，劳动者为了增加收入只有通过大量超时加班，形成了劳动者表面上主动愿意加班的现象，其实加班的根本原因就是工资太低。2010 年新生代农民工即使通过加班获得的月平均工资也只有 1838.6 元，大约为 2009 年深圳市在岗职工月平均工资的 47%，新生代每月所得仅能够维持其本人最低生活水平，大多数的农民工只能精打细算、节俭度日。

⑫从 20 世纪 50 年代以来，我国通过实行户籍制度将人口划分为城镇居民与农村居民两大类，成为享受不同权利、承担不同义务的社会人群，形成了“城乡分治，一国两策”的格局。户籍制度本身并不复杂，但附加在户籍制度之上的相关社会经济政策以及由此形成的社会利益分配格局却是错综复杂的，户籍不仅决定了一个人的居住地，还决定了一个人的整个生活变迁和资源获取能力。农民工在就业、养老、医疗保障、子女教育、文化设施和享受社会公共服务等方面不能获得平等的权益保障，造成了他们诸多的困境。

⑬改革开放之后的工业化和市场经济，形成了大量的三资企业和民营企业，农民工大部分直接进入的是这些企业，面对的是比较典型的市场经济下的劳资关系，严密控制的劳动过程、高强度的工作方式、低工资制度使个体劳动者处在极其弱势的地位，同时在法律上又缺乏相应的权利，不能实行市场经济下充分的劳资博弈，造成了劳资关系严重失衡的局面，形成了劳动关系领域中的一系列问题：

⑭子女教育权的不平等。现行的教育制度及教育资源分配也建立在户籍制度之上，将城镇户籍和农村户籍实行等级制，区别对待，使农民工子女难以享受到与城市户籍子女平等的受教育权。

⑮更重视现实利益，而缺乏精神高度。新生代农民工面临着生存上的压力，价值观上更加现实，物质生活的贫乏也使新生代农民工不敢奢望爱情。他们正处于恋爱和结婚时间不长的阶段，但调查发现，他们并没有将婚姻、爱情放在人生中比较重要的位置，这与他们现实的生存状态有关，他们认为有钱比婚姻更重要，有地位比爱情更重要。

一、工资待遇低，面临着生存困境。（　　　　　　　　）

二、制度性歧视，形成发展困境。（　　　　　　　　）

三、身份认同危机，未来无方向感。（　　　　　　　　）

四、劳资关系失衡，没有话语权。（　　　　　　　　）

（改编自人民网《深圳新生代农民工生存状况调查报告》2010 年 7 月 15 日）

第三节　结构写作训练

一、思考题

（1）应用文的结构有何特征？

（2）应用文结构的作用是什么？

（3）应用文中常用的结构方式有哪些？

（4）思路与结构二者之间是怎样的关系？

（5）使用并列式结构应注意哪些问题？

二、结构解决的是“言之有序”的问题，请把下面的材料，围绕着“关键是政策要‘滴灌’到根部”这一中心表达的需要，有序排列出来

①花垣扶贫成绩巨大，但深入分析贫困人口的现实状况，感到扶贫仍是一个大问题。花垣县还有162个贫困村，占行政村总数的56.3%；贫困人口仍有6.1万人，占全县农业人口的23.1%。从地域分布上看，主要集中在生存环境恶劣的山旮旯里，其中海拔500米以上的贫困村占2/3。这些地方山高坡陡，交通落后，土地贫瘠，资源贫乏，生产生活条件恶劣。尤其是矿区生态环境脆弱，采空区达136处，有7个乡镇2478户农民需要整体实现生态移民。

②“八个到村到户”让政策真正“滴灌”到了根部，照这样抓下去，花垣县脱贫致富奔小康大有希望。

③干部群众有这样深刻的认识，还源于花垣县采取了“八个到村到户”的办法，即：精准识别到村到户，干部结对帮扶到村到户，产业发展扶持到村到户，教育培训安排到村到户，农村危房改造到村到户，生态移民到村到户，基础设施到村到户，考核验收到村到户。

④为此，从去年开始全县下决心每年从县财政挤出1.5亿元，加上上级财政每年扶贫资金5000万元，连续6年支持“八个到村到户”。

⑤从调查了解的情况看，精准识别方面，全县推广十八洞村“三榜三审九个不评”（“三榜”即群众申报公示征求意见“第一榜”，无异议后公示名单“第二榜”，最终确定公布名单“第三榜”；“三审”即必须经过村支两委、乡政府、县扶贫开发办三道审核程序；“九个不评”即明确有楼房或商品房的家庭不评等“九个不评”标准）的经验对贫困对象进行精准识别。

⑥产业发展扶持方面，立足花垣生态资源和文化资源的优势，大力发展特色农业和旅游业。全县扶持龙头企业100余家，带动农户1万多户，形成了14万亩优质稻基地、11万亩水果基地、12万亩油茶基地、10万亩蔬菜基地、9万头黄牛养殖基地。去年以来，县委县政府又在5个乡镇连片68平方公里建设总投资50.7亿元的国家农业科技示范园，规划“一园一带七大基地”。目前已完成投资8亿多元，引进23家龙头企业和专业合作社进行产业开发，流转土地5万多亩，3万多群众在“家门口”就业或获取租金收入。

⑦在调查中，基层干部讲：“扶贫政策是好，就是不能大水‘漫灌’，如果‘滴灌’到根部，脱贫更快，效果更好。”可见习总书记关于“精准扶贫”的指示深得人心、深入人心。

⑧干部结对帮扶方面，162个贫困村都派驻了工作队，6.2万名党员干部与结对帮扶对象建立了密切联系，制定了脱贫方案，落实了帮扶措施。

（改编自《人民日报》文章《号准“脉”看准“病”开对“方”——关于湖南花垣县精准扶贫的调查报告》2015年08月11日，16版）

三、下面几篇指示性通知主体部分的提纲在层次安排上存在不合理之处，请把修改后的提纲重新写出来

国务院关于加强城市供水节水和水污染防治工作的通知

一、统一规划，优化配置，多渠道保障城市供水
二、提高认识，统一思想
三、坚持把节约用水放在首位，努力建设节水型城市
四、健全机制，加快水价改革步伐
五、坚决治理水污染，加强水环境保护
六、加强领导，完善法规，提高城市供水、节水和水污染防治工作水平

国务院关于开展严厉打击制售假冒伪劣商品违法犯罪活动联合行动的通知

一、标本兼治，强化法制
二、集中力量查处大案要案，严厉惩治违法犯罪分子
三、突出重点，明确目标
四、统一思想，提高认识
五、加强领导，狠抓落实

公安部关于切实履行法定职责依法严厉打击经济犯罪的通知

一、在办理经济犯罪案件中，要加强与有关部门的协作配合，以形成合力，加大打击经济犯罪的力度
二、切实加强对经济犯罪案件的管辖
三、加强办理经济犯罪案件的业务学习和培训，不断提高办案的水平和能力
四、各地要特别重视并加强办案队伍的建设
五、各级公安机关要充分认识同经济犯罪作斗争的重要性、迫切性和艰巨性
六、各地公安机关在办理经济犯罪案件中要严格遵循有关法律、法规和规章

国务院办公厅关于进一步加强农药兽药管理保障食品安全的通知

一、严格落实地方属地管理责任
二、加强农药兽药残留抽检监测
三、加强食品安全风险源头治理
四、加强食用农产品产地准出和市场准入管理
五、加强农药兽药使用管理和指导
六、严厉打击食品安全违法犯罪
七、加强农药兽药生产经营管理

四、检查下面这两份通知的提纲，请把不合理的地方修改过来

（1）

国务院关于优化科研管理提升科研绩效若干措施的通知

一、优化科研项目和经费管理
（一）简化科研项目申报和过程管理
（二）避免重复多头检查
（三）推动项目管理从重数量、重过程向重质量、重结果转变
（四）加大对承担国家关键领域核心技术攻关任务科研人员的薪酬激励
（五）开展扩大科研经费使用自主权试点
二、完善有利于创新的评价激励制度
（六）赋予科研单位科研项目经费管理使用自主权
（七）赋予科研人员更大技术路线决策权
（八）推行“材料一次报送”制度
（九）开展“唯论文、唯职称、唯学历”问题集中清理
（十）强化高校、科研院所和科研人员的主体责任
三、强化科研项目绩效评价
（十一）实行科研项目绩效分类评价
（十二）严格依据任务书开展综合绩效评价
（十三）加强绩效评价结果的应用
四、完善分级责任担当机制
（十四）切实精简人才“帽子”
（十五）建立相关部门为高校和科研院所分担责任机制
（十六）完善鼓励法人担当负责的考核激励机制
五、开展基于绩效、诚信和能力的科研管理改革试点
（十七）合并财务验收和技术验收
（十八）开展简化科研项目经费预算编制试点
（十九）开展科研机构分类支持试点
（二十）开展赋予科研人员职务科技成果所有权或长期使用权试点

（2）

国务院办公厅关于加强行政规范性文件制定和监督管理工作的通知

一、严格依法行政，防止乱发文件
（一）严禁越权发文
（二）认真评估论证
（三）严格审核把关
二、规范制发程序，确保合法有效
（四）严控发文数量
（五）严格制发程序

（六）广泛征求意见

（七）坚持集体审议

（八）强化备案监督

三、加强监督检查，严格责任追究

（九）及时公开发布

（十）健全责任机制

（十一）加强督查考核

五、结合教材中的例文，分析结构方式

第四节　语言写作训练

一、思考题

（1）应用文写作对语言的要求有哪些？

（2）什么是段旨句？拟写段旨句需要注意哪些事项？

（3）应用文常用的引叙用语和经办用语有哪些？

（4）应用文是否允许使用模糊语言？如果可以，经常用到的模糊语言有哪些类型？

二、阅读下面几段文字，将不符合应用文语言要求的地方修改过来

①阳春三月，风和日丽。我们省××学校物价班的45名同学从广州乘船，在15日天蒙蒙亮时就到达肇庆市。啊，肇庆！美丽的肇庆！你是南粤的旅游胜地，多少个日日夜夜啊，同学们梦寐以求，要来领略你的风采。今天如愿以偿了。但是，这次我们是要到你的农村——大湾、禄步的食品站，作为期一个月的生猪收购成本调查。因此，尽管大家都想借此机会痛快地玩它一玩，但是想到这是实习调查，必须把学好专业放在首位。这样，在实习老师的带领下，到达肇庆的当天，听完肇庆市食品公司经理对情况的介绍后，下午就分为两个小组奔赴实习调查点了。

②时间如白驹过隙，一转眼2017年将要过去了，在过去的一年中，我公司的经济效益犹如穿云燕子，飞向百尺竿头，比去年大幅度上升，公司上下兴高采烈，喜笑颜开，在新的一年到来之际，我们对去年的工作总结如下……

③2017年7月6日深夜，乌云密布，雷声隆隆，大雨倾盆而下，刹那间，美丽富饶的鱼米之乡被一片汪洋吞没。接连几天如注的暴雨，淹没了田野、冲毁了村庄和工厂，交通、通信、电力一度中断。这一百年不遇的特大洪涝灾害，给我乡造成了不可估量的损失。为了将灾害造成的损失降低到最低限度，乡党委、政府采取了果断措施，动员全乡广大干部群众自力更生、艰苦奋斗，尽快恢复生产、重建家园……

④刚才接到你们公司28日打来的加急电报，要求我们工厂把本月生产出的全部产品火速发运到广州去。对于这个要求，我们厂有以下一些困难，实在难以按照你们的要求办理。

⑤我们以上所报告的事情和处理意见，如果没有什么不妥当的地方，就请领导批示后，转发给各个市、州、县人民政府，各地区行政公署以及同这件事有关系的各个部门，按照报告中所提出的处理意见执行。

⑥二季度快到了，我们厂还缺两万支显像管，希望尽快调拨给我们，好用来满足紧急需要。可以不可以，等待着你们迅速来信答复。

⑦在换发领取新牌照之前，车主应该到所在地区的非机动车登记站领取登记卡片，依照格式填写清楚，经过审查核实没有差错给予换发牌照，并将原来领取的行车执照交回发牌照机关。

三、解释下面几个惯用词语的意思，并将其填在每个句子的括号里

业经　鉴于　承蒙　希即　亟待　收悉　兹　拟于　为荷　亟应　查复　显系　责成　兹就　交办　确系

（1）《××条例》（　　）国务院第四次会议通过，现公布实行。

（2）（　　）贵局大力支持，特表谢意。

（3）（　　）报告如下。

（4）我们（　　）今年5月份开课。

（5）你局是否收到，请速（　　）。

（6）此次火灾，（　　）坏人纵火造成。

（7）（　　）财经工作改革等问题，提出以下几点意见。

（8）希接洽（　　）。

（9）该人（　　）精神病患者。

（10）你委《关于申请设立“中国医师节”的请示》（　　），同意自2018年起，将每年8月19日设立为“中国医师节”。

（11）董事会（　　）王经理全权委任此次谈判，务必得到一个满意的结果。

（12）中国民间藏品鉴定（　　）建立管理机制。

（13）（　　）表现良好，学校撤销了对他的处分。

（14）纪检委（　　）是检察机关自侦部门的重要案件来源。

（15）这是一项我们（　　）攻克的核心技术。

（16）（　　）贯彻执行。

四、阅读下面这两封信函，把不符合应用文语体的地方修改过来

（1）

××贸易公司：

××月××日来信和随信寄来的××订单一份，我们都已收到了。从来信中我们了解到你公司提出了增订××货物的要求，真对不起，我们很难答应你们的要求，至少在目前不能向你们提供。但请你们放心，以后供应情况如果有可能改善的话，我们一定会告诉你们的。

××进出口公司

××年×月×日

（2）

敬启者：

您好！为适应市场需要，我公司定于2017年7月6日上午9时，在我公司多功能厅第一会议室召开××产品更新论证会。届时，有关领导和一些专家将光临，您自然也在其中。此前，我们李总已同您约定。请您务必实现承诺，准时到会，并做好发言准备。我们相信，您的发言会对我们的××产品的更新方向起重要作用。

易佳有限责任公司

2017年7月1日

五、解释下列词语并简要说明其用法

1. 贵 2. 悉 3.谨悉 4. 兹 5. 兹启者 6. 迳（径）启者 7. 敬启者 8. 业经 9. 迳（径）与 10. 系 11 赓续 12. 歉难 13. 暨 14. 函达 15. 查照 16 为荷 17. 台安 18. 商祺 19. 近祉 20. 时祉 21. 商安 22. 谨启 23. 谨复 24. 谨沥 25. 贵我 26. 敬祈惠允 27. 尚望涵容 28. 敬希谅察 29. 尚望拨冗赐复 30. 一俟 31. 不日 32. 面洽 33. 援用 34. 呈报 35. 垂询

第十章　公文写作训练

第一节　公文概述写作训练

一、思考题

（1）什么是公文？公文有哪些特点？

（2）公文的种类有哪些？

（3）公文格式一般由哪些部分组成？

（4）公文撰写应遵循哪些要求？

二、拟写下列公文标题

（1）公安部向所属下级机关发出关于严厉打击违反爆炸物品枪支弹药管理规定的违法犯罪活动联合行动的公文。

（2）××省人民政府收到《国务院关于进一步加快旅游业发展的通知》，将此通知转发给下级机关，请代拟写公文的标题。

（3）国务院办公厅收到教育部、卫生部《关于加强学校卫生防疫与食品卫生安全工作的意见》，进行批示后发至各省（自治区、直辖市）人民政府，国务院各部委、各直属机构。

（4）根据《社会团体登记管理条例》等有关法规和政策规定，民政部制定了《关于规范社会团体开展合作活动若干问题的规定》，印发给相关单位，并要求遵照执行。

（5）为贯彻《××省人民政府关于全面深化新时代教师队伍建设改革的实施意见》，××省教育厅拟于2019年10月10日，在省教育厅四楼大会议室召开《实施意见》专题培训视频会议，会议主要内容是对《实施意见》的改革政策措施进行解读或讲解。出席人员有省教育厅、省编办、省人社厅、省财政厅主管厅长及相关处室负责人等。请代拟写公文标题。

（6）××公司就××员工违反劳动纪律，违章操作，造成公司财产重大损失，决定给予其开除厂籍处分一事发文。

（7）国家××局就当前农村基层土地管理人员队伍的现状和存在的问题向国务院行文汇报，并对如何加强这支队伍的建设提出了具体的建议。

（8）××县人事局拟行文请求市人事局增拨补充农村服务体系工作人员计划指标3名。

（9）××市人民政府收到下设的××县人民政府驻地迁移的请示后，下文表态同意。

（10）××省财政厅针对本省农业厅申请批准拨款购置办公设备的来文制发复文，批准该文的请求。

（11）××省人民政府就做好农村社会养老保险与城乡居民基本养老保险制度衔接工作向所属下级机关行文，陈述该项工作的必要性，交代具体的工作任务及时间安排，并针对有关的步骤方法、政策界限、注意事项等提出具体要求。

（12）××省政府收到省教委的《关于加强农村教师队伍建设问题的报告》，阅后认为该文件针对的问题十分重要，建议切实可行。决定对该文件加注批语后下发施行。

（13）××集团总公司对××分公司干部职务任免事项制发公文。

（14）教育部办公厅下发了《“北京 2022”奥林匹克教育工作协调小组关于开展“我心中的冬奥吉祥物”主题活动的通知》（教体艺厅函〔2018〕62 号），××省教育厅进行转发并提出贯彻执行要求。

（15）根据国务院领导同志指示，国务院办公厅就个别地方违反规定征收养老保险调剂基金问题向各省、自治区、直辖市人民政府，国务院各有关部门传达情况并提出要求。

（16）××物业管理总公司物业管理员叶××恪尽职守，智擒盗贼，保护了业主的人身财产安全，总公司发文表彰他的事迹。

（17）××市人民政府为改善城市生态环境，拟将原某林场扩建为植物园。为此，行文向省人民政府请求批准。

（18）××县工业局为申请购置防暑设备的经费，特向该县财政局发文件。

（19）××市人民政府为了巩固城市绿化工作的结果，制发一公布性文件，将保护城市绿地应遵守的有关事项告知全市各界。

（20）国务院行文同意，云南省人民政府《关于将畹町镇改设为畹町市的请示》，并对该市行政区域及领导关系予以明确。

三、修改下列公文标题

（1）××供电所本年四季度停电检修公告。

（2）××市人民政府转发××局《关于做好防洪工作的报告》的通知。

（3）文化和旅游部关于批转国务院《旅行社管理暂行条例》的通知。

（4）关于××呈报石油化工厂土建增设附属工程的请示报告。

（5）××大学关于向市消防部门申请办理建筑消防设计防火审核手续的请示。

（6）××市人民政府批复城市建设规划局 Y12 号地块改造的函。

（7）文化和旅游部对××市旅游局《关于加强旅游工作的决定》意见的复函。

（8）关于批转农业农村部关于加速发展淡水渔业的报告。

（9）转发人力资源和社会保障厅、财政厅、省总工会“关于转发人力资源和社会保障部、财政部、全国总工会《国务院关于发给离退休人员生活补贴费的通知》”的通知。

（10）××市人民政府关于批转××省政府关于做好财务检查工作的通知。

（11）《××县人民政府关于转发某市人民政府关于转发“××省人民政府关于加快畜牧养殖业发展的通知”的通知的通知》。

（12）××公司对非法倒卖建筑材料的××开除公职的通知。

（13）××县政府关于我县部分地区遭受灾害的情况反映。

（14）同意你校建立文法学院的请示。

（15）××区教育局召开全区中小学校长会议的《通知》。

第二节　通知写作训练

一、思考题

（1）通知的适用范围及特点是什么？

（2）通知有哪些类型？
（3）指示性通知的正文应该怎么写？
（4）批转转发性通知的正文由哪些部分组成？
（5）会议通知的正文包括哪些内容？

二、指出下面两份通知存在的错误并加以修改

（1）

××公司关于转发总公司《销售工作座谈会纪要》的通知

××发〔2018〕17号

各分公司：

现在将总公司的《销售工作座谈会纪要》批转给你们，请立即组织研究，展开讨论，并根据《纪要》精神，认真贯彻执行。当前，首先要抓好第一季度的销售工作，以便为全年工作打下基础。

附件：《销售工作座谈会纪要》

××公司
二〇一八年一月二十四日

（2）

关于转发省公司关于转发 < 集团公司关于几起生产事故的通报 > 的通知

各分公司：

前接《省公司关于转发 < 集团公司关于几起生产事故的通报 > 的通知》，现将其转发给你们，并提出以下要求，望酌情参考执行。

一、……

二、……

三、……

××公司
二〇一七年十月五日

三、评析下面这份通知

××公司关于进行职业道德教育的通知

今年一月以来，公司开展了一系列以职业道德为主题的活动，各单位纷纷行动起来，采取各种各样的形式开展这一活动，在公司上下掀起了“爱我岗位，全心全意为客户服务”的热潮。通过学习，许多干部职员明确了职责，服务质量不断提高，受到了客户的普遍好评，收到了良好的社会效益。但是仍然存在不少问题，有的营业员对客户态度冷漠，对他们的询问不理不睬；有的不按服务用语答复客户，最近

还发生了×××营业厅营业员与客户争吵的恶性事件，造成了极其恶劣的影响。这说明，在当前进一步深入展开职业道德教育十分必要。现将有关材料发给你们，望组织员工认真学习，不断提高干部员工的职业道德水平。

××公司

2018 年 3 月 18 日

四、写作题

1）××市工商行政管理局收到《××省工商行政管理局关于几起假案的通报》，撰文将该文件转发给所辖各分局，并提出相应工作要求，请各分局一并贯彻执行，请结合通报内容拟写这份公文

××省工商行政管理局关于几起假案的通报

各地级市工商行政管理局，省局直属分局：

最近，省局协同有关部门对××市工商局、××市工商局直属分局、××县工商局在反走私工作中办假案、搞假没收的问题进行了调查，现通报如下：

…………

上述三个工商局（分局）在反走私工作中办假案、搞假没收的行为，严重违反了国家的法律、法规和政策，严重损害了工商行政管理机关的执法形象，造成了很坏的社会影响。对涉案的单位和个人如何处理将由案件主办单位作出结论后再定。为维护国家法律、法规和政令的统一，严肃政纪、严肃办案纪律，避免此类事件的再次发生，省局重申：

一、任何单位都不能办假案，搞“罚款放行”，办案一定要坚持以事实为根据、以法律为准绳的原则。从讲政治的高度，充分认识开展反走私工作的重要性和必要性，增强责任心和紧迫感。在行政执法工作中注重讲原则、讲纪律，真正做到一心为公，执法如山，用正义战胜邪恶，经受党和人民的考验。

二、不具备执法主体资格的分局，不得以自己的名义做出处罚决定。

三、严格办案程序，凡属重大案件必须由案件审议委员会集体讨论，凡个案处罚金额在 100 万元以上的案件必须报国家工商局审批。

四、责令××市工商局、××市工商局直属分局、××县工商局立即纠正违法违纪行为。各地级市工商局收到本通报后，立即组织自查自纠，并将本通报内容传达至所属各工商局（分局）和工商所的全体干部、职工，以此为鉴，吸取教训，认真学习国家的法律、法规和政策，正确处理局部利益和全局利益的关系，自觉维护国家政令的统一。严格依照国家法律、法规和国家工商局规定的程序办案、依法行政。

××省工商行政管理局

××年××月××日

（改编自《广东省工商行政管理局关于几起假案的通报》）

2）20××年×月×日，××市人民政府收到市住房和城乡建设局上报的《关于进一步规范本市建筑市场加强建设工程质量安全管理的若干意见》，认为文件中的意见切实可行，撰

文批准并转发该文件给各区、县人民政府，市政府各委、办、局贯彻执行，请拟写这份公文

3）根据下面提供的材料，拟写一份会议通知

××省教育厅准备于2017年4月16～19日，在××市××大学学术交流中心报告厅召开全省高校校长办公室工作会议。4月15日持本通知到学术交流中心接待室报到。参加会议人员有本省各高校校长办公室主任或副主任，每校1～2人。本次会议的目的是进一步加强高校校长办公室工作，促进全省各高校校长办公室工作的协作与交流。会议主要内容是交流高校校长办公室工作经验。

联系电话：×××-×××××××××，联系人：××大学校长办公室×××老师，传真：×××-×××××××××，邮编：××××××。会议的注意事项有四点：请参加会议人员将到达时间、车次和返程时间及车次提前电告会务组，以便安排接待和代办购票；请填写所附《会议回执》，于4月10日前传真给会务组，以便统计与会人数，安排住宿；请各校将拟提交的会议交流的经验材料自行打印80份，在报到时交会务组；往返路费和住宿费自理，回单位报销，会议伙食标准每天××元。

4）依据下面两份通知的标题，请为这两份通知拟写开头

（1）中共中央办公厅、国务院办公厅关于坚决制止干部用公款旅游的通知。

（2）国务院关于开展严厉打击制售假冒伪劣商品违法犯罪活动联合行动的通知。

第三节　通报写作训练

一、思考题

（1）通报的适用范围及特点是什么？

（2）通报有哪些种类？

（3）表扬性和批评性通报的正文应该怎么写？

（4）情况通报的正文包括哪些内容？

二、指出下面四份通报存在的问题并加以修改。

（1）

热血铸警魂

——关于××县公安局民警见义勇为事迹的通报

今年2月13日下午1点多，××县公安局民警××正和儿子在儿童公园游玩，忽然从不远处的明月湖传来救命声，××飞奔到明月湖畔，原来有一男孩不慎落水，××来不及多想，只想到他是一名警察，他脱掉大衣，跃入水中。二月的北方，水凉得扎骨，但他没有想到个人安危，他心中只有一个念头：救孩子。××一次、两次、三次潜入水中，终于把落水儿童救到岸上，孩子得救了，而××昏迷了三天三夜。目前，经过抢救，××已经脱离了生命危险。××真是新时期最可爱的人，他的精神是多么值得人们学习！

××在生与死的关键时刻，为抢救落水儿童，不顾个人安危，临危不惧，不怕牺牲，表现了人民警察热爱祖国、热爱人民的高尚情操和献身精神。

希望各单位职工向××学习，发扬见义勇为、不怕牺牲的精神，为搞好各项工作做出更大的贡献。

××县人民政府
二〇一五年三月一日

（2）

关于对××一中南校区部分教师聚餐饮酒问题的通报

2016年9月9日星期五，××一中南校区高二年级负责人××、××及22名高二年级班主任在学校放假后，到××县××街××饭店聚餐且饮酒，其间共花费1390元，采取AA制付费。该事发生在绝大多数机关单位工作日中午时间，在社会上造成不良影响。经县纪委常委会研究决定，责令两名年级负责人在全校教师大会上公开作检讨，对参与的其他22名班主任进行集体约谈，并对该事在全县范围进行通报。

××一中作为全县最高学府，每个教师的精神风貌和个人形象都将作为全县广大教师的缩影呈现在全县人民面前。上述问题本不该发生在教书育人的教师身上，该事中的24人行为给全县教育系统及广大教师抹了黑，更与中央、省市县委关于加强作风建设要求格格不入。在认真落实中央八项规定精神狠纠“四风”问题的高压态势下，仍有极少数党员干部纪律意识、规矩意识淡漠，在制度和规矩上耍“小聪明”、打“擦边球”、玩“捉迷藏”，说明我县的作风建设依然任重道远。各级党委要扛起作风建设主体责任，不能当“甩手掌柜”，严防“四风”建设问题反弹、回潮。各级党员干部要时刻绷紧作风建设这根弦，严守政治纪律和政治规矩。各级纪委要切实履行监督责任，加大监督检查的频率和力度，对工作日中午饮酒、不作为慢作为乱作为等作风顽疾实行“零容忍”，发现一起查处一起，发现多少查处多少，并对查处情况及时通报曝光，用身边的事教育身边的人，充分发挥警示震慑作用，确保政治生态良好。

中共××县纪律检查委员会
2016年9月30日

（3）

××市人民政府办公厅通报

全体市民：

据反映得知，近日来本市部分地区有一种令人人心惶惶的传说，称原流行于某国的恶性传染病××热已传入本市，并已造成十几人死亡，经本市防疫部门证实，这是完全没有任何事实根据的，本市至今从未发生过一起××热的病例。经核查，这一消息源于本市×报2015年4月1日的一则“愚人节特快报告”。×报这种不顾国情照搬西方文化极不严肃的做法是非常错误的，已经给全市人民的稳定生活带来了极其恶劣的影响。目前有关部门已对本报做出停业整顿并令其主要作者做深刻检查等待纪律处分的处理。有关单位应汲取这一教训，采取措施以予杜绝。

特此通报

××市人民政府办公厅
2015 年 5 月 1 日

三、根据所给材料拟写通报

1）根据下面的材料，以××省煤炭生产安全监督管理局的名义给××集团发一份工作情况通报

①为深刻吸取近期煤矿事故教训，认真落实国家和省委省政府领导批示指示精神，督查检查煤矿企业建立健全安全生产责任制，依法查处非法违法、违规违章行为，省煤炭生产安全监督管理局于 6 月 14 日至 20 日，对××集团××、××矿业公司及所属煤矿、矿建公司及所属工区开展了督导检查，并对国家安全生产标准化抽查组查出的问题进行了复查。总计检查煤矿 5 处、建设工区 1 处，查出隐患问题 89 条，责令停工掘进工作面 1 处。

②总体看，××集团××、××矿业公司及矿建公司对煤矿安全生产工作高度重视，××、××矿业公司制定了《依法打击和重点整治煤矿安全生产违法违规行为专项行动工作方案》，成立了以董事长、党委书记任组长的专项行动工作领导小组，明确了工作任务及时间安排，提出了具体要求，从 3 月份开始，组织所属煤矿开展了专项行动。矿建公司结合实际，制定了《安全生产事故及重大安全隐患处罚实施细则》，每月组织开展隐患排查治理。

③吸取教训，强化安全生产责任落实。年初以来，××集团发生煤矿事故 3 起、死亡 9 人，给全省煤矿安全生产工作带来极大被动。要深刻汲取煤矿事故教训，集中分析问题，认真查找原因，尤其要查找事故、隐患背后安全生产责任不落实的原因，研究落实对策措施，全面加强安全生产工作。要建立完善涵盖所有层级和所有岗位的安全生产责任制，加强责任制公示、培训和考核管理，强化监督检查，加大对责任制不落实行为的惩处力度，切实通过推进全员安全生产责任制落实，改进安全生产管理，提升安全生产水平。

④举一反三，认真整改存在的隐患问题。要对照本次检查发现的隐患问题，举一反三，督促各矿业公司认真查改同类隐患问题，建立问题和责任清单，明确每个问题背后的责任人，严厉惩处追责，坚决整治自查自改工作不深入、岗位责任制不落实、现场和技术管理不到位等方面问题。要扎实开展依法打击和重点整治煤矿违法违规行为专项行动，监督煤矿按要求开展好自检自查，坚决纠正和减少一些习惯性违章、不兑规作业、冒险蛮干、规程措施不落实等方面的行为和问题，严禁自查工作流于形式。要将本次检查出的隐患问题追责情况及时上报省煤管局。

⑤突出重点，加强煤矿灾害和隐患排查治理。要加强局部通风管理，严格按设计和规定要求供风，确保风量充足、风流稳定。要定期对风井防爆门开展检查，全面排查防爆门设置不合格、不能开启、漏风等问题。要重点加强采掘工作面机电运输管理，大力淘汰落后技术装备，坚决杜绝电气失爆，严禁违规使用钢丝绳牵引耙装机、井下压风机。要落实瓦斯防治各项措施，做到先抽后采、抽采达标，不掘突出头、不采突出面。要按照《防治煤矿冲击地压细则》要求，及时开展煤层（岩层）冲击倾向性鉴定，按规定进行冲击危险性评价。要严

格火药和放炮安全管理，井下火药运输必须使用耐压、抗撞击、防震、防静电的非金属容器，放炮作业必须按规定控制安全距离。

⑥夯实基础，提高安全生产保障能力。要抓住当前煤炭市场良好形势的有利时机，加大煤矿安全投入，补还安全欠账，提高安全装备水平。要进一步加强煤矿安全风险分级管控和隐患排查治理双重预防机制建设，按规定开展安全风险辨识、评估，制定并落实针对性管控措施，严防风险演变、隐患升级导致生产安全事故发生。要加强安全生产标准化建设，落实区队、班组人员岗位责任，强化现场和技术管理，切实夯实煤矿安全基础。要抓好安全培训教育，提升煤矿从业人员安全防范意识和岗位技能。

⑦制定措施，加强煤矿建设队伍管理。要针对矿建公司安全管理人员配置不全、施工人员数量不足、招用成建制施工队伍等问题，研究制定管理办法，落实管理责任，健全管理制度，强化安全管理和培训教育，建立约束机制，严禁非法转包、违法分包工程和挂靠资质施工。不得以建设施工资质独立承包煤矿井下采掘工作面或者井巷维修作业工程。

⑧自检自改不全面、不深入。××和××矿业公司部署开展依法打击和重点整治煤矿违法违规行为专项行动不全面，××煤矿立井自查方案编制内容不全，未建立自查工作台账；××煤矿一区和××煤矿自查报告内容缺项。矿建公司未按照煤矿违法违规专项行动方案要求，成立组织机构，方案编制内容不全，用日常安全检查代替自检自改，没有编制自检自改报告。

⑨全员责任制不健全、不完善。××和××矿业公司所属煤矿存在安全生产岗位责任制不健全、未进行公示、考核机制不完善问题。××煤矿一区缺少瓦斯抽采人员岗位责任制，××煤矿立井未对全员安全生产责任制进行公示，××煤矿未建立科级以下人员安全生产责任制考核标准。××煤矿一区和××煤矿立井均未制定责任制考核办法。矿建公司没有按照省安委办（黑安办发〔2017〕81号）要求，建立全员安全生产责任制，没有制定全员安全生产责任制考核办法；建井处缺少喷浆工岗位责任制，没有开展责任制培训教育。

⑩双重预防机制工作开展不到位。矿建公司未制定安全风险分级管控相关文件，安全风险分级管控工作只对重大危险源进行分析、记录，无风险分级管控内容及相应记录和台账。××煤矿一区未按本矿制度规定，开展每周、每日安全风险辨识工作。××煤矿安全风险评估内容不全，未对冲击地压和外因火灾风险进行评估。××煤矿采煤工作面专项辨识报告编制人员不符合要求。

⑪安全生产管理不到位。××、××矿业公司所属煤矿及矿建公司所属工区均使用不符合规定的帆布兜运输火药。××煤矿立井老二采下延绞车道掘进工作面风筒末端风量未达到作业规程要求，钻机开关存在失爆现象。矿建公司建井处三工区施工的××煤矿立井二水平西部绞车道掘进工作面正在揭29#层煤，违规使用钢丝绳牵引式耙装机出货，现场火药箱距工作面距离未达规程要求（责令该工作面停工整改）。××煤矿一区两处回风井防爆门，一个设置不合格，另一个漏风严重。新立煤矿井下采煤工作面采空区悬顶面积超《煤矿安全规程》规定，冲击地压制度不完善。

⑫建设工程施工资质管理不到位。矿建公司安全管理人员配备不全，施工作业人员数量不足，利用矿建一级资质，采取劳务方式在市场招用成建制队伍，分别成立了××公司和××公司，成建制队伍人员没有纳入公司统一管理，人员素质差、队伍不稳定，矿建公司对成建制队伍缺乏约束机制。

2）请根据下面的两篇报道，以永靖县教育局的名义写一份批评错误的通报

（1）

涉事教师被责令作书面检查

本报兰州6月27日电（中国青年报·中青在线记者章正 马富春）近日，在甘肃临夏回族自治州永靖县一所乡村小学，多名四年级学生被语文教师姚某体罚打伤屁股，原因是学生没学会写生字。

“有位家长发现孩子走路不对劲，发现孩子屁股被打伤，刚开始孩子还不说，问了之后才说被老师打了。”一位知情人士告诉中国青年报·中青在线记者。

另一位家长称：“看了其他家长在微信中发的照片，才知道孩子在学校被打的事情。”

“让孩子趴在凳子上，让两个力气大的孩子摁住，老师拿着教鞭抽打。”一位不愿具名的家长说。知情人士介绍：“打的过程中，（老师）还不让孩子动，动了就打得更多。”

据甘肃当地媒体《西部商报》报道：“有的学生被打得无法走路，有的趴在床上起不来，伤势最重的小女孩被打了60多下，还有一名男孩被打了40多下，屁股都‘开了花’。”

有家长在接受中国青年报·中青在线记者采访时表示，适当体罚孩子可以理解，下手这么重就过了。

“这是个年轻的女老师，平时也打孩子，可这次比较严重。”一位家长告诉记者，“这样的老师不适合任教。”

6月24日，永靖县人民政府官网发布通报称，事发后该县教育局立即派出调查组赶赴学校调查，看望了被体罚学生。

经调查，被体罚学生系永靖县西河镇陈家湾中心小学四年级学生。6月21日下午第三节语文课，该年级语文教师姚某因7名学生未完成作业，用柳条进行了体罚。

6月22日早晨，除1名学生家长以“学生屁股疼无法上课”到学校请假，其余学生全部到校上课。获悉这一情况后，该校校长和教师姚某立即送7名学生到镇卫生院检查，并逐一到学生家中向家长当面道歉。下午，7名学生全部正常上课。

该通报称，教师姚某的行为已违反“明令禁止体罚或变相体罚学生”的要求，对学生造成了身心伤害，在社会上造成了不良影响。根据《中小学教师违反教师职业道德行为处理办法》，责令教师姚某作出深刻的书面检查并在全县进行通报批评。

据悉，事发后该县立即在全县各中小学开展师德师风专项整治活动，要求全县广大教职工做一名有仁爱之心的好老师，进一步遵守师德行为规范，更加关心关爱学生，为孩子的健康成长创造良好的育人环境。

（选编自《中国青年报》2016年6月28日，5版）

（2）

处分体罚学生的老师岂能有章不循

近日，在甘肃省临夏回族自治州永靖县的一所乡村小学，多名四年级学生被语文教师姚某体罚打伤屁股，原因是学生没学会写生字。经调查，被体罚学生是永靖县西河镇陈家湾中心小学四年级的学生。6月21日下午第三节语文课，该年级语文教师姚某因 7 名学生未完成作业，用柳条进行了体罚。据当地媒体《西部商报》报道，“有的学生被打得无法走路，有的趴在床上起不来，伤势最重的小女孩被打了 60 多下，还有一名男孩被打了 40 多下，屁股都‘开了花’”。据说，“这是个年轻的女老师，平时也打孩子，可这次比较严重”（6 月 28 日《中国青年报》）。

对于这样严重体罚学生的老师，家长认为“这样的老师不适合任教”，但当地教育部门给出的处罚却是责令教师姚某作出深刻的书面检查并在全县进行通报批评。

这里，所谓“深刻的检查”只是一个文字游戏，其实就是写一份检查而已，深刻不深刻，哪儿有什么标准？然后就是“通报批评”。这样的处分其实完全和不处分差不多，对犯错误的老师并没有任何实际的惩罚，完全属于走走形式放她过关，可见永靖县教育局的宽容态度。

但是，据报道，当地教育部门作出这个处分决定的依据是《中小学教师违反职业道德行为处理办法》。难道教育部颁布的《处理办法》真的规定了对这种严重体罚学生教师的处罚就是“写出检查”并“通报批评”吗？

教育部《中小学教师违反职业道德行为处理办法》第四条规定，“体罚学生的和以侮辱、歧视等方式变相体罚学生，造成学生身心伤害的”，“视情节轻重分别给予相应处分”，而所谓“相应处分”在第三条有明确规定：“本办法所称处分包括警告、记过、降低专业技术职务等级、撤销专业技术职务或者行政职务、开除或者解除聘用合同。其中，警告期限为 6 个月，记过期限为 12 个月，降低专业技术职务等级、撤销专业技术职务或者行政职务期限为 24 个月。”如此看来，教育部的处理办法根本没有什么“写出检查”和“通报批评”之类处分的措施，而完全是永靖县教育局自己“发明”的处分方法。按照《处理办法》规定，处分最起码的是警告、记过，而且如果被打学生构成轻伤，教育局是无权处置的，应该向警方报案，而不是内部处分。

教育系统体罚学生的问题屡禁不绝，既反映了部分教师素质低下、教育无方，也因为教育主管部门对此持宽容态度，对严重体罚学生的教师不能照章处罚。往往以强调体罚学生的老师“出发点是好的”“是一个认真负责的好老师”之类借口来减免其应承担的法律责任。要制止体罚学生的行为，必须对姚某依规处理，更要对有关部门的宽容坚决制止。

（选编自《检察日报》2016 年 6 月 29 日，6 版）

第四节　报告写作训练

一、思考题

（1）报告的适用范围及分类是什么？

（2）工作报告的正文包括哪些内容？

（3）情况报告的正文应该怎么写？

（4）答复报告的开头一般怎样来写？

（5）工作报告和工作总结在写法上有何异同？

二、写作题

（1）请根据下列材料代××省环境保护厅拟写有关上半年全省环境保护工作进展情况及下半年工作安排的报告，上报给××省政府，时间为2018年6月29日。

①下一步工作安排：扎实推进净土行动，坚决打好土壤污染防治攻坚战。统筹实施山水林田湖草治理，加大生态系统保护力度。突出问题导向，继续深入推进问题整改。加快实施基础能力提升工程，打造环保支撑保障体系。全面启动蓝天保卫战三年作战计划，坚决打好大气污染防治攻坚战。着力开展清水行动，坚决打好水污染防治攻坚战。

②坚持标本兼治、精准治污、科学治霾，夏季以治理为主，冬季以防控为先，春秋两季防治兼顾，实施蓝天保卫战三年作战计划，以××重点区域为主战场，强化区域联防联控联治，加快产业结构、能源结构、交通运输结构调整及秸秆综合利用，采取多种途径管控秸秆焚烧，突出抓好散煤综合治理、“散乱污”企业整治、重点行业污染源治理、机动车尾气治理，狠抓秋冬季重污染天气应对。

③坚持提质量、减总量、治支流、保饮水、护湖泊，深入贯彻实施国家“水十条”，深化××流域水污染防治，对江河湖库水分流域、分单元、分阶段实施一体化治理，逐步实现由治点向治面拓展深化，狠抓饮用水安全保障和良好水体保护，加强农业面源污染治理，实施城镇供水水质、污水和垃圾治理能力提升三年行动，加快推进城市污水全收集全处理。

④坚持预防为主、保护为先、夯实基础、管控风险，开展土壤污染状况详查和工业企业场地详查，实施土壤污染防治重点工程，启动土壤污染治理与修复，严控污染增量，减少存量。组织好黑土地保护专项行动，遏制退化、沙化、碱化。力争土壤环境风险得到有效管控，受污染耕地安全利用率达90%，污染地块安全利用率达90%。

⑤坚持保护优先、自然恢复为主，统筹山水林田湖草系统治理和保护，实施生态环境保护、建设与修复工程，深化生态文明示范创建。贯彻落实中央、省委关于生态文明体制改革决策部署，确保完成各项重点改革任务。加快生态保护红线划定，形成生态保护红线全省“一张图”。开展“绿盾2018”监督检查专项行动，加强和规范自然保护区建设，逐步恢复和保护自然保护区的生态功能，持续开展农村人居环境整治行动，打造美丽乡村。

⑥结合中央环保督察“回头看”要求，进一步压实整改责任，对整改工作中存在的表面整改、敷衍整改和假装整改等问题强化督查督办，开展不间断巡查，督促地方党委政府落实主体责任，切实推进中央环保督察反馈意见问题整改。进一步巩固已完成整改问题成果，继续推进验收销号工作；加强对公开挂牌督办问题的跟踪问效，按照时间节点推进任务措施落实落靠。继续做好督察“回头看”协调联络工作，主动沟通配合，待中央环保督察组反馈意见后，按照要求，做好反馈意见的整改工作。

⑦进一步加强环境监测、监察执法、环境法治、环保科技、宣传教育、对外合作、信息化等基础能力建设，持续开展环境保护专项行动，深化“放管服”改革，完善环保支撑保障体系，打造出一支政治强、本领高、作风硬、敢担当，特别能吃苦、特别能战斗、特别能奉献的环保铁军，逐步实现环境治理体系和治理能力现代化。

⑧上半年工作进展情况：持续保持环境执法高压态势。深入实施土壤污染防治行动。坚决推进中央环保督察反馈意见整改。全面启动蓝天保卫战计划。进一步加强生态环境保护。着力构建风清气正的政治生态。持续推进×××流域水污染防治。不断加强环保基础能力建设。

⑨年初以来，我厅深入学习宣传贯彻习近平生态文明建设重要思想，全面贯彻落实党的十九大、全国生态环境保护大会和省委十二届二次全会精神，以改善环境质量为核心，坚决打好污染防治攻坚战，切实加强生态环境保护，全省环境质量持续改善。

⑩坚持把中央环保督察反馈意见整改作为重要政治任务，认真组织开展中央环保督察“回头看”，全面推进督察问题整改。制定《关于建立进一步落实环境保护工作长效机制的意见》，建立整改长效机制，夯实环境问题解决基础。组织召开2次省中央环保督察整改工作领导小组会议，对21项问题进行公开挂牌督办，对各地、各部门整改工作开展2次季度督查，对整改缓慢的责任单位进行约谈，推动未完成问题整改，防止已整改问题反弹。强化社会监督，共刊发相关报道845余条。

⑪今年1～5月，水质监测数据有所恶化，62个考核断面共监测61个，其中一到三类水质断面共27个，劣五类水质断面4个。制订了本年度水污染防治重点工作实施计划，分解落实“水十条”年度目标和重点工作，对各地市2017年度水环境质量目标完成情况和水污染防治重点工作任务完成情况进行考核。强化督导核查和预警，对××、××、××和××4市进行核查，对1～5月份水质恶化的断面和进展缓慢地市的工作进行预警。截至目前，已完成62个工业园区的污水处理厂建设和在线设备安装任务，完成率88.6%；完成1148个加油站、6838个油罐改造，完成率分别为41.44%、47.6%。组织开展《××河水体达标方案》中期评估，对××河流域污水处理厂进行检查。持续推进×××河环境综合整治，确定62项重点工程，完成××、××水质自动监测站建设任务。加快黑臭水体整治，23条黑臭水体整治项目已完成14条。组织开展饮用水水源保卫战，对35个市级、68个县级水源地开展评估工作，中央环保督察反馈的136个问题水源地，87个已经完成整改任务。划定禁养区3074个，面积7.2万平方公里，搬迁企业176个。

⑫今年1～5月，全省平均达标天数比例为89.1%，同比提高3.9个百分点，全省PM2.5和PM10均值浓度分别为38μg/m³和64μg/m³，同比分别降低3μg/m³。制订打赢蓝天保卫战三年作战计划，紧盯城乡接合部、城中村、无组织排放集中区等重点区域，打好“散乱污”企业治理战役；启动县级及以上城市建成区淘汰每小时10蒸吨及以下燃煤锅炉；继续推进单台装机容量30万千瓦及以上的燃煤电厂现役机组超低排放改造工作，已完成7台机组、装机容量172万千瓦改造。加大秸秆禁烧管控力度，落实各级党委政府露天焚烧秸秆主体责任，建立“五级”网格化监管体系，研究制定《××省禁止秸秆露天焚烧工作奖惩暂行规定》。加强机动车监管平台建设、改造和联网，开展柴油货车超标排放专项整治行动，开展清洁油品行动，加快淘汰老旧车。严控特殊时段，妥善应对重污染天气，在××实行联防联控联治，开展秋冬供暖季大气污染综合治理攻坚行动，共发出重污染天气预警通知4次，向省政府报送重污染天气专报17期。

⑬制定出台《××省黑土地污染防治专项行动方案》，组织开展黑土地污染防治专项行动，共排查企业144家，严控环境污染风险，保护好黑土地。认真做好省内重点行业及企业空间位置遥感核实、重点区域筛查、详查实验室组织申报、点位布设及现场核查、先期试点等工作，共完成土壤样品点位采集9531个，完成比例99.74%，跃升全国第五位。切实加强重点源监管，筛选确定全省第一批重点监控企业名单35家，并实行动态更新。开展未利用地非法排污专项执法行动，查处违法案件10余起，完成60个纳污坑塘整治。加强固体废物管理，禁止洋垃圾入境，持续开展电子废物、废轮胎、废旧家电拆解等再生利用行业清理整顿。

⑭制定出台《××省生态环境损害赔偿制度改革实施意见》，省委深改办部署6项重点改革任务已完成3项，其他正按时间节点有序推进。深入推进“绿盾2018”自然保护区监

督检查专项行动，对全省48个国家级自然保护区和76个省级自然保护区进行了全面的现场督查，强化对“绿盾2017”国家级自然保护区监督检查专项行动排查出采砂开矿、旅游开发、水电开发、毁林开垦等违法违规项目及突出的生态环境问题进行整改督查。积极调整规范自然保护区，完成了74个省级自然保护区面积、范围及功能区核准。积极推进生态保护红线划定工作，省政府组织邀请国家专家对《××省生态保护红线划定方案》进行讨论论证。

⑮组织开展了秋冬季大气污染防治强化督查、煤炭行业环境保护专项执法检查、污水集中处理设施专项执法检查、全省地表型饮用水水源地环境问题整治、黑土地污染防治专项行动等系列执法检查活动。今年1～5月，全省共办理行政处罚案件311起，罚款金额5257.2万元，其中，按日连续处罚案件10起，罚款金额4004.89万元，查封扣押案件57起，限产停产案件59起，行政拘留案件18起，涉嫌环境犯罪案件9起。联合省公安厅、省检察院制发《关于进一步加强环境保护行政执法与刑事司法衔接工作的通知》，强化环境保护行政执法与刑事司法有效衔接，共同打击环境违法犯罪。坚持做到“严格执法”与“公开约谈”相结合，对中央环保督察反馈问题整改缓慢，约谈××市政府；对大气环境质量恶化的问题，约谈××、××、××市政府；对《环境保护法》配套办法案件空白问题，约谈××行署和××、××、××、××政府。

⑯对××工业示范基地、××经济开发区、××经济开发区等规划环评进行审查，××经济开发区等5个园区实行限批，针对省领导高度关注的××石化炼油结构调整转型升级项目，实行点对点服务。截至目前，共审批环评文件8个，竣工验收项目9个，网上审批率100%。高效有序推进垂管改革、事业机构改革。全面启动2018年“大练兵”工作，提高全省环境环保队伍政策理论和专业水平。开展钢铁、石油加工等2个行业企业的排污许可证申报和审核工作。推进××河和××河流域生态补偿试点。加强环境监测网络建设，严厉查处监测数据弄虚作假行为。积极做好对外交流工作。推进第二次全国污染源普查。深入开展4.22地球日，6.5环境日主题活动，发挥宣传主渠道作用。

⑰持续开展作风整顿优化营商环境活动，制发了厅作风整顿优化营商环境、“不作为乱作为”集中专项整治、“四零”创建工作、“放管服”整治、依法行政、能力提升等7个实施方案，整顿“三个坏把式”“五个坏作风”，集中查找和解决影响营商环境方面的突出问题。启动实施厅直机关党建提升工程，制定《省环保厅2018年度机关党建工作责任清单》，落实厅党组（中心组）理论学习制度，把党的十九大精神，习近平新时代中国特色社会主义思想和关于生态文明建设的重要论述等内容纳入中心组学习计划。加强廉政警示教育，开展“行风热线”活动。认真开展扶贫工作，全力支持驻村干部开展定点帮扶村扶贫工作。

［改编自《黑龙江省环境保护厅关于上半年全省环境保护工作进展情况及下半年工作安排的报告》（黑环呈〔2018〕155号）］

（2）请根据下面提供的材料，以××市人民政府的名义撰写一份情况报告，将其报送给××省人民政府，成文日期为2016年8月15日。

2016年8月11日14时49分，××市坝陵办事处何畈村村民杜××正在家中午睡，突然听到“砰”的一声巨响，不久后，××省××市××发电有限责任公司周边拉起了警戒线，消防车、救护车陆续密集进入厂区。事后了解到是××发电有限责任公司热电联产项目在试生产过程中，热电项目正在调试，高压蒸汽管道突然破裂，瞬间强大的蒸汽和冲击波让26名现场操作人员无法来得及反应，灾难在瞬间降临。

爆炸发生 9 个小时后，事故现场画面被央视呈现在人们眼前：操作间内，巨大的蒸汽管道在严重扭曲变形后断裂开来，室内玻璃完全被震碎，金属的桌椅都已损毁，而更多的物品已无法分辨。现场一片狼藉。

突然爆管的热电项目厂房，房间面积达数百平方米，总控制平台和高压蒸汽管道处于同一空间，央视的现场画面显示，蒸汽外泄将总控制平台监控显示屏几乎全部震碎。

操作间外的银白色蒸汽管道依然完好，红色的“蒸汽封漏”的字样标识在上面，一侧还有一个大大的向上的箭头。

这起重大高压蒸汽管道裂爆事故，直接经济损失约 2313 万元。

事故没有产生明火，500 摄氏度的高温，90 公斤/厘米 ^{2} 的高压，导致 21 人遇难、5 人受伤。重伤员全身 90%烧伤。偶尔会有医生推开重症监护室的门，向家属小声介绍救治情况，而一下子聚拢过来的家属，个个表情凝重。

8 月 12 日下午 2 点，××市人民医院病房外的走廊里，二三十名家属已经在这儿守了一夜。

11 日晚，从××医院、××医院、××市医院赶来的专家，开始现场指导抢救。

经官方核实，21 名遇难者和 5 名伤者，均为该公司职工，年龄最小者 22 周岁，年龄最大者 51 周岁。

22 岁的张××是年纪最小的遇难者，家住××市××街道办事处××村一组。8 月 12 日下午，当记者推开张家房门时，摆放在方桌上的遗像前面点着一对白蜡烛。

爷爷张××告诉记者，孙子工作一段时间后，跟他说工作很累，每天两班倒，12 个小时，有时还拖班，晚一个小时下班。

累只是一方面。张××参加厂里的培训后，回家告诉爷爷，厂里的安全措施没有××他待过的发电厂那么规范。张学忠说可以直接跟领导说，“这孩子内向，最后没有说”。

12 日上午 8 时许，××市医疗专家组会诊后，决定将 4 名伤员用直升机转武汉治疗。记者了解到，截至 12 日下午 14 时，一名受伤较轻的伤者已被送往武汉，其他 4 名伤者还在××市人民医院的 ICU 病房。

××省安监局副局长××透露，司法机关目前已依法对 14 人，分别以涉嫌重大责任事故罪、玩忽职守罪采取刑事强制措施，其中 9 人被警方移送起诉，5 人被检察机关立案侦查。对相关责任单位的 30 名人员给予党纪、政纪处分和行政问责（其中厅级 3 名、处级及以下官员 27 名）。提出对 13 名企业人员实施行政处理和经济处罚。

事故后续处置工作还在紧密展开，在国家安监总局工作组紧急赶赴现场督导后，××市、××市两级检察院也发布消息称，已派人深入事故现场，了解事故相关情况。

国家安监总局的通报称，××发电公司的热电联产项目由××省发改委于 2012 年 12 月批准，2015 年 1 月开工建设。高压蒸汽管道安装由××安装有限公司负责施工，主要设备安装于 2016 年 5 月完成，从 6 月中旬开始进行设备调试至今。经初步调查分析，事故主要原因是：2 号锅炉蒸汽出口处主管道流量计阀门焊缝裂开，大量高温高压蒸汽外溢，导致主控室玻璃破裂，造成主控室人员严重伤亡。

事故发生后，国家安全生产监督管理总局立即派出工作组紧急赶赴事故现场，指导协助地方全力做好现场救援和事故处理工作。××省委常委、××市委书记×××、市长×××率市有关负责同志及市安监、经信、质监、卫计等部门，在第一时间赶赴现场指导处置工作，实地查看事故情况，研究部署事故处置和善后工作。××市委市政府主要负责人迅速赶往事故现场进行处置，组织指挥事故应急救援和处置工作。并报告省委省政府、××市委市政府及省市有关职能部门。同时，要求××发电公司关闭热电联产项目所有装置，关停周边关联企业，严防次生灾害发生。××市公安、消防、卫生、质监、安监等部门人员迅速到达事故现场，设置现场警戒，全力搜寻和抢救伤亡人员。

当地还成立工作专班，积极妥善地做好伤亡人员家属的安抚工作。

目前，全部伤员均已送往医院救治，项目装置已关停。当地已成立工作专班，积极妥善地做好伤亡人员家属的安抚工作。公司法定代表人及相关人员共6人被警方控制。××市迅速启动应急预案，成立“8·11”事故处置工作组，由市委书记担任组长，市长和市委副书记担任副组长。下设综合组、医疗组、善后组、现场组等8个工作专班，对事故进行善后处置。目前，22名死者家属均得到抚慰和补偿，4名伤者得到全力救治，××市社会保持了稳定。

事故调查组针对该起事故暴露出的问题，提出了整改措施建议：牢固树立安全发展理念，严守安全生产红线；切实增强安全生产意识，严格落实主体责任；强化责任担当，优化部门监管职能，明确规定集中控制室等人员密集场所的设计布局、隔断设施等安全要求，对高温高压管道与人员密集场所的安全距离及相应的防护措施做出具体规定。在××发电公司高温高压管道布置在人员密集区域的，应采取相应安全措施。要加强行政审批过程管理，跟踪督办重点项目实施情况，强化项目建设监督管理，严厉打击违法违规建设行为。安监部门要善于利用安委会平台作用，确保“管行业必须管安全、管业务必须管安全、管生产经营必须管安全”落实到位。

8月15日，“新浪微博”用户“IPE数据库”发布消息称：事故主要原因系管道阀门开裂，大量高温高压蒸汽外溢，而××电厂之前曾经有过超标排放以及类似泄露事件；而经过IPE调查，并未发现相关有效的监管记录公布，而且作为2015年度的国家重点监控企业，并未列入2016年重控名单，企业自行监测平台数据也停滞在2015年11月份，相关信息公开缺失严重，也反映出企业在环境安全管理上的巨大漏洞。

8月12日，一名遇难者家属爆料，事发日前一天，发电公司的蒸汽管道已发生过蒸汽泄漏，一名工人还被烫伤脚。8月13日，另一遇难者家属介绍，事发日中午，其丈夫回家吃饭时还跟她提起：上午“管道穿了”，有蒸汽泄漏，维修过程中，他们提出停止烧锅炉，但是领导不让停，并说“才运行几天，停了会有损失”。而该发电厂高压蒸汽管道今年5月才完工，从6月中旬开始进行设备调试，而仅仅过去两个月的时间，电厂可能还处在调试阶段，就如此火急火燎地开工运作，并且全然无视设备出现的问题。设想下，如果相关负责人对出现的安全漏洞给予了足够的重视并采取了补救措施，那么这起悲剧就可以避免。

多位死伤者家属告诉记者，发电公司的领导把工期催得很紧，工人12个小时换一班，经常拖班，中层管理人员上班时间更长，有时连续几天回不了家。而该发电厂自2016年初以来，一直在调试新设备，经常出现“点火不行，熄火检修，重新点火还是不行，再熄火检修”的反复情况。

据工人×××介绍，位于××村的公司这一新项目在建设过程中，“总是在被催赶进度”。

安全生产责任重于泰山。只有一丝不苟的工作，严格监督，把问题降到最小或化为零，才能杜绝类似悲剧的发生。不管是什么企业，安全方面一旦出现了问题，再大的效益也将归零。尤其是对于企业来说，安全生产应当是一个夯实的过程，也应当是一种制度化的警示过程，从而促使各企业时刻将血的教训铭记于心，并将安全制度的实施当成杜绝安全事故的有力盾牌。所谓吃一堑长一智，并不意味着非要自己吃亏才能长记性，一地发生爆炸，一厂发生爆炸，其他地方更有动力引以为戒、引以为鉴。

事故发生后，省政府立即成立事故调查组对该起事故进行了调查。经调查认定，该起事故是一起生产安全责任事故。安装在2号锅炉高压主蒸汽管道上的事故喷嘴局部裂开出现蒸汽泄漏，形成事故隐患。相关人员未及时采取停炉措施消除隐患，焊缝裂开面积扩大，剩余焊缝无法承受工作压力造成管道断裂爆开，大量高温高压蒸汽冲向仅用普通玻璃进行隔断的集中控制室以及其周边区域，造成重大人员伤亡。事故的管理原因：发现事故喷嘴泄露形成重大事故隐患时，企业没有及时有效处置；监管部门监管缺失，厂房设计不符合标准规范要求，人员聚集的集中控制室失去安全防护作用。

（3）请根据以下材料拟写一份答复报告。

××市教育局收到关于某职业技术学院“乱收费”情况的反映，特向该校询问此事，该校接到市教育局的文件后对各专业进行认真调查核实。该校认为，其收费标准是依据省人民政府×政〔2010〕×号文件精神，结合专业情况制定的，并且市物价局也核准了，不存在乱收费、多收费的情况。该校还认为，学校对特困生减免部分学费并且不定期予以补助，帮助部分特困生顺利完成学业。请你以××职业技术学院的名义将核实后的情况写成答复报告上报教育局。

三、评析下面这份报告

关于××高速公路塌方事故的报告

××市住房和城乡建设局：

××年××月××日，××高速公路××路段发生塌方事故，造成一定的伤亡后果。事故发生前，桥面上分散有二三十名工人，已浇铸了近200立方米的混凝土，而且违章施工，按照施工程序应分两次浇筑的混凝土却一次浇铸，估计事故原因是桥面负荷过大。事故发生后，近 200 名消防队员、工地工人、公安民警到现场紧张抢救，抢救时间持续近28小时。据查，该工程承建商是××市市政总公司第一分公司。

特此报告

××市市政工程总公司

××年××月××日

第五节　请示写作训练

一、思考题

（1）请示的适用范围是什么？

（2）请示的正文应该怎么写？

（3）请示的写作应该注意哪些问题？

（4）请比较请示与报告的异同。

二、修改题

（1）

关于请求协调解决我校新校区建设贷款问题的请示

××省教育厅：

我校创建于 1958 年，是全国建校较早的高等中医药院校之一，是省人民政府和国家中医药管理局共建高校、国家中西部高等教育振兴计划高校、教育部中国政府奖学金生培养高校、博士学位授权单位、省级文明单位，是我省中医药人才培养、科技创新、医疗及社会服务和文化传承的龙头和中心。我校设有 17 个院（部、中心），面向全国及海外招生，现有普通全日制在校生 16 859 人，教职工 1400 人。50 多年来，学校已由单一的中医药学科发展为医、理、管、工、文等多学科协调发展，涵盖本科、研究生（博士、硕士）、留学生、继续教育等多个培养类别的综合性中医药大学。

我校新校区位于××市大学城。根据省发改委《关于××学院新校区建设工程项目建议书的批复》文件精神，我校于 2010 年启动新校区建设，新校区总规模为 539 820m²，分两期建设，一期建设规模 143 734m²，二期建设规模 396 086m²。目前一期建设大部分投入使用，入住学生 7000 多人。拟启动二期建设，总投资概算 86 972 万元。

几年来，我校在自有资金不足的情况下，主要通过向银行贷款和融资机构融资进行新校区建设，一期建设共贷款 4.43 亿元，其中省财政厅审批银行贷款 2.5 亿元，学校融资租赁 1.93 亿元。截至 2015 年 6 月 30 日已按期归还贷款 2.6 亿元。但是，在 2016 年到期债务中，仅需偿还到期本金就达 1.32 亿元；由于国家严控新增债务，我校面临银行还贷和建设资金的巨大压力，存在较大的财务风险，在社会上产生极坏的影响。为此，我校恳请省教育厅协调相关部门，在保持我校当前债务额度不变的前提下，批准我校银行贷款 1.3 亿元，用来偿还即将到期的贷款本金，缓解我校明年还款压力，保障资金的正常运转和新校区建设的顺利进行，保证资金不断链。

妥否，请批示。

××学院

2015 年 5 月 26 日

（选编自李展：《请示写作要主旨明确——对一则请示的评改》，《应用写作》2015 年 11 期）

（2）

关于 2012 年 5～10 月学生宿舍水电费收取情况的报告

处领导：

2012 年暑假期间，因为专业分流的原因，各系部对一些宿舍进行了内部调整，当时调整并没有上报数据到我科，致使我科无法掌握调整数据。在本学期收取学生宿舍水电费时，出现了学生无法交纳的情况：2012 年 1～5 月期间维修科只计算了一次学生宿舍水电费，但实际上有较多的宿舍 5～7 月住宿是一批人，9～10 月却已经是另外一批人住宿。这样，这些宿舍在计算水电费时，就把原来住宿的同学 5～7 月使用的水电费计算到了 9 月才入住的同学的身上，同学们意见较大，拒绝交纳水电费。2012 年 5～10 月学生宿舍的水电费为 32.2 万元，但到目前为止，只收取了约 17.2 万元，还有 15 万元左右的水电费没有交纳（13、14、18、19、23 栋的大部分还没有交纳，4、5、8 栋的也只交纳了一半左右）。随着时间的推移，收取的难度将会不断加大；另外，这些宿舍还有不少今年的毕业生将于 5 月左右离校，不及时理清并收缴的话将会给同学们办理离校手续增加麻烦，同学们的意见将会更多。为了给同学们更好的服务，减少学院的财产损失，建议从以下几方面做好工作：

1. 维修科把 2012 年 5～10 月的水电费分为两个时间段进行计算，5～7 月为一个时间段，9～10 月为一个时间段。

2. 请学工部帮助协调，要求各系部重新统计并及时上报 2012 年 7 月份因专业分流而进行宿舍调整的号码到宿舍管理科；并请各系部辅导员做好学生的思想工作，帮助催交水电费。

3. 在宿舍管理员到位后，认真做好水电费的催缴工作。

4. 继续不交水电费的宿舍，是否可以考虑实行断电处罚？请领导指示。

特此汇报

宿舍管理科

2013 年 3 月 6 日

（选编自李小冰：《正确选用文种 合理提出请求——评改一则请示》，《应用写作》2015 年 4 期）

（3）

关于申请增设××派出所的请示报告

××市局领导：

我分局下属的淮河派出所管辖战线长、地域广，近来由于城市经济的快速发展，人口迅猛增多。该派出所辖区又系城郊接合部，治安情况极为复杂。

据此，我分局向市局请示，增设××派出所，管辖原属淮河派出所管辖的部分地段，这样可加大管理力度，缓解淮河派出所警员的工作压力，从而提高工作效率，确保一方平安。请领导尽快研究，早日答复。

××分局

20××年 5 月 10 日

（选编自吕向文：《评改一篇请示》，《应用写作》2005 年 9 期）

三、写作题

（1）根据下面提供的材料，以××市××区经贸局的名义，给所在区的区政府写一份关于增加××局办公人员数量的请示。

①调整后，我局新划入了三项行政职能：一是产业转移园区的协调工作；二是打击牲畜私宰滥宰行为；三是酒类零售专卖行政执法。

②为保证有足够的人力开展各项工作，恳请区政府根据我局的工作任务及现有人员状况，增加 4 人给我局（其中从事文秘工作 1 人，财会、档案、保密工作 1 人，工业经济运行监控、统计工作 1 人，办公室打字、后勤 1 人）。

③我局现有在册人员共 12 人，但有 4 人不在我局上班。

④在新划入的这几项职能中，行政执法的难度比较大，执法人员经常遭到围攻，因此年龄大了也不适合执法。

⑤我区实施“工业兴区、工业强区”的战略，推进工业经济快速增长，我局需专门有2～3人负责此项工作。此外，我区要打造商贸中心，市场建设的任务比较繁重，加之原有职能如经济运行监控、市场建设、流通服务、技术改造及技术创新、民营经济发展、中小企业服务、招商引资等，靠现有的人力难以更好地完成各项工作任务。

⑥分别是区经贸局总支书记××同志兼任区煤管总站站长；区经贸局副局长××同志兼任工业园主任；主任科员××同志在开发区上班；副科级干部××同志在城信社工作组上班。这样实际上在我局上班的只有8人，而这8人当中又有2人年龄在55岁以上，去年区划调整时就到达离岗退养的年龄。

（2）根据下面提供的材料，拟写一份请示。

××市××路公共汽车将于2011年12月5日前，全线更换新车（新车车型为××型黄海客车），实行无人售票服务；另新增同型号公交车10台，延长线路3公里。新车上线后，××客运集团公司要将2009年制定的现票价0.50元（起始价）、1.00元（第7站起至终点站），调整为全程票价一律为1.00元。为此，该公司向上级主管部门——××市交通局上报了一份有关要求调整票价问题的材料。

第六节　批复写作训练

一、思考题

（1）批复的适用范围及特点是什么？

（2）批复的正文应该写哪些内容？

（3）批复写作需要注意哪些事项？

二、写作题

（1）××省人民政府收到《××市人民政府关于××工业园区更名为××南海经济开发区的请示》（××政发〔2018〕15号），发文加以批复，请写出这份批复的引语。

（2）××市交通局收到《××市客运集团公司关于调整票价的请示》（××发〔2016〕10号），由于该客运集团公司更换了新型空调客车，并延长了行车线路，拟将原全程票价1.00元调整为票价2.00元。经与市物价局协商，二〇一六年一月十日，××市交通局发文同意客运集团公司调整票价，请拟写这份公文。

（3）××省高级人民法院向最高人民法院报送了一份《关于保险单能否抵押的请示》（××法〔××××〕××号），最高人民法院发文予以回复。最高人民法院认为：财产保险单不能用于抵押。依照《中华人民共和国民法通则》第八十九条第二项的规定：抵押物应当是特定的、可以折价或变卖的财产。而财产保险单是保险人与被保险人订立保险合同的书面证明，不是有价证券，也不是可以折价或变卖的财产。请拟写这份公文。

（4）请根据以下材料拟写批复。

××省××县历史悠久，古城形制独特，风貌保存较好，文化遗存丰富多样，古代建筑数量众多，具有重要的历史文化价值。为此，××省人民政府向国务院上报请示，申报××县为国家历史文化名城。2018年5月2日，国务院发文同意××省人民政府的请示事项，并对此项工作提出指导意见，要求××省按照《历史文化名城名镇名村保护条例》的要求，加强文物保护利用和文化遗产保护传承，正确处理城市建设与保护历史文化遗产的关系，深入研究发掘历史文化遗产的内涵与价值，明确保护的原则和重点。编制好历史文化名城保护规划，并将其纳入城市总体规划，划定历史文化街区、文物保护单位、历史建筑的保护范围及建设控制地带，制定并严格实施相关保护措施。在历史文化名城保护规划的指导下，编制好重要保护地段的详细规划。在规划和建设中，要重视保护城市格局，注重城区环境整治和历史建筑修缮，不得进行任何与名城环境和风貌不相协调的建设活动。同时进一步强调，××省及住房和城乡建设部、国家文物局要加强对××县国家历史文化名城规划、保护工作的指导、监督和检查。

第七节　函写作训练

一、思考题

（1）函的适用范围及分类是什么？

（2）请批函与请示有什么区别？

（3）函的正文应该怎么写？

二、指出下面四份函在写作中存在的问题并加以修改

（1）

关于联系教师进修的函

××大学教务处：

首先让我们以××市公关学校的名义，向贵处表示衷心的感谢，感谢贵校过去为我校办学给予了很大的帮助。目前我校又面临一个很难解决的问题。

原来事情是这样的：我校开办不久，师资力量很差，决定派 5 位年轻教师到贵校旁听进修一年。我校与有关部门多次商量，但 5 位教师进修住宿问题，至今也没有得到解决。提高教学质量的关键是师资。为提高我校教育质量，恳请贵处设法在贵校给解决住宿问题，但不知贵处是否有困难。如果需要我校给贵处办什么事情，请尽管提出来，我校会竭力去办。再说一句，贵处如能解决我校进修教师住宿问题，我们以我校领导的名义向贵校领导深深地表示谢意。

致以崇高的敬礼

××市公关学校

××年××月××日

（2）

代培干部的函

××大学：

首先让我们以全县人民的名义，对贵校表示万分的感谢。过去几年贵校为我县代培了大批干部，为提高我县干部素质，做出了巨大的贡献。

我们是新建县，干部不仅在素质方面离党的要求很远，数量上也严重不足。要把我县的改革开放各项工作搞上去，使人民尽快脱贫致富，建设好干部队伍是一个关键。为此，我们决定再请贵校在近两年内为我县代培财经干部20名、人事干部10名、农业技术干部15名、林业干部10名、制糖工业技术干部5名，共60名。不知贵校能否答应我们的要求？如果没有太大的困难，就答应我们的请求；如果有困难请不客气地提出来，我们帮贵校解决，我县人民会永远记住贵校为我县的振兴作出的极其伟大的贡献。

致以崇高的敬礼!

××县人民政府
2017年3月5日

（3）

关于拟派郑××等教师前往加拿大进修的请示

××省科技干部局、××局长：

××大学成立于2008年，专业设置多，而教师数量少。目前虽从各地调进部分教师，但仍不能满足教学需要。为此××大学决定通过各种渠道培训教师。

现加拿大××学院邀请我市××大学的青年教师郑××、李××于2011年3月前往加拿大进修一段时间（邀请书见附件），进修期间由加拿大提供包括学费、食宿、医药、保险等费用的奖学金。

经研究，我们决定同意××大学派郑、李前往加拿大进修。××大学是新建学校急需师资，尤其缺国际贸易、国际金融专业的教师。郑、李二人已通过托福考试，具备出国条件，且专业对口。

以上请示，务必于年底以前答复，勿误。

××市人民政府
2010年11月18日

（4）

关于请××商厦准备经保工作经验材料的函

××市商业局：

你局××商厦狠抓安全保卫工作，成绩突出。经市综合治理办公室同意，我局准备于12月下旬召开全市经保工作经验交流会，请××商厦在会上介绍加强内部防范工作的经验。请速通知该单位，于12月中旬将此材料报送我局秘书科。

此致

敬礼

××市公安局
2011年11月20日

三、写作题

（1）请根据下述材料，按照公文格式的要求，以北京市教育委员会的名义拟写一份公函。

教育部留学服务中心向北京市教育委员会发了一封函《关于举办第十六届中国国际教育巡回展的征求意见函》（教留函〔2010〕61 号）。北京市教育委员会收到该函后，经过研究，同意该中心于 2011 年 3 月 12 日至 3 月 13 日在中国国际贸易中心展览大厅举办第十六届中国国际教育巡回展，并于 2010 年 8 月 25 日，向该中心发函（京教函〔2010〕513 号），明确表态同意，希望该中心按有关规定履行展会各项申报手续，并做好组织和安全工作。

（2）××省安全生产监督管理局于 2018 年 3 月 20 日收到了森工总局安全监管局的一份《关于拟在迎春重点国有林管理局××林场新建烟花爆竹储存库房的函》，发文字号为××安监〔2018〕1 号，请以××省安全生产监督管理局的名义给森工总局安全监管局的名义写一份复函。

①按照《关于烟花爆竹经营许可实施办法的实施意见》（××安监发〔2013〕57 号）要求，局管辖范围内烟花爆竹批发企业数量应控制在 10 户以内。

②你局现有烟花爆竹批发企业 8 户，在迎春国有林管理局××林场新建烟花爆竹批发企业后，符合总量控制要求，同意你局申请。

③请你局按照有关法律法规要求，督促、指导企业严格履行建设项目“三同时”手续，并监督企业依法开展经营活动，确保经营安全。

（3）国家中医药管理局向工业和信息化部、电信管理局行文，内容如下。

①感谢你局对中医药事业的大力支持！

②当前，互联网上未经审批擅自以“中国”“中华”“国家”等名义或假冒我局名义建立的涉及中医药的虚假中医医疗机构网站，肆意发布虚假违法中医医疗广告，欺骗群众，严重伤害广大群众切身利益，破坏社会和谐稳定，严重损害中医药良好声誉。

③申请关闭虚假中医医疗机构网站。

④经我局监测并认真核查，现提供第二批 59 家虚假中医医疗机构网站名单（附件 1），商请你局根据有关法规规定予以关闭。同时提供第一批仍未关闭的 43 家虚假中医医疗机构网站名单（附件 2），商请你局根据有关法规规定予以关闭。

请根据以上材料写一份公函。

第八节　纪要写作训练

一、思考题

（1）纪要的适用范围及特点是什么？

（2）纪要的正文应该写哪些内容？

（3）纪要主体部分的写法有几种？

（4）纪要写作的注意事项有哪些？

二、写作题：根据下面所给的材料，写一份纪要

①中国人民银行为加强金融法制工作，于 2016 年 6 月 21～23 日在××市组织召开了中

国人民银行金融法制工作会议。此次会议是中国人民银行机构改革后召开的第一次全国金融法制工作会议。

②参加人员：中国人民银行各分行、营业管理部、省会（首府）城市中心支行法律事务办公室、国务院法制办财金司、中国金融出版社等部门的同志参加了会议。

重要领导人出席：中国人民银行副行长××到会并做了《提高认识，健全机构，努力做好金融法制工作》的重要讲话，中国人民银行条法司负责人做了《明确目标，不断进取，开创金融法制建设新局面》的工作报告。

③会议主题：对今后一段时期的金融法制工作进行了部署，并讨论修改了《金融违法行为处罚办法》、《中国人民银行法律事务工作规定》、《中国人民银行执法程序规定》、《企业改制金融债权管理办法》和《金融业务基本规章制定程序规定》等重要规章制度。

④会议内容分为以下几个方面：a. 关于组织机构和人员配备问题；b. 关于业务划转问题；c. 关于法制培训问题；d. 执法检查问题。

⑤会议认为目前部分分行和省会（首府）城市中心支行尚未按总行要求设立法律事务办公室，有的只设立了条法科、条法组或条法岗，人员也未按总行要求配备或配齐。会议要求，中国人民银行各分行、营业管理部、省会（首府）城市中心支行必须严格执行总行银发〔2016〕164号文，尽快组建法律事务办公室。

关于人员配备问题，目前，有些分行或省会（首府）城市中心支行的金融法制工作人员没有按总行要求配备或配齐，多数是兼职的。会议再次强调，法律事务办公室及其工作人员必须是专职人员。

其他中心支行、支行，也要根据实际工作需要，配备与其工作相适应的金融法制专职工作人员。

⑥会议指出为便于正常开展金融债权管理工作，理顺关系，总行党委已经明确，分行以下金融债权管理工作，要逐步划转到法律事务办公室。人民银行各分行、营业管理部、省会（首府）城市中心支行已设法律事务办公室，且人员配备较强的，应尽快完成业务划转工作；目前尚未建立法律事务办公室或人员配备较弱，尚不具备划转条件的，待条件成熟后，再行划转。其他中心支行、支行的金融债权管理工作亦应照此执行。

⑦会议提出《金融违法行为处罚办法》发布后，总行做了统一部署，各分支行要严格按总行银传〔2016〕14号文和全国电视电话会议要求组织落实，并做好对基层行的监督检查工作。

⑧针对当前金融法制工作组织不健全、队伍新的状况，会议要求，各分支行在加强组织建设的同时，要认真安排好对金融法制工作队伍的培训工作，应采用多种方式，加强对现有金融法制工作人员的培训，同时要加强对金融监管人员的法制培训，总行负责对326个中心支行行长进行培训，其他人员的培训由各分行和营业管理部负责。

第十一章　事务文书写作训练

第一节　书信　启事　致辞　会议讲话稿

一、修改题

（1）下面这封倡议书是某校扶贫助学基金会写给学生家长的，希望经济条件较好的家长慷慨解囊，资助贫困学生。它在内容、格式和文字上还需做进一步修改、润色，请根据倡议书的写作要求进行修改，做到言辞恳切、格式规范，不超过 600 字。

扶贫助学倡议书

自我校扶贫助学基金会成立以来，每学年有 100 余名优秀的贫困生得到资助，资助款每年达三万多元，每当看到孩子们充满着由衷的感激之情和奋发读书的决心，我们都备受感动、酸涩，还有一份安慰。

每个孩子都是明天的太阳，都是世界未来的希望，尤其对我们已资助的特困生来说，他们更多的希望是寄托在我们身上，虽然得到了我们很大帮助，但还远远不够，在他们中间还有许许多多的孩子因过早体味生活的艰辛而忧愁，更有许许多多的父母因贫困不能让孩子完成学业……

是贫穷使他们难以走进知识的殿堂，是贫穷折断了他们追求理想的翅膀。

帮助他们实现求学梦想，是我们全体社会责无旁贷的责任与义务，让我们再一次献爱心，为救助失学儿童贡献一分力量，让我们再一次点燃希望的种子吧！如果我们能少吃几顿大餐，少买几件高档衣服，不经意间的一次善举便能汇成爱心的大潮，就能托起更多孩子明天的希望。为了更多的贫困孩子重新走进课堂，让我们尽一点力量吧。1000 元钱能帮助 1 名初中生完成一学期的学业，5000 元钱能帮助 1 名高中生完成三年的学业。投资他们不仅是单纯的付出，也是对社会的回报，更能体现出我们对弱势群体的人文关怀，更为我们增添光荣与骄傲。授人玫瑰，手有余香；奉献爱心，收获希望。您的一份关爱，必将改变一个孩子一生的命运；您的一次善举，将换回更多心灵的快慰。为了让那些渴求知识的目光不在失望，为了让更多的孩子面带笑容的走入课堂。在新年即将到来之际，请大家慷慨解囊。

让我们发扬中华民族扶贫济困、助人为乐的传统美德，用我们的爱心点燃贫困学子的希望，用我们的力量托起明天的太阳！让生活在同一片蓝天下的孩子共同分享成长的快乐。

此致

敬礼

××市××技工学校扶贫助学基金会

××年××月××日

（2）请找出这份贺电存在的问题，并将文中缺失的部分补充完整。

××院四所：

30年来，贵所在××院的领导下，长期以来一直从事核动力材料设备等的应用研究工作，为我国的××动力工程及核电事业作出了巨大贡献。尤其近几年，贵所紧跟时代步伐，与时俱进，开拓创新，在市场竞争中充分发挥了××动力的高科技优势，显示了非凡的实力。

振兴××工业的共同理念，将贵我双方紧密联系在一起，并进行了友好愉快的合作与交流。值此喜庆之际，我们祝愿贵所在新的发展历程中再创佳绩，并诚挚地希望与贵所继续加强合作，为我国的××工业作出新的贡献。

祝贵所三十周年华诞庆祝活动圆满成功！

（3）指出下面这封感谢信存在的问题并进行修改。

传递爱心　温暖社会

——给××职业技术学院的一封感谢信

××职业技术学院爱心社全体同学：

你们好！

首先，我代表××社会福利院对你们利用节假日来我院为老年人服务的高尚行为表示最衷心的感谢，感谢你们为社会做出了榜样，为老年人提供了服务。

今年五一劳动节小长假期间，你们学院爱心社的十二名同学来到我们福利院传递爱心，让老年人度过了十分愉快的一天，你们的高尚行为鼓舞了我们的工作人员，也教育了社会上的那些不孝子孙，你们的行为为中国社会和全市人民树立了榜样。我们对你们提出表扬。

再次感谢你们，我们要向你们学习，争取做一名合格的公民。

此致

敬礼

××社会福利院

2018年5月11日

（4）根据写慰问信的格式和注意事项，改写下面的慰问信。

慰　问　信

尊敬的××敬老院全体养老人员：

尊敬的敬老院工作人员：

尊敬的敬老院××院长：你们好！新年快乐！

今天是××年元旦，我们每个人都怀着一颗崇敬之心，第三次来到贵院看望你们，以表达我们对你们的关爱之情。

你们虽然年龄已迈、鳏寡孤独、身体虚弱、伴有残障、行动不便，但你们能够克服困难，战胜病魔，顽强地生活在这个世界上。你们意志坚强，精神可嘉！党和政府没有忘记你们，社会和人民没有忘记你们，车友会的同志们没有忘记你们。我们谨向您们表示亲切的慰问和问候！预祝你们身体健康！颐享天年！寿比南山！

××院长和所有工作人员为了你们的生活，长年累月做出了无私的奉献，牺牲了自己的一切。我们表示由衷地钦佩和敬仰！××院长是我们学习的楷模和榜样！向你们致敬！

祝贺贵院全体人员：幸福安康！欢乐愉快！

××车友会
××年 1 月 1 日

（5）指出这封求职信存在的问题并予以修改。

求　职　信

尊敬的单位领导：你们好！

首先感谢您在百忙之中抽空翻阅我的简历，我相信您一定不会徒劳无功！因为您遇上了我——××学院一名杰出学生。

在校所学专业是计算机应用并自修剑桥大学商务英语（已过初级）。熟练操作 Offie 系列、AutoCAD、Photoshop 软件。

优势有：诚实可靠、有上进心、对工作任劳任怨、有较强的文字功底和组织能力。本人曾在学校担任文学社社长、演讲协会会长、《校园短波》总策划兼节目主持人、班级副班长、学习委员、宣传委员。参加过湖南省第一届高职高专实用英语口语大赛以及学院组织的各种演讲、朗诵、写作、英语口语比赛并获奖。曾在院报上面发表过《我自豪，我是一名高职生》和《两个问号》的文章，还在 2003 年、2004 年暑假办了两个初中生英语培训班，教育了近 60 名学生（附照片），另外曾经做过一年的家教。

在校一直坚信的格言是：莲出淤泥而不染。

毕业后坚信的格言是：没有任何借口。

关于这封求职信我想说的是说的都是实话，但您必须给我机会您才能证实。

此致

敬礼

一名优秀的应聘者：××
2018 年 6 月 2 日

二、写作题

（1）××校××学院将推荐工程管理专业李明等 4 人去××公司实习，请为其提供一份介绍信。

（2）××公司将聘请吴先生为技术顾问，自××年××月开始，聘期为一年，请代为其写一份聘书。

（3）张强为××学校××学院 2013 级毕业生，党员，在校期间曾担任学生会主席。因工作需要，请××学院党总支为其提供一个证明信，证明其学习经历及在校期间的政治表现。

（4）陈晓的身份证不小心遗失，请代其写一份寻物启事。

（5）图书馆三楼第五阅览室5月9日晚上9点闭馆时，旅游系的王××同学发现邻座上有一只黑色的女士小包，就转交给了管理员张××老师。经王××回忆，坐在这个座位的女同学个子不高可能是机械系或模具系学生。经查看，小包上有一个周杰伦的照片挂饰，内有人民币150元，还有一支黑色圆珠笔。第二天，张××老师将小包交给了馆长，馆长又交给了位于302室的图书馆办公室。请为图书馆办公室写一则招领启事。

（6）2017年3月8日夜，××厂财务科窗户被撬，一台旧电脑失窃。电脑本身价值并不高，但电脑内存储着极其重要的财务数据，且没有其他备份。大家分析，该旧电脑很可能被卖到了附近的旧电器市场，工厂愿意出5000元收回存放数据的硬盘。请代表该厂写一则张贴在旧电器市场内的寻物启事。

（7）××月××日是××职业技术学院建院20周年校庆，该院将举行庆典活动。该院建院20年，认真贯彻党的教育方针，务实求真，开拓进取，坚持“遵循规律，适应市场，追求特色，产教结合”的办学理念，为社会培养了大批应用型人才，为当地经济的发展做出了巨大的贡献。该院希望发展成为特色鲜明、优势突出的全国一流的示范性高等职业学院。请结合上面材料，以××大学的名义，给××职业技术学院写一封贺信。

（8）××学院是一所综合性普通高等学院，其酒店管理系的培养目标是为适应对外开放及旅游业、酒店业发展的需要，培养掌握现代旅游与酒店专业理论知识和操作技能，具有现代化管理思想和素质，熟悉现代酒店、旅游经营管理方法和手段，并有较强的实践能力和应变能力的应用型人才。××酒店坐落于××路××号，是一所五星级酒店，它是××的地标建筑，环境优雅、配套齐全，室内有大型的餐厅与健身设施。某日××学院院长带领旅游管理系的部分师生去××酒店参观学习，请代该酒店总经理在欢迎仪式上致欢迎词。参观学习结束后，××酒店为前来参观的师生举办了欢送会，请代××学院院长写一份答谢词。

（9）某区一所中学举办“文明素养教育主题宣传周”活动，假如你是该区文明办的负责人，校方请你在这次活动的开幕式上讲话。请结合以下给定资料，写一篇题为“素质养成，从学会道谢和应对致谢开始”的讲话稿。不超过500字。

“善待自己，让自己的心态平和；善待家人，有任何问题好好思考、好好解决；善待周边亲友和陌生人，不让自己成为垃圾人，不给身边人传递负能量。”当调查问卷问及应当如何提升国民素质、优化社会生态环境时，网友“巫眯”如是回答。

“自己努力做一个讲文明有教养的人，教育孩子做一个文明礼貌的人，监督家人亲友做一个文明礼貌的人，在社会公共空间做文明的表率，积极传播正能量。”网友“心灵之约”说。

“我温柔地对待这个世界，也得到了这个世界的温柔对待。”网友“夏河”说，她会微笑地对待生活中接触到的人，时刻记得使用礼貌用语，感恩生活中每一个帮助过她的人。正因为她的礼貌与温和，多次轻易地化解了一些小麻烦。有一次，她开车等红灯时，将挡位挂在空挡，孩子说要喝水，她就伸手到副驾驶座上拿水。因为路面是下坡，车子下溜，碰到了前面的一辆卡车。“夏河”赶紧停车上前表达自己的歉意，并主动询问卡车司机要赔多少钱。没想到对方大度地说：“没关系，车子撞得不严重，不用赔钱了。”“夏河”连声道谢，并主动留下自己的手机号码，让那位好心的司机如果发现遗留问题可以随时找到她。

网友“子曰”和“雨后”认为，传统文化被漠视也是导致教养缺失的原因之一。网友“子曰”说：“家长、老师必须从自身做起，以身作则，践行传统文化精髓，领会其中真谛，并结合当今社会大背景，努力修身养性，三五个月内，肯定会影响到一些人。”

“我是老师，也是家长。从学生的作文中，从儿子的讲述中，我不时能看到、听到孩子礼貌言行遇冷的情形。每当那样的时候，我都很痛心，会及时跟孩子沟通，纾解他们心中的委屈和郁闷。”

说起生活中的礼貌言行遇冷，某小学校长D很有感触。她认为，孩子的文明礼仪培养和教养养成离不开家长、老师和社会的呵护与培育，而来自家长和老师的每一次疏忽，带给孩子心灵的伤害会远远超过其他人。

前两年，国内媒体曾聚焦教师无视或漠视学生问候这一现象，并引发了社会诸多层面的讨论。对此，D深有感触。她要求老师必须与孩子“温暖互动”，对孩子的问候与需要及时给予温暖回应，要有目光接触，要面带微笑。如果发现不小心冷落了个别孩子，一定要及时跟孩子沟通说明情况。

D说，言行举止有教养，一方面是为了真诚表达自己内心的感激，让别人感到愉快，另一方面也是因为这样做能让自己感到愉悦，更何况，旁边或许还有儿子或者学生呢。作为家长和老师，必须时刻以身作则，注意言行礼貌，不断提升自身素养。

某大学教授N说：“国民素养提升非一日之功，家长、教师应率先垂范，言传身教，多给青少年正能量。从我做起，从现在做起，一定有希望！”

（选编自2016年国家录用公务员考试《申论》试题）

第二节　计划写作训练

一、思考题

（1）什么是计划？计划还有哪些不同的称谓？

（2）按内容划分，计划有哪些类别？

（3）综合性计划的正文一般要遵循什么写作思路？

（4）计划主体部分常见的安排层次的方式有哪些？

（5）计划的写作要求是什么？

二、修改下面计划的标题

（1）××县2018年扶贫攻坚工作实施纲要。

（2）××大学十三五发展设想。

（3）××厂关于机构改革的初步安排。

（4）高等学校学生心理健康教育指导方案。

（5）2018年下半年党建工作规划。

（6）国家能源局2018年政务公开工作方案。

三、请指出下面这几份学习计划部分内容写作方面存在的问题并加以修改

（1）

跨入大学一年来，感触颇深。生活没有一帆风顺，不经过艰苦的搏斗，人生难以获得成功，顺境的人生毕竟极少，坎坷的人生更叫人珍惜。也正如我们应珍惜来之不易的大学生活，汲取上学期的优点，弥补缺点，争取在新的学期做得更好，以培养自己多方面的素质。也许结果有时并非如愿，但是铸成的蛋糕远不如制造中的蛋糕，因为蛋糕的精华全在烘烤时期的焦香。我们制订学期计划亦是如此，只要按部就班地去做，终有一天会如愿以偿的，因此，本学期我要按以下几方面去做……

（2）

……本学期要按以下几方面去做：

一、坚持不懈考上注册会计师。生活不就是“雨后复斜阳，关山阵阵苍”的一种境界吗？有成功也有失败，但只要坚持，理想的彼岸一定会到达。去年，我的注册会计师课程没有及格，当时十分难过，没有决心再学下去了。但转念一想，古今中外有多少伟人不都是历经失败而成功的吗？他们都坚持下来了，虽然我没有他们伟大，但我可以使自己变得崇高，那就是坚持不懈地学下去，我相信，付出多少，就会有多少回报。

二、精益求精学习专业课。

…………

（3）

……本学期我做了以下安排：

一、努力学好计算机……

二、每天进行晨练……

三、争取把英语成绩搞上去……

四、注意培养综合素质……

四、请阅读下面这份计划并分析主体部分安排层次时运用的方式

××局2016年两学一做主题实践活动方案

为深入贯彻落实党的十八大精神，切实加强司法行政机关纪律作风建设，从2月下旬开始，我局将在机关党员干部中开展为期两个月的“学党章党规、学系列讲话，做合格党员”集中教育活动。现结合我局工作实际，制定如下实施方案。

一、指导思想

深入学习党的十八大、十八届中央纪委二次全会、市纪委九届三次全会精神，认真履行司法行政职能，通过开展学习党章、严守纪律教育活动，提高××局党组织的创造力、凝聚力、战斗力，为我区“法治城区”“文明城市”的创建贡献力量。

二、目标要求

围绕“充分发挥司法行政机关法制宣传、法律服务和法律保障职能，为幸福文明一流城市区的建设贡献力量”这一主线，坚持集中教育和推动工作相结合，统筹兼顾，合理安排，激励全局党员干部自觉学习党章，严格遵守各项纪律，切实改进工作作风，努力建设一支政治坚定，纪律严明的司法行政队伍，为我区的和谐稳定提供坚强的法律服务和保障。

1. 进一步坚定信念树立党章意识。

2. 进一步改进工作作风。认真贯彻执行中央八项规定及自治区、市若干规定和×××区《关于改进工作作风 密切联系群众实施办法》，厉行勤俭节约、反对铺张浪费，自觉抵制慵懒散软奢和吃拿卡要等不良风气，牢固树立以人为本的理念，坚持贯彻党的群众路线。

3. 进一步加强组织建设。以加强党的执政能力建设、先进性和纯洁性建设为主线，全面加强局机关党的建设。进一步强化执法业务培训和职业道德建设，全面提升工作人员的政治业务素质。进一步加强学习型党组织和学习型机关建设。

三、活动安排

（一）学习教育阶段（2 月 25 日～3 月 25 日）

1. 学习内容。认真学习中国共产党党章，×××同志在十八届中央纪委二次全会上的重要讲话，×××同志在十八届中央纪委二次全会上的工作报告，××同志在自治区纪委十一届二次全会上的讲话，××同志在市纪委九届三次全委会上的讲话，××书记在区纪委八届三次全委会上的讲话，××区《关于改进工作作风密切联系群众实施办法》，××区司法局《改进工作作风 密切联系群众八项规定》等，把思想和行动统一到党的十八大精神和中央、自治区、市和区的具体要求上，自觉维护大局、服务大局。

2. 学习方法。结合我局工作实际，制订学习方案，定期举办党员干部培训班，把党章列为主要内容，搞好思想发动，使广大党员充分认识开展集中教育活动的重要意义，强化党员的党章意识，动员全体党员参加集中教育活动。采取集中学习、个人自学等多种形式。

3. 展示学习成果。为突出教育活动成果展示，我局党员干部要积极参加区委组织的“六个一”活动，即举办一次学习党章专题报告会；组织一次学习党章知识竞赛；组织一次主题理论征文；组织一次学习党章理论测试；组织一次党组织负责人讲党课评比活动；党支部为基层群众办一件实事，每个党员为基层或所在社区做一件好事。

学习阶段结束时，每名党员要将撰写的学习笔记、心得体会文章进行交流，优秀学习心得和理论研讨文章将推荐到区委参加评选。

（二）对照检查阶段（3 月 26 日～4 月 15 日）

一是要对照党章规定的基本任务，结合落实中央八项规定改进工作作风总体要求，认真查找在发挥司法行政职能作用，密切联系群众，维护党员权益，推动经济社会稳定发展等方面存在的突出问题。二是要对照党章规定的六个基本条件，结合自身思想和工作实际，重点搞好“六查六看”，即：查思想，看理想信念树立得牢不牢；查纪律，看政治上是否与党中央保持高度一致，是否做到令行禁止、政令畅通；查作风，看八项规定是否落实到位，是否存在"慵懒散软奢"等不良风气；查业绩，看是否按照科学发展观的要求，履职尽责，治庸提效；查服务，看是否服务发展、改善民生；查廉洁，看是否落实《廉政准则》和廉洁自律各项规定。三是要广泛征求各方面意见，认真查找自己在思想、工作、生活中存在的主要问题，通过对照剖析，党组织和党员个人分别撰写一份党性分析报告，通过召开组织生活会等形式，深刻剖析问题产生的根源，制定切实可行的整改措施。

（三）落实整改措施阶段（4 月 16 日～4 月 30 日）

要将整改措施细化分解，明确整改时限和责任领导，对存在的违反政治纪律、组织纪律和"慵懒散软奢"等突出问题进行专项治理。严格执行中央八项规定和我区《关于改进工作作风 密切联系群众实施办法》，切实转变工作作风。要探索建立党员干部学习党章、遵守党章、落实党章、维护党章的长效机制，以此教育和引导我局党员干部争做勤奋学习、爱岗敬业的模范，进一步巩固和扩大"学党章党规、学系列讲话，做合格党员"集中教育活动成果，为建设幸福文明一流城市区提供坚强的思想保障和法律服务。

四、工作要求

（一）成立领导小组。成立以党支部书记为组长的领导小组，办公室具体负责此项工作。

（二）高度重视。要切实提高认识，保证每名党员人手一册《中国共产党章程》，把开展好"学党章党规、学系列讲话，做合格党员"集中教育活动作为重要政治任务，认真按照活动方案，精心组织实施；支部主要负责人要认真履行第一责任人职责，扎扎实实地抓好集中教育活动。

（三）加强考核。局党支部将把集中教育活动开展情况列入个人年度评先评优的重要依据。办公室要高度重视信息报送工作，及时报送活动信息，注重总结开展活动的好经验、好做法，确保信息报送实效和质量。

××局

2016 年 1 月 3 日

第三节　总结写作训练

一、思考题

（1）什么是总结？总结的作用有哪些？总结有什么特点？

（2）总结的标题有几种形式？试举例加以说明。

（3）总结的正文怎么写？

（4）总结主体部分常见的安排层次的方式有哪些？

（5）总结与报告、计划有什么不同？

（6）写作总结应注意哪些问题？

二、阅读下面这几份总结的标题，比较其写作的不同

（1）××局关于 2017 年度机构改革工作的总结。

（2）抓住创新“牛鼻子”，为三个“更加”提供更强内生动力。

（3）务实创新　深化改革　为不断提高企业经济效益而努力——××公司 2017 年度工作总结。

（4）在梦想中开始　在实践中升华——2015～2018 年学习情况总结。

三、总结经验的方法多种多样：有的侧重从做法上总结经验，有的侧重从效果上总结经验，有的将做法、效果结合起来总结经验。下面是几篇总结正文部分的提纲，请指出它们各是采取什么方法总结经验的

第一篇：

1. 措施得力，确保了城区供水安全。
2. 立足根本，供水面积再度拓宽。
3. 强化管理，增收节支取得新成效。
4. 狠抓落实，规范管理再上新台阶。
5. 与时俱进，信息化管理成效显著。
6. 树立形象，环境建设得到有效加强。

第二篇：

1. 抓政治业务学习，不断提高干部职工政治素质业务水平。
2. 抓领导班子建设，充分发挥领导班子核心作用。
3. 抓精神文明创建，树立良好民政形象。
4. 抓党风廉政建设，全面推行政务公开。
5. 抓依法行政，切实履行民政工作职责。

第三篇：

1. 认真落实税收收入计划，目标责任层层分解。
2. 多项措施并举，加强税收征管工作。
3. 加强政策法规的宣传和辅导，强化货物运输车辆的税收管理。
4. 认真贯彻落实所得税政策，充分发挥所得税宏观调控职能。
5. 进一步完善征管制度，踏实做好汇算清缴工作。
6. 严格落实各项税收优惠政策，进一步优化县域经济发展环境。

第四篇：

1. 建筑业经济运行平稳，承揽任务量上升。
2. 改革力度不断加大，建筑业实力不断增强。
3. 工程质量水平稳步提高，安全管理工作得到加强。
4. 城镇规划受到高度重视，编制工作取得较大进展。
5. 招商引资力度逐步加大，城镇化建设步伐日益加快。

第五篇：

1. 思想建设要以政治建设为统领。

2. 思想建设要以理论学习为基础。
3. 思想建设要依托有效载体。
4. 思想建设要不断探索效果评估机制。
5. 思想建设要以制度建设为保障。

四、F市自2012年2月份实施心理健康促进项目以来，着力构建相关机制，努力创新模式，持续推进心理健康工作。以下是F市心理健康促进项目大事记，请据此对F市所做工作进行分类总结

2月20日，成立由分管副市长为组长的项目领导小组，下设办公室和联络员，制订试点工作方案和重点项目实施方案。

2～3月，项目领导小组确立相关会议机制，及时策划、部署各项心理健康干预活动，及时协调解决相关问题。启动项目以来，共部署了3次大型会议的筹备工作。

5月初召开了试点工作协调、启动会议，会议通过了项目实施草案，布置了工作进度的三个阶段，强化配合与落实。

5月底召开了项目成员单位联络员会议，部署了重点项目的实施方案，启动了心理卫生协会成立的筹备工作，提出了国际心理咨询师三年培养计划，同时建立了项目工作进展情况每月一报制。

7月，组建成立心理卫生协会，有团体会员39家。市卫生局投入20万元建立了市心理健康辅导中心，全市初高中均成立了学生个体心理辅导室，四所高中配备了8名专职心理辅导教师。投入40万元改建了F中学的心理咨询中心，中心面积约为280平方米，内设接待室、个别辅导室、团体辅导室、音乐放松室、情绪宣泄室、心理沙龙室、心理沙盘室。

8月，在某服饰有限公司以现场会的形式，组织几个社区的负责人参加了会议，部署了社区心理咨询站点建设工作的进度安排和心理干预服务模式，全市建立市心理卫生协会—部门—社区的三级网络系统，保证心理干预网络全覆盖，各级网络间相互协作、资源整合、紧密配合。

9月，市总工会的职工心理咨询室、妇联的女性职工心情舒缓中心和残联的心理咨询所，开始为企业职工、广大妇女和残疾人服务。该市12个文明社区都成立了心理咨询室，11个社区完成了心理干预室的筹建工作。

10月，市妇联开通了首条“女性心情舒缓热线”。市残联开设心理疏导室，专职开展残疾人及其家属心理健康服务。全市初高中除设立个体心理辅导室外，还加强了学生心理课程建设，初中二年级每班每两周开设一节心理健康活动课，高中一年级每班每月至少开设一节心理辅导活动课。

10月10日为第21个世界精神卫生日，市心理卫生协会在×社区开展市抑郁症筛查日大型活动，活动以“艺术·心灵·生活”为主题，宣传活动呈现出内容丰富、形式多样、群众参与性高的特点，进一步扩大了心理健康教育覆盖面和知识普及面。

10月中旬，聘请7位精神科专家，为全市心理健康促进工作提供技术支持，定期到F市心理健康辅导中心坐诊和开展教学、学术活动。

10 月下旬，卫生局招聘了 1 名医学心理专业的大学生，充实市卫生系统医学心理专业人才队伍。制订并实施了国家心理咨询师三年培训发展计划，争取到2014年，培养 200 名国家级心理咨询师。

12 月，开展心理社团、心理活动周、校园心理剧会演等一系列创新性活动。Y 社区组织了 22 名“知心姐姐”和社区干部一道接受了心理健康知识系列培训。

12 月 21 日，F 市日报推出了“F 市先行试水社会心理健康促进机制建设”的卫生专版，刊登了市心理咨询师培训及市心理卫生协会成立等信息，公布了各心理健康辅导中心咨询时间和热线电话。

2013 年 1 月，市心理卫生协会结合健康生活方式日大型广场活动，共展出宣传版面 28 块，发放宣传资料 3 种 10 000 份。

［选自 2014 年国家录用公务员考试《申论》试题（地市级）］

五、请评析下面这两份总结，并指出其写作中存在的问题

（1）

2016 年个人年度总结

时间过得真快，转眼间2016年唰的一下过去了，感谢公司提供给我的这个平台，也感谢公司在我业绩很差、状态低迷的时候没有选择放弃我。2016 年在程总和侯总的带领下，公司销售部取得了骄人的成绩。回首过去是为了更好地展望未来，展望未来是为了更好的突破和新高度的攀登。回首 2016 年，我感觉是扩大品牌影响力的一年。在公司领导的英明领导下，公司针对市场、针对客户做了很多的品牌宣传广告以及很多公共关系活动，对于公司内部的建设 公司领导也是不遗余力。在团队建设、公司企业文化、公司形象、技术研发、服务客户方面，已经较以往有了很大的提升，特别是侯总提出的“创造无限可能”的理念，“我们都是一家人”的口号，带给我们不一样的视野和新的思维。“火车开得快，全靠头来带”，一个好的团队肯定拥有好的领导。在公司全体人员的共同努力和密切配合下，我相信公司的明天会越来越美好。

2016 年我主要做湖南市场，从 4 月 15 日开始接手湖南市场，当时电话都不敢打，后来是领导和伙伴的鼓励和帮助让我渐渐步入正轨。湖南地区有 14 个地级市，其中湘西、张家界和永州没有多少量，其他 11 个地级市还可以做。现如今湖南的市场推广还算一般：沙月 5 万至 7 万元，怀化 3 万至 5 万元，株洲 1 万元左右，其次是衡阳 0.5 万至 1 万元，郴州 3000 元，很惭愧地是，益阳和岳阳地区×××影响很小，这地方靠长沙比较近，长沙没有渠道很强的器材商，基本上工程商居多。截至 2016 年 12 月底，在前任几位伙伴的努力和公司的指导配合下，湖南达到 14 万元左右的月销量，值得欣慰，但更值得保持和警惕。

维护老客户尤其重要，坚持自己的原则，多站在客户方面为客户想问题，为客户着想，多沟通，随时注意市场动态和信息，关注时事新闻。客户都要分类，各个击破，寻找理念相通的客户，争取一切能推广公司品牌的客户，坚决和公司客户一

起抵制恶性竞争，打价格战。耳听为虚，眼见为实，客户自己看到的可能胜过你说很多，所以尽量争取让客户来公司考察。

做一个引导客户的人，不断交心，做一个有心人。利用出差的机会，好好把握。从 8 月份出差到年底，成交的客户基本都是出差时搜集到的，虽然量不乐观，但我们愿意跟客户一起成长，这也许是对客户最大的支持之一。出差也是个获取大量的市场信息的时机，这时候的信息来得更直接，更前沿，如果方法得当，可以找到同行业不同产品。

5 月中旬公司荣登十大领先品牌和 10 月跻身中国安防百强，借机推出公司海报、慧聪网的签约广告等一系列活动，让客户知道公司在永不停止地发展和壮大，时刻给客户传递这样的信息：坚持走品牌之路，品牌是有价值的，品牌有无穷的市场潜力。

湖南地区 2016 年自己开发的客户总销售额达 28 万元左右，跟我来公司时定的 50 万元销售额有很大距离，感觉成绩很差，还需很大的努力。在老客户维护方面，引导客户销售方面，市场操作方面以及更高一层面的经营思维和市场发展动态方向把握方面需很大的提升和学习。

以上是我 2016 年度的工作小结，希望 2017 年有新的起色。

××公司销售部
2016 年 12 月 30 日

（2）

大学学习总结

这是对大学三年的一个总结，也许读来也只是让人多一丝愁绪而已。这段日子的天空总是阴晴不定，而身边也似乎好久没有开怀的笑声。真正的天真和烂漫，离开后才知道它的可贵。但是时间却无情地告诉我们：你们要毕业了，要离开校园了，离开朝夕相处的同学了，离开孜孜不倦的老师了……要毕业了，好快！这可能是每一个即将毕业，离开校园的人所共有的心声。回首三年生活，一点一滴在大脑中汇聚。记得报到那天，还是妈妈陪我来的，两个人分头办手续，也成就了忙碌的开始。之后的时间在学习与生活中渐渐逝去，虽说学校的课程并不是非常密集，还是留有充分的自由空间给我们，让我们有充分的时间自由安排。总的来说，课余时间的活动也是相当精彩的：丰富的社团生活，多姿多彩的文艺活动，还有形式多样的竞技比赛，让大学生活有了色彩，有了生气。

虽然报到的日子似乎还在眼前，但时间的脚步却并未停止，它无情地告诉我们：快要离开了，就快离开校园了。回想先前的日子，似乎留有很多遗憾，不少未了的心愿，当然也有数不清的欢笑，以及愉悦的回忆。这些只能随时间的推移慢慢地在校园的小道上，树荫下，楼宇间逐渐散去。但其中仍会有一部分永远留在我们心里，那份青春的光彩丝毫不会褪去，这是青春的回忆，青年的足迹，更是人生中不可或缺的一份经验。现在，每每漫步在校园的小道上，两边依旧绿树成荫，花团锦簇，身边依旧有欢快的笑声飘过，不久之前我也如此这般无忧无虑，尽情享受美好的时光。

这三年过得几乎无风无浪，周围是同学真诚的笑脸，身边是父母坚强的臂膀，而前方的路也不是那么坎坷。回想三年来的一点一滴，一张张笑脸在眼前掠过，一幅幅图画在眼前闪现。要总结却又不知从何说起，让我最还念的莫过于可贵的友谊，知道要分别了的这段时间，还是让我深深地怀念。不过幸好我们在同一座城市，见面的机会也不会有所减少，但依旧是那么怀念生活在一起的日子，所有的欢笑所有的忧愁都缘于我们分享的事物，在一起总有异想天开的想法，在一起总有说不尽的私语，在一起却从没有解不开的忧愁。到如今在一起的时光虽然短暂，但依旧是那么惬意，那么无负担。感谢三年的大学生活让我有机会认识如此知心的好友，有了人生中可以彼此分享的伙伴，大学生活其实就是积累人生资本的舞台，学到的也不只是课本上的知识，还包括交际的手段，做人的道理，思想上的定位，这是一个人人格的成长期，以上种种都对以后的人生有着无法估量的作用，也是事业成功的基础，人生轨迹的前进方向。所以三年来我学会了很多，暂不计较所学知识的深度，学习应该是全方位的。不只是课本，还有许多要我们去钻研的，要探究的。人生的道路上不是只靠知识就能够铺平的。而大学就是这样的一个平台，让我有机会，有时间，有向导来实现梦想。不能说在校期间我的基础打得多好，只是现在很感谢那段日子，那是我有所得的时期，得到的东西不一定很多，够用就是最好的。

除此之外，也十分感谢各位老师的辛勤劳动，老师的谆谆教导贯穿了我们三年的生活，是他们指引我们前进的方向，是他们纠正我们错误的习惯，是他们让我们做好了进入社会的准备。作为社会新人，很多禁忌，很多规范，很多礼貌都是老师教导我们的。要知道中国的国粹不是一朝一夕就能触类旁通的，要到如此境界不是一天、两天的功夫可以造就的。这让我深深明白：学要有所成，是要慢慢积累的，而三年的大学生活也只是开了一个小小的头，以后要做的还有很多，要走的路还要很远……说到学校的各类活动，那更可谓多姿多彩：记得刚进校门没多久就有一个迎新晚会组织者给我们这些步入校门的新生介绍了学校的文化，校友们展示了他们的才艺，这些都暗示着我们新生活的开始。这样的活动为我们开了一个好头，也留下了一个美好的回忆。之后，诸如校运动会、唱歌比赛等大大丰富了我们的校园生活。时至今日，要离开了，总有一丝丝的不舍。路要一步步往前走下去，大学只是我们人生中一个小小的驿站，我们在这里停歇，补给更充分的食粮，以走好今后长长的人生路。可能日后还会出现类似的驿站，只是永远也不会再有这样无忧无虑的时光。

也许我还不够珍惜这段日子，心中也曾为此后悔过，但时间老人是不会倒回的。

六、写作题

（1）哈尔滨市群力新区自2006年开发建设以来，经过近八年的时间，已由昔日的郊区变为环境优良的新城，吸引了国内很多城市和地区的管理者前来参观学习。请根据以下材料，以哈尔滨市群力开发建设管理办公室的名义撰写一份专题性总结，时间为2014年1月12日。

①群力新区位于哈市城区西郊，属于城乡接合部。其范围：东起何家沟，西至四环路；南起哈双北路、机场快速路、工农大街，北至规划群力堤。占地面积2733公顷。根据国务院批准实施的《哈尔滨市城市总体规划》，群力新区是哈市城区向西、向南拓展的主要方向。群力新区规划总建筑规模约2800万平方米，新区规划人口32万人。开发时间13到15年。

②记者日前从有关部门获悉，哈尔滨市群力新区的启动区控制性详细规划、总体城市设计、东区概念性景观规划设计和新苑项目规划设计方案等四项规划设计，以理念先进、风格独特、思维创新等优势，分别获得2008年全国人居经典建筑规划设计方案竞赛的金奖、综合大奖、环境金奖、建筑金奖等四项大奖，分别成为黑龙江省获此竞赛四项殊荣的项目。

据介绍，人居经典建筑规划设计方案竞赛是由我国城市规划学会、中国风景园林学会、中国建筑学会权威专业学术组织联合主办的、一年一度的专业性竞赛活动，也是三大国家一级学会迄今为止唯一联合主办的最高规格专业评选活动。群力新区自开发建设以来，高度重视规划设计，先后聘请美国易道、尼尔森、艾斯弧，英国阿特金斯，北京大学、上海栖城、大连市建筑研究院和哈尔滨工业大学等一大批国内外一流的规划设计机构参与规划设计，先后完成了《哈尔滨群力新区启动区控制性详细规划》《群力新区总体城市设计》等多项规划设计方案，为群力未来发展画出完美蓝图。此次获得四项大奖的参赛项目分别以独特的优势获得专家评委的一致认可。

群力新区的设计方案按照“一核、两带、两轴、七片、一水系”的规划原则设计，围绕着“生态环保”“现代人居”等概念作文章，并在分质供水、综合管廊、热电联产等基础设施建设上具有集约高效、节能创新的大胆尝试。

据哈尔滨市群力新区开发办主任×××说，经过长达8年的酝酿，在2005年11月24日市政府批准群力新区总体规划的基础上，哈市群力开发办面向国际进行群力新区总体城市设计方案招标，要求投标方案遵循科学性、前瞻性、可操作性的设计原则，确保新区总体城市设计走在时代前列。同时，导入现代设计理念和保持哈市固有的城市风格相结合，既有包容，又有发展。目的是进一步明确群力新区整体城市形象群包括建筑体量，建筑风格及空间关系等，充分认识和发挥该区域的自然生态景观价值，强调人与自然和谐共生及城景相融的理念，通过多元化的住宅建设设计，创建群力新区智能化、生态化的人居环境。

③群力新区生态环境项目喜获“中国人居环境范例”奖。2010年10月4日，由联合国人居署、国家住房和城乡建设部、上海市人民政府共同主办的“2010年世界人居日”庆典活动在上海隆重举行。群力新区以打造生态环境、构建宜居城市为主的生态环境项目荣获“2009年度人居环境范例奖”，为省内2009年度唯一获此殊荣的项目。市委常委、副市长×××出席此次庆典活动并领奖。

据了解，“中国人居环境范例奖”是我国在生态住宅项目中的最高奖项。

④群力新区入住人口年底有望10万配套设施日臻完善。

近来，哈尔滨市群力新区一些优质楼盘纷纷进入交房阶段，新区又将迎来不少商家和住户。

随着群力新区配套设施的完善，新区入住率不断提升。纳入群力规划的33个楼盘中，有16个楼盘已进户且入住率较高，个别楼盘入住率达到九成以上。

3月13日20时许，记者驾车来到群力新区，对部分已入住楼盘进行实地走访。4年前进户的群力新苑是群力新区入户最早的楼盘之一，小区的8栋高层是棚改安置房，目前已经全部进户，其他商品房也基本住满。在天鹅湾小区，记者看到，虽然天色已晚，但是小区一层的商服仍在营业，建材店、药店、小吃店、便利店、水果蔬菜店等各类商服应有尽有，生意兴旺。

据介绍，哈尔滨市群力新区规划人口为32万人，33个楼盘的实际承载能力为50万人。记者同哈尔滨市群力开发办相关人士按照进户楼盘数量、规模以及入住率计算，目前，群力新区的入住人口达到8万余人。今年，至少还有3个新楼盘进户，加上新装修业主陆续搬进新房，预计将新增人口2.2万人。

实际上，哈尔滨市群力新区人气的上涨速度远远超出了当初预想。今年初，群力开发办预估的入住人数为5万人。按照目前的入住率，这一数字将在年底翻番。这与新区城市功能及配套设施日趋完善密切相关。

有开发商对记者称，到群力置业者多数是改善型购房，自住的多，路网、学校、医院等配套设施的不断完善是吸引业主入住的一个重要因素。群力新区秉承基础设施先行、交通先行的建设理念，将公共设施建设与新区发展同步进行。

记者从哈尔市群力开发建设管理办公室获悉，早在群力新区的规划和建设阶段，就提出了“四个先行”的战略方针，坚决抓好基础设施及相关配套设施的建设，为新区开发奠定坚实基础。这四个“先行”为：

基础设施先行。优先组织新区道路及配套工程建设，保证开发建设需要，为招商引资提供良好的投资服务环境。

公共设施先行。加大教育、医疗、商业、公交等重要公共配套设施的招商引资力度，吸引著名中小学、大型医疗机构、文化团体、商业连锁店先期入驻新区，集聚人气，创造商机，营造良好的投资氛围。

景观建设先行。为发挥生态绿化在提升城市品位和人居环境水平上的巨大作用，提高土地价值，已经先期进行公共生态绿化建设。

业态设置先行。根据总体规划及控详规划确定的业态项目，鼓励开发商、投资商自带产业项目，以产业项目的经营发展带动开发项目建设，以业态促发展、聚人气，形成新城区开发项目、产业经济的良性互动。这四个先行既可以加快新区城市化的发展，又可以避免以往新区发展中所遇到的矛盾。

2009年，群力新区建设开工仅一年多的时间，6条道路竣工通车，通车总里程达9.8公里。截至目前，哈市群力新区已经建成了融江路、燕山路等20条道路，哈双北路查家至四环路段贯通。

2009年底群力新区即开通5条公交线路。目前，兆麟小学群力分校、哈医大一院群力院区已经投入使用，群力派出所、经纬中学、尚志幼儿园主体完工。

经过近八年的建设，群力新区已有金河公园、雨阳公园、丁香公园、音乐主题公园、体育主题公园、湿地公园等8个公园竣工开放，为群众性音乐文化活动提供了平台。中国木雕艺术馆暨于志学美术馆主体完工，展陈布展已完成。观复博物馆哈尔滨馆正在完善展陈设计。哈尔滨音乐厅主体钢结构施工和声学测试已完成。华谊兄弟影城、市民培训中心等4个项目正在进行开业筹备。北方展艺中心、山水书城、泰姆凯迪快乐梦想城、关东古巷4个项目开业运营，累计接待游客60多万人，销售额突破1000万元。

广发银行、哈尔滨银行、生命人寿保险、5A级金融商务中心等十余个金融机构均将黑龙江总部或东北三省总部落户在群力新区。与以往有所不同的是，这些金融机构不是招商引资“招”来的，而是“不请自来”到群力投资建设的。

今年，将新建便民公厕10座，建成停车泊位5000个。引进邮政、通讯、银行等服务网点，还将启动松溪公园、音乐公园延伸段等4个公园建设工作，完成10条道路绿化，新增绿化面积56万平方米。经纬中学、尚志幼儿园竣工。建设友谊西路、群力大道、丽江路3条样板街路，打造6个样板小区。

⑤如今的群力新区，高楼林立，环境优美，赏心悦目。漫步在新城中，道路平整清洁，秩序一派井然，令人心情舒畅。随着入住小区的居民不断增多，新区的城市管理面临着新的挑战。

“生活在这儿，我们享受的是星级服务。别提心情多好了。”市民王大娘对记者说。近年来，着眼于高标准、高规格提升群力城市管理水平，通过以“数字群力”为代表的城市管理体系、机制建设，群力新区城市公共管理体系日益精细，基本实现了建设与管理并重，速度和效益双赢。

“管好群力是我们义不容辞的职责。”群力新区开发建设管理办公室常务副主任×××对记者说。

“大到新区整条街路的监督管理，小到街路上一个下水井盖，我们都可以通过数字城管监控平台第一时间找到它的相关信息，如果发现问题，我们也可以通过平台第一时间找到它的责任人迅速处理反馈。”刚一进入哈尔滨市群力数字城管监控指挥中心，主任×××便兴高采烈地和记者讲起“数字群力”来。

×××说，“数字群力”建设是通过城市管理资源的数字化、网络化、可视化和智能化，将群力新区全区域各部门、各行业、各领域的信息最大限度地共享、集成与应用，促进城市管理手段的变革创新，并为城市管理者提供快速简洁的各种信息管理与服务，打造城管、执法、公安、交通、社区管理资源一体化。×××一边忙着介绍，一边让平台的工作人员为记者演示系统的监控、语音、智能报警等功能。

据×××介绍，现在的群力新区数字城管监控指挥中心具备智能报警和语音提示功能的视频监控终端，这在哈市尚属首次运用。

⑥有关群力新区的新闻、广告、推介会等的统计。

通过省市电视台、报刊等发布信息1370余条，系统地宣传了群力新区的区位、资源优势和规划特色，使群力新区逐步被市民了解。通过在市区部分街路、立交桥和出城口设立广告宣传牌，提高群力形象标识用语的见知度，强化市民对群力新区的良好印象。通过开展群力新区道路及公园名称征集、规划百问、笔墨群力画展和“带您走进寒地水乡”等活动，先后有3000余名群众积极参与，部分群众发挥了宣传和解读群力新区的作用。

2009年，先后赴大庆、大连、长春和上海等城市举行项目推介会，借助北京“住交会”、郑州“商业地产项目会”等知名房地产推介平台，在更大领域宣传群力新区，先后与30余家企业进行了深层次的交流，其中有10余家企业表现出较强的投资意向。为了借助政府招商部门的权威性和可信度，将招商项目纳入省、市招商网页，方便了企业浏览查询，吸引了更多有实力的企业关注群力新区项目。

（2）请结合自己的学习情况，拟写一份综合性学习总结。

第四节　调查报告写作训练

一、思考题

（1）什么是调查报告？常见的调查报告有哪些类型？

（2）调查报告的写作一般分为几个阶段？其中调查阶段常用的社会调查方法有哪些？

（3）各种类型的调查报告正文写哪些内容？

（4）经验总结和经验调查报告在写作上有何异同？

二、写作题

（1）根据下面调查组搜集的材料，写一篇关于大学生旅游动机与出游行为关系的调查报告。

近年来，大学生已经成为旅游群体的主要组成部分，但是这一群体的旅游态度怎样？出游动机如何？具有怎样的出游率特征？对这些进行调查，对于旅游市场的开发具有怎样的意义？带着这些问题，调查组对××大学在校的大学生进行了一次调查。

调查内容包括在校大学生的旅游动机和旅游态度、旅游时间、旅游偏好、交通工具、旅游花费金额等内容。

通过问卷调查法，在××大学发放问卷，共发放问卷150份，回收问卷140份，回收率是93%，其中有效问卷140份。

在调查问卷中，男生人数占了总人数的61.43%，女生占了总人数的38.57%。大一的学生15人，大二的学生23人，大三的学生34人，大四的学生25人，研究生43人，20～25岁的同学占的比例最高。

“我非常喜欢旅游”这道题中选择非常同意和同意的有64人和42人，比例高达76%。

大学生外出旅游时在采用的交通工具中火车占的比例为58.57%。坐飞机的比例为14.29%。

在出游时间上，选择寒暑假的比例高达50%，选择周末外出的占了6.43%，黄金周出游的占了9.29%。

对于旅游中的住宿，选择经济型酒店的占了45%，选择普通宾馆的占了39.29%，住星级酒店和住亲戚朋友家所占的比例很小。

对于获取信息方式，52.86%的大学生都选择了网络，5%的大学生选择了旅行社宣传。77.14%的大学生会在外出时选择吃当地的特色小吃，选择当地大众化餐馆的比例为19.29%。

对于曾经去过的旅游地77.14%的学生会选择再次出游，而选择第二次去旅游目的地的原因41.43%的大学生是因为当地的旅游吸引物，35.71%的大学生选择了其他，17.14%的大学生选择了当地的旅游服务，还有5.71%的大学生选择了当地的旅游基础设施。

（选自张锦秀：《大学生旅游动机与出游行为关系的调查报告分析》，《旅游纵览（下半月）》2017年3月）

（2）请你调查校园学生社团活动的现状，写一篇专题调查报告。

（3）请你就校园学生课外阅读情况进行调查，写一篇反映基本情况的调查报告。

（4）请通过对周围同学的兴趣、爱好、追求、理想、思想动态、人生观、价值观、道德观、社会观等方面的深入调查，进行细致的分类、研究，写一篇反映当代大学生概貌的综合调查报告。

第五节　简报写作训练

一、思考题

（1）什么是简报？简报有哪些特点？

（2）编写简报需要注意哪些事项？

二、写作题

（1）请根据给定资料的内容，将与会人员关于“好政策”的有关见解，汇总整理成一份简报。

某市市政府组织召开了一次专题研讨会，邀请了相关专家及政府部门工作人员，以“好政策”为话题展开讨论。以下是与会人员的发言摘要：

A：我讲一个关于苏东坡在杭州做官时治理西湖的事情。当时，西湖内淤泥壅塞、湖草蔓生，使得西湖容量日渐减少，淡水不敷居民饮用。苏东坡决心清理淤泥蔓草，他动用数千劳力，费时四个月得以竣工。工程完毕后，如何处理堆积如山的水草和淤泥又成了难题。苏东坡实地考察后发现：西湖南北两岸居民顺着蜿蜒的湖边步行到对岸必须绕道数里。于是他决定用挖出的淤泥修一条直贯南北两岸的路堤，将湖面分隔为里湖、外湖，大大缩短往返路程，沿堤垂柳和 6 座拱桥及 9 个亭子更增加了西湖的美景。这时，又出现了一个新的问题：如何使湖中的恶草不再滋生呢？那就把沿岸部分湖面开垦出来，让农民种菱角增收，条件是必须在自己承包的湖面按期除草。同时，苏东坡还向朝廷上书，请求确保向菱角种植户收的税金作为保养湖堤、湖体的专项资金。

B：确实，我国历史上有很多好的政策，我印象深刻的是张居正的一条鞭法。一条鞭法的内容很多，但最主要的是，颁布统一规定，全国税收由实物税变为货币税，明白点说，就是以后收税时，不收东西了，统一改收钱币。一条鞭法看似简单，却蕴含了极高的智慧，正如那句老话：把复杂问题简单化。

C：2007 年 12 月 31 日，国务院办公厅发布了《关于限制生产销售使用塑料购物袋的通知》，这份被称为“限塑令”的通知明确规定：“从 2008 年 6 月 1 日起，在全国范围内禁止生产、销售、使用厚度小于 0.025 毫米的塑料购物袋”“在所有超市、商场、集贸市场等商品零售场所实行塑料购物袋有偿使用制度，一律不得免费提供塑料购物袋”。这一政策出台后，也有过一些争议，一是商家担心执行不严，有竞争者偷偷地继续提供塑料袋；二是消费者的心理感受差，原来不花钱的塑料袋，现在需要自己买，会有抵触情绪；三是塑料袋毕竟价格低，消费者还会继续花钱购买塑料袋。从多年执行的情况看，我认为这一政策还是成功的。消费者逐渐理解了政策出台的意义，同时出于经济考虑，购物前一般会准备可以长期使用的环保塑料袋。一时忘记带，也可以购买能反复使用的环保塑料袋。所以说，政策是否有效，还要看其是否合理发挥了政府和市场两方面的作用。

D：美国在如何推动民众参加养老保险计划方面，可谓费尽苦心。最初，在美国养老保险体系当中，员工需要经过选择、申请加入，然后要作出各种各样养老金比例的选择。人们往往会被这一烦琐复杂的过程吓倒，因此相当多的人一生中从来没有加入过养老保险计划，也有很多人将自己的养老保险计划弄得一团糟。所以，后来美国的一些公司改变了他们的默认选项，他们说如果你不填表的话，就默认你会自动加入这个养老保险计划。除非你填表，明确表示退出，才能够不参加养老保险计划，这大大提高了员工的参保率。

这个方法也被美国政府在很多方面加以采用。在养老保险体系中，还有一个问题就是，刚刚参加工作的人缴存比例比较低，人们不愿意为了未来而降低现在的收入，于是美国又出台了另外一项推动措施，叫作“明天储蓄更多计划”，参与者在将来按照工资涨幅提高缴存金额，而不会看到自己手上的钱减少。这项措施促使民众缴纳更多的钱用于养老保险计划。

E：我的老家有一个亲戚，是区里某个部门的副局长，最近相当“纠结”。眼下，从上到下反“四风”，对党员干部操办“婚丧嫁娶”抓得很严，他准备不办婚宴。不料亲家坚决不同意：儿女婚姻是人生大事，必须办！两家为此闹得很不愉快。情急之下，他只得向纪委打电话“求助”：“我家女儿快结婚了。怎么样办婚宴才不至于违纪？”听说区纪委收到不少这样的咨询，因为不少人对有些事吃不准，害怕“一不小心”违了纪。于是，区纪委迅速地制作了一部动漫片。把工作和生活中经常碰到、大家又拿捏不准的违纪“高发点”梳理出来，用动漫片的形式进行权威解读、“边界”标注，让党员干部一看就懂，首批梳理出来的违纪“高发点”有五个：一是婚丧嫁娶大办宴席；二是以公务考察为名旅游；三是违规发放福利；四是违规发放津补贴；五是违规接受宴请礼品和参加娱乐活动。针对每个“高发点”，区纪委都制定了非常具体详细的规定。这下，我那位亲戚，不再“纠结”了，已经与亲家达成共识，婚宴照办，但是一不收彩礼，二要控制规模，只宴请两家的亲戚欢聚一下。

F：好的政策谁说了算？只有综合汇总分析多方面的反馈，才能知道某项政策的效果。在美国家庭里，有一个能源使用反馈灯，如果家里消耗的能源过多，这盏灯就会变红变亮。通过这种反馈，美国家庭的能源消耗下降了40%。同理，一项政策需要有良好的反馈系统，从而及时修正相关政策。习近平同志在一次考察时说：“政策好不好，要看乡亲们是哭还是笑。”

G：政策制定的过程是一个对以往政策行为不断补充和修正的过程：政策要有延续性，不断调适渐进，我国在改革开放初期提出“摸着石头过河”，反映的正是这种理念。

（选编自2016年国家录用公务员考试《申论》试题）

（2）某学校团委为丰富学生的第二课堂活动，组织学生进行了为期两个月的“大学生艺术节活动”，在艺术节活动中开展了“主持人大赛”“书法绘画大赛”“普通话小品大赛”“女生风采大赛”“征文比赛”等形式多样的活动，请以该校团委的名义，编写一份有关大学生艺术节活动开展情况的简报。

参考文献

陈涛涛. 2016. 党政机关公文写作处理：规范方法与范本. 2版[M]. 北京：中国法制出版社.
房立洲. 2016. 公文写作百法例讲[M]. 杭州：浙江文艺出版社.
耿云巧，马俊霞. 2015. 应用文书写作[M]. 北京：人民邮电出版社.
郭志强. 2018. 公文写作实用全书[M]. 北京：电子工业出版社.
何新国. 2013. 机关文字工作五十讲[M]. 杭州：浙江大学出版社.
季冠芳，李影辉. 2014. 财经应用文写作[M]. 哈尔滨：哈尔滨工业大学出版社.
刘金同，范晓梅. 2006. 应用文写作教程[M]. 北京：清华大学出版社.
刘俊. 2012. 实用公文写作一本通[M]. 北京：经济科学出版社.
刘淑萍. 2007. 应用写作教程[M]. 北京：科学出版社.
刘晓玲. 2011. 应用文写作[M]. 上海：立信会计出版社.
卢云峰，孙杰. 2011. 新编应用文写作实训教程[M]. 北京：清华大学出版社.
单立勋，丁国祥. 2010. 应用文写作[M]. 北京：清华大学出版社.
舒雪冬. 2016. 公文写作范例大全：格式、要点、规范与技巧[M]. 北京：清华大学出版社.
通识教育规划教材编写组，王小强. 2017. 应用文写作教程（慕课版）[M]. 北京：人民邮电出版社.
万秀风，罗银胜，杨青泉. 2017. 应用文写作[M]. 上海：立信会计出版社.
卫志民，管永前. 2014. 最新党政公文写作实用大全——规范·技巧·案例[M]. 北京：中共中央党校出版社.
谢亦森. 2013a. 大手笔是怎样炼成的（理论篇）：资深老秘书的公文写作秘笈[M]. 武汉：长江文艺出版社.
谢亦森. 2013b. 大手笔是怎样炼成的（实践篇）：资深老秘书的公文写作秘笈[M]. 武汉：长江文艺出版社.
徐中玉. 2016. 应用文写作. 5版[M]. 北京：高等教育出版社.
颜华. 2012. 经济应用文写作教程[M]. 北京：清华大学出版社.
张保忠. 2012. 公文写作规范指南[M]. 北京：经济科学出版社.